Angus Deaton
Der große Ausbruch

Schriftenreihe   Band 10110

Angus Deaton

Der große Ausbruch
Von Armut und Wohlstand der Nationen

Aus dem Englischen von Thorsten Schmidt und Stephan Gebauer

Bundeszentrale für politische Bildung

Angus Deaton, geboren 1945, ist Professor für Wirtschaftswissenschaften an der Princeton University. 2015 erhielt er für seine Analysen von Konsum, Armut und Wohlfahrt den Nobelpreis für Wirtschaft.

Diese Veröffentlichung stellt keine Meinungsäußerung der Bundeszentrale für politische Bildung dar. Für die inhaltlichen Aussagen trägt der Autor die Verantwortung.

Bonn 2017
Lizenzausgabe für die Bundeszentrale für politische Bildung
Adenauerallee 86, 53113 Bonn

Die Originalausgabe erschien unter dem Titel:
„The Great Escape. Health, Wealth and the Origins of Inequality"
Princeton University Press, Princeton, New Jersey, USA;
Woodstock, Oxfordshire, UK 2015
© 2013 by the President and Fellows of Harvard College

Für die deutsche Ausgabe:
© 2017 by J. G. Cotta'sche Buchhandlung Nachfolger GmbH, gegr. 1659, Stuttgart

Umschlaggestaltung: Naumilkat – Agentur für Kommunikation und Design, Düsseldorf
Umschlagfoto: © Qilai Shen / Panos Pictures / VISUM

Redaktion: Ulf Müller, Köln; Nastasja S. Dresler, München
Register: Marion Winter, Esslingen
Satz: Dörlemann Satz, Lemförde
Druck: Kösel, Krugzell

ISBN 978-3-7425-0110-3

www.bpb.de

*Zum Gedenken
an Leslie Harold Deaton*

INHALT

VORWORT

The Great Escape – im deutschen Titel *Gesprengte Ketten* oder wörtlich übersetzt »Der Große Ausbruch« – ist ein Film über eine Gruppe britischer Soldaten, die während des Zweiten Weltkriegs aus einem deutschen Kriegsgefangenenlager ausbrechen. Der »Große Ausbruch«, von dem in diesem Buch die Rede sein soll, schildert, wie die Menschheit die Ketten von Entbehrung und frühem Tod sprengte, wie es Menschen gelang, allmählich ihre Lebensumstände zu verbessern und wie sie dabei anderen mit gutem Beispiel vorangingen.

Einer dieser Menschen war mein Vater. Leslie Harold Deaton wurde im Jahr 1918 in einem rauen Bergbauort namens Thurcroft im Kohlenrevier von South Yorkshire geboren. Seine Großeltern, Alice und Thomas, hatten in der Hoffnung, die Arbeit in dem neuen Bergwerk würde ihnen ein besseres Auskommen verschaffen, die Landarbeit aufgegeben. Ihr ältester Sohn, mein Großvater Harold, kämpfte im Ersten Weltkrieg, kehrte in die Zeche zurück und wurde dort schließlich Vorarbeiter.

Für meinen Vater war es in der Zwischenkriegszeit schwierig, in Thurcroft eine gute Schulbildung zu erhalten, weil nur wenige Kinder in die Highschool aufgenommen wurden. Leslie verdingte sich als Gelegenheitsarbeiter in der Zeche. Wie die anderen Jungen wünschte er sich nichts sehnlicher, als eines Tages »vor Ort« zu arbeiten. Der Wunsch erfüllte sich nicht. 1939 wurde er eingezogen und mit dem vom Pech verfolgten britischen

Expeditionskorps nach Frankreich entsandt. Nach dem Fiasko schickte man ihn nach Schottland, wo er eine Ausbildung zum Kommandosoldaten erhielt. Dort lernt er meine Mutter kennen und hatte das »Glück«, wegen Tuberkulose ausgemustert und in ein Sanatorium eingewiesen zu werden. Glück deshalb, weil das Kommandounternehmen in Norwegen scheiterte und er dabei sehr wahrscheinlich sein Leben verloren hätte. Er wurde im Jahr 1942 aus dem Kriegsdienst entlassen und heiratete meine Mutter, Lily Wood, die Tochter eines Tischlers aus der Kleinstadt Galashiels im Süden Schottlands.

Nachdem Leslie in Yorkshire nicht die Chance bekommen hatte, die Highschool zu besuchen, ging er auf die Abendschule. Dort eignete er sich Kenntnisse über Vermessungstechnik an, die im Bergbau nützlich waren. Während des allgemeinen Arbeitskräftemangels des Jahres 1942 machten ihn diese Fertigkeiten für eine Firma von Bauingenieuren in Edinburgh interessant, die ihn als Bürogehilfen einstellte. Er beschloss, selbst Bauingenieur zu werden, und, praktisch von Null anfangend, ein Jahrzehnt harte Arbeit zu investieren, die schließlich mit einem erfolgreichen Abschluss belohnt wurde. Die Kurse, insbesondere in Mathematik und Physik, verlangten ihm sehr viel ab. Die Abendschule, die er besuchte, die heutige Heriot-Watt University in Edinburgh, schickte mir unlängst seine Prüfungsergebnisse, und daraus geht hervor, wie sehr er sich abgequält haben muss.

Leslie trat eine Stelle als Wasserversorgungsingenieur in den Scottish Borders an. Er kaufte das kleine Landhaus, in dem die Großmutter meiner Mutter gelebt hatte und wo in früheren Zeiten Sir Walter Scott hin und wieder zu Gast gewesen sein soll. Für mich war der Umzug aus der Stadt Edinburgh – mit ihrem Dreck, dem Ruß und dem miserablen Wetter – in ein Dorf auf dem Land – mit seinen Wäldern, Hügeln und Forellenbächen und, im Sommer 1955, endlosem Sonnenschein – ein großer Ausbruch ganz eigener Art.

Mein Vater machte sich nun daran, in klassischer Manier dafür zu sorgen, dass es mir einmal bessergigne als ihm. Irgendwie gelang es ihm, meine Lehrer zu überreden, mich außerhalb des regulären Unterrichts auf die Stipendiatsprüfung an einer renommierten Public School, also einer Privatschule, in Edinburgh vorzubereiten. Dort würde ich einer der zwei Schüler meines Jahrgangs werden, für die der Schulbesuch kostenlos war. Die Jahresgebühren überstiegen das Gehalt meines Vaters. Und schließlich studierte ich an der Universität Cambridge Mathematik und wurde später Professor für Wirtschaftswissenschaften, zuerst in Großbritannien und dann in Princeton in den Vereinigten Staaten. Meine Schwester studierte in Schottland und wurde Lehrerin.

Von meinen Dutzend Cousinen und Cousins waren wir die Einzigen, die eine Hochschule besuchten, und natürlich hatte niemand aus der vorherigen Generation auch nur eine solche Chance gehabt. Die beiden Enkel von Leslie leben in den Vereinigten Staaten. Meine Tochter ist Partnerin in einer erfolgreichen Firma für Finanzplanung in Chicago und mein Sohn Partner bei einem ebenso erfolgreichen Hedgefonds in New York. Beide erhielten eine umfassende und vielseitige Ausbildung an der Princeton University – die in ihrer Tiefe, ihrem breiten Spektrum an Möglichkeiten und ihrer Unterrichtsqualität meiner eigenen, wenig anregenden und sehr eingeschränkten Erfahrung als Student in Cambridge weit überlegen ist. Beide von ihnen genießen einen Lebensstandard, der weit über das hinausgeht, was sich Leslie einmal hätte vorstellen können – auch wenn er lange genug gelebt hat, um einen Großteil davon mitzuerleben und sich darüber zu freuen. Seine Urenkel leben in einer Welt des Wohlstands und der Chancen, die in dem Kohlenrevier von Yorkshire eine illusionäre Wunschvorstellung gewesen wäre. Der »Ausbruch« meines Vaters aus Thurcroft ist ein Beispiel für das, worum es in diesem Buch geht. Er wurde nicht in bittere Armut hineingeboren, auch wenn das nach heutigen Maßstäben so erscheint, und er beschloss sein Leben in relativem Wohlstand.

Ich habe keine Zahlen für die Bergarbeiterdörfer in Yorkshire, aber von 1000 Kindern, die im Jahr 1918 in England geboren wurden, haben über 100 ihren fünften Geburtstag nicht erlebt, und in Thurcroft war die Sterblichkeit vermutlich noch höher. Heute erleben Kinder in Subsahara-Afrika mit höherer Wahrscheinlichkeit ihren fünften Geburtstag als Kinder, die 1918 in England geboren wurden. Leslie und seine Eltern überlebten die große Grippe-Pandemie von 1918–1919, auch wenn sein Vater bereits in jungen Jahren von einer wegrollenden Lore in der Zeche getötet wurde. Auch der Vater meiner Mutter starb jung, an den Folgen einer Infektion, die er sich nach einer Blinddarmoperation zugezogen hatte. Doch obwohl Leslie schon in seiner Jugend Bekanntschaft mit Tuberkulose machte – dem »Weißen Tod« oder der »Weißen Pest«, wie man sie damals nannte –, wurde er 90 Jahre alt. Seine Urenkel haben gute Chancen, das 100. Lebensjahr zu erreichen.

Der Lebensstandard ist heute sehr viel höher als vor 100 Jahren, und mehr Menschen entgehen heute dem Tod in früher Kindheit und leben lange genug, um von diesem Wohlstand zu profitieren. Knapp 100 Jahre nach der Geburt meines Vaters sterben in Großbritannien nur noch fünf von 1000 Kindern in den ersten fünf Lebensjahren, und selbst wenn diese Zahl in der Region, die vom Kohlenrevier in Yorkshire übriggeblieben ist – die Zeche Thurcroft wurde im Jahr 1991 geschlossen – etwas höher liegt, beträgt sie doch nur noch einen Bruchteil der Sterblichkeit von 1918. Die Chance auf Bildung, die für meinen Vater so schwer erreichbar war, wird heute als selbstverständlich erachtet. Selbst in meinem Geburtsjahrgang hat noch nicht einmal jeder zehnte junge Brite studiert, während heutzutage die Mehrheit eine Hochschulausbildung hat.

Der »Ausbruch« meines Vaters und die Zukunft, die er für seine Kinder und Kindeskinder aufbaute, sind nicht ungewöhnlich, aber auch bei weitem nicht die Regel. Nur sehr wenige aus Leslies Geburtsjahrgang in Thurcroft haben eine berufliche Qualifikation erworben, die Schwestern meiner Mutter nicht, und auch nicht deren Ehemänner. Ihr Bruder und seine Familie wanderten in den 60er Jahren nach Australien aus, als sie nach der Stilllegung der Bahnlinie durch die Scottish Borders nicht mehr in der Lage waren, sich ihr Existenzminimum selbst durch ein ganzes Bündel von Handlangertätigkeiten zu sichern. Meine Kinder sind finanziell erfolgreich und gut abgesichert, aber sie (und wir) haben damit auch außergewöhnliches Glück. Die Kinder vieler gut ausgebildeter und finanziell erfolgreicher Menschen haben heute große Mühe, den gleichen Lebensstandard wie ihre Eltern zu erreichen. Für viele unserer Freunde ist die Zukunft ihrer Kinder und die Ausbildung ihrer Enkel ein permanenter Anlass zur Sorge.

Das ist die andere Seite der Geschichte. Obwohl mein Vater und seine Familie wie der damalige Durchschnitt der Bevölkerung länger lebten und materiell bessergestellt waren als ihre Vorfahren, war nicht jeder so motiviert oder strebsam wie mein Vater, und es hatte auch nicht jeder so viel Glück wie er. Mein Vater strengte sich unglaublich an, aber er hatte auch Glück – das Glück, nicht unter denjenigen zu sein, die im Kindesalter starben, das Glück, durch den Krieg aus der Zeche herauszukommen, das Glück, nicht am »falschen« Kommandounternehmen teilzunehmen, das Glück, nicht an Tuberkulose zu sterben, und das Glück, bei einer entspannten Lage auf dem Arbeitsmarkt eine Stelle zu finden.

Ausbrüche lassen Menschen zurück, und das Glück ist manchen gewogen, anderen dagegen nicht. Es eröffnet Chancen, aber nicht jeder bringt die gleichen Voraussetzungen oder die gleiche Entschlossenheit mit, sie zu ergreifen. Die Geschichte des Fortschritts ist daher auch die Geschichte der Ungleichheit. Dies gilt ganz besonders heute, wo der Wohlstand etwa in den Vereinigten Staaten alles andere als gleich verteilt ist. Einigen wenigen geht es unbeschreiblich gut. Aber viele rackern sich ab. Auf der Welt insgesamt sehen wir das gleiche Muster des Fortschritts – von einigen, die »fortkommen«, und von anderen, die in schrecklicher Armut, Entbehrung, Krankheit und Tod zurückbleiben.

Dieses Buch befasst sich mit dem ewigen Spannungsverhältnis zwischen Fortschritt und Ungleichheit. Es beschreibt, wie der Fortschritt Ungleichheit erzeugt und wieso Ungleichheit manchmal nützlich sein kann (indem sie anderen den Weg weist oder Anreize dafür schafft, sich anzustrengen, um den Rückstand aufzuholen) und manchmal schädlich (wenn diejenigen, denen der Ausbruch gelungen ist, ihre Positionen dadurch schützen, dass sie die Fluchtwege hinter sich versperren). Diese Geschichte ist viele Male ausgebreitet worden – ich will sie aber hier so erzählen, wie es noch nie zuvor geschehen ist.

Der Gedanke liegt nahe, bei der Befreiung aus der Armut ginge es im Wesentlichen um Geld – darum, mehr Geld zur Verfügung zu haben und nicht mit der quälenden Angst leben zu müssen, ob man morgen noch genug haben wird, vielleicht weil eine Notlage eintritt, für die man finanziell nicht gewappnet ist und die womöglich den Betreffenden mitsamt seiner Familie in den Abgrund reißt.

Um Geld geht es tatsächlich. Aber genauso wichtig oder vielleicht sogar noch wichtiger sind eine bessere Gesundheit und die erhöhte Wahrscheinlichkeit, lange genug zu leben, um es zu einem gewissen Wohlstand zu bringen. Eltern, die mit der beständigen Angst und der realen Bedrohung leben, dass ihre Kinder sterben werden, oder Mütter, die zehn Kinder gebären, in der Hoffnung, fünf davon würden das Erwachsenenalter vielleicht erreichen, leiden unter entsetzlichen Entbehrungen, die die Geldsorgen vieler dieser Menschen noch verschlimmern. Die gesamte Geschichte hindurch und auch heutzutage noch sind überall auf der Welt Krankheit und Tod von Kindern, endlos wiederkehrende Erkrankungen von Erwachsenen und zermürbende Armut untrennbare Begleiter, die oftmals dieselben Familien heimsuchen, und zwar immer und immer wieder.

Viele Bücher erzählen die Geschichte des Wohlstands, und viele andere befassen sich mit dem Thema Ungleichheit. Daneben gibt es unzählige Bücher, die der Geschichte der menschlichen Gesundheit nachgehen und den engen Zusammenhang beleuchten, der zwischen Gesundheit und Wohlstand besteht, die zeigen, dass sich die Ungleichheit von Wohlstand in ungleicher Gesundheit widerspiegelt. Hier erzähle ich beide Geschichten zugleich, und ich hoffe, Demographen und Historiker werden einem Ökonomen erlauben, ihr angestammtes Terrain zu betreten. Aber man leistet der Geschichte des menschlichen Wohlstands, all jener Dinge also, die das Leben lebenswert machen, keinen guten Dienst, wenn man nur einen Teil von dem betrachtet, was wirklich von Bedeutung ist. *Der Große Ausbruch* hält sich daher nicht an die üblichen Grenzziehungen zwischen akademischen Fachgebieten.

Ich habe während meiner Laufbahn als Ökonom eine Menge intellektuelle Schulden angehäuft. Richard Stone war vielleicht derjenige, der mich am meisten beeinflusst hat. Er hat mir beigebracht, wie wichtig Messverfahren sind – wie wenig wir ohne exakte Messdaten aussagen können und wie sehr es darauf ankommt, richtig zu messen. Von Amartya Sen habe ich eine neue Sichtweise auf das erfahren, was das Leben lebenswert macht, und gelernt, dass wir das Wohlbefinden als etwas Ganzheitliches erforschen müssen und nicht nur Teile davon betrachten dürfen. Die Frage, wie man Wohlbefinden misst, steht im Zentrum dieses Buches.

Meine Freunde, Kollegen und Studenten waren so freundlich, verschiedene Fassungen des gesamten Manuskripts oder Teile davon zu lesen. Ihre klugen und kenntnisreichen Kommentare haben es unermesslich besser gemacht. Besonders dankbar bin ich denjenigen, die anderer Meinung sind als ich und die sich dennoch die Zeit genommen haben, nicht nur zu kritisieren und zu überzeugen, sondern auch zu loben und zuzustimmen, wenn sie es konnten. Ich danke Tony Atkinson, Adam Deaton, Jean Drèze, Bill Easterly, Jeff Hammer, John Hammock, David Johnston, Scott Kostyshak, Ilyana Kuziemko, David Lam, Branko Milanovic, Franco Peracchi,

Thomas Pogge, Leandro Prados de las Escosura, Sam Preston, Max Roser, Sam Schulhofer-Wohl, Alessandro Tarozzi, Nicolas van de Walle und Leif Wenar. Mein Lektor bei Princeton University Press, Seth Ditchik, hat entscheidenden Anteil daran, dass ich das Projekt in Angriff nahm, und unterstützte mich von Anfang an auf vielfältige Weise.

An der Princeton University profitiere ich seit über 30 Jahren von einem exzellenten wissenschaftlichen Umfeld. Das National Institute of Aging und das National Bureau of Economic Research haben meine Forschungsarbeiten über Gesundheit und Wohlbefinden finanziell gefördert, und die Ergebnisse dieser Forschungen sind in dieses Buch mit eingeflossen. Ich habe häufig mit der Weltbank zusammengearbeitet. Die Bank ist fortwährend mit drängenden praktischen Problemen konfrontiert, und die Kooperation mit ihr hat mich gelehrt, welche Fragen wichtig sind und welche nicht. In den letzten Jahren war ich außerdem als Berater für die Gallup Organization tätig, ein führendes US-amerikanisches Meinungsforschungsinstitut. Das Institut hat als Erstes weltweite Erhebungen über das Wohlbefinden durchgeführt, und einige der Informationen, die Gallup dabei zusammentrug, sind in den ersten Teil des Buches eingegangen. Ihnen allen bin ich dankbar.

Abschließend möchte ich mich ganz besonders bei Anne Case bedanken, die das Manuskript mehrfach gründlich gelesen hat. Ihr verdanke ich zahllose Verbesserungen, und ohne ihre unentwegte Ermunterung und Unterstützung würde es dieses Buch nicht geben.

WORUM ES IN DIESEM BUCH GEHT

Das menschliche Leben ist heute besser als zu jedem früheren Zeitpunkt in der Menschheitsgeschichte. Mehr Menschen denn je sind wohlhabend und weniger Menschen als jemals zuvor leben in bitterer Armut. Die Lebenserwartung ist gestiegen, und Eltern müssen nicht mehr hilflos mitansehen, dass im Schnitt ein Viertel ihrer Kinder stirbt. Trotzdem erleben noch immer Millionen den Schrecken bitterer Not und vorzeitigen Todes. Die Ungleichheit in der Welt ist enorm.

Ungleichheit ist oftmals eine *Folge* des Fortschritts. Nicht jeder wird zur gleichen Zeit reich, und nicht jeder erhält sofort Zugang zu den neuesten lebensrettenden Maßnahmen, seien es nun sauberes Wasser, Impfstoffe oder neue Medikamente zur Vorbeugung gegen Herzkrankheiten. Ungleichheiten wirken ihrerseits auf den Fortschritt zurück. Entweder im guten Sinne, wenn indische Kinder sehen, was man durch Bildung erreichen kann, und dann ebenfalls zur Schule gehen. Oder im schlechten Sinne, wenn die Gewinner versuchen, andere daran zu hindern, ihnen zu folgen, indem sie die Leitern hinter sich hochziehen. Diejenigen, die es soeben zu Wohlstand gebracht haben, nutzen womöglich ihren Reichtum, um Politiker dazu zu bewegen, den Zugang zum öffentlichen Bildungs- oder Gesundheitswesen einzuschränken, auf den sie selbst nicht mehr angewiesen sind.

Dieses Buch erzählt Geschichten darüber, wie der Wohlstand langsam zunahm, wie und warum es zu Fortschritten kam und wie sich im Anschluss daran das Wechselspiel zwischen Fortschritt und Ungleichheit gestaltete.

Gesprengte Ketten: Der Film

Der berühmte Kinofilm *Gesprengte Ketten* über den Ausbruch von Kriegsgefangenen im Zweiten Weltkrieg basiert auf den Heldentaten von Roger Bushell (im Film Roger Bartlett, gespielt von Richard Attenborough), einem Südafrikaner in der Royal Air Force, der hinter deutschen Linien abgeschossen wurde, wiederholt ausbrach und immer wieder in Gefangenschaft geriet.[1] Bei seinem dritten, in dem Film geschilderten Versuch floh er zusammen mit 250 Gefangenen durch Tunnels, die sie gemeinsam aus dem Lager *Stalag Luft III* nach draußen gruben. *Gesprengte Ketten* beschreibt die Planung des Ausbruchs, die Findigkeit beim Graben der drei »Tom«, »Dick« und »Harry« genannten Tunnels und das Improvisationstalent und hohe technische Geschick der Männer bei der Anfertigung von Zivilkleidung und dem Fälschen von Papieren, alles unter den Argusaugen der Bewacher. Alle bis auf drei der Kriegsgefangenen wurden jedoch schließlich wieder aufgegriffen und Bushell selbst auf persönlichen Befehl Hitlers hingerichtet. Doch das eigentliche Thema des Films ist nicht das weitgehende Scheitern dieses Ausbruchsversuchs, sondern das unauslöschliche Verlangen des Menschen nach Freiheit, selbst unter unglaublich widrigen Umständen.

Wenn ich in diesem Buch von Freiheit spreche, meine ich damit die Freiheit, ein gutes Leben zu führen und Dinge zu tun, die das Leben lebenswert machen. Der Mangel an Freiheit ist gleichbedeutend mit Armut, Entbehrung und schlechter Gesundheit – lange Zeit das Los eines Großteils der Menschheit und noch immer das Schicksal eines empörend hohen Prozentsatzes der heutigen Weltbevölkerung. Ich werde Geschichten von wiederholten Ausbrüchen aus dieser Art Gefängnis erzählen und beschreiben, wie es dazu kam und warum und was im Anschluss geschah. Es ist eine Geschichte des materiellen und physischen Fortschritts, des wachsenden Wohlstands und einer besseren Gesundheit – die Geschichte davon, wie Menschen die Ketten der Armut sprengen.

Der Titel meines Buches »Der Große Ausbruch« geht, wie bereits erläutert, auf den Film »Gesprengte Ketten« zurück; oft habe ich mich gefragt, wieso manche Kriegsgefangene keinen Ausbruchsversuch unternahmen. Alle Kriegsgefangenen hätten im Lager bleiben können, aber stattdessen brachen einige aus, einige starben, manche wurden ins Lager zurückgebracht, und andere haben sich in ihr Schicksal gefügt. Dies liegt in der Natur der meisten »großen Ausbrüche«: Nicht jeder schafft es, aber das macht den Ausbruch in keiner Weise weniger wünschens- oder bewundernswert. Doch wenn wir über die Folgen des Ausbruchs nachdenken, dürfen wir nicht nur an die Helden des Films denken, sondern müssen uns auch denjenigen zuwenden, die in *Stalag Luft III* und anderen Lagern zurückblieben. Weshalb sollten wir uns für sie interessieren? Der Film tat es jedenfalls nicht – sie sind nicht die Helden und spielen nur eine Nebenrolle. Es gibt keinen Film mit dem Titel *Die ihre Ketten nicht sprengten*.

Und doch sollten wir uns über sie Gedanken machen. Schließlich haben die allermeisten Kriegsgefangenen in deutschen Lagern keinen Ausbruchsversuch unternommen. Vielleicht hätte ihnen die Flucht geschadet, nämlich dann, wenn sie dafür bestraft oder ihnen gewisse Privilegien, die sie genossen, gestrichen worden wären. Man kann sich auch vorstellen, dass die Wachposten nach einem erfolgreichen Ausbruchsversuch alle weiteren Versuche erschwerten. Hat die Flucht ihrer Schicksalsgefährten die Kriegsgefangenen, die noch in den Lagern einsaßen, dazu angespornt, ihrerseits den Ausbruch zu versuchen? Sie hätten zweifellos von den Methoden der großen Ausbrecher lernen und womöglich deren Fehler vermeiden können. Oder nahmen ihnen die Schwierigkeiten und der sehr begrenzte Erfolg des Unternehmens jeglichen Mut? Vielleicht machte sie der Neid auf die Geflohenen und die düstere Einschätzung ihrer eigenen Chancen auch ganz unglücklich und niedergeschlagen, wodurch die Lagerhaft für sie noch unerträglicher wurde.

Wie bei allen guten Filmen gibt es noch andere Interpretationen. Die Freude über den erfolgreichen Ausbruch wird durch das Ende des Films fast zunichtegemacht, denn die meisten Geflohenen können ihre Freiheit nur kurz genießen.

Die Menschheit begann vor rund 250 Jahren die Ketten von Tod und Entbehrung zu sprengen, und diese Befreiung dauert bis heute an. Aber dies muss keineswegs immer so weitergehen, und viele Bedrohungen – Klimawandel, Politikversagen, Epidemien und Kriege – könnten diesem Prozess ein Ende bereiten. Tatsächlich gab es viele vormoderne »Ausbrüche«, bei denen genau diese Kräfte den steigenden Lebensstandard zerstörten. Wir können und sollten die Erfolge feiern, aber es gibt keinen Grund zu naivem Optimismus.

Wirtschaftswachstum und der Ursprung der Ungleichheit

Viele bedeutende Episoden im Fortschritt der Menschheit haben ein Vermächtnis der Ungleichheit hinterlassen, auch diejenigen, die für gewöhnlich als äußerst segensreich beschrieben werden. Die Industrielle Revolution, die in Großbritannien im 18. und 19. Jahrhundert begann, setzte ein Wirtschaftswachstum in Gang, das Hunderte Millionen von Menschen aus materieller Not herausführte. Die andere Seite dieser Revolution ist das, was Historiker die »Große Divergenz« nennen: Großbritannien, nur wenig später gefolgt von Nordwesteuropa und Nordamerika, setzte sich vom Rest der Welt ab. Dadurch entstand jene gewaltige Kluft zwischen dem Westen und den übrigen Ländern, die sich bis heute nicht geschlossen hat.[2] Die heutige weltweite Ungleichheit ist weitgehend das Produkt des modernen Wirtschaftswachstums.

Wir sollten keineswegs glauben, der Rest der Welt sei vor der Industriellen Revolution immer rückständig und schrecklich arm gewesen. Jahrzehnte vor Kolumbus war China fortschrittlich und reich genug, um unter dem Kommando von Admiral Zheng He eine Flotte aus riesigen Segelschiffen – Flugzeugträger im Vergleich zu den »Ruderbooten« des Kolumbus – zur Erkundung des Indischen Ozeans entsenden zu können.[3] Noch 300 Jahre früher war die Stadt Kaifeng eine verräucherte Metropole mit einer Million Einwohnern, deren qualmende Hütten 800 Jahre später in Lancashire keinesfalls als Fremdkörper gewirkt hätten. Druckereien produzierten Millionen von Büchern, die so billig waren, dass auch arme Menschen sie sich leisten konnten.[4] Aber diese Epochen dauerten in China wie auch andernorts nicht lang, und sie waren sicherlich kein Ausgangspunkt von stetig zunehmendem Wohlstand. Im Jahr 1127 wurde Kaifeng Opfer einer Invasion von Stämmen aus der Mandschurei, deren Dienste man unvorsichtigerweise in Anspruch genommen hatte, um einen Krieg zu führen (doch wenn man sich mit gefährlichen Verbündeten einlässt, sollte man sie auf jeden Fall gut bezahlen).[5] Das Wirtschaftswachstum in Asien wurde immer wieder angeschoben und abgewürgt, von habgierigen Herrschern, Kriegen oder beidem.[6] Erst in den letzten 250 Jahren hat langfristiges und anhaltendes Wirtschaftswachstum in einigen Regionen der Welt – und dessen Fehlen in anderen – zu einer dauerhaften Kluft zwischen Ländern geführt. Das Wirtschaftswachstum war die treibende Kraft der internationalen Einkommensungleichheit.

Die Industrielle Revolution und die »Große Divergenz«« gehören zu den eher positiven »Ausbrüchen« in der Geschichte. Es gibt viele Fälle, in denen der Fortschritt in einem Land auf *Kosten* eines anderen ging. Vom Zeitalter der Imperien im 16. und 17. Jahrhundert, das der Industriellen Revolution vorausging und sie mitverursachte, haben viele Menschen in England und den Niederlanden profitiert – den Ländern, die bei diesem Gerangel der Mächte am besten abschnitten. Um das Jahr 1750 herum verdienten ungelernte Arbeiter in London und Amsterdam deutlich mehr als ihre Kollegen in Delhi, Peking, Valencia und Florenz. Englische Arbeiter konnten sich sogar ein paar Luxusartikel leisten, etwa Zucker und Tee.[7] Aber den Völkern in Asien, Lateinamerika und der Karibik, die erobert und ausgeplündert wurden, hat man nicht nur damals Schaden zugefügt. Oftmals wurden ihnen auch wirtschaftliche und politische Institutionen aufgebürdet, die sie zu jahrhundertelanger Armut und Ungleichheit verdammten.[8]

Die heutige Globalisierung geht, wie Globalisierungen früherer Zeiten, mit wachsendem Wohlstand und zunehmender Ungleichheit einher. Länder, die vor nicht allzu langer Zeit noch arm waren, wie China, Indien, Korea oder Taiwan, haben sich die Globalisierung zunutze gemacht und sind rasch gewachsen, viel schneller als die heutigen reichen Länder. Gleichzeitig haben sie sich von noch ärmeren Ländern abgesetzt, viele davon in Afrika, was neue Ungleichheiten geschaffen hat. Während einige die Ketten sprengen, bleiben andere zurück. Die Globalisierung und neue Produktionsweisen haben zu einer ständigen Zunahme des Wohlstands in reichen Ländern geführt, auch wenn die Wachstumsraten heute niedriger sind – nicht nur im Vergleich zu den schnell wachsenden armen Ländern, sondern auch zu den früheren Verhältnissen in den reichen Ländern selbst.

Mit sinkender Wachstumsgeschwindigkeit klafft auch die Einkommensschere zwischen den Menschen *innerhalb* der meisten Länder immer weiter auseinander. Ein paar Glückliche haben ungeheure Vermögen angehäuft und frönen einem Lebensstil, der selbst die größten Könige und Kaiser der vergangenen Jahrhunderte in den Schatten stellt. Dagegen hat sich bei den meisten anderen Menschen die materielle Lage nur geringfügig verbessert, und in einigen Ländern – darunter den Vereinigten Staaten – geht es Menschen in der Mitte der Einkommensverteilung nicht besser als ihren Eltern. Sie stehen finanziell natürlich viel besser da als noch frühere Generationen. Man kann nicht sagen, sie hätten die Fesseln der Armut nicht abgestreift. Dennoch haben viele Menschen heute gute Gründe, sich besorgt zu fragen, ob ihre Kinder und Enkelkinder die Gegenwart im Rückblick weniger als eine Zeit des relativen Mangels denn als ein lange untergegangenes goldenes Zeitalter betrachten werden.

Wenn Ungleichheit die Dienerin des Fortschritts ist, dann machen wir einen großen Fehler, wenn wir nur den durchschnittlichen Fortschritt oder, schlimmer noch, nur den Fortschritt der Erfolgreichsten betrachten. Die Industrielle Revolution wurde uns als eine Geschichte dessen erzählt, was in den führenden Ländern geschah. Aber den Rest der Welt klammerte man einfach aus – als würde sich dort nichts ereignen, oder als sei dort *noch nie* etwas geschehen. Damit tat man nicht nur dem größten Teil der Menschheit Unrecht, man ignorierte obendrein auch noch die erzwungenen Beiträge derjenigen, denen man Schaden zufügte oder die man, bestenfalls, zurückließ. Ein objektiver Ansatz, die »Entdeckung« der Neuen Welt zu beschreiben, verlangt von uns, nicht nur die Auswirkungen zu betrachten, die sie auf die Alte Welt hatte. Innerhalb von Ländern sagt die durchschnittliche Rate des Fortschritts, wie etwa die Wachstumsrate des Volkseinkommens, nichts darüber aus, ob das Wachstum dem Gros der Bevölkerung zugutekommt – wie es in den Vereinigten Staaten in den ersten 25 Jahren nach dem Zweiten Weltkrieg der Fall war – oder ob nur eine kleine Gruppe sehr vermögender Personen davon profitiert – wie es in jüngerer Zeit geschah.

Ich erzähle die Geschichte des materiellen Fortschritts, aber diese Geschichte dreht sich *sowohl* um Wachstum *als auch* um Ungleichheit.

Nicht nur Einkommen, sondern auch Gesundheit

Die Verbesserung des allgemeinen Gesundheitszustands innerhalb der Bevölkerung ist genauso eindrucksvoll wie die Zunahme des Wohlstands. Im vergangenen Jahrhundert ist die Lebenserwartung in den reichen Ländern um 30 Jahre gestiegen, und sie nimmt weiterhin alle zehn Jahre um zwei bis drei Jahre zu. Kinder, die früher vor ihrem fünften Geburtstag gestorben wären, erreichen heute ein hohes Alter, und Erwachsene in mittleren Lebensjahren, die früher an einer Herzkrankheit gestorben wären, sehen heute ihre Enkelkinder heranwachsen und studieren. Unter all den Dingen, die das Leben lebenswert machen, gehören zusätzliche Lebensjahre gewiss zu den wertvollsten.

Auch hier hat der Fortschritt Ungleichheiten hervorgebracht. Das Wissen, dass Tabakkonsum tödlich ist, hat in den vergangenen 50 Jahren Millionen von Menschenleben gerettet, aber es waren gebildete, vergleichsweise wohlhabende Akademiker, die als Erste mit dem Rauchen aufhörten und so ein »Gesundheitsgefälle« zwischen Reich und Arm schufen. Die Erkenntnis, dass Krankheiten durch Erreger verursacht werden, war um das Jahr 1900 herum noch völlig neu, und Akademiker und gebildete Menschen waren die Ersten, die dieses Wissen im Alltagsleben beherzigten. Wir wissen seit fast 100 Jahren, wie man mit Hilfe von Impfstoffen und Antibiotika das Leben von Kindern retten kann, und trotzdem sterben alljährlich noch immer rund zwei Millionen Kinder an Krankheiten, die sich durch Impfstoffe verhüten lassen. Reiche werden in modernsten Kliniken in São Paulo oder Neu-Delhi mit den neuesten Therapieverfahren behandelt, während nur ein, zwei Kilometer entfernt arme Kinder an Unterernährung und leicht zu verhütenden Krankheiten sterben. Die Erklärung dafür, warum der Fortschritt solche Ungleichheiten hervorbringt, ist von Fall zu Fall verschieden. Dass arme Menschen mit höherer Wahrscheinlichkeit rauchen, hat nicht die gleiche Ursache wie die Tatsache, dass so viele arme Kinder nicht geimpft werden. Wir werden darauf später genauer eingehen, vorerst wollen wir lediglich festhalten, dass der gesundheitliche Fortschritt Gesundheitsungleichheiten erzeugt, so wie der materielle Fortschritt Lebensstandards immer weiter auseinanderklaffen lässt.

Diese »Gesundheitsungleichheiten« sind eine der größten Ungerechtigkeiten in unserer heutigen Welt. Wenn neue Erfindungen oder neue Erkenntnisse gemacht werden, muss *irgendjemand* der Erste sein, der davon profitiert, und die Ungleichheiten, die dadurch entstehen, dass man eine Zeitlang warten muss, sind ein angemessener Preis für den Fortschritt. Es wäre absurd zu wünschen, die Erkenntnisse über die gesundheitlichen Auswirkungen des Rauchens wären unter Verschluss gehalten worden, nur um neue gesundheitliche Ungleichheiten zu verhindern. Dennoch rauchen Arme noch immer mit höherer Wahrscheinlichkeit als Reiche, und die Kinder, die heute in Afrika sterben, wären selbst vor 60 Jahren in Frankreich oder den Vereinigten Staaten nicht mehr gestorben. Weshalb bestehen diese Ungleichheiten fort, und was können wir gegen sie tun?

In diesem Buch geht es vor allem um zwei Themen: materielle Lebensstandards und Gesundheit. Sie sind nicht die einzigen Dinge, die für ein gutes Leben wichtig sind, aber sie sind grundlegende Dinge. Wenn man Gesundheit und Einkommen gemeinsam betrachtet, vermeidet man einen Fehler, der heutzutage, wo das Wissen spezialisiert ist und jedes Fachgebiet seine eigene eng beschränkte Sichtweise des menschlichen Wohlergehens hat, allzu häufig gemacht wird. Volkswirte konzentrieren sich auf das Einkommen, Gesundheitsexperten auf die Mortalität (Sterblichkeit) und die Morbidität (Erkrankungshäufigkeit), während sich Demographen vor allem für Geburten, Todesfälle und die Größe von Populationen interessieren. All diese Faktoren tragen zum Wohlbefinden bei, aber keiner davon *ist* das Wohlbefinden. Die Aussage versteht sich eigentlich von selbst, aber die Probleme, die daraus erwachsen, sind weniger offenkundig.

Ökonomen – mein eigener Berufsstand – glauben, den Menschen ginge es besser, wenn sie mehr Geld zur Verfügung haben. Das stimmt zwar, aber nur bis zu einem gewissen Punkt. Wenn also ein paar Menschen viel mehr Geld bekommen und die Mehrzahl wenig oder gar nichts, ohne dabei schlechter wegzukommen als vorher, behaupten Ökonomen in der Regel, der Wohlstand insgesamt habe zugenommen. Und tatsächlich ist die Idee, dass »finanziell besser gestellt« gleichbedeutend mit »besser« sei, sehr verführerisch (sie wird auch »Pareto-Kriterium« genannt). Allerdings wird diese Idee gänzlich untergraben, wenn man das Wohlbefinden allzu eng definiert. Das *Wohlergehen* der Menschen, nicht nur ihr materieller Lebensstandard, muss sich verbessern oder darf sich zumindest nicht verschlechtern. Einmal angenommen, die Reichen würden von der Politik begünstigt werden oder das öffentliche Gesundheits- oder Bildungswesen untergraben, so dass diejenigen, denen es weniger gutgeht, in der Politik oder im Gesundheits- oder Bildungswesen schlechter dastehen. In diesem Fall mögen diejenigen, denen es weniger gut ergangen ist, zwar mehr Geld erhalten, aber sie sind *nicht* bessergestellt. Man kann eine Gesellschaft oder eine gerechte Verteilung nicht allein anhand des Lebensstandards messen. Trotzdem wenden Volkswirte das Pareto-Argument regelmäßig und zu Unrecht auf das Einkommen an und ignorieren dabei andere Aspekte des Wohlbefindens.

Selbstverständlich ist es ebenfalls ein Fehler, Gesundheit oder irgendeinen anderen *Teilaspekt* des Wohlbefindens isoliert zu betrachten. Es ist eine gute Sache, die Gesundheitsversorgung der Bevölkerung zu verbessern und sicherzustellen, dass diejenigen, die medizinischer Behandlung bedürfen, diese auch erhalten. Aber wir können keine Prioritäten im Gesundheitswesen festlegen, ohne auf deren Kosten zu achten. Und wir sollten auch Langlebigkeit nicht als ein Maß des sozialen Fortschritts heranziehen. Es ist besser, in einem Land mit hoher Lebenserwartung zu leben, aber nicht, wenn dort eine totalitäre Diktatur herrscht.

Wohlbefinden lässt sich nicht anhand des »durchschnittlichen Wohlbefindens« beurteilen, ohne Ungleichheit in den Blick zu nehmen, und Wohlbefinden als Ganzes lässt sich auch nicht anhand einer oder mehrerer seiner Teilaspekte beurteilen. Wenn dieses Buch viel länger wäre und ich, sein Autor, ein viel größeres Wissen besäße, würde ich über weitere Aspekte des Wohlbefindens schreiben, etwa Freiheit, Bildung, Selbstbestimmung, Würde und die Fähigkeit zu gesellschaftlicher Teilhabe. Aber es genügt schon, dass wir uns im selben Buch mit Gesundheit und Einkommen befassen, um den Fehler zu vermeiden, der daraus entsteht, nur das eine oder das andere zu betrachten.

Wie kommt Fortschritt zustande?

Es bestehen kaum Zweifel, dass unsere Vorfahren gern all das gehabt hätten, was wir heute besitzen, wenn sie sich unsere Welt hätten vorstellen können. Und nichts spricht dafür, dass sich Eltern jemals daran gewöhnen werden, ihre Kinder sterben zu sehen. (Wenn Sie mir nicht glauben, sollten Sie – als einen Bericht von vielen – Janet Brownes Schilderung der Qualen lesen, die Charles Darwin durchlitt, als seine beiden ersten Kinder starben.)[9] Der Wunsch, Leid und Not zu entkommen, ist immer vorhanden. Aber er geht nicht immer in Erfüllung. Neue Erkenntnisse, neue Erfindungen und neue Methoden sind die Schlüssel zum Fortschritt.

Manchmal geht die Inspiration von einsamen Erfindern aus, die sich etwas vollkommen Neues ausdenken. Meistens aber sind neue Vorgehensweisen und Methoden Nebenprodukte von etwas anderem. So hat etwa das Lesen enormen Auftrieb erfahren, als die Protestanten angehalten wurden, die Bibel selbst zu studieren. Noch häufiger bringt das soziale und ökonomische Umfeld Innovationen hervor, die einen konkreten Bedarf befriedigen. Die Löhne in Großbritannien waren hoch, nachdem das Land im Zeitalter der Imperien prosperierte, und diese hohen Löhne boten zusammen mit den reichen Kohlevorkommen Anreize für Tüftler und Fabrikanten, jene Erfindungen zu machen, die die Industrielle Revolution antrieben.[10] Die britische Aufklärung mit ihrem unermüdlichen Streben nach Selbstverbesserung, lieferte den fruchtbaren intellektuellen Boden für jene Erfindungen.[11] Die Cholera-Epidemien im 19. Jahrhundert gaben den Anstoß zu bahnbrechenden Entdeckungen, die schließlich in der Keimtheorie der Krankheitsentstehung gipfelten. Intensive Forschungsanstrengungen im Rahmen der HIV/AIDS-Pandemie führten zur Entdeckung des Virus und zur Entwicklung von Medikamenten, die die Krankheit zwar nicht heilen, aber die Lebenserwartung der Infizierten deutlich verlängern. Allerdings gibt es auch Fälle, in denen die Inspiration ausblieb und Bedürfnisse und Anreize keine magische oder auch nur eine banale Lösung produzierten. Die Malaria plagt die Menschen seit Zehntausenden von Jahren, vielleicht sogar seit Anbeginn der Menschheitsgeschichte, und wir haben noch immer keine 100-prozentig wirksame Präventions- oder Behandlungsmethode. Die Not mag die Mutter der Erfindung sein, aber nichts garantiert eine erfolgreiche Schwangerschaft.

Auch Ungleichheit beeinflusst den Erfindungsprozess, manchmal zum Positiven und manchmal zum Negativen. Die Leiden der sozial Benachteiligten sind eine dringliche Aufforderung, neue Wege zu finden, um die Kluft zu schließen, und sei es auch nur, weil die Tatsache, dass einige keinen Mangel leiden, beweist, dass Entbehrung kein Naturgesetz ist. Ein gutes Beispiel ist die Entwicklung der oralen Rehydratationstherapie in den Flüchtlingslagern von Bangladesch während der 1970er Jahre. Millionen von Kindern, die an Durchfall litten, wurden hier durch eine billige und leicht herzustellende Trinklösung vor Dehydrierung und drohendem Tod bewahrt.

Aber Innovation hat auch negative Effekte. Neue Erfindungen und neue Techniken bedrohen die Besitzstände mächtiger Interessengruppen. Innovative Epochen lösen Wellen »schöpferischer Zerstörung« aus, wie die Ökonomen sagen. Neue Methoden fegen alte Methoden hinweg und zerstören das Leben und die Lebensgrundlage derjenigen, die von der alten Ordnung abhängig waren. Die Globalisierung der Gegenwart hat vielen solchen Gruppen geschadet. Die Einfuhr billigerer Güter aus dem Ausland gleicht der Erfindung eines neuen Herstellungsverfahrens, und wehe denen, die ihren Lebensunterhalt damit verdienten, dass sie diese Güter im Inland produzierten. Einige der Verlierer oder derjenigen, die befürchten, unter die Räder zu kommen, haben politische Macht und können die neuen Ideen ächten oder ihre Verbreitung verzögern. Die Kaiser von China sahen ihre Macht durch Kaufleute bedroht und verboten daher im Jahr 1430 Seefahrten, so dass die Erkundungsreisen von Admiral Zheng, auf die ich oben zu sprechen kam, ein Ende und keinen Anfang markierten.[12] In ähnlicher Weise hat der österreichische Kaiser Franz Joseph I. Eisenbahnen verboten, weil er befürchtete, sie könnten einer Revolution Vorschub leisten und seine Macht bedrohen.[13]

Warum spielt Ungleichheit eine Rolle?

Ungleichheit kann den Fortschritt ankurbeln oder ihn hemmen. Aber ist er an sich von Bedeutung? Darüber besteht kein allgemeines Einvernehmen: Der Philosoph und Ökonom Amartya Sen gibt zu bedenken, dass selbst unter denjenigen, die irgendeine Form von Gleichheit für erstrebenswert erachten, sehr unterschiedliche Auffassungen darüber bestehen, *was* gleichverteilt werden sollte.[14] Einige Ökonomen und Philosophen behaupten, Einkommensungleichheiten seien ungerecht, sofern sie nicht notwendig sind, um ein höheres Ziel zu erreichen. Wenn eine Regierung zum Beispiel all ihren Bürgern das gleiche Einkommen garantieren wollte, würden womöglich alle deutlich weniger arbeiten, so dass selbst die Allerärmsten schlechter dran wären als in einem System, das ein gewisses Maß an Ungleichheit zulässt. Andere Theoretiker legen größeren Wert auf die Chancen- als auf die Ergebnisgleichheit, auch wenn Chancengleichheit sehr unterschiedlich definiert wird. Wieder andere definieren Gerechtigkeit als Verhältnismäßigkeit: Das, was jede Person bekommt, sollte im Verhältnis stehen zu dem, was sie zum Gesamtergebnis beiträgt.[15] Aus dieser Auffassung von Gerechtigkeit lässt sich leicht folgern, dass Einkommens*gleichheit* ungerecht ist, wenn sie mit einer Einkommensumverteilung von den Reichen zu den Armen einhergeht.

Die Argumente, die ich in diesem Buch herausstelle, beziehen sich auf die Auswirkungen von Ungleichheit – unabhängig davon, ob Ungleichheit nützt oder schadet – und darauf, ob es eine Rolle spielt, über welche Art von Ungleichheit wir sprechen. Profitiert eine Gesellschaft davon, wenn sehr reiche Menschen in ihr leben, die meisten jedoch nicht reich sind? Wenn dem nicht so ist, profitiert die Gesellschaft dann von den Regeln und Institutionen, die es einigen erlauben, viel reicher zu werden als den übrigen? Oder schaden die Reichen allen anderen, indem sie die Einflussmöglichkeiten der Nichtreichen auf die Gestaltung des Gemeinwesens beschneiden? Sind Gesundheitsungleichheiten vergleichbar mit Einkommensungleichheiten, oder unterscheiden sie sich irgendwie davon? Sind sie immer ungerecht, oder können sie manchmal einem höheren Gut dienen?

Ein Überblick

Ziel dieses Buches ist es, eine globale Bestandsaufnahme von Wohlstand und Gesundheit vorzulegen, wobei die Gegenwart in den Fokus rückt, aber auch ein Rückblick auf die Vergangenheit Berücksichtigung finden wird, um zu erklären, wie es zu der heutigen Situation gekommen ist. Kapitel 1 gibt eine einleitende Übersicht. Es vermittelt eine Momentaufnahme der Welt aus dem Weltall: eine Karte, die zeigt, wo es den Menschen gutgeht und wo nicht. Sie dokumentiert eine Welt, die große Fortschritte bei der Bekämpfung der Armut und der Senkung der Sterblichkeit gemacht hat, aber auch eine Welt großer Unterschiede – immenser Unterschiede in den Lebensstandards, den Lebenschancen und im Wohlbefinden.

Die drei Kapitel von Teil I befassen sich mit dem Thema Gesundheit. Sie gehen der Frage nach, auf welche Weise die Vergangenheit noch immer unseren heutigen Gesundheitszustand prägt, warum die Hunderttausende von Jahren, die die Menschen als Jäger und Sammler verbrachten, für das Verständnis unseres heutigen Gesundheitsstatus von Bedeutung sind, und weshalb die Revolution der Sterblichkeit, die im 18. Jahrhundert begann, Maßstäbe setzte, die sich in den heutigen Fortschritten auf dem Gebiet der Gesundheit widerspiegeln.

Der Übergang zur Landwirtschaft vor 10 000 bis 7000 Jahren ermöglichte es, einen größeren Teil des Nahrungsbedarfs durch angebaute Feldfrüchte zu decken, aber er brachte auch neue Krankheiten und neue Ungleichheiten mit sich, da an die Stelle egalitärer Gruppen von Jägern und Sammlern hierarchisch organisierte Staaten traten. Dem England des 18. Jahrhunderts bescherte die Globalisierung neue Arzneimittel und neue Behandlungsverfahren, die viele Leben retteten – aber größtenteils die Leben derjenigen, die es sich leisten konnten. Zwar haben die neuen Methoden schließlich auch die Sterblichkeit der Gesamtbevölkerung gesenkt, doch hat zunächst vor allem die Aristokratie profitiert, deren Lebenserwartung im Vergleich zu der des gemeinen Volkes sprunghaft anstieg. Am Ende des 19. Jahrhunderts hatte die Entwicklung und allgemeine Akzeptanz der Keimtheorie der Krankheitsentstehung die Voraussetzungen für weitere enorme Fortschritte im Gesundheitsbereich geschaffen. Aber zugleich öffnete sie eine weitere riesige Kluft – diesmal zwischen den Überlebenschancen derjenigen, die in reichen Ländern geboren wurden, und jenen, die andernorts zur Welt kamen.

Ich erzähle die Geschichte des Kampfes um das Leben von Kindern in jenem Teil der Welt, der abgehängt wurde. Dies ist eine Geschichte des Fortschritts, vor allem nach dem Zweiten Weltkrieg – ein Aufholen, das die Kluft, die sich im 18. Jahrhundert zu öffnen begann, allmählich wieder schloss. Es ist eine Geschichte mit vielen großen Erfolgen, in der Antibiotika, Schädlingsbekämpfung, Impfungen und sauberes Wasser Millionen von Kindern retteten und in der die Lebenserwartung manchmal jedes Jahr – kaum vorstellbar – um mehrere Jahre stieg. Der große Abstand in der Lebenserwartung zwischen den armen und den reichen Ländern verringerte sich ein wenig, er wurde aber nicht geschlossen. Es gab schreckliche Rückschläge, etwa eine von Menschen selbst verursachte katastrophale Hungersnot in China zwischen 1958 und 1961, und die gegenwärtige HIV/AIDS-Epidemie, die in mehreren afrikanischen Ländern die im Laufe von 30 Jahren erzielten Fortschritte bei der Verringerung der Sterblichkeit zunichtemachte. Selbst ohne diese Katastrophen bleibt noch einiges zu tun. Viele Länder verfügen über keine ausreichenden Systeme für eine effektive gesundheitliche Grundversorgung, viele Kinder sterben noch immer nur deshalb, weil sie im »falschen« Land geboren wurden, und es gibt noch immer Regionen – insbesondere, aber nicht nur in Indien –, wo die Hälfte der Kinder massiv unterernährt ist.

Einer der (guten) Gründe, weshalb sich das Mortalitätsgefälle zwischen Reich und Arm nicht schneller geschlossen hat, liegt darin, dass die Sterblichkeit auch in reichen Ländern weiter zurückgegangen ist, wenn auch in ganz anderer Weise: Kinder profitierten dabei weniger, Erwachsene dagegen mehr. Zum Abschluss jenes Teils, der sich mit der globalen Entwicklung der Gesundheit befasst, wenden wir uns dem Rückgang der Sterblichkeit in den

Wohlstandsländern zu: Warum hat sich der Abstand bei der Lebenserwartung zwischen Männern und Frauen stark verringert? Welche Rolle spielte dabei der Zigarettenkonsum? (Eine sehr große.) Warum war der Kampf gegen Herzkrankheiten so viel erfolgreicher als der Kampf gegen Krebs? Einmal mehr sehen wir, dass Fortschritte eng mit wachsenden Gesundheitsungleichheiten verbunden sind, so, wie es im späten 18. Jahrhundert in Großbritannien der Fall war.

Die beiden Kapitel von Teil II behandeln materielle Lebensstandards. Ich beginne mit den Vereinigten Staaten. Obgleich die USA tatsächlich einen – oft extremen – Ausnahmefall darstellen, zum Beispiel was das Ausmaß der Einkommensungleichheit anbelangt, sind die hier wirksamen Kräfte auch in anderen Wohlstandsländern am Werk. Wirtschaftswachstum bescherte den Amerikanern nach dem Zweiten Weltkrieg neuen Wohlstand, aber das Wachstum hat sich bereits vor der Großen Rezession (2007–2009) Jahrzehnt für Jahrzehnt abgeschwächt. Durch das Wachstum in der Nachkriegszeit kam es zu einem deutlichen Rückgang der Armut, insbesondere bei Afroamerikanern und älteren Menschen, und die Ungleichheit nahm kaum zu. Bis Anfang der 1970er Jahre waren die Vereinigten Staaten das Musterbeispiel einer modernen großen Volkswirtschaft. Seither ist das Wachstum jedoch rückläufig, während die Ungleichheit, angetrieben von außer Kontrolle geratenen Einkommenszuwächsen an der Spitze der Einkommenspyramide, zunimmt. Wie immer hat diese Ungleichheit auch ihr Gutes: Bildung, Innovationsgespür und Kreativität werden höher belohnt denn je. Aber die Vereinigten Staaten geben auch ein anschauliches Beispiel für die Schattenseiten ab, für die politischen und ökonomischen Bedrohungen des Wohlergehens, die mit einer Plutokratie verbunden sind.

Ich betrachte auch die Lebensstandards in der Welt insgesamt. Hier zeigt sich der vielleicht größte »Ausbruch« in der gesamten Menschheitsgeschichte und zweifellos der schnellste: der Rückgang der globalen Armut seit 1980. Ein Großteil davon geht auf das Konto der beiden bevölkerungsreichsten Länder der Erde, China und Indien, wo das Wirtschaftswachstum der jüngsten Vergangenheit die Lebensbedingungen von über einer Milliarde Menschen grundlegend zum Positiven gewendet hat. Der Rückgang der globalen Armut widerspricht den fast einhelligen apokalyptischen Vorhersagen der 60er Jahre, wonach die Bevölkerungsexplosion zwangsläufig weltweite Not und Katastrophen hervorbringen werde. Dabei geht es der Menschheit heute, aufs Ganze gesehen, viel besser, als die Pessimisten es vorhersagten. Trotzdem lebt eine Milliarde Menschen *noch immer* in schrecklicher Armut. Nicht wenige haben die Ketten gesprengt, aber viele sind weiterhin gefangen.

Teil III besteht aus einem Kapitel, einem Epilog, in dem ich, ausgehend von den Befunden aus den vorhergehenden Kapiteln, darlege, was getan werden sollte – und, vielleicht noch wichtiger, was nicht getan werden sollte. Ich glaube, dass wir – und damit meine ich diejenigen von uns, die das Glück hatten, in den »richtigen« Ländern geboren zu werden – eine moralische Verpflichtung haben, einen Beitrag zur Bekämpfung von Armut und Krankheiten in der Welt zu leisten. Diejenigen, die entkommen sind – aus eigener Kraft oder durch die Anstrengungen vorheriger Generationen –, müssen denjenigen helfen, die noch in Ketten liegen.

Viele Menschen glauben, diese moralische Verpflichtung werde durch die Auslandshilfe erfüllt, durch die Anstrengungen nationaler Regierungen (von denen die meisten eigens staatliche Entwicklungshilfeorganisationen eingerichtet haben), durch internationale Organisationen wie die Weltbank oder die Weltgesundheitsorganisation oder durch die Tausenden von Nichtregierungsorganisationen, die national und international in der Entwicklungszusammenarbeit tätig sind. Während ein Teil dieser Hilfe eindeutig positive Wirkungen hatte – und es sprechen gute Argumente dafür, die Entwicklungsländer bei der Bekämpfung von Krankheiten wie HIV/AIDS oder Pocken zu unterstützen –, bin ich zu der Überzeugung gelangt, dass der größte Teil der Auslandshilfe mehr schadet als nützt. Wenn sie die Wachstumschancen von Ländern untergräbt – was meines Erachtens der Fall ist –, gibt es keinen Grund, sie fortzuführen, nur weil »wir doch etwas tun müssen«. Dieses »etwas« ist nichts anderes als die Einstellung der Hilfszahlungen.

Das Nachwort kehrt zu den Hauptthemen zurück. Es stellt die Frage, ob wir damit rechnen können, dass der wirklich Große Ausbruch – anders als der Film *Gesprengte Ketten* – ein Happy End haben wird.

Fortschritt und Ungleichheit messen

Nach Möglichkeit untermauere ich meine Argumente mit Daten und fast immer mit Diagrammen. Ohne Definitionen und stützendes Zahlenmaterial kann man nicht in schlüssiger Weise über Fortschritt diskutieren. Tatsächlich ist eine moderne, effiziente Regierungsführung ohne die Erhebung von Daten schlichtweg unmöglich. Seit Jahrtausenden führen Staaten Volkszählungen durch – der römische Zensus, wegen dem Maria und Josef nach Betlehem, der Geburtsstadt Josefs, reisen, ist ein berühmtes Beispiel. Die US-amerikanische Verfassung schreibt vor, dass alle zehn Jahre eine Volkszählung durchgeführt werden muss. Ohne eine solche ist ein dem Gemeinwohl verpflichtetes Regierungshandeln nicht möglich. Schon viel früher, im Jahr 1639, ordneten die Kolonisten im heutigen Massachusetts die Erfassung sämtlicher Geburten und Sterbefälle an. Ohne eine solche Bevölkerungsstatistik vor Augen operiert die öffentliche Gesundheitspolitik blind.

Ein Problem des öffentlichen Gesundheitswesens in den armen Ländern – und zwar keineswegs das kleinste – ist der Mangel an verlässlichen Informationen über die Zahl der Sterbefälle, ganz zu schweigen von den Todesursachen. Es fehlt nicht an erfundenen und nachträglich modifizierten Daten internationaler Organisationen, aber diese reichen als Grundlage für die Politikgestaltung oder für die Beurteilung des Nutzens von Auslandshilfe nicht aus. Eine Tatsache, die noch immer nicht allgemein verstanden wird. Das Bedürfnis, etwas zu tun, ist stärker als das Bedürfnis, zu verstehen, was getan werden muss. Und ohne Daten kann jeder, der etwas tut, behaupten, er sei erfolgreich gewesen. Im weiteren Verlauf werde ich versuchen, die Grundlagen meiner Zahlen zu erläutern und aufzuzeigen, woher sie kommen und wie glaubwürdig (oder unglaubwürdig) sie sind. Ich werde auch versuchen, stichhaltig darzulegen, wieso das Fehlen aussagekräftiger Daten ein Skandal ist, auf den man bislang noch nicht angemessen reagiert hat.

Wenn wir nicht verstehen, wie die Zahlen zusammengestellt werden und was sie bedeuten, laufen wir Gefahr, Probleme zu sehen, wo es in Wirklichkeit keine gibt, und andererseits dringende und lösbare Probleme zu verkennen. Wir laufen Gefahr, uns über Hirngespinste zu ereifern, während wir echte Greuel übersehen und politische Handlungsempfehlungen geben, die gänzlich am Problem vorbeigehen.

Nationale Zufriedenheit und Volkseinkommen

Dieses Buch befasst sich überwiegend mit materiellem Wohlergehen, das typischerweise durch das Einkommen gemessen wird, also durch den Geldbetrag, der Menschen zum Ausgeben oder Sparen zur Verfügung steht. Geld muss immer in Relation zu den Preisen der Güter gesehen werden, die Menschen davon kaufen können. Aber wenn man dies berücksichtigt, ist es ein hinlänglich zuverlässiger Indikator für die Fähigkeit von Menschen, Dinge zu erwerben, von denen das materielle Wohlergehen abhängt. Dennoch wird häufig behauptet, dem Einkommen werde zu viel Gewicht beigemessen. Ein gutes Leben bedeutet zweifellos mehr als ein ausreichendes Einkommen, aber oft wird darüber hinaus noch argumentiert, Geld würde die Lebenszufriedenheit der Menschen nicht verbessern, zumindest dann nicht, wenn die Grundbedürfnisse erst einmal befriedigt sind.

Gewisse empirische Belege für dieses Argument liefern Erhebungen über emotionales Wohlbefinden (»happiness«), die angeblich beweisen, dass Geld Menschen nicht oder nicht in einem nennenswerten Maße glücklich macht, einmal abgesehen von armen Menschen. Wenn dies zutrifft und wenn die Selbsteinschätzung des eigenen Glücksgefühls ein geeignetes Maß für Wohlbefinden ist, dann würde ein Großteil meines Arguments dadurch entkräftet werden. Daher ist es sinnvoll, zunächst einmal nach dem Zusammenhang zwischen emotionalem Wohlbefinden und Geld zu fragen. Die Diskussion wird mir auch Gelegenheit geben, eine Methode der grafischen Darstellung einzuführen und zu erläutern, die ich das gesamte Buch hindurch benutzen werde.

In Umfragen werden Menschen oft gefragt, wie es ihnen geht. Zum Beispiel sollen sie angeben, wie zufrieden sie mit ihrem Leben im Allgemeinen sind. Diese Daten werden oft als »Glücksmaße« bezeichnet, auch wenn einem leicht Fälle von unglücklichen Menschen einfallen, die glauben, es gehe ihnen eigentlich gut, und umgekehrt. Wie wir sehen werden, ist es tatsächlich ein schwerwiegender Fehler, Lebenszufriedenheit mit emotionalem Wohlbefinden zu identifizieren. Erstere ist ein Gesamturteil über das eigene Leben nach sorgfältiger Überlegung, während letzteres eine Emotion, einen Gemütszustand oder ein Gefühl umschreibt, das Teil der subjektiven Lebenserfahrung ist.[16]

Bei den Gallup-Umfragen werden Menschen weltweit gebeten, ihre Lebenszufriedenheit anhand einer elfstufigen »Lebensleiter« einzuschätzen. Die unterste Sprosse, 0, heißt »vollkommen unzufrieden mit meinem Leben«, während 10 »vollkommen zufrieden mit meinem Leben« bedeutet. Jedem Befragten wird die Frage gestellt: »Auf welcher Sprosse der Leiter würden Sie sich selbst gegenwärtig einstufen?« Wir können anhand dieser Daten Länder miteinander vergleichen und insbesondere herausfinden, ob Länder mit hohem Einkommen besser abschneiden als solche mit niedrigem.

Abbildung 1 zeigt die durchschnittliche Lebenszufriedenheit für jedes Land im Vergleich zu seinem Pro-Kopf-Einkommen oder, genauer gesagt, seinem Bruttoinlandsprodukt (BIP) pro Kopf. Dargestellt sind hier die Durchschnittswerte für die Jahre 2007 bis 2009. Das Einkommen ist in US-Dollar angegeben, die um Unterschiede in den Preisniveaus zwischen den Ländern bereinigt wurden. In Kapitel 6 werde ich erklären, woher diese Zahlen kommen, und auch erläutern, weshalb man sie mit erheblichem Vorbehalt betrachten sollte. Die Größe der Kreise in der Abbildung ist proportional zur Bevölkerung jedes Landes. Die beiden großen Länder links sind China und Indien, und das große Land rechts oben stellt die Vereinigten Staaten dar. Einige weitere, besonders interessante Länder habe ich ebenfalls namentlich gekennzeichnet.

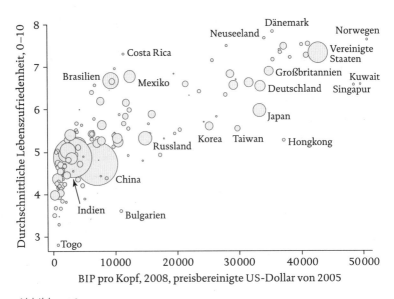

Abbildung 1:
Lebenszufriedenheit und Pro-Kopf-BIP

Wir sehen auf einen Blick, dass die Menschen, die in den sehr armen Ländern auf der linken Seite des Schaubilds leben, im Allgemeinen sehr unzufrieden mit ihrem Leben sind. Sie haben nicht nur ein niedriges Einkommen, sondern rangieren auch auf der Skala der Lebenszufriedenheit ganz unten. Am anderen Ende der Welt, in den Vereinigten Staaten und den anderen reichen Ländern, verfügen die Menschen über hohe Einkommen und schätzen ihre Lebenszufriedenheit selbst hoch ein. Die niedrigste Lebenszufriedenheit weist Togo auf – eines der ärmsten Länder der Welt, in dem die Menschen sehr wenige Freiheiten, gleich welcher Art, besitzen. Dänemark hingegen ist das Land mit der höchsten Lebenszufriedenheit – ein reiches, freies Land. Die skandinavischen Länder übertreffen in diesen Vergleichen regelmäßig die Vereinigten Staaten, dennoch gehört die durchschnittliche Lebenszufriedenheit in den Vereinigten Staaten nach wie vor zu den höchsten weltweit. Es gibt zahlreiche Ausnahmen von der Einkommensregel. Ostasiatische Länder und ehemalige Ostblockländer haben tendenziell eine niedrige Lebenszufriedenheit – Bulgarien ist das extremste Beispiel –, während Länder in Lateinamerika vergleichsweise gut abschneiden. Das Einkommen ist also zweifellos nicht der einzige Faktor, der in die Selbsteinschätzung der Lebenszufriedenheit einfließt.

Wenn wir den linken unteren Bereich des Diagramms betrachten, in dem sich die armen Länder befinden, sehen wir, dass die Zufriedenheitswerte sehr schnell mit dem Volkseinkommen ansteigen. Nachdem wir auf dem Weg von unten links nach oben rechts China und Indien hinter uns gelassen haben, steigt die Lebenszufriedenheit etwas weniger steil an, und wenn wir Brasilien und Mexiko erreichen, beträgt der Lebenszufriedenheitswert 7 von 10 und liegt damit nur etwa einen Punkt unterhalb der Messwerte für die reichen Länder oben rechts. Das Einkommen spielt bei den sehr armen Ländern eine größere Rolle als bei den sehr reichen. Tatsächlich ist es sehr verlockend, aus dem Diagramm die Schlussfolgerung zu ziehen, zusätzliches Einkommen erhöhe die Lebenszufriedenheit nicht, sobald das Pro-Kopf-BIP um die 10 000 Dollar pro Jahr erreicht, und genau das haben viele auch behauptet.[17] Aber diese Behauptung ist falsch.

Um zu erklären, weshalb die Höhe des Einkommens selbst bei den reichen Ländern von Bedeutung ist, müssen wir Abbildung 1 in eine etwas andere Form umwandeln. Wenn wir an Geld denken, dann denken wir an Dollar- (oder Euro-)Beträge, aber wir denken auch an prozentuale Veränderungen. Bei den seltenen Gelegenheiten, bei denen meine Princeton-Kollegen ihre Gehälter miteinander diskutieren, berichten sie im Allgemeinen, der eine habe eine dreiprozentige Erhöhung bekommen, während der andere eine einprozentige Erhöhung erhielt. Während eine einprozentige Erhöhung für jemanden, der 200 000 Dollar im Jahr verdient, mehr zusätzliches Geld bedeutet als eine zweiprozentige Erhöhung für jemanden, der 50 000 Dollar im Jahr verdient, wird letzterer (zu Recht) das Gefühl haben, im vergangenen Jahr eine bessere Leistung erbracht zu haben. Bei Berechnungen dieser Art werden prozentuale Veränderungen zur Grundeinheit erfasst; 10 Prozent sind 10 Prozent, ganz gleich, wie hoch das Ausgangseinkommen ist.

Wir können genau dies für die Daten in Abbildung 1 tun, auch wenn die Unterschiede zwischen Ländern so groß sind, dass es sinnvoll ist, keine prozentualen Zuwächse, sondern jeweils Vervierfachungen des Einkommens aufzutragen. Nehmen wir 250 Dollar pro Jahr als Basis; nur Simbabwe und die Demokratische Republik Kongo (DRK) liegen bei oder unter 250 Dollar. Länder wie Uganda, Tansania und Kenia haben ein Pro-Kopf-BIP von annähernd 1000 Dollar, das Vierfache des Ausgangswerts. Die Beträge für China und Indien belaufen sich ihrerseits auf das Vierfache des Einkommens in Tansania und Kenia, nahe der Marke für das 16-Fache der Basis. Mexiko und Brasilien liegen beim Vierfachen des Pro-Kopf-BIPs von China und Indien, und die reichsten Länder der Welt haben Einkommen, die noch einmal um das Vierfache höher liegen: Sie sind 256-mal reicher als die ärmsten Länder der Welt. (In Kapitel 6 werde ich erklären, weshalb man diese Zahlen nur als grobe Näherungen betrachten sollte.) Statt den Dollar-Betrag der Einkommen mit der Lebenszufriedenheit zu vergleichen, können wir dieses Vergleichsschema benutzen, bei dem der vorherige Wert jeweils vervierfacht wird. Dann tragen wir die Einheiten auf der horizontalen Achse als das Vierfache, 16-Fache, 64-Fache und 256-Fache des Basiswertes ab und erhalten das Diagramm in Abbildung 2.

Abbildung 2 enthält *genau die gleichen Daten* wie Abbildung 1, aber das Einkommen wird jetzt auf dieser Skala mit den Einheiten 1, 4, 16, 64 und 256 dargestellt. Ich habe diese fünf Punkte allerdings mit ihren ursprünglichen Dollar-Beträgen ausgezeichnet, von 250 Dollar bis 64 000 Dollar, so dass der Zusammenhang mit dem Einkommen klar ersichtlich ist. Die Bewegung auf der horizontalen Achse von einer Markierung zur nächsten entspricht immer einer Vervierfachung des Einkommens. Ganz allgemein repräsentieren gleiche Abstände von links nach rechts gleiche prozentuale Einkommenserhöhungen und nicht mehr, wie in Abbildung 1, gleiche Dollarbeträge. Eine Skala mit dieser Eigenschaft wird *logarithmische* (oder log.) Skala genannt, und wir werden ihr im weiteren Verlauf noch öfter begegnen.

Obgleich die einzige Änderung die Auszeichnung der horizontalen Achse ist, sieht Abbildung 2 völlig anders aus als Abbildung 1. Die Abflachung zwischen den reichen Ländern ist verschwunden, und die Länder liegen jetzt mehr oder weniger auf einer Geraden. Dies sagt uns, dass gleiche *prozentuale* Einkommensunterschiede gleiche absolute Veränderungen der Lebenszufriedenheit erzeugen. Wenn wir uns von einem Land zu einem anderen bewegen, dessen Pro-Kopf-Einkommen viermal so hoch ist, verändert sich der Lebenszufriedenheitswert im Durchschnitt um etwa einen Punkt auf einer Skala von 0 bis 10, und dies gilt unabhängig davon, ob es sich um arme oder reiche Länder handelt. Und nur um einem

Missverständnis vorzubeugen: Ja, es gibt eine Menge Ausnahmen, und viele Länder liegen höher oder tiefer, als wir es nach ihrem Volkseinkommen erwarten würden. Es trifft nicht immer zu, dass alle reichen Länder höhere Werte für die Lebenszufriedenheit haben als alle ärmeren Länder; China und Indien sind zwei bemerkenswerte Beispiele dafür. Aber über alle – reichen oder armen – Länder hinweg geht eine Vervierfachung des Einkommens mit einer Zunahme der Lebenszufriedenheit um einen Punkt einher.

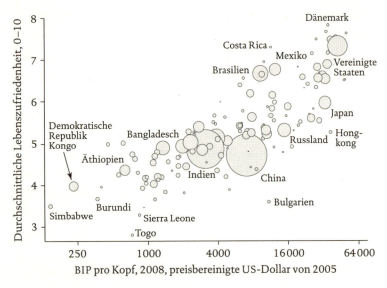

Abbildung 2:
Lebenszufriedenheit und Pro-Kopf-BIP auf einer logarithmischen Skala

Ist Abbildung 1 richtig oder Abbildung 2? Beide sind es, so wie es richtig ist, dass der Professor, der eine zweiprozentige Erhöhung auf ein Gehalt von 50 000 Dollar bekommt, 1000 Dollar mehr erhält, während der Professor, der eine einprozentige Erhöhung auf 200 000 Dollar bekommt, 2000 Dollar mehr erhält. Die gleichen prozentualen Erhöhungen bedeuten höhere Geldbeträge, wenn wir uns von Indien hin zu den Vereinigten Staaten bewegen, als wenn wir von der Demokratischen Republik Kongo nach Indien springen, auch wenn beide mit einer Vervierfachung einhergehen. Abbildung 1 sagt uns, dass der gleiche *absolute* Einkommenszuwachs in Dollar die Lebenszufriedenheit eines Reichen weniger stark erhöht als die eines Armen, während Abbildung 2 ausdrückt, dass der gleiche *prozentuale* Einkommenszuwachs die Lebenszufriedenheit im gleichen Maße erhöht.

Messwerte der Lebenszufriedenheit erfassen wichtige Aspekte des Lebens jenseits des Einkommens, und manche haben aus diesem Grund dafür plädiert, dem Einkommen einen geringeren Stellenwert beizumessen. Dagegen ist nichts einzuwenden, sofern man daraus folgert, dass man andere Aspekte des Wohlergehens wie Gesundheit oder Bildung oder die Möglichkeit zu gesellschaftlicher Teilhabe berücksichtigen muss. Aber es ist nicht in Ordnung, wenn daraus der Schluss gezogen wird, Einkommen sei belanglos oder Einkommenszuwächse würden die Lebenszufriedenheit der Einwohner von Ländern, die reicher als Mexiko sind, nicht im Geringsten erhöhen. Und völlig verfehlt wäre die Behauptung, wir sollten uns auf die Lebenszufriedenheit konzentrieren und alles andere ausklammern.

Lebenszufriedenheitsmaße sind keineswegs perfekt. Nicht alle Menschen verstehen den Sinn der Frage oder die Antwortoptionen richtig, und die Aussagekraft internationaler Vergleiche kann durch nationale Unterschiede in den Stilen der Berichterstattung beeinträchtigt sein. In vielen Ländern sind »gibt nichts zu meckern« oder »nicht so übel« schon das Äußerste an positiven Kommentaren, während Menschen in anderen Kulturkreisen ihre Gefühle überschwänglicher zum Ausdruck bringen und nicht so zugeknöpft in Bezug auf ihre Erfolge sind. Abbildung 2 ist also deshalb wichtig, weil sie zeigt, dass die Fokussierung auf das Einkommen nicht wirklich irreführend ist. Selbst unter den reichsten Ländern der Welt erzielen die reicheren Länder höhere Werte für die Lebenszufriedenheit.

Im nächsten Kapitel werde ich auf Glücks- und Lebenszufriedenheitsmaße zurückkommen. Dabei geht es mir dort hauptsächlich darum, eine aktuelle Bestandsaufnahme des weltweiten Wohlergehens vorzulegen – und sowohl diejenigen, denen der »Große Ausbruch« gelungen ist, als auch jene, die noch immer darauf warten, in den Blick zu nehmen.

KAPITEL 1

WOHLBEFINDEN – EINE GLOBALE BESTANDSAUFNAHME

Die schwersten Ketten, die die Menschheit im Laufe der Geschichte gesprengt hat, sind die Ketten von Armut und vorzeitigem Tod. Jahrtausendelang sahen diejenigen, die das Glück hatten, dem Tod in der Kindheit zu entrinnen, Jahren bitterster Armut entgegen. Gefördert durch die Aufklärung, die Industrielle Revolution und die Keimtheorie der Krankheitsentstehung, hat sich der Lebensstandard vervielfacht, die Lebenserwartung hat sich mehr als verdoppelt, und das Leben vieler Menschen ist heutzutage erfüllter und angenehmer als das sämtlicher Generationen vor ihnen.

Der Prozess dauert immer noch an. Mein Vater lebte doppelt so lange wie meine beiden Großväter. Er verdiente als Bauingenieur ein Vielfaches seines Vaters, der Bergarbeiter gewesen war. Und ich wiederum habe als Professor ein sehr viel höheres Bildungs- und Einkommensniveau als mein Vater. Die Sterblichkeit von Kindern und Erwachsenen geht weltweit weiterhin zurück.

Aber nicht die ganze Menschheit hat die Ketten abgestreift. Der Lebensstandard, die Schulbildung und die Lebenserwartung von einer Milliarde Menschen sind kaum besser als die ihrer (oder unserer) Vorfahren. Der Große Ausbruch hat denjenigen von uns Zutritt in eine ganz andere Welt verschafft, die reicher, gesünder, größer und besser ausgebildet sind, als es unsere Großeltern und deren Großeltern waren. Er hat aber auch noch in einem weiteren, weniger positiven Sinne eine ganz andere Welt hervorgebracht: Weil ein Großteil der Weltbevölkerung zurückgelassen wurde, fällt die Ungleichheit in der heutigen Welt unermesslich viel größer aus als vor 300 Jahren.

Dieses Buch erzählt die Geschichte des Großen Ausbruchs, seines Nutzens für die Menschheit und die Art und Weise, in der er die heutigen globalen Ungleichheiten hervorgebracht hat. Es legt auch dar, was wir tun müssen – oder nicht tun sollten –, um denjenigen zu helfen, die noch immer in Armut und Not gefangen sind.

Unter *Wohlbefinden* verstehe ich alle Dinge, die für einen Menschen gut sind, die also ein gutes Leben ausmachen. Zum Wohlbefinden gehört das materielle Wohlergehen, wie Einkommen und Vermögen; körperliches und seelisches Wohlbefinden, also Gesundheit und Zufriedenheit; und Bildung sowie die Fähigkeit, sich in einem freiheitlich-demokratischen Rechtsstaat zivilgesellschaftlich zu engagieren. Dieses Buch konzentriert sich dabei auf zwei der genannten Komponenten, Gesundheit und Wohlstand. Allerdings werde ich in dieser Übersicht auch auf den Aspekt »Glück« eingehen.

Ich beginne mit einem kurzen Abriss zum Wohlbefinden in der heutigen Welt und seinen Veränderungen in den letzten 30 bis 50 Jahren. Dabei präsentiere ich die grundlegenden Tatsachen, ohne sie näher zu erläutern. In späteren Kapiteln werde ich dann ausführlicher auf einzelne Themen eingehen, Entwicklungen nachzeichnen und konkrete Handlungsempfehlungen geben.

Gesundheit und Wohlstand

Gesundheit ist der naheliegende Ausgangspunkt für eine Untersuchung zum Wohlbefinden. Ohne gute Gesundheit kein *gutes* Leben. Ein schlechter Gesundheitszustand oder eine Behinderung können die Fähigkeit, ein im Übrigen gutes Leben zu genießen, massiv einschränken. Also beginne ich mit dem Leben selbst.

Ein neugeborenes Mädchen hat heute in den Vereinigten Staaten eine Lebenserwartung von über 80 Jahren. Diese offizielle Schätzung ist tatsächlich sehr konservativ, weil sie sämtliche zukünftige Verringerungen der Sterblichkeit im Laufe ihres Lebens außer Betracht lässt, und angesichts der Fortschritte in der Vergangenheit ist es wenig wahrscheinlich, dass diese Verringerungen plötzlich enden werden. Es ist naturgemäß schwierig, zukünftige Verbesserungen des Gesundheitszustands vorherzusagen, aber realistischerweise kann man davon ausgehen, dass ein weißes Mädchen aus der Mittelschicht, das heute im wohlhabenden Amerika zur Welt kommt, eine 50-prozentige Wahrscheinlichkeit hat, 100 Jahre alt zu werden.[1] Dies ist eine bemerkenswerte Veränderung gegenüber der Situation ihrer, sagen wir, 1910 geborenen Urgroßmutter, die bei der Geburt eine Lebenserwartung von 54 Jahren hatte. Von allen Mädchen, die 1910 in den Vereinigten Staaten zur Welt kamen, starben 20 Prozent vor ihrem fünften Geburtstag, und nur 2 von 5000 konnten ihren 100. Geburtstag feiern. Selbst für ihre 1940 geborene Großmutter betrug die Lebenserwartung bei der Geburt lediglich 66 Jahre, und 38 von 1000 Mädchen, die 1940 geboren wurden, erlebten ihren ersten Geburtstag nicht.

Diese historischen Unterschiede sind gering im Vergleich zu denjenigen, die heute zwischen Ländern bestehen. In vielen davon steht es um den Gesundheitszustand der Bevölkerung noch immer schlechter als in den Vereinigten Staaten im Jahr 1910. Ein Viertel aller Kinder, die heute in Sierra Leone (oder Angola oder Swasiland oder in der Demokratischen Republik Kongo oder in Afghanistan) zur Welt kommen, werden ihren fünften Geburtstag nicht erleben, und die Lebenserwartung bei der Geburt beläuft sich hier nur auf etwas über 40 Jahre. Frauen bekommen in der Regel zwischen fünf und sieben Kindern, und die meisten Mütter werden den Tod mindestens eines ihrer Kinder durchleiden. In diesen Ländern stirbt eine Mutter je 1000 Geburten, ein Risiko, das sich für Frauen mit zehn Kindern auf 1 : 100 erhöht. Auch wenn dies schlimme Zahlen sind, fallen sie doch viel *besser* aus als noch vor ein paar Jahrzehnten: Selbst an den übelsten Orten, wo nichts richtig zu funktionieren scheint, ist die Sterblichkeit gesunken. In einigen der Länder mit den schlechtesten Ergebnissen, wie etwa Swasiland, haben Kinder, die älter als fünf Jahre werden, ein hohes Risiko, an HIV/ AIDS zu erkranken, wodurch das Risiko enorm gestiegen ist, im jungen Erwachsenenalter zu sterben (einer Lebensphase, in der die Sterblichkeit normalerweise sehr gering ist). Aber nicht in allen tropischen oder auch in allen armen Ländern ist die Lage derart deprimierend. In vielen davon einschließlich zumindest eines tropischen Landes (Singapur) hat ein Neugeborenes genauso gute oder bessere Überlebenschancen als in den Vereinigten Staaten. Selbst in China und Indien (auf die im Jahr 2005 zusammen mehr als ein Drittel der Weltbevölkerung und fast die Hälfte der ärmsten Menschen der Welt entfielen) haben Neugeborene heute eine Lebenserwartung von 64 Jahren (Indien) oder 73 Jahren (China).

Später in diesem Kapitel gehe ich ausführlicher auf die Herkunft dieser Daten ein, hier wollen wir uns zunächst mit der allgemeinen Feststellung begnügen, dass die Gesundheitsstatistik eines Landes tendenziell umso schlechter ausfällt, je ärmer es ist. Dennoch liegen uns aussagekräftige Informationen über die Kindersterblichkeit vor – die Prozentsätze der Kinder, die vor Erreichen des ersten beziehungsweise fünften Lebensjahres sterben. Viel weniger hingegen wissen wir über die Erwachsenensterblichkeit einschließlich der Müttersterblichkeit und über die Lebenserwartung einer 15-jährigen Person.

Gesundheit bedeutet nicht einfach nur »am Leben sein« und lange leben, sondern in guter Gesundheit leben. Gute Gesundheit hat zahlreiche Dimensionen und lässt sich schwerer messen als die bloße Tatsache, ob jemand am Leben ist oder nicht. Aber auch hier gibt es Anhaltspunkte für allmähliche Verbesserungen sowie für Unterschiede zwischen reichen und armen Ländern. Menschen in reichen Ländern berichten über weniger Schmerzen und weniger Behinderungen als Menschen in armen Ländern. In den reichen

Ländern ist die Anzahl der Behinderten im Laufe der Zeit gesunken. Die IQ-Werte steigen von Generation zu Generation. In den meisten Ländern der Welt werden die Menschen größer. Diejenigen, die als Kinder nicht genug zu essen bekommen oder Kinderkrankheiten durchgemacht haben, werden oftmals nicht so groß, wie es ihnen ihre Gene unter optimalen Bedingungen erlaubt hätten. Eine geringe Körpergröße kann daher auf frühe Entbehrungen hindeuten, die auch die Gehirnentwicklung beeinträchtigen und die Chancen dieser Kinder im Erwachsenenalter noch stärker beschneiden können. Europäer und Amerikaner sind im Durchschnitt größer als Afrikaner und viel größer als Chinesen oder Inder. Ausgewachsene Kinder sind größer als ihre Eltern und noch größer als ihre Großeltern. Weltweite Gesundheits- und Einkommensverbesserungen sowie globale Ungleichheiten lassen sich demnach sogar an der Körpergröße ablesen.

Gesundheitsunterschiede spiegeln sich oftmals in Unterschieden des materiellen Lebensstandards und der Armut wider. Amerikaner sind heute viel reicher, als sie es im Jahr 1910 oder 1945 waren, und die Länder mit der niedrigsten Lebenserwartung haben heute Einkommen, die sich auf einen (fast unglaublich) kleinen Bruchteil des amerikanischen Volkseinkommens belaufen. Die (in einer grotesken Weise falsch benannte) Demokratische Republik Kongo (DRK, die unter der Herrschaft von Joseph Mobutu von 1965–1997 »Zaire« hieß) hat ein Pro-Kopf-Einkommen, das etwa 0,75 Prozent des Pro-Kopf-Einkommens der Vereinigten Staaten beträgt. Mehr als die Hälfte der Bevölkerung der DRK lebt von weniger als einem Dollar pro Person und Tag, und die Zahlen für Sierra Leone und Swasiland sind ähnlich. Für einige der schlimmsten Länder gibt es nicht einmal Zahlen, weil sie gegenwärtig in Gewalt versinken, Afghanistan zum Beispiel.

Laut Statistischem Bundesamt der USA waren im Jahr 2009 14 Prozent der Amerikaner arm, aber die Armutsgrenze liegt in den Vereinigten Staaten viel höher, bei etwa 15 Dollar pro Tag. Es ist schwer vorstellbar, wie eine Person in den Vereinigten Staaten mit einem Dollar pro Tag über die Runden kommen soll (auch wenn es laut einer Berechnung mit 1,25 Dollar angeblich möglich ist, sofern man die Kosten für Unterbringung, medizinische Behandlung und Bildung außer Acht lässt),[2] aber genau das ist ungefähr der Betrag, mit dem die Ärmsten der Armen in der Welt auskommen müssen.

Der Zusammenhang zwischen Lebenserwartung und Armut ist zwar durchaus vorhanden, aber keineswegs immer so klar. In China und Indien, wo die Lebenserwartung 73 und 64 Jahre beträgt, leben viele Menschen von weniger als einem Dollar pro Tag – etwa ein Viertel der Bevölkerung in Indien und ein Siebtel der Landbevölkerung in China. Und auch wenn das chinesische Bruttoinlandsprodukt schon bald größer sein wird als das US-amerikanische, beträgt das Pro-Kopf-Einkommen in China nur etwa 20 Prozent des US-amerikanischen. Es gibt andere, noch ärmere Länder, die eine vergleichsweise hohe Lebenserwartung haben. Beispiele dafür sind Bangladesch und Nepal, mit Lebenserwartungen, die bei etwa Mitte 60 liegen. Vietnam steht in Bezug auf seine Wirtschaftskraft nur wenig besser da, hatte im Jahr 2005 aber eine Lebenserwartung von 74 Jahren.

Auch schneiden einige reiche Länder viel schlechter ab, als es ihr Einkommen erwarten ließe. Ein bekanntes Beispiel liefern die Vereinigten Staaten, mit einer der niedrigsten Lebenserwartungen unter den reichen Ländern. Ein weiterer, etwas anders gelagerter Fall ist Äquatorialguinea, das im Jahr 2005 ein durch Erdöleinnahmen aufgeblähtes Pro-Kopf-Einkommen hatte, aber eine Lebenserwartung von weniger als 50 Jahren. Äquatorialguinea, einst eine spanische Kolonie in Subsahara-Afrika, wird regiert von Präsident Teodore Obiang Nguema Mbasogo, der den heiß umkämpften Titel des schlimmsten Diktators in Afrika wohl am ehesten verdienen würde und dessen Familie den größten Teil der Einnahmen aus dem Ölexport des Landes in die eigene Tasche wirtschaftet.

Eine hohe Lebenserwartung, gute Gesundheit, das Fehlen von

Armut und das Walten von Demokratie und Rechtsstaatlichkeit sind zweifellos Merkmale, die in unserer Beschreibung eines idealen Gemeinwesens nicht fehlen würden. Sie ermöglichen Menschen, ein gutes Leben zu führen und die Ziele zu verfolgen, die ihnen wichtig sind. Doch wenn wir sie nicht fragen, wissen wir nicht *genau*, was ihnen wichtig ist, wie sie womöglich Gesundheit und Einkommen gegeneinander abwägen oder auch, wie sehr diese Dinge für sie überhaupt von Belang sind. Menschen sind manchmal in der Lage, sich an scheinbar unerträgliche Bedingungen anzupassen. Auch in Ländern mit hoher Sterblichkeit und weit verbreiteter Armut können sie für sich vielleicht ein bisschen Glück finden oder sogar ein gutes Leben führen und sozusagen im »Tal der Todesschatten« zufrieden leben. Arme Menschen berichten vielleicht, sie würden unter schwierigsten Bedingungen ein gutes Leben führen, und reiche Menschen, die scheinbar alles haben, mögen mit ihrem Leben zutiefst unzufrieden sein.

Dennoch entschließen wir uns vielleicht auch in solchen Fällen, das Wohlergehen dieser Menschen nach ihren Chancen zu bemessen, ein gutes Leben zu führen, und nicht nach dem, was sie selbst aus ihrem Leben machen. Nur weil ein armer Mann glücklich und anpassungsfähig ist, lindert dies seine Armut nicht, ebenso wenig wie der Kummer oder die Habgier eines Milliardärs sein Vermögen mindert. Legt man den Schwerpunkt auf das, was Amartya Sen »Verwirklichungschancen« nennt, kann man Freiheit von Entbehrungen als Gesamtheit der Möglichkeiten verstehen, die sich durch objektive Umstände eröffnen, statt sich daran zu orientieren, was Menschen aus diesen Umständen machen oder wie sie diese selbst erleben.[3]

Dennoch ist das Gefühl, mit dem eigenen Leben zufrieden zu sein, an und für sich etwas Positives, und es ist besser, zufrieden als bekümmert zu sein. Solche Gefühle tragen zu einem guten Leben bei, und es ist wichtig, Menschen danach zu fragen, auch wenn ihre Angaben bei der Beurteilung des Wohlbefindens nicht im Vordergrund stehen. Dieser Standpunkt unterscheidet sich von der Auffassung einiger Utilitaristen (zu denen auch der Ökonom Richard Layard zählt),[4] die behaupten, es komme allein auf die Zufriedenheit an, die man selbst empfindet. Danach sind gute Umstände nur dann gut, wenn sie die Zufriedenheit fördern, und schlechte Umstände nicht als schlecht einzustufen, wenn Menschen trotzdem glücklich sind. Wie wir aus den Abbildungen 1 und 2 in der Einleitung ersehen konnten, sind Menschen in Ländern, in denen das Leben unangenehm, brutal und kurz ist, allerdings mit ihrem Leben keineswegs zufrieden, während sich die Bewohner der reichen Länder mit hoher Lebenserwartung im Allgemeinen ihres Glücks durchaus bewusst sind.

Lebenserwartung und Einkommen in der Welt

Wenn wir allgemeine Muster erkennen wollen – ohne die Ausnahmen auszublenden, die oft höchst aufschlussreich sind –, müssen wir die Welt als Ganzes betrachten und versuchen, Zusammenhänge zwischen Gesundheit, Wohlstand und Lebenszufriedenheit aufzudecken. Der Demograph Samuel Preston hat im Jahr 1975 erstmals ein Verfahren angewandt, das sich in diesem Zusammenhang als sehr nützlich erwies.[5] Abbildung 3 zeigt Prestons Diagramm, aktualisiert mit Daten aus dem Jahr 2010. Es stellt die Lebenserwartung in Abhängigkeit vom Einkommen weltweit dar.

Auf der horizontalen Achse ist das Pro-Kopf-BIP jedes Landes aufgetragen, die vertikale Achse gibt, für Männer und Frauen zusammengenommen, die Lebenserwartung bei der Geburt an. Jedes Land ist als Kreis dargestellt, dessen Größe proportional zur Bevölkerungsgröße ausfällt. Die großen Kreise in der Mitte des Diagramms stellen China und Indien dar, während der deutlich kleinere, aber noch immer große Kreis oben rechts die Vereinigten

Staaten repräsentiert. Die Kurve, die von unten links nach oben rechts verläuft, veranschaulicht den allgemeinen Zusammenhang zwischen Lebenserwartung und Nationaleinkommen. Sie steigt bei den Ländern mit niedrigem Einkommen rasch an und flacht dann bei den reichen Ländern mit hoher Lebenserwartung rasch wieder ab.

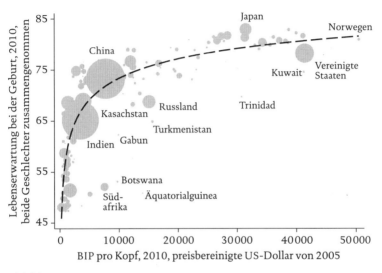

Abbildung 3:
Lebenserwartung und Pro-Kopf-BIP im Jahr 2010

Das Pro-Kopf-BIP ist ein Maß des durchschnittlichen Einkommens, das in jedem Land erwirtschaftet wird, und es wird hier länderübergreifend in einer gemeinsamen Einheit gemessen. Die Einheit, der Internationale Dollar von 2005, ist, zumindest grundsätzlich, so konzipiert, dass ein Dollar in sämtlichen Ländern den gleichen Wert besitzt und wir Gleiches mit Gleichem vergleichen. Ein Internationaler Dollar in Brasilien oder Tansania hat die gleiche Kaufkraft wie ein Dollar in den Vereinigten Staaten. Das BIP schließt auch Einkommen ein, die Einzelpersonen oder Familien nicht direkt erhalten, wie etwa staatliche Steuereinnahmen und die Gewinne von Firmen und Banken sowie Einkommen von Ausländern. Im Allgemeinen steht den Haushalten nur ein gewisser, wenn auch nicht unbedeutender Prozentsatz des BIP für eigene Käufe zur Verfügung. Andere Komponenten des BIP kommen den Haushalten direkt (etwa staatliche Bildungsausgaben) oder indirekt (Zukunftsinvestitionen) zugute.

Das BIP, das Bruttoinlandsprodukt, unterscheidet sich vom BSP, dem Bruttosozialprodukt. Das BSP schließt im Ausland erwirtschaftetes Einkommen von Inländern ein, das BIP klammert dieses aus. Andererseits klammert das BSP im Inland erwirtschaftetes Einkommen von Ausländern aus, während das BIP dieses einschließt. Der Unterschied fällt im Allgemeinen gering aus, ist bei einigen Ländern jedoch beträchtlich. Luxemburg, wo viele Erwerbstätige in den Nachbarstaaten Belgien, Frankreich oder Deutschland leben, stellt ein Beispiel für ein Land dar, bei dem das BSP viel geringer ist als das BIP. Ein anderes Beispiel ist die kleine chinesische Halbinsel Macau, heute das größte Spielkasino der Welt. Diese beiden Länder, die jenseits des rechten Rands des Diagramms erscheinen würden, bleiben ausgeschlossen, ebenso Katar und die Vereinigten Arabischen Emirate, beides ölreiche Staaten, die zusammen mit Luxemburg und Macau im Jahr 2010 mit das höchste Pro-Kopf-BIP der Welt verzeichneten. Das BSP ist eigentlich ein besseres Maß für das Volkseinkommen. Dennoch verwende ich hier und an vielen anderen Stellen des Buches das BIP, da es auf einer verlässlicheren Datenbasis beruht.

Ein wichtiges Kennzeichen des Diagramms ist der »Scharnierpunkt« nahe China, wo die Kurve abzuflachen beginnt. Der Scharnierpunkt markiert den *epidemiologischen Übergang*. Für Länder links dieses Übergangs sind Infektionskrankheiten bedeutende Todesursachen, und viele der Todesfälle betreffen Kinder – in den ärmsten Ländern machen Kinder unter fünf Jahren sogar die Hälfte aller Todesfälle aus. Je mehr wir uns, jenseits des Übergangs, den reicheren Ländern nähern, umso geringer wird die Kindersterblichkeit. Die meisten Todesfälle betreffen hier alte Menschen, die nicht an Infektionskrankheiten, sondern an *chronischen* Krankheiten sterben, hauptsächlich an Herzerkrankungen (oder, allgemeiner, Herz-Kreislauf-Erkrankungen) und an Krebs. Chronische Erkrankungen werden auch in armen Ländern zunehmend zu einer verbreiteten Todesursache, aber nur wenige Menschen in reichen Ländern sterben an Infektionskrankheiten, abgesehen von einigen wenigen älteren, denen eine Lungenentzündung das Leben kostet. Gelegentlich wird der Übergang auch als ein Wandern von Krankheiten aus Darm und Brust von Kindern in die Arterien älterer Menschen beschrieben.

Der positive Zusammenhang zwischen Lebenserwartung und Einkommen ist wichtig, um die weltweite Verteilung des Wohlbefindens zu verstehen. Gesundheit und Wohlstand sind zwei der wichtigsten Aspekte des Wohlbefindens, und das Diagramm zeigt, dass sie im Allgemeinen (wenn auch nicht zwangsläufig) sehr eng miteinander verbunden sind. Menschen mit mangelhafter materieller Grundversorgung – wie es für einen Großteil der Bevölkerung in Subsahara-Afrika zutrifft – haben oftmals auch unter einer unzureichenden medizinischen Grundversorgung zu leiden. Ihre Lebenserwartung ist kürzer, und sie müssen mit dem Kummer umgehen, viele ihrer Kinder sterben zu sehen. Am anderen Ende der Kurve, unter den Reichen der Welt, durchleiden weniger Eltern den Tod eines Kindes; sie genießen ihren hohen Lebensstandard und leben fast doppelt so lange wie die Menschen in den ärmsten Ländern. Nimmt man Gesundheit und Einkommen zusammen und betrachtet damit die Welt, erkennt man, dass die Kluft noch größer und das Wohlbefinden noch breiter gestreut ist, als es einem erscheint, wenn man nur Gesundheit oder Einkommen betrachtet.

Ein plumper, aber manchmal nützlicher (wenn auch ethisch fragwürdiger) Trick besteht darin, Lebenserwartung und Einkommen zu kombinieren, indem man die beiden miteinander multipliziert, um so ein Maß des lebenslangen Einkommens zu erhalten.

Dies ist ein schlechtes Maß für Wohlbefinden (ein zusätzliches Lebensjahr wird mit dem Einkommen des Empfängers bewertet, so dass ein Lebensjahr eines Reichen mehr wert ist als ein Lebensjahr eines Armen), aber es verdeutlicht, welche Auswirkungen die gemeinsame Betrachtung von Lebenserwartung und Einkommen auf die Abstände zwischen Ländern hat. In der Demokratischen Republik Kongo zum Beispiel wird das Pro-Kopf-Einkommen auf etwa 0,75 Prozent des Wertes für die Vereinigten Staaten geschätzt, und die Lebenserwartung beläuft sich auf weniger als zwei Drittel der US-amerikanischen Zahl, so dass das durchschnittliche Lebenseinkommen in den Vereinigten Staaten mehr als das 200-Fache des durchschnittlichen Lebenseinkommens in der Demokratischen Republik Kongo beträgt.

Allerdings beweist die Abbildung *nicht*, dass höheres Einkommen einen besseren Gesundheitszustand *verursacht* oder dass Armut« die sogenannten »Armutskrankheiten« *bedingt*. Das Diagramm schließt dies aber auch nicht aus, und tatsächlich *muss* das Einkommen in irgendeiner Weise und zu bestimmten Zeiten eine Rolle spielen – eine Idee, der wir in den restlichen Kapiteln dieses Buches auf den Grund gehen werden.

Einkommen ist wichtig in Ländern, wo die Verbesserung des Gesundheitszustands eine bessere Ernährung erfordert – für die Menschen Geld benötigen – oder saubereres Wasser und eine bessere Sanitärversorgung – für die Staaten Geld benötigen. In Hinblick auf die reichen Länder ist nicht unmittelbar ersichtlich, wie man durch höhere Ausgaben Krebs- oder Herzerkrankungen in den Griff bekommen könnte – auch wenn Forschung und Entwicklung zweifellos kostspielig sind. Das liefert eine ansatzweise, einfache Erklärung dafür, warum die Kurve bei solchen Ländern abflacht, die den epidemiologischen Übergang durchmachen. Möglicherweise gibt es auch eine Obergrenze der menschlichen Lebenserwartung – eine erstaunlicherweise heftig umstrittene Idee –, so dass es immer schwieriger wird, die Lebenserwartung weiter hinauszuschieben, sobald sie einmal so hoch liegt wie in Japan oder den Vereinigten Staaten.

Manchmal wird behauptet, es gebe bei den Wohlstandsländern *keinen* Zusammenhang zwischen Einkommen und Lebenserwartung.[6] Wie bei den Diagrammen in der Einleitung, die die Lebenszufriedenheit in Abhängigkeit vom Bruttoinlandsprodukt darstellen, ist es hilfreich, Abbildung 3 neu aufzuzeichnen, abermals unter Verwendung einer logarithmischen Einkommensskala. Abbildung 4, der genau die gleichen Daten zugrunde liegen wie Abbildung 3, vermittelt einen ganz anderen Eindruck. In erster Näherung ist die Steigung der Kurve in der rechten Bildhälfte die gleiche wie in der linken, auch wenn der Zusammenhang im oberen Bereich etwas schwächer ist – vor allem dank der schlechten Ergebnisse der USA –, und bei den reichsten Ländern besteht offensichtlich nach wie vor kein Zusammenhang. Aber bei vielen Ländern gehen proportionale Einkommenszuwächse mit der gleichen Zunahme an Lebensjahren einher, genauso wie sie mit der gleichen Zunahme an Lebenszufriedenheit verknüpft sind – das haben wir in der Einleitung gesehen. Weil die reichen Länder viel höhere Einkommen haben, geht dort die gleiche proportionale Erhöhung mit einer viel größeren absoluten Erhöhung einher als in einem armen Land, so dass, wie in Abbildung 3, der gleiche Geldbetrag bei den Reichen mit weniger zusätzlichen Lebensjahren verbunden ist als bei den Armen. Aber auch bei den reichen Ländern bedeuten höhere Einkommen noch immer mehr Lebensjahre. Wie Abbildung 4 uns zeigt, stimmt die Rangfolge der Länder nach der Lebenserwartung jedoch nicht mit der Rangfolge nach dem Einkommen überein.

Die Länder, die nicht auf der Geraden liegen, sind genauso interessant. Einige der Länder, die viel schlechter abschneiden, als man nach ihrem Einkommensniveau erwarten sollte, waren von Kriegen betroffen. Andere – darunter Botsuana und Swasiland (sowie weitere afrikanische Länder, die nicht namentlich erwähnt werden) – leiden unter den Folgen der HIV/AIDS-Epidemie, die in mehreren Ländern den Anstieg der Lebenserwartung seit dem Zweiten Weltkrieg ganz oder größtenteils zunichtegemacht hat. Die Krankheit hat diese Länder die Kurve hinunter und von ihr weg verschoben. Ich habe bereits das besonders krasse Beispiel Äquatorialguineas angesprochen. Aber der gleiche Faktor – extreme Einkommensungleichheit – ist zum Teil auch für die Position Südafrikas verantwortlich, das seit vielen Jahren, schon lange vor dem Aufkommen der HIV/AIDS-Krise, unterhalb der Geraden liegt. Auch nach dem Ende der Apartheid gleicht Südafrika noch einem kleinen, reichen Land, das in ein viel größeres, armes Land eingebettet ist. Wenn wir in Abbildung 3 eine Linie einzeichnen würden, die Nigeria mit den Vereinigten Staaten verbindet, und dann 10 Prozent der Strecke von Nigeria zu den Vereinigten Staaten zurücklegten – 10 Prozent beträgt der Anteil der weißen Bevölkerung in Südafrika –, würden wir uns der Position Südafrikas in dem Diagramm annähern.

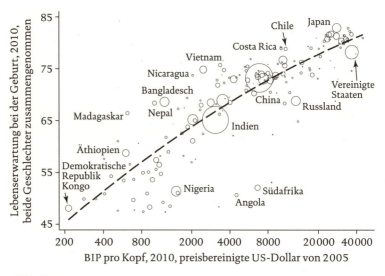

Abbildung 4:
Lebenserwartung und BIP pro Kopf im Jahr 2010 auf einer logarithmischen Skala

Russland ist ein weiteres großes Land, das schlecht abschneidet. Hier ist die Lebenserwartung nach dem Niedergang des Kommunismus rasch gesunken, vermutlich infolge des Chaos und des Zusammenbruchs von Versorgungsstrukturen während der Transformation (ein auslösender Faktor dabei war ein übermäßiger Alkoholkonsum, insbesondere von Männern). Es ist strittig, was genau in Russland geschah, unter anderem, weil die Sterblichkeit unter Männern bereits vor dem politischen Systemwechsel anstieg.[7] Fest steht allerdings, dass in Russland und den Ländern der ehemaligen Sowjetunion der Gesundheitszustand der Bevölkerung und die Lebenszufriedenheit schlechtere Werte erreichen, als nach ihren Einkommen zu erwarten wäre. Zudem sind es Länder, in denen der wirtschaftliche Systemwechsel die zuverlässige Messung des Einkommens erschwerte. Dieses ist daher in den Abbildungen möglicherweise zu hoch angesetzt. Die Transformation in Russland war zwar in der einen oder anderen Form unvermeidlich und langfristig wahrscheinlich vorteilhaft, sie bürdete dem Land jedoch gigantische Kosten in Form von Einkommensverlusten und verlorenen Lebensjahren auf. Sie steht nicht auf einer Stufe mit manch anderen Katastrophen der Nachkriegszeit – der AIDS-Epidemie oder der Großen Chinesischen Hungersnot –, aber dennoch brachte sie den Menschen enormes Leid und riesige Wohlfahrtsverluste.

Die Vereinigten Staaten schneiden, bezogen auf ihr Einkommen, schlecht ab. Dabei geben die USA einen größeren Teil ihres Volkseinkommens für das Gesundheitswesen aus als jedes andere Land. Damit liefern sie ein anschauliches Beispiel dafür, dass kein enger Zusammenhang zwischen Einkommen und Gesundheit besteht und dass jener zwischen Gesundheit und Gesundheitsausgaben sogar noch schwächer ausfällt. Chile und Costa Rica haben eine genauso hohe Lebenserwartung wie die Vereinigten Staaten, bei nur einem Viertel des Pro-Kopf-Einkommens und nur etwa 12 Prozent der Gesundheitsausgaben pro Kopf. In den Kapiteln 2 und 5 werde ich auf die Gesundheit und die Finanzierung des Gesundheitswesens in den Vereinigten Staaten zurückkommen.

Andere Länder schneiden viel besser ab, als man nach ihrem Einkommen erwarten würde. Abbildung 4 mit ihrem logarithmischen Maßstab zeigt das viel deutlicher als Abbildung 3. Nepal, Bangladesch, Vietnam, China, Costa Rica, Chile und Japan sind wichtige Länder, in denen die Lebenserwartung im Vergleich zu dem, was wir von der internationalen Kurve erwarten würden, hoch ist. Die ärmsten dieser Länder stehen gut da, weil sie eine ungewöhnlich niedrige Säuglings- (Kinder unter einem Jahr) und Kindersterblichkeit (Kinder unter fünf Jahren) aufweisen, während bei den Ländern an der Spitze, insbesondere Japan, die Sterblichkeit bei Menschen mittleren und höheren Lebensalters ungewöhnlich niedrig ist. Ich werde später ausführlicher auf diese Ausnahmen eingehen, aber der zentrale Punkt ist, dass die Kurve keine endgültigen Festlegungen trifft. Arme Länder können besser abschneiden, als man angesichts ihrer Ressourcen erwarten würde, und reiche Länder schlechter. Man kann auch mit einem niedrigen Volkseinkommen einen guten Gesundheitszustand der Bevölkerung erreichen, und riesige Geldbeträge lassen sich sinnlos verpulvern. Kriege, Epidemien und extreme Ungleichheit verschlechtern ebenfalls die Lebenserwartung, und zwar auf jedem Einkommensniveau, wobei man allerdings erwähnen muss, dass zumindest die ersten beiden Faktoren mit höherer Wahrscheinlichkeit arme als reiche Länder betreffen.

Vorwärts und aufwärts, mit katastrophalen Unterbrechungen

Die Abbildungen 3 und 4 stellen eine Momentaufnahme der Welt im Jahr 2010 dar. Aber die Kurve, die den Zusammenhang zwischen Lebenserwartung und Einkommen aufzeigt, hat sich verschoben. In Abbildung 5 sind die Daten und zwei Kurven eingezeichnet. Die eine wiederholt die Kurve von 2010, und die andere steht für die Situation im Jahr 1960. Länder im Jahr 1960 sind hellgrau dargestellt, um sie von Ländern im Jahr 2010 zu unterscheiden. Die Größe der Kreise verhält sich abermals proportional zur Bevölkerungsgröße, allerdings getrennt für jedes Jahr, so dass sich Bevölkerungsveränderungen nicht durch einen Vergleich der Größe des Kreises für ein bestimmtes Land im Jahr 1960 mit der Größe des Kreises für dieses Land im Jahr 2010 bestimmen lassen.

Fast alle dunkleren Kreise befinden sich oberhalb und rechts der helleren Kreise. Seit 1960 sind fast alle Länder reicher geworden, und ihre Einwohner leben länger. Dies ist vielleicht die wichtigste Feststellung über das Wohlergehen in der Welt seit dem Zweiten Weltkrieg: Es nimmt zu. Sowohl die Gesundheits- als auch die Einkommensaspekte des Wohlbefindens haben sich im Laufe der Zeit verbessert. Der Ökonom und Historiker Robert Fogel, der eine längere historische Zeitspanne untersuchte, hat über das geschrieben, was er das Entkommen aus Hunger und vorzeitigem Tod genannt hat.[8] Dieser Große Ausbruch hat seit dem Zweiten Weltkrieg rasche Fortschritte gemacht. Einigen wenigen Ländern ist der Ausbruch nicht gelungen, und viele weitere haben es nur halbwegs geschafft. Dennoch sollten wir die Erfolge würdigen. Viele Millionen Menschen sind einer Welt der Krankheit und der materiellen Entbehrung entronnen.

Für Amartya Sen ist Entwicklung ein Prozess der Befreiung, und Abbildung 5 belegt, dass die Welt im Jahr 2010 freier ist als im Jahr 1960.[9] Und wenn wir die (viel unvollständigeren) Informationen für das Jahr 1930 und 1900 im Diagramm darstellen würden, könnten wir sehen, dass die Ausweitung der Freiheit schon seit langer Zeit stattfindet: Sie begann vor rund 250 Jahren, gewann dann an Dynamik und hat in den letzten 50 Jahren immer mehr Länder erfasst.

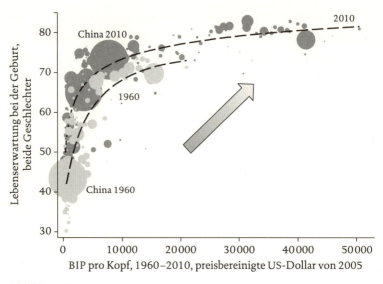

Abbildung 5:
Längeres Leben, mehr Wohlstand

Ungeachtet der Fortschritte insgesamt gab es Katastrophen. Eine der schlimmsten in der Menschheitsgeschichte war Chinas »Großer Sprung nach vorn« in den Jahren 1958–1961, als eine völlig verfehlte Industrialisierungs- und Agrarpolitik den Hungertod von etwa 35 Millionen Menschen zur Folge hatte und die Geburt von schätzungsweise 40 Millionen weiterer Menschen verhinderte. Die Wetterbedingungen waren in jenen Jahren nicht ungewöhnlich. Die Hungersnot war allein durch den Menschen verursacht.

Mao Zedong und die übrigen Mitglieder der Staatsführung waren entschlossen, die Überlegenheit des Kommunismus zu beweisen. Man wollte möglichst schnell das Produktionsniveau von Russland und Großbritannien übertreffen, um Maos Führungsanspruch in der kommunistischen Welt zu festigen. Aberwitzige Produktionsziele wurden festgesetzt, um den Lebensmittelbedarf sich rasch industrialisierender Städte zu decken und durch Agrarexporte Devisen zu erwirtschaften. In dem von der Kommunistischen Partei Chinas durchgesetzten totalitären System wetteiferten ländliche Volkskommunen darum, ihre Produktionszahlen zu schönen, wodurch sie die ohnehin schon unerreichbaren Planvorgaben noch weiter aufblähten, während die Bevölkerung selbst nichts mehr zu essen hatte.

Gleichzeitig stiftete die Partei Chaos in den ländlichen Gebieten, indem sie anordnete, privaten Grundbesitz an die Volkskommunen zu übertragen. Privatvermögen und sogar privates Kochgeschirr wurden eingezogen und die Menschen dazu gezwungen, in Kommunenküchen zu speisen. Wegen der enormen Produktionssteigerungen, die man voller Zuversicht erwartete, wurden Kleinbauern zur Arbeit an öffentlichen Infrastrukturprojekten und in ländlichen Stahlwerken verpflichtet, die größtenteils nichts produzierten. Drakonische Reise- und Kommunikationsbeschränkungen verhinderten, dass Nachrichten an die Öffentlichkeit gelangten, und die Strafen für unbotmäßiges Verhalten waren jedermann klar: 750 000 Menschen waren in den Jahren 1950–1951 hingerichtet worden. (Dennoch wurde der Partei in diesen frühen Jahren der Revolution weithin Vertrauen entgegengebracht.)

Als Mao von der Katastrophe erfuhr (wenngleich vermutlich nicht von ihrem ganzen Ausmaß), wich er nicht etwa von seiner Politik ab, sondern verschärfte sie noch, indem er die Überbringer schlechter Nachrichten ausschaltete, sie als »rechte Abweichler« schmähte und Bauern vorwarf, insgeheim einen Teil der Ernteerträge zu horten. Hätte er dies nicht getan und zugegeben, dass der Große Sprung ein Fehler gewesen war, hätte dies seine eigene Führungsposition gefährdet, und er war bereit, zig Millionen seiner Landsleute zu opfern, damit dies nicht geschah. Wenn Mao das Ruder herumgerissen hätte, als die Staatsführung das ganze Ausmaß der Hungersnot erkannte, hätte diese nur ein Jahr – keine drei – gedauert. Außerdem lagerte in den staatlichen

Speichern so viel Getreide, dass eigentlich niemand hätte hungern müssen.[10]

Laut mehreren Darstellungen fiel die Lebenserwartung in China, die 1958 bei fast 50 Jahren gelegen hatte, 1960 auf unter 30. Fünf Jahre später, als Mao das Morden beendet hatte, stieg sie auf fast 55 Jahre an.[11] Fast ein Drittel der Chinesen, die während dieser Phase geboren wurden, haben deren Ende nicht erlebt.

Es fällt uns manchmal schwer, den Nutzen politischer Maßnahmen abzuschätzen oder auch uns selbst davon zu überzeugen, dass politisches Handeln etwas bewirkt. Die verheerenden Folgen schlechter Politik hingegen können allzu offensichtlich sein, wie der Große Sprung nach vorn belegt. Auch ohne Krieg oder Epidemie verursachte eine verfehlte Politik in einem totalitären politischen System den Tod von zig Millionen Menschen. Natürlich werden fortwährend schlechte politische Entscheidungen getroffen, aber es sterben nicht immer Millionen von Menschen dabei. Das Problem in China war, dass es so lange dauerte, den politischen Kurs zu revidieren, weil ein totalitäres System an der Macht war und ein Mechanismus fehlte, um Mao zu Korrekturen zu zwingen.

Das politische System im heutigen China unterscheidet sich nicht allzu sehr von demjenigen, das Mao schuf; verändert hat sich nur der Informationsfluss. Auch wenn noch immer staatliche Kontrolle herrscht, ist es heute kaum vorstellbar, dass die chinesische Staatsführung und die Weltöffentlichkeit nicht umgehend davon erfahren würden, käme es erneut zu einer derartigen Hungersnot. Keineswegs ist jedoch ausgemacht, ob der Rest der Welt heute mehr Hilfe leisten könnte als damals.

Die HIV/AIDS-Epidemie ist eine andere große Katastrophe. Wie wir bereits gesehen haben, erhöhte sie in vielen Ländern Subsahara-Afrikas die Sterblichkeit und führte dort zu einem dramatischen Rückgang der Lebenserwartung. Die Position Südafrikas liefert ein anschauliches Beispiel. In den Abbildungen 3 und 4 sehen wir Südafrika weit unterhalb der Kurve. Wenn wir in das Jahr 1960 zurückgehen, lange bevor HIV/AIDS überhaupt einen Einfluss auf die Sterblichkeit hatte, war seine Position ganz ähnlich – nicht aufgrund von Krankheiten, sondern wegen der extremen Ungleichheit zwischen seiner weißen und schwarzen Bevölkerung. Wenn wir die Verschiebung dieser Kurven Jahrzehnt für Jahrzehnt wie in einem Film ablaufen lassen würden, könnten wir sehen, wie sich Südafrika nach oben bewegt und sich in dem Maße, wie die Apartheid bröckelte und rassenbezogene Gesundheitsunterschiede kleiner wurden, der Kurve immer weiter annähert. Oder zumindest geschah das bis 1990. Im Anschluss daran fiel das Land mit der wachsenden Anzahl von AIDS-bedingten Todesfällen wieder auf seine ursprüngliche Position zurück, an die Stelle, wo wir es in Abbildung 3 sehen.

In den letzten Jahren haben antiretrovirale Medikamente zu einem deutlichen Rückgang der AIDS-Todesfälle in Afrika geführt. Die Epidemie gemahnt uns daran, dass manchmal die Ketten nur für eine begrenzte Zeit gesprengt werden können und dass große Epidemien – HIV/AIDS in der Gegenwart, Cholera im 19. Jahrhundert und der Schwarze Tod im Mittelalter – keineswegs endgültig der Vergangenheit angehören, sondern jederzeit zurückkehren können. In wissenschaftlichen Veröffentlichungen und in der populären Presse wird aktuellen Bedrohungen durch »neue« Infektionskrankheiten große Beachtung geschenkt, insbesondere wenn es sich bei diesen Krankheiten um sogenannten Zoonosen handelt, die wie HIV/AIDS von tierischen Wirten auf den Menschen übergegangen sind. Es gibt viele solche »Zoonosen«, und einige von ihnen führen sehr schnell zum Tode. Aber aufgrund dieser schnellen Letalität können sie sich kaum zu größeren Epidemien auswachsen. Wenn infizierte Opfer in kurzer Zeit sterben, ist dies auch nicht »im Interesse« der Erreger, die sich so nicht weiter ausbreiten können. HIV/AIDS, das nicht leicht übertragbar ist und sehr langsam zum Tode führt, stellt eine viel größere Gefahr dar, und die Pandemie, die das HI-Virus verursachte, sollte uns eindringlich klarmachen, dass wir vor solchen Erkrankungen in Zukunft nicht einfach die Augen verschließen können.

Doch wenden wir uns nun von den Katastrophen ab. Aus Abbildung 3 können wir nicht nur ersehen, dass Länder wohlhabender und gesünder werden, sondern auch, dass die Kurve, die den Zusammenhang zwischen Lebenserwartung und Einkommen beschreibt, sich ihrerseits im Laufe der Zeit nach oben verschiebt. Die Kurve von 2010 verläuft oberhalb der Kurve von 1960, und wenn wir weiter in die Vergangenheit zurückgehen würden, könnten wir sehen, dass die Kurve von 1960 über derjenigen von 1930 liegt, die ihrerseits über der Kurve von 1900 liegt und so weiter. Dem schon erwähnten Demographen Samuel Preston fiel diese Aufwärtsbewegung auf, und er folgerte, es müsse irgendein systematischer Faktor *außer dem Einkommen* dafür verantwortlich sein. Wenn das Einkommen ausschlaggebend wäre – während andere Faktoren wie die Epidemien oder die einzelstaatliche Gesundheitspolitik mehr oder minder keinem erkennbaren Muster folgen –, dann würden sich Länder auf der Kurve nach oben bewegen (was für die meisten gilt) oder nach unten. Aber während einige Länder sich tatsächlich auf der Kurve nach oben bewegten, geschah noch etwas anderes. Auch ohne Einkommensänderung verbesserte sich die Lebenserwartung mit der Zeit, und zwar weltweit und auf hohen wie auf niedrigen Einkommensniveaus. Preston machte naturwissenschaftliche und medizinische Erkenntnisfortschritte oder zumindest eine bessere praktische Umsetzung der vorhandenen naturwissenschaftlichen und medizinischen Erkenntnisse dafür verantwortlich. Er sah in Bewegungen *auf der Kurve* den Beitrag eines höheren Lebensstandards zur Gesundheit und in Bewegungen *der Kurve selbst* den Beitrag des neuen praktischen Wissens.[12]

Diese Zurückführung von Zuwächsen des Wohlbefindens auf die beiden kausalen Faktoren Einkommen und Wissen wird uns in diesem Buch immer wieder beschäftigen. Meiner Auffassung nach ist Wissen der entscheidende Faktor, und Einkommen – obwohl es für sich allein genommen sowie als Aspekt des Wohlbefindens und oft als unterstützender Faktor anderer Aspekte des Wohlbefindens wichtig ist – stellt nicht die eigentliche Ursache des Wohlbefindens dar.

Globale Armut und globale Ungleichheit

In den meisten Ländern der Erde steigt der materielle Lebensstandard. Doch besteht kein automatischer, logisch zwingender Zusammenhang zwischen Wachstum und Verringerung der globalen Armut. Möglicherweise wachsen die ärmsten Länder der Welt überhaupt nicht – wie es in einem Großteil Afrikas in den 80er und frühen 90er Jahren der Fall war –, oder wenn sie wachsen, dann profitieren davon nur diejenigen in dem Land, die sowieso schon wohlhabend sind. Diejenigen, die glauben, Globalisierung und Wirtschaftswachstum kämen nur den Reichen zugute, führen oftmals eines der beiden oder auch beide Argumente zugleich ins Feld. Wie wir bereits gesehen haben, gibt es schier unvorstellbare Unterschiede im durchschnittlichen materiellen Lebensstandard zwischen den Ländern, und die Schere zwischen Reich und Arm innerhalb der einzelnen Länder klafft kaum weniger weit auseinander. Werden diese Ungleichheiten mit dem allgemeinen wirtschaftlichen Fortschritt größer? Profitieren alle oder nur die Wohlhabenden, die bereits den »Großen Ausbruch« geschafft und die jene hinter sich gelassen haben, die nicht so viel Glück hatten wie sie?

Um diese Frage zu beantworten, kann man sich beispielsweise ansehen, ob ursprünglich arme Länder schneller gewachsen sind als ursprünglich reiche Länder, was der Fall sein muss, wenn sich die Kluft zwischen ihnen verringern soll. Wenn Wirtschaftswachstum durch Fortschritte in den Wissenschaften und im praktischen Knowhow ermöglicht wird, dann können wir erwarten, dass sich die landesspezifischen Lebensstandards einander annähern, zumindest dann, wenn sich Wissen und Techniken leicht von einem Land in ein anderes übertragen lassen.

Schauen wir uns zunächst Abbildung 6 an, die eine mehr oder minder zufällige Streuung von Punkten zeigt. Jeder Punkt in dem Diagramm steht für ein Land und zeigt dessen durchschnittliche Wachstumsrate auf der vertikalen Achse gegenüber seinem anfänglichen Pro-Kopf-BIP auf der horizontalen Achse. Die schwarzen Kreise stehen für das Wachstum von 1960 bis 2010, während die helleren Kreise das Wachstum von 1970 bis 2010 darstellen. Da die Streuung der Punkte keinerlei Muster erkennen lässt, bedeutet dies, dass die armen Länder nicht schneller als die reichen Länder gewachsen sind. Sie haben also nicht aufgeholt, und die Ungleichheit zwischen den Ländern hat nicht abgenommen. Andererseits sind die reichen Länder nicht schneller gewachsen als die armen. Insgesamt hat sich die Ungleichheit zwischen den Ländern nicht sehr stark verändert. Fast alle Wachstumsraten sind positiv und liegen über der gestrichelten Linie, die ein Null-Wachstum anzeigt.

In den letzten 50 Jahren fand Wachstum weltweit in großem Umfang statt. Nur vier Länder hatten im Jahr 2010 ein niedrigeres Pro-Kopf-Einkommen als im Jahr 1960, und nur 14 wiesen niedrigere Einkommen als 1970 auf. Wir sollten allerdings bedenken, dass einige der Länder mit den schlechtesten Werten (zum Beispiel jene, die in einen Krieg verwickelt sind) ausgeklammert wurden, weil uns über sie keine Daten vorliegen oder weil es sie früher einfach noch nicht gab. (Die beiden wachstumsschwächsten Länder in Abbildung 6 sind die DRK und Liberia, die beide von Kriegen oder Bürgerkriegen betroffen waren.)

Man kann genau die gleichen Daten auch auf eine andere, positivere Weise interpretieren. Abbildung 7, die in dieser Form erstmals von dem Ökonomen Stanley Fischer erstellt wurde, ist identisch mit Abbildung 6, nur dass jedes Land jetzt durch einen Kreis dargestellt wird, dessen Größe proportional zu seiner Bevölkerung im

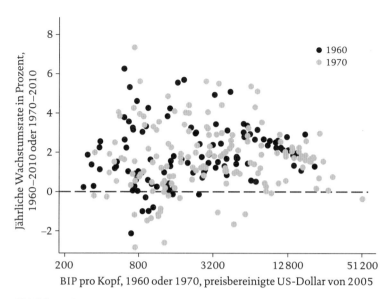

Abbildung 6:
Wachstum nach Ländern

Ausgangsjahr ausfällt.[13] Bei dieser Darstellungsweise glauben wir auf Anhieb, einen starken *negativen* Zusammenhang zu erkennen, haben also den Eindruck, ärmere Länder seien schneller gewachsen. Aber wir wissen bereits, dass dies *nicht* der Fall ist! Der unterschiedliche Eindruck entsteht durch die Aufblähung der Punkte für die größten Länder. Die beiden größten Länder der Welt, China und Indien, sind in den vergangenen 50 Jahren sehr schnell gewachsen.

Und weil in ihnen so viele Menschen leben, hat ihr Wachstum die Durchschnittseinkommen von über zwei Milliarden Menschen vom unteren Ende der Welteinkommensverteilung – wo sie ursprünglich standen – näher an den mittleren Bereich verschoben, wo sie heute stehen. Wenn jede Person in jedem Land das Durchschnittseinkommen des betreffenden Landes hätte, würde Abbildung 7 zeigen, dass sich die Lebensstandards aller Menschen in der Welt einander angenähert haben, auch wenn sich der Abstand zwischen den durchschnittlichen Lebensstandards der Länder nicht verringert hat. Selbstverständlich stimmt es nicht, dass jeder in jedem Land das gleiche Einkommen hat. Es herrscht nicht nur Einkommensungleichheit innerhalb von Ländern, wie wir in Kapitel 6 sehen werden, sondern die Einkommensungleichheit nimmt in vielen (wenn auch nicht allen) Ländern auch noch zu. Berücksichtigt man die Einkommensungleichheit innerhalb der Länder, ist weit weniger klar, wie die Einkommensungleichheit über sämtliche Bürger der Welt hinweg zu beurteilen ist, auch wenn vieles dafür spricht, dass sie abnimmt.

Das rasche Wachstum Chinas und Indiens hat nicht nur Hunderte Millionen von Menschen vor Armut und vorzeitigem Tod gerettet, sondern es hat auch die Gleichheit im weltweiten Maßstab erhöht. Wenn wir *Menschen* statt *Länder* in den Blick nehmen, ist das optimistische Bild in Abbildung 7 das richtige und nicht das pessimistische Bild in Abbildung 6.

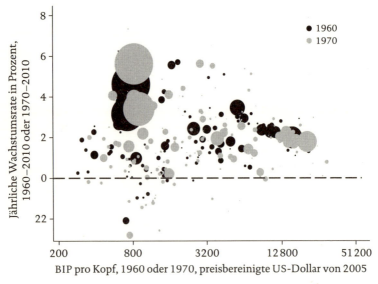

Abbildung 7:
Wachstum, gewichtet nach Landesbevölkerung

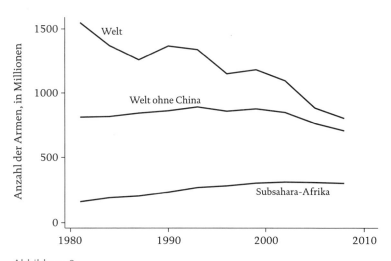

Abbildung 8:
Die weltweite Armut sinkt.

Die Entwicklung in China und Indien hat auch erheblichen Einfluss auf die globale Armut. Die Weltbank berechnet regelmäßig die Gesamtzahl der Menschen in der Welt, die in Haushalten mit einem täglichen Einkommen von unter einem Dollar pro Person leben. Die Ergebnisse der jüngsten Berechnung bis zum Jahr 2008 sind in Abbildung 8 zu sehen.[14] Die Gesamtzahl armer Menschen, die mit weniger als einem Dollar pro Tag über die Runden kommen müssen, ist zwischen 1981 und 2008 um 750 Millionen gesunken, obwohl die Gesamtbevölkerung der armen Länder um etwa zwei Milliarden zugenommen hat. Dies hat dazu geführt, dass der Anteil der Weltbevölkerung, der von weniger als einem Dollar pro Tag lebt, von 40 auf 14 Prozent gesunken ist. Obgleich die Armutsquote auch in anderen Regionen der Welt abgenommen hat, ist der Rückgang der absoluten Zahlen an armen Menschen weitgehend auf das rasche Wachstum Chinas zurückzuführen. Dadurch ist, zumindest bis vor zehn Jahren, die absolute Anzahl der nicht-chinesischen Armen weiter gestiegen. (Wie wir in Kapitel 6 sehen werden, spricht einiges dafür, dass die indischen

Statistiken einen immer größeren Teil des Einkommens der Inder nicht erfassen, so dass diese Zahlen die Fortschritte Indiens bei der Armutsbekämpfung unterschätzen könnten.) Nach Berechnungen der Weltbank lebten in Subsahara-Afrika im Jahr 2008 37 Prozent der Bevölkerung von weniger als einem Dollar pro Tag, ein deutlicher Rückgang gegenüber einem Höchststand von 49 Prozent im Jahr 1993. Afrikanische Volkswirtschaften sind in den letzten Jahren gewachsen, wenn auch ausgehend von einem niedrigen Niveau. Allerdings sollten afrikanische Daten mit Vorsicht betrachtet werden. Bei der globalen Armutsbekämpfung gibt es also ebenfalls allgemeine Fortschritte – nicht überall und nicht zu allen Zeiten –, aber 25 Jahre globales Wachstum haben zu einem deutlichen Rückgang der weltweiten Armut geführt.

Wie schätzen Menschen ihre Lebenszufriedenheit selbst ein?

Für ein gutes Leben braucht es mehr als Gesundheit und Geld, und die Befreiung von Entbehrungen im Zuge des Entwicklungsprozesses sollte auch bessere Bildung und bessere Möglichkeiten zur Teilnahme am zivilgesellschaftlichen Leben mit sich bringen. Mein Schwerpunkt liegt hier auf Gesundheit und Einkommen, aber das allgemeine Bild ist mehr oder minder das gleiche: Auch wenn in den letzten Jahrzehnten große Fortschritte erzielt wurden, bleibt noch viel zu tun. Mehr Kinder gehen regelmäßig zur Schule, und mehr Menschen können lesen und schreiben. Und auch wenn es viele Diktatoren gibt und die politisch-zivilgesellschaftlichen Partizipationsmöglichkeiten vieler hundert Millionen Menschen (manchmal gravierenden) Einschränkungen unterliegen, gibt es heute mehr politische Freiheit in der Welt als vor einem halben Jahrhundert. Für den größten Teil der Menschheit wird das Leben besser, zumindest im Hinblick auf die Chancen, die diese Umstände gewähren.[15] Aber viele Menschen beurteilen ihr eigenes Leben vermutlich nicht nach diesen Maßstäben, die von Entwicklungsexperten und sonstigen Fachwissenschaftlern wohl höher geschätzt werden als von Menschen, deren konkrete Lebenswirklichkeit davon definiert wird. Viele Menschen mögen auch Dinge schätzen, die nicht in unseren Listen enthalten sind. Also spricht sehr viel dafür, sie zu fragen, wie *sie selbst* ihr Leben beurteilen.

Zu diesem Zweck kann man zum Beispiel selbstberichtete Maße für das Wohlbefinden verwenden, wie jene, die in den Abbildungen 1 und 2 der Einleitung beschrieben werden. Ökonomen, Psychologen und Philosophen interessieren sich seit neuestem für diese Maße, und eine Reihe nationaler Statistikämter hat begonnen, entsprechende Daten routinemäßig zu erheben.[16] Diese Maße, die oftmals recht frei als »Glücksmaße« bezeichnet werden, haben viele verlockende Eigenschaften: Sie stammen direkt von den Menschen, deren Wohlbefinden wir beurteilen wollen, sie messen die tatsächlich erzielten Ergebnisse, und sie erfassen möglicherweise die Effekte von Faktoren, die wichtig für das Wohlbefinden sind, die wir jedoch nicht kennen oder vielleicht kennen, aber nicht messen können.

Dennoch bezweifeln viele Fachleute – Ökonomen und Philosophen gleichermaßen – die Aussagekraft und Brauchbarkeit selbstberichteter Maße für das Wohlbefinden. Wir wissen nicht immer, was Menschen denken, wenn sie diese Fragen beantworten, und es bestehen Zweifel, ob verschiedene Personen oder Angehörige verschiedener Nationen die Fragen in der gleichen Weise verstehen. Die Übersetzung von Fragen ist manchmal schwierig, selbst wenn eine wörtliche Übersetzung möglich ist. So verwenden Amerikaner das Wort »happy« großzügiger und häufiger als die Franzosen das Wort »heureux«, und Ostasiaten scheinen besonders ungern zu sagen, dass sie glücklich sind.[17] In den Vereinigten Staaten ist das Streben nach Glück eines der unveräußerlichen Rechte, die in der Unabhängigkeitserklärung verankert sind, doch in dem calvinistischen schottischen Dorf, in dem ich aufwuchs, wäre ein solches Streben als Anzeichen einer schwerwiegenden Charakterschwäche gedeutet worden.

Noch gravierender ist das Phänomen der Gewöhnung. Menschen, die in elenden Verhältnissen leben, können im Laufe der Zeit zu der Überzeugung gelangen, dies sei das Beste, was das Leben zu bieten habe, und sie berichten daher, dass sie glücklich sind. Andere, die im Überfluss leben, haben sich derart an den Reichtum gewöhnt, dass sie schon unzufrieden sind, wenn ihnen triviale Luxusartikel fehlen.[18] Ein ausgefülltes und glückliches Leben kann mit Schmerzen und Verlust verbunden sein. Die Philosophin Martha Nussbaum schreibt über den »glücklichen Krieger«, der in die Schlacht zieht und erwartet, nichts als Schmerzen zu erleiden und möglicherweise den Tod zu finden, der aber dennoch das Gefühl hat, ein gutes und würdevolles Leben zu führen.[19] Diese Vorbehalte bedeuten jedoch nicht, dass wir ignorieren sollten, was Menschen über ihr Leben sagen. Sie gemahnen uns nur, uns der möglichen Probleme bewusst zu sein und unsere Zweifel nicht einfach zu übergehen.

Wenn sich Menschen immer anpassen, so dass sie mit dem zufrieden sind, was sie haben, sollte die durchschnittliche Antwort von Land zu Land nicht allzu stark schwanken. Die meisten reichen Länder der Welt sind seit langem reich und die meisten armen Länder seit langem arm. Die Menschen hatten also jede Menge Zeit, sich an ihre Lebensverhältnisse zu gewöhnen. Aber die Zahlen in der Einleitung zeigen, dass dem nicht so ist.

Der Lebenszufriedenheitswert für Dänemark (das Land, das bei diesen Vergleichen durchgehend am besten abschneidet) beträgt 7,97 (auf einer Stufenskala, die von 0 bis 10 reicht), gefolgt von den anderen skandinavischen Ländern – Finnland 7,67, Norwegen 7,63 und Schweden 7,51 – und, in geringem Abstand, den Vereinigten Staaten mit 7,28. Togo (eine langjährige Diktatur) erreicht 2,81, Sierra Leone (nach jahrelangem Bürgerkrieg) 3,00 und Simbabwe (eine weitere langjährige Diktatur) 3,17. Burundi mit 3,56, Benin mit 3,67 und Afghanistan mit 3,72 folgen als Nächste auf der Liste des Elends.

Die philosophischen Zweifel an diesen Maßen haben durchaus ihre Berechtigung, aber wenn es darum geht, Entbehrungen zu beurteilen und die Länder zu identifizieren, in denen es Menschen gut oder nicht gut geht, stimmen die Lebenszufriedenheitsmaße sehr gut mit Maßen des Einkommens, der Gesundheit oder der politischen Freiheit überein. Die entwickelten und demokratischen Wohlstandsländer Europas und Amerikas sowie die »europäischen Ableger« – Kanada, Australien, Neuseeland – bieten weitaus angenehmere Lebensbedingungen als die ärmsten Länder Subsahara-Afrikas, Asiens und Lateinamerikas, und direkte Fragen nach der Lebenszufriedenheit liefern uns die gleichen Ergebnisse wie die Betrachtung des Einkommens oder der Lebenserwartung.

Es wäre sehr hilfreich, wenn wir über Lebenszufriedenheitsdaten für einen Zeitraum von 50 Jahren verfügen würden. Wir könnten dann langfristige Vergleiche ab dem Jahr 1960 anstellen, so wie wir es für den Zusammenhang zwischen Einkommen und Gesundheit getan haben. Aber Gallup führt seinen World Poll – eine weltweite Umfrage – erst seit dem Jahr 2006 durch, und auch wenn wir für einzelne Länder hier und da über Daten aus früheren Jahren verfügen, wissen wir wenig über die Verlässlichkeit dieser Zahlen und die Art und Weise, wie die Befragten ausgewählt wurden. Daher können wir derzeit nicht sagen, ob das weltweite Wachstum in den letzten 50 Jahren die Lebenszufriedenheit erhöht hat oder nicht.

Dennoch folgt aus der Tatsache, dass die Einwohner von Wohlstandsländern ihre Lebenszufriedenheit durchweg höher einschätzen als die Bevölkerung in armen Ländern, die starke Vermutung, Wachstum beeinflusse die Lebenszufriedenheit von Menschen positiv. Der offensichtlichste Unterschied zwischen Dänemark und den Vereinigten Staaten einerseits und Sierra Leone, Togo und Simbabwe andererseits besteht darin, dass die eine Gruppe wohlhabend und die andere arm ist. Dieser Unterschied ist das Ergebnis von 250 Jahren Wachstum in den reichen Ländern gegenüber keinem oder nur geringem Wachstum in den armen Ländern. Auch bei der Lebenserwartung gibt es, wie wir bereits sahen, enorme Unterschiede. Allerdings ist auch die Lebenserwartung in den letzten 50 Jahren zusammen mit dem Wirtschaftswachstum gestiegen. Und so wäre es verwunderlich, wenn die durchschnittliche Lebenszufriedenheit in China, Deutschland, Japan oder den Vereinigten Staaten im Jahr 2008 nicht höher wäre als die durchschnittliche Lebenszufriedenheit dieser Länder im Jahr 1960. Aber diese scheinbar unstrittige Schlussfolgerung ist zum Gegenstand einer erbitterten Kontroverse geworden.

Im Jahr 1974 behauptete der Ökonom und Historiker Richard Easterlin, der als einer der Ersten selbstberichtetes Wohlbefinden gemessen hat, Wirtschaftswachstum in Japan habe die Lebenszufriedenheit der Menschen laut ihren eigenen Angaben nicht erhöht, und in anschließenden Arbeiten fand er seine Hypothese in mehreren weiteren Ländern einschließlich der USA bestätigt.[20] Damals wie heute vertritt er die Auffassung, Wirtschaftswachstum verbessere das durchschnittliche subjektive Wohlbefinden nicht.

Easterlin stellt mit seiner Ansicht, Wachstum sei an und für sich wertlos, eine Ausnahme unter den Ökonomen dar. (Er bezweifelt nicht die gesundheitlichen und anderweitigen Verbesserungen, die das Wirtschaftswachstum mit sich gebracht – nicht unbedingt *verursacht* – hat.) Seine Position deckt sich mit der von vielen Psychologen, religiösen Führungspersönlichkeiten und anderen, die bestreiten, dass Wohlbefinden vornehmlich eine Frage ausreichender materieller Versorgung sei, abgesehen vielleicht von den Bedürftigsten. Die Ökonomen Betsey Stevenson und Justin Wolfers haben diese Auffassung kritisch hinterfragt und behaupten, die Auswertung ordnungsgemäß erhobener, vergleichbarer Daten ergebe, dass das Wirtschaftswachstum in den Ländern die Lebens-zufriedenheit in eben jener Weise erhöhe, wie wir dies aus den Unterschieden in der Lebenszufriedenheit zwischen reichen und armen Ländern erwarten würden.[21]

Die Auswirkungen des Wirtschaftswachstums auf die Lebens-zufriedenheit der Einwohner eines Landes lassen sich viel schwe-rer feststellen als die Auswirkungen von Unterschieden zwischen reichen und armen Ländern. Selbst 50 Jahre Wirtschaftswachstum bringen ein Land nicht sehr weit im Vergleich zu internationalen Unterschieden, die das Ergebnis *jahrhundertelang* unterschied-licher Wachstumsraten sind. Wenn ein Land 50 Jahre lang durch-gehend jährlich mit 2 Prozent wachsen würde (in etwa der Durch-schnitt in Abbildung 6), wäre sein Pro-Kopf-Volkseinkommen am Ende dieses Zeitraums 2,7-mal größer. Dies ist eine deutliche Zunahme, aber es entspricht in etwa dem Unterschied zwischen Indien und Thailand heute. Da Länder nicht genau auf der Linie liegen, die den Zusammenhang zwischen Lebenszufriedenheit und Einkommen beschreibt, wäre es nicht verwunderlich, wenn solche Phasen des Wirtschaftswachstums mit geringfügigen oder schwer messbaren Zunahmen der Lebenszufriedenheit oder sogar paradoxen Verschlechterungen einhergingen. Wie Abbildung 1 in der Einleitung zeigt, verzeichnet China, dessen Pro-Kopf-Ein-kommen im Jahr 2008 doppelt so hoch ausfiel wie das indi-sche, einen deutlich niedrigeren Wert für die Lebenszufrieden-heit.

Genauso wie es Länder gibt, deren Bevölkerung einen besseren oder schlechteren Gesundheitszustand aufweist, als es nach ihrem Einkommen zu erwarten wäre, kennen wir Länder, deren Einwoh-ner ihre Lebenszufriedenheit höher oder niedriger einschätzen, als ihr Einkommen es nahelegt. Wir haben bereits gesehen, dass die skandinavischen Länder die Spitzenreiter im Wohlbefinden sind, aber sie sind auch sehr reiche Länder, und ihre Lebenszufrieden-heitswerte sind nicht viel höher, als man auf der Grundlage ihres

Volkseinkommens vorhersagen würde. Auch wird häufig festgestellt, dass lateinamerikanische Länder bei der Lebenszufriedenheit sehr gut abschneiden. Einige ostasiatische Länder hingegen haben vergleichsweise schlechte Werte, etwa China, Hongkong, Japan und Korea. Wir wissen nicht, ob diese kontinentalen Unterschiede auf tatsächliche Unterschiede in einem objektiven Aspekt des Wohlbefindens zurückzuführen sind, auf nationale Mentalitätsunterschiede oder auf nationale Unterschiede in der Art und Weise, wie Menschen die Frage mit der Stufenskala beantworten. Ein häufiger Befund ist ein ungewöhnlich niedriges Wohlbefinden für Russland, die Länder der ehemaligen Sowjetunion und die Länder Osteuropas, die einst zum kommunistischen Block gehörten. Gerade die Älteren in diesen osteuropäischen und ehemaligen sowjetischen Ländern sind besonders unglücklich mit ihren Lebensumständen.[22] Den jungen Menschen dort bieten sich dagegen Chancen, die frühere Generationen nicht hatten, einschließlich der Möglichkeit, zu reisen, im Ausland zu studieren und in der Weltwirtschaft einen Platz für ihre Talente zu finden. Gleichzeitig erlebten ihre Großeltern den Zusammenbruch einer vertrauten Welt, die ihnen, bei allen Mängeln, ein gewisses Gefühl der Geborgenheit und Zugehörigkeit vermittelte. Außerdem leiden manche unter den Folgen des Zusammenbruchs des früheren Renten- und Gesundheitssystems.

Emotionales Wohlbefinden

Lebenszufriedenheitsmaße werden oft als Glücksmaße beschrieben, auch wenn, wie in der Frage mit der Stufenskala, in der Frage nach der Lebenszufriedenheit selbst von Glück keine Rede ist. Mittlerweile ist empirisch gut belegt, dass Lebenszufriedenheitsfragen, bei denen Menschen aufgefordert werden, über ihre allgemeine Lebenslage nachzudenken, andere Erfahrungsaspekte erfassen und andere Ergebnisse erbringen als Fragen über Gefühle oder erlebte Emotionen. Es ist möglich, unglücklich oder bekümmert zu sein oder sich gestresst zu fühlen, auch wenn man im Allgemeinen mit dem eigenen Leben zufrieden ist. Traurigkeit, Kummer und Stress mögen während mancher Erfahrungen, die man durchleiden muss, um zu einem sinnerfüllten Leben zu finden, unverzichtbar sein. Die militärische Grundausbildung, ein Studium der Volkswirtschaftslehre oder Medizin oder die Bewältigung des Todes eines Elternteils sind Beispiele für unangenehme Erfahrungen, die dennoch ein wesentlicher Teil des Lebens sind. Junge Menschen leiden manchmal unter schrecklichem Liebeskummer, aber diese Erfahrungen sind ein notwendiger Teil des emotionalen Lernens. Diese emotionalen und andere Erfahrungen tragen per se erheblich zum gegenwärtigen Wohlbefinden bei. Doch wenn man sich glücklich fühlt, ist das besser, als traurig zu sein, und Stress, Kummer und Wut vermindern das Wohlbefinden zu der Zeit, zu der sie erlebt werden, auch wenn sie sich manchmal in der Zukunft auszahlen.

So wie wir Menschen bitten können, ihr Leben selbst zu beurteilen, so können wir sie auch nach ihren emotionalen Erfahrungen fragen. Der Gallup World Poll fragt Menschen nicht nur nach ihrer Lebenszufriedenheit, sondern auch nach Emotionen und Gefühlen am Tag vor der Umfrage – nach Ärger, Stress, Traurigkeit, Niedergeschlagenheit, Glück, Wut und Kummer. Es zeigt sich, dass sich die nationalen durchschnittlichen Antworten auf diese Frage stark von den nationalen Durchschnittswerten der Lebenszufriedenheit unterscheiden.

Die »globale Karte des Glücks« ist in Abbildung 7 zu sehen. Auf ihr ist das Volkseinkommen gegen den Prozentsatz der Bevölkerung aufgetragen, der angibt, während eines großen Teils des vorangegangenen Tages gut gelaunt gewesen zu sein. Diese Karte unterscheidet sich deutlich von der Verteilung der Lebenszufriedenheit. Insbesondere der Zusammenhang mit dem Volkseinkommen ist hier viel schwächer ausgeprägt. Zwar berichten die Einwohner einiger der ärmsten Länder – wie Burkina Faso, Burundi, Madagaskar und Togo – über sehr wenige erlebte Glücksgefühle, aber es gibt nur geringe systematische Unterschiede im emotionalen Wohlbefinden zwischen Reichen und Armen in allen Ländern, abgesehen von den ärmsten. Dänemark, wo die Menschen mit ihrer allgemeinen Lebenslage außerordentlichen zufrieden sind, ist kein besonders guter Ort, um gut gelaunt zu sein. Und Gleiches gilt auch für Italien. Tatsächlich erleben prozentual gesehen mehr Bangladescher, Kenianer, Nepalesen und Pakistaner viele Glücksgefühle als Dänen oder Italiener.

Der geringe Zusammenhang zwischen Einkommen und erlebtem Wohlgefühl gilt auch für die Vereinigten Staaten. Armut erzeugt Kummer, aber jenseits eines gewissen Punkts (ein Einkommen von etwa 70 000 Dollar pro Jahr) fügt zusätzliches Einkommen dem emotionalen Wohlbefinden nichts mehr hinzu, auch wenn Menschen mit höheren Einkommen von einer höheren Lebenszufriedenheit berichten.[23] Für gute Laune ist Geld nur in Grenzen von Bedeutung. Es ist nützlich, dies zu wissen, und sei es auch nur, weil erlebtes Wohlbefinden eine positive Erfahrung ist, die das Leben angenehmer macht. Aber dadurch wird das emotionale Wohlergehen zu einem schlechten Maß des allgemeinen Wohlbefindens, denn an vielen Orten auf der Welt, selbst inmitten schlechter Gesundheit und materieller Entbehrung, gelingt es Menschen, Glücksmomente zu erleben. Lebenszufriedenheitsmaße sind demgegenüber viel bessere Indikatoren des allgemeinen Wohlbefindens. Gute Beispiele dafür sind Dänemark und Italien.

Die Karte des Glücksgefühls zeigt, dass die Vereinigten Staaten, wo gute Laune gewissermaßen Bürgerpflicht ist, an dritter Stelle rangieren, übertroffen nur von Irland und Neuseeland. Russland und seine ehemaligen Satelliten gehören zu den unglücklichsten Ländern der Welt. Aber die meisten Menschen in der Welt erleben Glücksgefühle. Fast drei Viertel der Weltbevölkerung berichten,

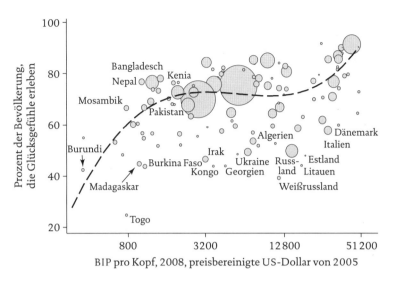

Abbildung 9:
Emotionales Wohlbefinden, weltweit

dass sie während eines Großteils des vorangegangenen Tages gut
gelaunt waren.

Andere Maße des emotionalen Erlebens vermitteln ein anderes
Bild. Im Jahr 2008 hatten 19 Prozent der Weltbevölkerung wäh-
rend eines Großteils des Tages vor der Umfrage das Gefühl der
Wut, 30 Prozent erlebten Stress, 30 Prozent Besorgnis und 23 Pro-
zent Kummer. In ärmeren Ländern erleben mehr Menschen Kummer, allerdings gibt es auf jedem Einkommensniveau eine große
Schwankungsbreite. Aber die nationalen Durchschnittswerte von
Sorge, Stress und Wut stehen in keinerlei Zusammenhang mit dem
Volkseinkommen, auch wenn sie ebenfalls von Land zu Land starken Schwankungen unterliegen. So berichten etwa drei Viertel der
Filipinos von großem Stress, gefolgt von den Bürgern Hongkongs,
des Libanons, Syriens und der Vereinigten Staaten, wo 44 Prozent
berichten, dass sie während eines Großteils des Vortags Stress erlebt haben. Das Volkseinkommen scheint diese negativen Emotionen kaum zu verringern.

Lebenszufriedenheit und Glücksgefühle (oder andere Emotionen) zeichnen je verschiedene Bilder der Welt. Welches ist das richtige? Diese Frage ist nur dann sinnvoll, wenn wir erwarten, dass solche Größen ein einheitliches Maß des allgemeinen Wohlbefindens liefern, was das Ziel eines Großteils der Glücksliteratur ist. Aber wir sollten anders an das Phänomen des Wohlbefindens herangehen. Es ist gut, gut gelaunt zu sein, es ist nicht gut, besorgt oder wütend zu sein, und es ist gut, seine Lebenslage positiv einzuschätzen. Aber diese Gefühle sind nicht ein und dasselbe, und sie alle sind mit guten oder schlechten Ergebnissen in anderen Dimensionen des Wohlbefindens vereinbar, wie etwa Einkommen oder körperliche und geistige Gesundheit. Es gibt keine magische Frage, mit der sich das Wohlbefinden umfassend beurteilen ließe. Selbst wenn Menschen ähnlich einer Armbanduhr einen »Hedonimeter« bei sich trügen, der die Gemütslage in jedem Moment aufzeichnen würde, gäbe es keinen Grund anzunehmen, das Ablesen des Hedonimeters könnte dazu beitragen, ihr allgemeines Wohlergehen zu bestimmen. Das menschliche Wohlbefinden hat viele verschiedene Aspekte, die oft miteinander zusammenhängen, aber nicht identisch sind, und wenn wir das weltweite Wohlbefinden messen wollen, müssen wir diese Vielfalt anerkennen und ihr gerecht werden.

Der Historiker Keith Thomas beschreibt, wie sich in England das Streben nach Selbsterfüllung im Laufe der Zeit gewandelt hat und dass man dort im 18. Jahrhundert das Streben nach Reichtum als einen legitimen und ethisch statthaften Weg zum Glück ansah.[24] Adam Smith führte in seinem Werk *Der Wohlstand der Nationen* die Idee systematisch aus, dass das Streben nach Reichtum nicht nur für Individuen eine ehrenwerte Tätigkeit sei, sondern auch der Gesellschaft insgesamt diene – eine Idee mit einer langen Vorgeschichte. Smiths Metapher von der »Unsichtbaren Hand« ist für uns zu einem Schlüssel für das Verständnis geworden, wie der Kapitalismus funktioniert. Dabei blieb Smith, wie Thomas anmerkt, gegenüber dem persönlichen Nutzen von Reichtum skeptisch.

Tatsächlich beschrieb Smith in seiner *Theorie der ethischen Gefühle* die Vorstellung, Reichtum mache genauso glücklich wie eine Täuschung, wenngleich eine nützliche, »die den Fleiß der Menschen erweckt und in beständiger Bewegung erhält«. Auch das Ausmaß der tatsächlichen Ungleichheit bezweifelte er, indem er behauptete, die Reichen würden allein dadurch, dass sie zu dem Zweck andere Menschen beschäftigen, um ihre »eigenen eitlen und unersättlichen Begierden« zu befriedigen, für eine annähernde Gleichverteilung der »lebensnotwendigen Güter« sorgen. Was den Reichen anbelange, so würden seine großen Besitztümer »zwar die Regenschauer des Sommers abhalten, aber nicht die Winterstürme, sie lassen ihren Besitzer vielmehr immer noch so sehr wie früher, ja mitunter noch mehr als zuvor der Angst, der Furcht und der Sorge ausgesetzt, den Krankheiten, den Gefahren und dem Tode«.[25]

Smith schrieb ungefähr zur gleichen Zeit, als die »Große Divergenz« einsetzte, und in einem Zeitalter, in dem Infektionskrankheiten Arm und Reich gleichermaßen bedrohten. Wie wir im nächsten Kapitel sehen werden, hatten englische Aristokraten keine höhere Lebenserwartung als das einfache Volk. Und wie wir gerade gesehen haben, unterscheidet sich das emotionale Wohlbefinden der Armen nicht sonderlich von dem der Reichen, auch wenn die Armen sehr viel unzufriedener mit ihrem Leben sind. Reichtum bietet keinen Schutz vor Angst, Furcht und Sorge, und man muss nicht reich sein, um die Glücksgefühle und Freuden des Alltagslebens zu genießen.

Aber die Welt hat sich in den letzten 250 Jahren verändert. Weder sind heute die »lebensnotwendigen Güter« weltweit gleich verteilt, noch waren sie zu Smiths Zeiten in Großbritannien. Heute aber stellt Reichtum einen mächtigen Schutz vor Krankheits- und Todesrisiken dar. Und mit steigendem Wohlstand und zunehmendem Wissen auf der ganzen Welt, insbesondere in den letzten 60 Jahren, wurde dieser Schutz auf immer weitere Teile der Weltbevölkerung ausgedehnt.

Einkommen und Gesundheit haben sich seit dem Zweiten Weltkrieg fast überall verbessert. Es gibt kein einziges Land auf der Welt, in dem die Säuglings- und Kindersterblichkeit heute nicht niedriger läge als im Jahr 1950.[26] Das Wirtschaftswachstum hat Millionen von Menschen, insbesondere in China und Indien, aus schrecklicher Armut herausgeführt. Trotzdem gab es schwere Rückschläge. Die Große Chinesische Hungersnot, die HIV/AIDS-Pandemie, der dramatische Rückgang der Lebenserwartung in der ehemaligen Sowjetunion und zahllose Kriege, Massaker und Hungersnöte erinnern uns daran, dass die Geißeln Krankheit, Krieg und politisches Versagen keine Ungeheuer sind, die ein für alle Mal der Vergangenheit angehören. Tatsächlich wäre es unbesonnen, etwas anderes zu glauben: Wie in dem Kinofilm mögen uns die »gesprengten Ketten« keine dauerhafte Freiheit verschaffen, sondern nur eine begrenzte Schonfrist vor dem Übel, der Dunkelheit und dem Chaos, die uns umgeben.

TEIL I

LEBEN UND TOD

KAPITEL 2

VON DER VORGESCHICHTE BIS 1945

Die Menschen sind heute, global gesehen, gesünder als zu jedem anderen Zeitpunkt der Geschichte. Sie leben länger, sie sind größer und kräftiger, und ihre Kinder haben ein viel geringeres Risiko, zu erkranken oder zu sterben. Bessere Gesundheit bedeutet schon an sich ein besseres Leben, und sie ermöglicht uns zudem, mehr aus unserem Leben zu machen, effizienter zu arbeiten, mehr zu verdienen, länger zu lernen und mehr Zeit mit unseren Familien und Freunden zu verbringen. Gesundheit ist keine eindimensionale Größe wie die Temperatur; jemand mag ein fantastisches Sehvermögen, aber eine schlechte Ausdauer besitzen, oder er mag sehr alt werden, aber immer wieder an schweren Depressionen oder Migräneanfällen leiden.

Wie gravierend eine bestimmte Einschränkung ist, hängt davon ab, was eine Person tut oder gern tun würde. Mein miserabler Wurfarm hat mich auf der Highschool hin und wieder in Verlegenheit gebracht, aber er stellt kein Problem für einen Professor dar. Gesundheit hat viele Dimensionen, und es ist schwer, sie auf eine einzige handliche Zahl zu reduzieren. Ein Aspekt von Gesundheit lässt sich allerdings leicht messen und ist von überragender Bedeutung: die einfache Tatsache, lebendig oder tot zu sein. Dies ist für den Einzelnen zwar nur von begrenztem Nutzen – man würde von seinem Arzt zweifellos mehr erwarten als die Diagnose »nun, Sie sind am Leben« –, aber Lebens- und Todesmaße sind von unschätzbarem Wert, wenn es um die Gesundheit von Gruppen von

Menschen geht, entweder ganzen Populationen oder Untergruppen, wie etwa Männern und Frauen, Schwarzen und Weißen oder Kindern und Älteren.

Ein gängiges demographisches Maß für die Zeit eines Neugeborenen bis zu seinem Tod wird Lebenserwartung bei Geburt oder auch einfach nur Lebenserwartung genannt. Wenn das Leben lebenswert ist, hat es nur Gutes, mehr Lebensjahre zu haben, und im Allgemeinen (wenn auch nicht zwangsläufig) sind Menschen in Populationen, deren Mitglieder länger leben, zugleich ihr ganzes Leben über mit besserer Gesundheit bedacht. Wir sahen in Kapitel 1, dass die Lebenserwartung weltweit schwankt, dass sie in reicheren Ländern höher ist und im Laufe der Geschichte im Großen und Ganzen zunimmt. In diesem Kapitel befassen wir uns ausführlicher mit den Bestimmungsgrößen und der Entwicklung der Lebenserwartung bis heute. Dieses Buch ist keine Geschichte der Gesundheit und auch keine Geschichte der Lebenserwartung, aber der Blick in die Vergangenheit kann uns viel lehren, und eine bessere Zukunft setzt voraus, dass wir versuchen, die Vergangenheit zu verstehen.[1]

Um zu ermessen, wo wir heute stehen, und um einige der Konzepte einzuführen, die wir dazu benötigen, beginne ich mit der Entwicklung der Sterblichkeit und der Lebenserwartung in den USA in den letzten 100 Jahren. Dann gehe ich weit – sehr weit – zurück, zu den Anfängen der Menschheit und der Lebenserwartung des Frühmenschen, um dann erneut einen riesigen Sprung nach vorn ins Jahr 1945 zu machen. Das Ende des Zweiten Weltkriegs ist ein günstiger Ruhepunkt, weil wir für die Zeit nach 1945 über viel bessere Daten verfügen und weil hier ein ganz neues Kapitel beginnt.

Demographische Grundbegriffe am Beispiel der Vereinigten Staaten

Die Lebenserwartung in den Vereinigten Staaten stieg von 47,3 Jahren im Jahr 1900 auf 77,9 Jahre im Jahr 2006. In Abbildung 10 sind die Zahlen für Männer und Frauen getrennt dargestellt. Frauen leben im Allgemeinen länger als Männer, und sie taten dies das gesamte 20. Jahrhundert hindurch. Sowohl für Männer als auch für Frauen ist die Lebenserwartung stark gestiegen: um 28,8 Jahre für Männer und um 31,9 Jahre für Frauen. Die Steigerungsrate war in der ersten Hälfte des Jahrhunderts höher, aber der Anstieg setzt sich fort. In den vergangenen 25 Jahren erhöhte sich die Lebenserwartung von Männern alle fünf Jahre und die von Frauen alle zehn Jahre um ein Jahr.

Das Erste, was man der Abbildung – wie auch diesem Buch insgesamt – entnehmen kann, ist, dass sich die Dinge zum Besseren wenden und dies in gewaltigem Ausmaß. Es ist eine außerordentliche Leistung, ein wirklicher großer Ausbruch, wenn sich die Lebenserwartung im Laufe von etwas mehr einem Jahrhundert um über 30 Jahre verlängert hat.

Nachdem wir diese wichtige Tatsache festgehalten haben, können wir uns einigen der nachrangigeren Merkmale der Abbildung zuwenden. Warum sind Männer und Frauen so unterschiedlich, nicht nur in den Lebensjahren, die sie erwarten können, sondern auch bezüglich der Raten, mit denen ihre Lebenserwartungen ansteigen? Weshalb unterscheidet sich die erste Jahrhunderthälfte so sehr von der Zeit nach dem Zweiten Weltkrieg?

Ein Merkmal der Abbildung fällt sofort ins Auge: der starke Abfall der Lebenserwartung während der Grippe-Epidemie am Ende des Ersten Weltkriegs. Die Lebenserwartung im Jahr 1918 fiel 11,8 Jahre kürzer aus als die im Jahr 1917 und stieg dann 1919 wieder um 15,6 Jahre an. Direkt nach der Epidemie kehrte dann die Lebenserwartung wieder zu ihrem allgemeinen Trend zurück.

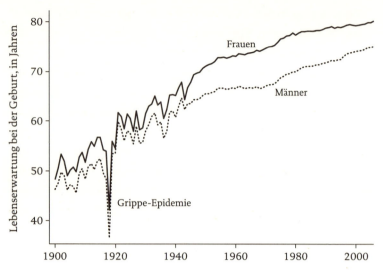

Abbildung 10:
Lebenserwartung für Männer und Frauen in den Vereinigten Staaten

Weltweit hat die Epidemie möglicherweise über 50 Millionen Todesopfer gefordert, davon mehr als eine halbe Million in den Vereinigten Staaten. Doch die Art, wie die Lebenserwartung definiert
wird, überzeichnet tendenziell die Auswirkungen der Epidemie
auf die Lebenschancen eines Neugeborenen. Rückblickend wissen
wir, dass die Grippe-Epidemie nur ein Jahr dauerte, so dass das
Baby, wenn es das erste Jahr überlebte, keiner weiteren Bedrohung
durch die Epidemie ausgesetzt war. Aber wenn Demographen die
Lebenserwartung im Jahr 1918 berechnen, gehen sie davon aus,
dass die Epidemie von Dauer sein wird, und im Jahr 1919 vergessen sie, dass es sie jemals gegeben hat. Dies mag als eine eigen-
artige Methode zur Berechnung der Lebenserwartung erscheinen,
aber tatsächlich ist schwer ersichtlich, wie man es besser machen
könnte.

Wenn wir heute berechnen sollten, wie lange ein Neugeborenes wahrscheinlich leben wird, müssten wir die Sterberisiken in
den kommenden Jahren kennen, was uns aber nicht gegeben ist.

Demographen umgehen dieses Problem, indem sie Informationen über die Risiken zum Zeitpunkt der Geburt verwenden und dann berechnen, wie lange das Neugeborene wahrscheinlich leben wird, wenn das Sterberisiko in jedem Alter genau das gleiche wäre wie am Tag der Berechnung. Im Falle einer Epidemie wie der Grippe-Epidemie von 1918–1919 stieg das Sterberisiko in jedem Alter im Jahr 1918 plötzlich sprunghaft an, so dass bei der Berechnung der Lebenserwartung bei Geburt für dieses Jahr die Annahme gemacht wird, das Neugeborene werde in jedem Lebensjahr den altersspezifischen Risiken der Epidemie ausgesetzt sein. Dies wäre sinnvoll, wenn die Epidemie ewig oder jedenfalls so lange dauern würde, wie das Kind lebt, aber wenn die Epidemie nur ein oder zwei Jahre dauert, überzeichnet der steile Abfall der Lebenserwartung die realen Risiken für das Leben des Kindes. Wir können es besser machen, aber nur im Nachhinein, wenn wir so lange warten, bis alle in der Geburtskohorte des Kindes gestorben sind, oder wenn wir Vorhersagen machen. Aber Vorhersagen sind ihrerseits mit Problemen behaftet – so hätte zum Beispiel niemand im Jahr 1917 die Grippe-Epidemie vorhergesagt.

Standardmaße der Lebenserwartung – diejenigen, bei denen man nicht wartet, bis alle tot sind und man keine Vorhersagen macht – werden »periodenbezogene« Maße genannt. Dies bedeutet, dass sie in der Annahme berechnet werden, die Sterblichkeitsrisiken in dem betrachteten Zeitraum seien für immer festgelegt. Dies kann nicht nur bei Episoden wie der Grippe-Epidemie problematisch sein, es ist auch ein Problem, wenn wir über die heutige Lebenserwartung nachdenken. Wenn wir Abbildung 10 betrachten und uns überlegen, wie die weitere Entwicklung wohl aussehen wird, drängt sich die Vermutung auf, die Lebenserwartung werde weiter steigen und die Sterblichkeitsraten würden weiter sinken. Dies bedeutet, dass die heutige Lebenserwartung, die zum Beispiel für ein in den USA geborenes Mädchen bei etwas über 80 liegt, wahrscheinlich die Lebenserwartung eines heutigen Neugeborenen unterschätzt, das – bei andauerndem Fortschritt – logischerweise erwarten darf, 100 Jahre alt zu werden.

Die Grippe-Epidemie ist nur eine der Ursachen, weshalb die Kurven in Abbildung 10 vor 1950 so viel variabler sind als nach 1950. Auch wenn nichts mit dieser Katastrophe vergleichbar ist, gab es viele kleinere Erkrankungswellen, deren Effekte stark genug waren, um sich in der Lebenserwartung der Bevölkerung niederzuschlagen. Infektionskrankheiten, die uns heute nicht mehr weiter beunruhigen, stellten im Jahr 1900 in den Vereinigten Staaten, als die häufigsten Todesursachen (in der Reihenfolge ihrer Bedeutung) Grippe, Tuberkulose und Durchfall waren, noch ernste Bedrohungen dar. Die Tuberkulose gehörte bis 1923 zu den häufigsten drei, und bis 1953 zu den häufigsten zehn Todesursachen. Infektionskrankheiten wie Lungenentzündung, Durchfallerkrankungen und Masern brachten vielen Kindern einen frühen Tod. Zu Beginn des Jahrhunderts starben vergleichsweise viel mehr Kinder an diesen Infektionskrankheiten als heute, wo die meisten Todesfälle unter älteren Menschen auftreten, die zudem in der Regel nicht an Infektionen, sondern an chronischen Krankheiten wie Krebs und Herzerkrankungen sterben. Dieser Wandel ist der gleiche epidemiologische Übergang, den wir in Kapitel 1 betrachteten, als wir reiche und arme Länder verglichen, und der im Laufe der Zeit in den heutigen reichen Ländern stattfand.

Das »Altern des Todes«, also seine Verschiebung von den Kindern hin zu älteren Menschen, macht die Lebenserwartung weniger anfällig für die jährlichen Schwankungen der Sterbefälle, die mit dem Rückgang der Infektionskrankheiten weniger ausgeprägt sind als in der Vergangenheit. Wenn man Kindern das Leben rettet, wirkt sich dies stärker auf die Lebenserwartung aus, als wenn man das Gleiche für ältere Menschen tut. Ein Neugeborenes, das dem frühen Tod durch eine Infektionskrankheit entgangen ist, kann noch viele Jahre leben, was einem 70-Jährigen, der eine lebensbedrohliche Krise übersteht, nicht vergönnt ist. Dies ist auch eine der Ursachen, warum die Lebenserwartung in den letzten Jahren nicht mehr so stark ansteigt. Die Kindersterblichkeit ist mittlerweile so niedrig, dass man Fortschritte eigentlich nur noch bei älteren Erwachsenen erzielen kann, bei denen sich Verringerungen der Sterblichkeitsrate weniger stark auf die Lebenserwartung auswirken.

Nur weil die Lebenserwartung stärker von der Sterblichkeit in frühen Lebensjahren als von jener in vorgerücktem Alter beeinflusst wird, folgt daraus nicht, es wäre wichtiger oder erstrebenswerter, das Leben eines Kindes als das Leben eines Erwachsenen zu retten. Dies ist ein ethisches Urteil, das von vielen Faktoren abhängt. Wenn man das Leben eines Kindes rettet, bedeutet dies einerseits, dass man viele potentielle Lebensjahre rettet, während, andererseits, der Tod eines Neugeborenen nicht das Ende der vielen Projekte, Interessen, Beziehungen und Freundschaften bedeutet, die Teil eines Erwachsenenlebens sind. In diesem Sinne hat der Ökonom Victor Fuchs vorgeschlagen, den Wert eines Menschenlebens nach der Anzahl der Personen zu beurteilen, die zu seinem Begräbnis kommen, ein nicht ganz ernst gemeinter Vorschlag, der die Idee, die ganz Jungen und die ganz Alten geringer zu gewichten, anschaulich macht.

Aber solche Fragen lassen sich nicht durch die mechanische Wahl eines bestimmten Gesundheitsmaßes wie der Lebenserwartung beantworten. Die Lebenserwartung ist ein nützliches Maß, das einen Großteil der maßgeblichen Einflussfaktoren auf den Gesundheitsstatus einer Population erfasst. Wenn wir sie jedoch als ein Maß des Wohlbefindens verwenden und ihre Verlängerung als ein gesellschaftlich-politisches Ziel festsetzen, machen wir uns ein ethisches Urteil zu eigen, das der Bekämpfung der Kindersterblichkeit einen höheren Stellenwert einräumt. Solche Urteile müssen ausführlich begründet und dürfen nicht einfach unkritisch übernommen werden.

Die Fokussierung auf die Lebenserwartung kann manchmal äußerst irreführend sein. Abbildung 10 zeigt, dass die Lebenserwartung in der ersten Hälfte des 20. Jahrhunderts viel schneller angestiegen ist als in der zweiten Hälfte. Dies geschah deshalb, weil die Säuglings- und Kindersterblichkeit im Jahr 1900 hoch war und weil Verringerungen der Sterblichkeit bei den Jungen die Lebenserwartung viel stärker beeinflussen als Senkungen der Sterblichkeit bei Menschen mittleren oder vorgerückteren Alters, die am Ende des Jahrhunderts so große Fortschritte machten. Wenn wir die Lebenserwartung als *das* Maß des Gesundheitsstatus einer Population oder auch als ein gutes Maß des allgemeinen gesellschaftlichen Fortschritts betrachten, können wir uns leicht davon überzeugen, dass die Vereinigten Staaten vor 1950 erfolgreicher waren als nach 1950. Zweifellos kann man in diesem Sinne argumentieren, aber wenn man sich auf die Lebenserwartung konzentriert, bedeutet dies, dass man dem Rückgang der Sterblichkeit bei den Jüngeren Vorrang einräumt vor dem Rückgang der Sterblichkeit bei den Älteren, und dies ist, wie gesagt, eine ethische Entscheidung, die begründet werden muss und nicht einfach als selbstverständlich erachtet werden kann.

Das gleiche Problem tritt auf, wenn man den Rückgang der Sterblichkeit in armen Ländern – vor allem bei Kindern – mit der Abnahme der Sterblichkeit in reichen Ländern – vor allem bei älteren Menschen – vergleicht. Wenn wir die Lebenserwartung heranziehen, dann holen arme Länder bei Gesundheit und Wohlstand auf, aber ein solches Aufholen ist keine *Tatsache* über den Gesundheitszustand oder auch die Sterblichkeit im Allgemeinen, sondern eine *Annahme*, wonach die Lebenserwartung der beste Indikator für Gesundheit und sozialen Fortschritt sei. In Kapitel 4 werde ich auf diese Fragen zurückkommen.

Abbildung 10 demonstriert, dass der Unterschied in der Lebenserwartung zwischen amerikanischen Männern und Frauen heute ein anderer ist als früher, auch wenn Frauen gegenüber Männern immer im Vorteil waren. Zu Beginn des 20. Jahrhunderts betrug der Unterschied in den Lebenserwartungen zwei bis drei Jahre. Bis Ende der 70er Jahre stieg er dann in Schüben an, ehe er in den ersten Jahren des 21. Jahrhunderts wieder auf etwa fünf Jahre sank. Die Unterschiede in den Sterblichkeitsraten von Männern und Frauen verstehen wir noch immer nicht vollständig. Die Sterberisiken von Frauen sind weltweit und das gesamte Leben hindurch niedriger als die von Männern, und auch schon vor ihrer Geburt haben Männer ein höheres Sterberisiko. Die Ausnahme ist die Müttersterblichkeit, ein Risiko, dem Männer nicht ausgesetzt sind, und der Rückgang der Müttersterblichkeit im Amerika des 20. Jahrhunderts ist ein Grund, warum die Lebenserwartung von Frauen schneller gestiegen ist als die von Männern.

Ein viel wichtigerer Grund sind veränderte Rauchgewohnheiten. Tabakkonsum führt zum Tod durch Herzkrankheiten und durch Lungenkrebs – Ersteres relativ schnell nach Exposition, Letzteres mit einer Verzögerung von etwa 30 Jahren. Der langsamere Anstieg der Lebenserwartung von Männern in den 50er und 60er Jahren verdankt sich vor allem der Zunahme ihres Tabakkonsums viele Jahre zuvor. Männer begannen deutlich früher zu rauchen als Frauen, für die das Rauchen viele Jahre lang gesellschaftlich verpönt war – eine Ungerechtigkeit, die der Gesundheit von Frauen sehr zugutekam! Aber Männer haben dafür das Rauchen auch viel früher wieder aufgegeben. Der Anstieg der Lebenserwartung von Frauen verlangsamt sich genau am Ende der Kurve, zwei bis drei Jahrzehnte nach der entsprechenden Verlangsamung bei Männern. In den letzten Jahren haben amerikanische Frauen ihren Tabakkonsum stark reduziert, und die Lungenkrebshäufigkeit bei Frauen ist rückläufig, wie schon seit vielen Jahren die bei Männern. Für die reichen Länder der Welt stellt Tabakrauchen in der zweiten Hälfte des 20. Jahrhunderts eine der wichtigsten Bestimmungsgrößen für Sterblichkeit und Lebenserwartung dar.

Die ungleiche Sterblichkeit von Männern und Frauen ist keineswegs die einzige Ungleichheit zwischen Gruppen in den Vereinigten Staaten. Im Jahr 2006 war die Lebenserwartung afroamerikanischer Männer sechs Jahre niedriger als die von weißen Männern. Bei den Frauen bestand ein ähnlicher, aber kleinerer Unterschied: 4,1 Jahre. Und wie die Unterschiede zwischen Männern und Frauen sind auch diese Unterschiede im Zeitablauf nicht konstant geblieben. Die Centers for Disease Control and Prevention schätzen, dass Weiße zu Beginn des 20. Jahrhunderts eine um mehr als 15 Jahre längere Lebenserwartung hatten als Nicht-Weiße, eine breitere Kategorie als Afroamerikaner.

Ungleichheiten in der Lebenserwartung ähneln anderen Ungleichheiten zwischen Schwarzen und Weißen in Amerika – im Einkommen, im Vermögen, im Bildungsstand und während eines Großteils des Jahrhunderts sogar in Bezug auf das Recht, zu wählen oder für ein Amt zu kandidieren. Dieses durchgängige Muster der Ungleichheit in so vielen Dimensionen bedeutet, dass die Unterschiede im Wohlbefinden noch größer sind als die Unterschiede in jeder einzelnen Dimension wie Sterblichkeit oder Einkommen für sich genommen.

Wenn man die Ungleichheiten zwischen Schwarzen und Weißen in den Vereinigten Staaten erforschen will, muss man das ganze Bild auf einmal betrachten, nicht nur Gesundheit oder Vermögen. Wir können Ungleichheiten in der Sterblichkeit zwischen ethnischen und rassischen Gruppen bislang nicht befriedigend erklären, allerdings spielen Ungleichheiten bei der Gesundheitsversorgung zweifellos eine wichtige Rolle. Die Verringerung der Unterschiede in der Lebenserwartung und der Kindersterblichkeit ist Teil der allgemeinen Abnahme ethnischer Unterschiede im Laufe des Jahrhunderts, und der Abbau von einer Ungleichheit trägt tendenziell zum Abbau anderer Ungleichheiten bei.

Dass sich solche Unterschiede einfachen Erklärungen entziehen, zeigen die Sterblichkeitsraten von Hispanoamerikanern in den Vereinigten Staaten, deren Lebenserwartung im Jahr 2006 zweieinhalb Jahre *höher* war als die Lebenserwartung nichthispanoamerikanischer Weißer. Sowohl Männer als auch Frauen, aber auch sämtliche rassische und ethnische Gruppen haben die Ketten des vorzeitigen Todes, gesprengt, aber die verschiedenen Gruppen hatten sehr unterschiedliche Ausgangspunkte und sprengten die Ketten unterschiedlich schnell, so dass sich auch die Muster der Ungleichheit im Laufe der Zeit veränderten.

Obgleich die Vereinigten Staaten fast doppelt so viel für Gesundheit ausgeben wie jedes andere Land, leben die US-Amerikaner nicht am längsten. Die Lebenserwartungen von Briten und Amerikanern waren bis in die 50er Jahre hinein sehr ähnlich. Dann folgte eine 20-jährige Zeitspanne, in der die Briten die Nase vorn hatten, doch dieser Vorteil ging in den 80er Jahren verloren, nur um sich in den späten 90er und frühen Nullerjahren abermals einzustellen. Ein Unterschied von weniger als einem halben Jahr 1991 wuchs sich bis 2006 zu einer Kluft von anderthalb Jahren aus. Die Differenz zwischen den Vereinigten Staaten und Schweden ist weitaus größer: Um mehr als drei Jahre liegen die Schweden vorn. Auch wenn dieser Vorsprung in den letzten Jahren gewachsen ist, geht er bis auf die Zeit zurück, aus der wir die ersten diesbezüglichen Aufzeichnungen besitzen. In Kapitel 4 werde ich auf die Unterschiede in den Lebenserwartungen zwischen den reichen Ländern zurückkommen und versuchen zu erklären, was die Ursache dafür ist.

Was für die verschiedenen Gruppen innerhalb der Vereinigten Staaten gilt, trifft auch auf verschiedene Länder zu: Sie haben die Ketten niedriger Lebenserwartung unterschiedlich schnell gesprengt. Wie wir sehen werden, sind diese Unterschiede allerdings vergleichsweise gering gegenüber den Differenzen zwischen reichen und armen Ländern.

Um die Lebenserwartung besser zu verstehen, müssen wir tiefer graben und die Sterblichkeit in verschiedenen Lebensaltern betrachten. Abbildung 11 zeigt, wie die Sterblichkeitsraten für einige ausgewählte Länder und Jahre mit dem Alter schwanken: Schweden im Jahr 1751 (für Schweden besitzen wir die ältesten

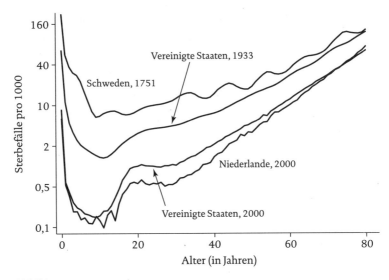

Abbildung 11:
Sterblichkeitsraten nach Alter, ausgewählte Länder und Zeiträume

Daten überhaupt), die Vereinigten Staaten in den Jahren 1933 und 2000 und die Niederlande, ebenfalls im Jahr 2000.[2] (Die Kurve für Schweden im Jahr 2000 verläuft dicht entlang der Kurve für die Niederlande; sie ist nur für jüngere und höhere Lebensalter etwas niedriger.) Die Kurven zeigen die Sterblichkeitsraten für jedes Alter bis zum 80. Lebensjahr – die Anzahl der Personen, die älter als 80 sind, wird schließlich so klein, dass der Kurvenverlauf unsicher wird. Die Sterblichkeitsraten sind angegeben als Sterbefälle pro 1000 Menschen, die in diesem Alter noch am Leben sind. So zeigt zum Beispiel die obere Kurve, dass in Schweden im Jahr 1751 mehr als 160 von 1000 Neugeborenen ihren ersten Geburtstag nicht erlebten, während im Alter von 30 Jahren nur zehn von jeweils 1000 30-Jährigen ihren 31. Geburtstag nicht erlebten. Der logarithmische Maßstab ist auch hier nützlich, und ich habe ihn für die vertikale Achse benutzt, so dass der Abstand zwischen 0,5 und 2 (der einer Multiplikation mit 4 entspricht) genauso groß ist wie der Abstand zwischen 10 und 40 (der ebenfalls einer Multiplikation mit 4 entspricht). Die niedrigsten Sterblichkeitsraten in dem Diagramm, die Raten für heute Zehnjährige, sind 1000-mal niedriger als die Sterblichkeitsrate für Neugeborene in Schweden im Jahr 1751 und betragen nur ein Zehntel der Rate für Zehnjährige in den USA im Jahr 1933.

Sterblichkeitskurven haben eine charakteristische Form, die an den Nike-»Swoosh« erinnert. Sie beginnen sehr weit oben für geringe Alter, fallen dann jäh ab, um im frühen Teenageralter einen Tiefpunkt zu erreichen, und steigen dann stetig mit dem Alter wieder an. Das Sterberisiko ist in den frühen Jahren und dann wieder in hohem Alter am höchsten. Ein Schild auf der Toilette einer Geburtsklinik, die ich besuchte, verdeutlichte dies in plastischer Weise: Besucher wurden aufgefordert, sich gründlich die Hände zu waschen, »weil die ersten Lebenstage kritisch sind«. Darunter hatte jemand gekritzelt: »nicht so kritisch wie die letzten Tage«. Der Scherz macht sich vor allem über den Gebrauch des Wortes *kritisch* durch die Mediziner lustig, aber er unterstreicht auch die Tatsache, dass das Sterberisiko in früher Kindheit und in vorgerücktem Alter am höchsten ist.

Im Laufe der Geschichte hat sich die Lebensphase mit dem höheren Sterberisiko – Kindheit oder Alter – verändert. Im Schweden des Jahres 1751 – lange vor dem modernen Rückgang der Sterblichkeit – war es riskanter, ein Neugeborenes zu sein, als ein 80-Jähriger. Heute, wo das Sterberisiko im ersten Lebensjahr unter 1 Prozent liegt, ist es mehr als sechsmal riskanter, ein 80-Jähriger zu sein. Im 18. Jahrhundert und Tausende von Jahren davor starben viele Menschen als Kinder. In Schweden erlebte im Jahr 1751 etwa ein Drittel der Kinder seinen fünften Geburtstag nicht. Heute sterben in Schweden und anderen reichen Ländern fast alle Menschen erst, wenn sie alt sind. So beträgt die Kindersterblichkeit in Schweden nur etwa drei pro 1000 Lebendgeburten.

Die Verschiebung der Balance zwischen Kinder- und Alterssterblichkeit bedeutet, dass in einem Land, in dem viele Kinder sterben, fast niemand die genaue Anzahl der Jahre leben wird, die nach der nationalen Lebenserwartung anzunehmen ist. Üblicherweise stellen wir uns einen Durchschnittswert als eine Art »repräsentative« oder typische Zahl vor, aber eine der Eigentümlichkeiten der Durchschnittszahl gelebter Jahre besteht darin, dass sie unrichtig ist. Im späten 18. Jahrhundert lag die Lebenserwartung in Schweden zwischen Anfang und Mitte 30, woraus man leicht die falsche Schlussfolgerung ziehen könnte, nur wenige Menschen seien alt geworden und nur wenige Kinder hätten ihre Großeltern kennengelernt. Aber das stimmt nicht. Wenn man das Glück hatte, die Gefahren der Kindheit zu überstehen, hatte man gute Chancen, alt zu werden – nicht so gute wie heute, aber doch immerhin eine reelle Chance, seine Enkelkinder kennenzulernen. Ein Extremfall wäre es, wenn die Hälfte der Neugeborenen bei der Geburt sterben und die andere Hälfte 50 Jahre alt werden würde. Die Lebenserwartung bei der Geburt betrüge 25, aber niemand stirbt mit 25, und die verbleibende Lebenserwartung am ersten Geburtstag wäre 49 Jahre, 24 Jahre länger als die Lebenserwartung bei der Geburt! Ein weniger extremes, aber reales Beispiel kommt aus England in der Mitte des 19. Jahrhunderts, wo die Lebenserwartung im Alter von 15 Jahren (manchmal »Lebenserwartung im Erwachsenenalter« genannt) höher war als die Lebenserwartung bei Geburt; darauf werde ich später zurückkommen. Ganz allgemein muss man den Sterblichkeits-»Swoosh« im Sinn behalten, wenn man den Wandel der Überlebenswahrscheinlichkeit im Laufe der Geschichte und die Differenzen zwischen reichen und armen Ländern verstehen will.

Die Sterblichkeits-»Swooshes« in Abbildung 11 zeigen stetige Fortschritte im Laufe der Zeit, wobei die »Swooshes« für weniger weit zurückliegende Jahre immer unterhalb von denen für weiter zurückliegende Jahre verlaufen. Wir besitzen keine Daten für die Vereinigten Staaten oder die Niederlande im 18. Jahrhundert, aber wir können davon ausgehen, dass das Bild ungefähr dem Schwedens entspricht. Im Jahr 1933 und im Jahr 2000 gestaltete sich das Leben viel weniger riskant, mit sehr großen prozentualen Abnahmen der Sterblichkeit im Vergleich zu früheren Epochen. Dies galt insbesondere für jüngere Alter, die zwischen 1933 und 2000 besonders große Fortschritte machten, aber auch die Älteren waren davon nicht ausgenommen. Der Vergleich der Niederlande mit den Vereinigten Staaten im Jahr 2000 zeigt einmal mehr, dass letztere gegenüber anderen reichen Ländern schlecht dastehen. Die Sterblichkeitsraten in den USA waren im Jahr 2000 höher als Sterblichkeitsraten in den Niederlanden, und zwar in allen Altersgruppen bis zum 73. Lebensjahr. Dasselbe Muster kann man beim Vergleich der Vereinigten Staaten mit anderen reichen Ländern finden. Für diejenigen, die lange genug leben, sind die Sterblichkeitsraten in den USA außerordentlich niedrig, vielleicht weil das amerikanische Gesundheitswesen alle verfügbaren Mittel einsetzt, um Leben zu retten, selbst wenn die Betreffenden nur noch ein paar Jahre zu leben haben.

Die beiden unteren Kurven zeigen für die Vereinigten Staaten und die Niederlande im Jahr 2000 einen vorübergehenden Anstieg der Mortalität um das 20. Lebensjahr herum. Zwischen dem 15. und 34. Lebensjahr sind die häufigsten Todesursachen keine Krankheiten – außer kurzzeitig während der AIDS-Epidemie und vor der Einführung antiretroviraler Medikamente –, sondern Unfälle, Mord und Selbstmord. Die Sterblichkeitskurven für frühere Perioden zeigen, dass diese gefährlichen und manchmal tödlichen Verhaltensweisen junger Menschen – insbesondere junger Männer – heute sehr viel ausgeprägter sind als vor 70 Jahren, und im Schweden des 18. Jahrhunderts tauchen sie überhaupt nicht auf.

Woher stammen die Zahlen in den Abbildungen? Woher kennen wir die Sterblichkeitsraten? In den wohlhabenden Mitgliedstaaten der Organisation für Wirtschaftliche Zusammenarbeit und Entwicklung (OECD) werden heute alle Geburten und Sterbefälle von den Behörden zeitnah erfasst. Für Neugeborene werden Geburtsurkunden ausgestellt, und wenn Menschen sterben, stellen Ärzte oder Krankenhäuser Totenscheine aus, die personenbezogene Angaben enthalten, wie das Alter, das Geschlecht und die Todesursache. Man nennt dieses amtliche Dokumentationssystem »Personenstands- bzw. Standesamtsregister«. Um sicherzustellen, dass die Geburten- und Sterbebücher richtig sind, muss das Personenstandsregister *vollständig* sein, was bedeutet: Jeder Sterbefall muss eingetragen werden. Um Sterblichkeitsraten zu erhalten, müssen wir auch das Alter sowie die Zugehörigkeit zu Geschlecht und ethnischer Gruppe kennen, damit wir die Prozentsätze der Gestorbenen berechnen können. Diese Zahlen stammen aus den regelmäßigen Volkszählungen, die die meisten Länder ungefähr im Abstand von zehn Jahren durchführen (aus irgendeinem Grund fast immer in Jahren, die entweder mit einer Null oder einer Eins enden).

Schweden verfügte als eines der ersten Länder über ein vollständiges Personenstandsregister, und dies ist der Grund, warum uns bereits für das 18. Jahrhundert schwedische Sterblichkeitsraten vorliegen. Die Stadt London begann im 17. Jahrhundert »Sterbelisten« (*bills of mortality*) zu erstellen, und Kirchenbücher in Europa reichen sogar noch weiter in der Zeit zurück. Die Puritaner in Massachusetts waren der Meinung, die Registrierung sei Sache des Staates, nicht der Kirche, und Massachusetts führte im Jahr 1639 ein Personenstandsregister ein. Doch erst im Jahr 1933 hatten alle US-Bundesstaaten ein vollständiges Registrierungssystem, das selbst ein wichtiges Kennzeichen einer funktionierenden Staatsverwaltung ist. Ohne umfassende Daten über Geburten und Sterbefälle kennt eine Gesellschaft die meisten grundlegenden Tatsachen über ihre Bürger nicht, und viele der Aufgaben, die der Staat wahrnimmt und die wir heute für selbstverständlich erachten, werden unmöglich. Die Schweden im 18. Jahrhundert und die Puritaner in Massachusetts waren Visionäre und Pioniere in guter Regierungsführung.

Die Daten zur amerikanischen Lebenserwartung, die in Abbildung 10 eingeflossen sind, beziehen sich für die Zeit vor 1933 nur auf Bundesstaaten mit Registrierung. Für Länder, die keine umfassende Personenstandsregistrierung vornehmen oder keine verlässlichen Volkszählungsdaten besitzen – vermutlich haben die meisten Länder der Welt bis heute weder für das eine noch für das andere ausreichend leistungsfähige staatliche Strukturen –, haben Demographen Tricks und Näherungen entwickelt, um die Lücken auszufüllen. Was die Säuglings- und Kindersterblichkeit anbelangt, die in vielen Ländern noch immer hoch ist, so können uns Mütterbefragungen sagen, wie viele Kinder geboren wurden und wie viele überlebt haben. Die United Staates Agency for International Development (USAID) – die US-Behörde für Entwicklungszusammenarbeit – finanziert eine Reihe unschätzbar wertvoller Erhebungen – die Demographic and Health Surveys –, die diese Informationen für viele arme Länder zusammentragen, wo es entweder kein Personenstandsregister gibt oder wo ein solches zwar existiert, aber de facto ignoriert wird. (Eltern lassen die Geburt ihrer Kinder nicht eintragen, und wenn Kinder oder Erwachsene sterben, werden sie nach örtlichem Brauch begraben oder eingeäschert, ohne dass die Informationen in einer nationalen Datenbank gesammelt werden.)

Was die Sterbefälle von Erwachsenen betrifft, gibt es nach wie vor erhebliche Informationslücken in vielen Ländern – wo selbst die besten Schätzungen wenig mehr als Mutmaßungen sind –, und in diesen Fällen ist es unmöglich, die in Abbildung 11 dargestellten Sterblichkeits-»Swooshes« vollständig zu zeichnen. Die Lebenserwartung ist etwas leichter abzuschätzen, weil sie so stark von der Kindersterblichkeit beeinflusst wird, aber in Ländern, in denen die Erwachsenenmortalität ungewöhnliche Werte aufweist oder schwankt – etwa in jenen, die von der HIV/AIDS-Epidemie betroffen sind – müssen Lebenserwartungsschätzungen mit großer Vorsicht betrachtet werden. Aus all diesen Gründen ist es nützlich, die Entwicklung der Bevölkerungsgesundheit in den ärmsten Ländern getrennt von der in den reichen Ländern zu betrachten, und genau das werden wir in den Kapiteln 3 und 4 tun.

Leben und Tod in der Frühgeschichte

Wie kamen die heutigen Sterblichkeitsmuster zustande? Was verursachte den enormen Anstieg der Lebenserwartung im 20. Jahrhundert? Wie waren die Lebensverhältnisse in der Vergangenheit, was hat sie verbessert, und welche Lehren können wir aus der Vergangenheit ziehen, um die Gesundheit eines Großteils der Weltbevölkerung, der sich bislang noch nicht den Fängen des frühen Todes entwunden hat, zu verbessern?

95 Prozent der Menschheitsgeschichte hindurch – also über eine Zeit von Hunderttausenden von Jahren – ernährte sich der Mensch von der Jagd und vom Sammeln wildwachsender Pflanzen. Heute, wo es auf der Welt nur noch ein paar Jäger-und-Sammler-Gruppen gibt, die fast alle marginale Lebensräume wie Wüsten oder die Arktis bewohnen, mag es seltsam anmuten, dass das Leben jener Menschen irgendeine Bewandtnis für unsere Gesundheit haben sollte. Aber es war die Lebensweise eben dieser Jäger und Sammler, die uns geprägt hat, und sei es auch nur wegen der enormen Zeitspanne, die unsere Vorfahren auf diese Weise lebten. Menschen *entwickelten sich* zu Jägern und Sammlern, und unser Körper und insbesondere auch unser Gehirn sind an diese Lebensweise angepasst. »Erst« seit einigen tausend Jahren leben Menschen auf einer höheren Zivilisationsstufe – als Bauern oder Städter –, und wenn wir die Umweltbedingungen kennen, für die unser Körper ausgelegt ist, verstehen wir auch unsere heutigen gesundheitlichen Probleme besser.

Wir wissen nicht, wie unsere Vorfahren vor Hunderttausenden von Jahren lebten und starben, aber wir haben viel aus archäologischen Funden gelernt, unter anderem aus der Untersuchung von Skelettresten (Paläopathologie), die eine erstaunliche Menge an Informationen über Ernährung, Krankheiten und Todesursachen zu Tage fördert. Die Paläopathologie kann aus teilweise erhaltenen Skeletten sogar das Sterbealter ermitteln, so dass wir etwas über die Lebenserwartung in der Frühzeit wissen. Anthropologen erforschen seit fast 200 Jahren lebende Jäger-und-Sammler-Gruppen. Einige der aufschlussreichsten Erkenntnisse – einschließlich solcher medizinischer Art – stammen allerdings von heutigen Gruppen (wobei man aber ihren Kontakt mit der modernen Zivilisation in angemessener Weise berücksichtigen muss). Zusammengenommen haben diese beiden Datenquellen eine bemerkenswerte Menge an nützlichen Informationen geliefert.[3]

Ernährung ist ein guter Ausgangspunkt. Ebenso körperliche Bewegung. Jäger und Sammler sind, in strammem Tempo, viel zu Fuß gegangen, um Beutetiere aufzuspüren – etwa um die 15 bis 23 Kilometer am Tag. Ihre Nahrung bestand überwiegend aus Obst und Gemüse, die sich in der Regel leichter beschaffen ließen als Tiere. Wildwachsende Pflanzen sind im Unterschied zu ihren kultivierten Nachfahren faserreich, so dass Jäger und Sammler eine Menge Ballaststoffe verzehrten. Fleisch war hochgeschätzt, aber oftmals knapp, auch wenn einige der besonders glücklichen Gruppen zu Zeiten oder an Orten lebten, wo große Wildtiere im Überfluss vorhanden waren. Fleisch von Wildtieren hat einen viel geringeren Fettgehalt als das der Nutztiere, die heute auf unserem Speiseplan stehen. Menschen aßen ein breites Spektrum von Pflanzen und Fleisch, mehr noch als in vielen landwirtschaftlich geprägten Gemeinschaften heute. Mikronährstoffmangel war daher selten, ebenso damit assoziierte Krankheiten wie zum Beispiel Anämie. Arbeit war eine kooperative Tätigkeit, die gemeinsam mit Verwandten und Freunden verrichtet wurde, und Menschen waren auf andere angewiesen, um ihren Nahrungsbedarf zu decken. All dies hört sich genauso an wie das, was mir mein Arzt bei jeder jährlichen Untersuchung sagt: »Mehr Bewegung, weniger tierische Fette, mehr Obst und Gemüse und mehr Ballaststoffe – und verbringen Sie weniger Zeit einsam vor dem Computer und mehr in geselliger Runde mit Ihren Freunden.«

Obwohl Jäger und Sammler nichts von moderner Hygiene wussten, schützten sie sich durch ihr Verhalten zumindest bis zu einem gewissen Grad vor Krankheiten. Gemessen an den Maßstäben der ärmsten Länder der Gegenwart war die Fruchtbarkeit gering: Eine Frau gebar im Durchschnitt etwa vier Kinder, die sie in großem Abstand zur Welt brachte und über längere Zeit stillte. Neben der relativ niedrigen Geburtenrate mögen Kindstötungen die Zahl der Kinder begrenzt haben, ebenso das verzögerte Stillen – womit die Empfängniswahrscheinlichkeit sich verringerte –, und die Tatsache, dass sich Frauen, wie Männer, viel bewegten. Die Verunreinigung von Nahrung oder Wasser durch menschliche Exkremente – das, was in vornehmen Kreisen der fäkal-orale Übertragungsweg von Krankheiten genannt wird – ist eine effiziente Methode der Übertragung einer Infektion von einer Person auf die andere, und sie sollte, in späteren Epochen, Millionen von Todesopfern fordern. Der fäkal-orale Weg ist weniger gefährlich, wenn die Populationsdichte gering ist, und viele Gruppen von Jägern und Sammlern blieben nicht so lange an einem Ort, als dass der angehäufte Abfall zu einer unbeherrschbaren gesundheitlichen Bedrohung für sie hätten werden können. Trotzdem starben um die 20 Prozent der Kinder vor ihrem ersten Geburtstag, eine nach modernen Maßstäben hohe Zahl, die sich jedoch nicht allzu sehr von jener unterscheidet – und vielfach sogar besser ist als die –, die man im 18. und 19. Jahrhundert in den heute reichen (damals aber armen) Ländern beobachten konnte – ganz zu schweigen von einer Reihe armer Länder im 20. und 21. Jahrhundert.

Wie Jäger und Sammler genau organisiert waren, hing davon ab, wo sie lebten und wie ihr lokaler Lebensraum beschaffen war. Aber wir können wohl davon ausgehen, dass eine Jäger-und-Sammler-

Gruppe 30 bis 50 Individuen umfasste, von denen viele miteinander verwandt waren, und die so klein war, dass jeder alle anderen gut kannte. Die Gruppe war vielleicht mit anderen Gruppen in einem größeren Netzwerk von Hunderten oder, in manchen Fällen, Tausenden von Individuen verbunden.

Innerhalb der Gruppe wurden Ressourcen bemerkenswert gleichmäßig verteilt, und es gab keine Anführer, Könige, Häuptlinge oder Priester, die mehr als ihren gerechten Anteil erhielten oder anderen Menschen Befehle erteilten. Einer Studie zufolge wurde jeder, der versuchte, sich über andere zu stellen, öffentlich verspottet und, wenn er sein Verhalten nicht änderte, getötet.[4]

Die gleichmäßige Verteilung mag unter anderem deshalb wichtig gewesen sein, weil die meisten Gruppen sich keinen Nahrungsvorrat anlegten oder anlegen konnten. Wenn also ein Jäger und seine Freunde erfolgreich ein Wollmammut erlegt hatten (oder ein Krokodil, das eine halbe Tonne wiegt, oder einen 400 Pfund schweren flugunfähigen Vogel), konnten sie sich den Bauch vollschlagen, bis nichts mehr hineinging, aber sie hatten keine Möglichkeit, die Überreste zu konservieren, für den Fall, dass sie in den nächsten Wochen kein Mammut, Krokodil oder Vogel mehr erlegen würden. Eine gute Notlösung besteht darin, das Mammut mit der ganzen Gruppe zu teilen, so dass, wenn ein anderer an einem anderen Tag ein anderes großes Tier erlegt, die Mammutfänger vom letzten Monat ebenfalls einen Anteil bekommen.

Über Hunderttausende von Jahren hinweg behaupteten sich Individuen und Gruppen, die gut teilen konnten, besser gegenüber solchen, die dies nicht vermochten, so dass die Evolution schließlich eine Spezies hervorbrachte, der das Teilen gewissermaßen im Blut lag. Unsere gegenwärtigen tiefsitzenden Gerechtigkeitsgefühle sowie unsere Empörung, wenn unsere diesbezüglichen Normen verletzt werden, haben ihren Ursprung vielleicht in den fehlenden Möglichkeiten prähistorischer Wildbeuter, Vorratshaltung zu betreiben. Es gibt sogar Anhaltspunkte, dass in Regionen, in denen Vorratshaltung begrenzt möglich war – etwa in den kühleren nördlichen Breiten –, Gesellschaften tendenziell ungleicher waren.

Jäger-Sammler-Gesellschaften waren egalitäre Gesellschaften, die ihre Angelegenheiten ohne Herrscher regelten, aber wir sollten sie nicht als Paradiese betrachten, als Gärten Eden vor dem Fall. Begegnungen mit anderen Gemeinschaften verliefen oftmals blutig und zuweilen so heftig, dass permanente Kriege daraus wurden und viele Männer in den Kämpfen fielen. Da es keine Anführer gab, fehlte ein effektives System von Recht und Ordnung, so dass gewaltsame innere Konflikte – oftmals zwischen Männern, die um Frauen kämpften, oder nach einem Streit – nicht im Zaum gehalten wurden. Dies war eine weitere Ursache für die hohe Sterblichkeit unter Erwachsenen.

Jäger und Sammler blieben von manchen Infektionskrankheiten verschont, allerdings haben andere Krankheiten, etwa die Malaria, den Menschen wahrscheinlich seit seinen Anfängen begleitet. In kleinen Gruppen können sich Infektionskrankheiten wie Pocken, Tuberkulose und Masern, die eine (manchmal begrenzte) Immunität verleihen, wenn man sie überstanden hat, nicht lange halten. Aber diese Gruppen sind Zoonosen ausgesetzt, deren gewöhnliche Wirte und Reservoire Wildtiere oder der Boden sind, und außerdem einer ganzen Palette von Parasiten wie zum Beispiel Würmern. Die Lebenserwartung von Jägern und Sammlern bei der Geburt, die je nach örtlichen Gegebenheiten um die 20 bis 30 Jahre betrug, mag im Vergleich zu heute kurz erscheinen. Aber gemessen an historischen Maßstäben im Westen oder an den jüngsten Verhältnissen in Ländern, die noch immer arm sind, ist sie es nicht.

Nahrung war je nach Region und Zeit in unterschiedlicher Menge verfügbar, so dass es zu Ungleichheiten zwischen Gruppen kam, und der Wohlstand und die Lebensdauer von Gruppen dürften sich im Laufe der Zeit verändert haben. An prähistorischen Skeletten finden sich Indizien, dass es Perioden des Überflusses gab, insbesondere in Regionen, in denen leicht zu jagende Großtiere in Massen vorkamen – Büffel im amerikanischen Westen oder große flugunfähige Vögel in Australien. In diesen Regionen und zu diesen Zeiten waren Jäger und Sammler das, was der Anthropologe Marshall Sahlins die »ursprünglichen Wohlstandsgesellschaften« nannte.[5] Große Wildtiere stellen eine reichhaltige und ausgewogene Nahrungsquelle dar – ihr Fettgehalt betrug nur 10 Prozent desjenigen moderner Nutztiere, die mit chemischen Zusätzen angereichertes Futter erhalten und kaum Auslauf haben – und konnten mit geringem Aufwand erlegt werden. Dadurch hatten Menschen in solchen Gruppen einen hohen materiellen Lebensstandard und eine Menge Freizeit.

Doch dieser Garten Eden, so er denn einer war, ging verloren, als viele der großen Tiere derart stark bejagt wurden, dass sie ausstarben. Dadurch waren die Menschen gezwungen, auf Pflanzen und Körner und auf kleinere, schwerer zu erlegende Tiere wie zum Beispiel Nager auszuweichen. Diese prähistorische Umweltzerstörung senkte den Lebensstandard, und die Skelette von Menschen aus dieser Ära – die von Kindheit an weniger zu essen bekamen – sind kleiner als die ihrer glücklicheren Vorgänger.

Die Geschichte des Wohlergehens von Jägern und Sammlern – ihrer Ernährung, ihrer Freizeit und ihren Sterblichkeitsraten – ist wichtig für die allgemeinen Themen dieses Buches. Wir sollten nicht davon ausgehen, dass sich das Wohlbefinden der Menschheit im Laufe der Zeit stetig verbessert hat oder dass der menschliche Fortschritt universell war. Wir verbrachten den größten Teil unserer Geschichte als Jäger und Sammler, und als die Nahrung während dieser Zeit knapper wurde und die Menschen härter und länger arbeiteten, wurde das Leben schwieriger, nicht leichter. Die Verhältnisse verschlechterten sich weiter, als die Menschen vom Wildbeutertum zum Ackerbau übergingen. Obgleich wir heute an ein besseres Leben gewöhnt sind (wobei »wir« die privilegierten Bewohner der reichen Länder meint), ist die Möglichkeit, ein so langes und gutes Leben zu führen, ein Geschenk der jüngsten

Vergangenheit, das selbst heute noch nicht allen Menschen in der Welt zuteilgeworden ist. Der Anthropologe Mark Nathan Cohen, dessen *Health and the Rise of Civilization* hier eine meiner Hauptquellen ist, beschließt seine Darstellung mit der Bemerkung: »Die unbestreitbaren Erfolge des 19. und 20. Jahrhunderts kommen uns erst seit kurzem zugute, und sie sind vielleicht zerbrechlicher, als wir gemeinhin annehmen.«[6]

Wir haben aus dieser fernen Vergangenheit auch gelernt, dass Ungleichheit *nicht* alle menschlichen Gesellschaften auszeichnete. Den größten Teil der Geschichte hindurch gab es keine Ungleichheit, zumindest innerhalb von Gruppen von Menschen, die zusammenlebten und sich gegenseitig kannten. Vielmehr ist Ungleichheit eines der »Geschenke« der Zivilisation. Zitieren wir noch einmal Cohen: »Der gleiche Prozess, der das Potential der Zivilisation schafft, sorgt dafür, dass dieses Potential wahrscheinlich nicht dafür genutzt wird, das Wohlergehen aller Bürger gleichmäßig zu erhöhen.«[7] Die Früchte des Fortschritts in der Vorgeschichte – wie diejenigen in jüngerer Vergangenheit – sind nur selten gleich verteilt. Eine bessere Welt – *wenn* denn eine agrarisch geprägte Gesellschaft eine solche war – ist eine Welt größerer Ungleichheit.

Die Erfindung der Landwirtschaft – die Neolithische Revolution – begann vor »nur« etwa 10 000 Jahren, eine kurze Zeitspanne verglichen mit der vorhergehenden Jäger-und-Sammler-Ära. Wir haben uns daran gewöhnt, »Revolutionen« als Ereignisse zu betrachten, die *positive* Veränderungen bringen – die Industrielle Revolution und die revolutionäre Keimtheorie der Krankheitsentstehung sind die beiden offensichtlichen Beispiele. Aber es ist unklar, ob die Landwirtschaft ein Fortschritt war, der auf eine höhere Stufe von Wohlstand und Gesundheit führte. Oder ob sie eher die Abkehr von einer älteren Lebensweise bedeutete, die sich nicht länger aufrechterhalten ließ, weil eine wachsende Besiedlungsdichte und steigende Temperaturen zu Beginn des Holozäns die Bestände an wilden Tieren und zum Verzehr geeigneten Pflanzen erschöpfte.

Wie die »Breitspektrum«-Revolution, die ihr voranging – die Umstellung von großen auf kleine Tiere, Pflanzen und Körner –, müsste man die Wende vom Jäger-und-Sammlertum zum Ackerbau vielleicht zutreffender als eine Anpassung an die Tatsache begreifen, dass es immer schwieriger wurde, den Nahrungsbedarf durch Jagen und Sammeln zu decken – so, wie es vor vielen Jahren die Wirtschaftswissenschaftlerin Esther Boserup behauptete.[8] Die Landwirtschaft mochte aus einer schlechten Situation das Beste machen, und das Aufgeben der umherstreifenden Lebensweise als Jäger und Sammler zugunsten eines sesshaften Lebens als Ackerbauer und Viehzüchter mag besser gewesen sein, als sich weiterhin von Saatkörnern zu ernähren, die immer kleiner wurden und immer schwerer zu finden waren.

Aber diese Wendung sollte nicht als Teil eines langfristigen Trends betrachtet werden, bei dem Wohlstand ständig steigt. Jäger und Sammler, die Zugang zu Jagdwild hatten und wenig arbeiteten und denen die Jagd Spaß machte, haben ihre Lebensweise wohl kaum freiwillig gegen die Schufterei in der Landwirtschaft und das, was das *Kommunistische Manifest* den »Idiotismus des Landlebens« nannte, eingetauscht. Der Historiker Ian Morris fasst Sahlins Argument folgendermaßen zusammen: »Warum hat der Ackerbau das Sammeln und Jagen überhaupt ablösen können, wenn dabei nur mehr Arbeit, Ungleichheit und Kriege heraussprangen?«[9]

Die ortsgebundene Landwirtschaft, die Sesshaftigkeit erzwang, ermöglichte die Vorratshaltung von Nahrungsmitteln – in Getreidespeichern und in Form von domestizierten Tieren. Die Landwirtschaft ermöglichte Grundbesitz und wurde dadurch gleichzeitig effizienter. Sie förderte die Entstehung einer Priester- und Herrscherkaste, kleinerer und größerer Städte sowie die Ungleichheit innerhalb von Gemeinschaften. Größere Siedlungen und die Domestizierung von Tieren führten zu neuen Infektionskrankheiten wie etwa Tuberkulose, Pocken, Masern und Tetanus. Die Neolithische Revolution hat die Lebenserwartung vermutlich kaum erhöht und womöglich sogar verringert, und sei es auch nur, weil Kinder weiterhin in großer Zahl an Unterernährung und alten sowie neuen Infektionskrankheiten starben und weil in großen, sesshaften Gemeinschaften die Abfall- und Abwasserentsorgung heikler ist und sich die fäkal-orale Übertragung schwerer verhindern lässt.

In ortsgebundenen landwirtschaftlichen Gemeinschaften nahm auch die Vielfalt der Nahrungsmittel ab, und domestizierte Nutzpflanzen enthalten in vielen Fällen weniger Nährstoffe als ihre wilden Vorläufer. Lebensmittelvorräte können verderben und damit zu einer weiteren Ansteckungsquelle werden. Der Handel zwischen Gemeinschaften konnte die Eintönigkeit des lokalen Speiseplans auflockern, aber er brachte auch neue Krankheitsgefahren mit sich. Gegen diese »neuen« Infektionskrankheiten, die zwischen zuvor nicht miteinander in Kontakt stehenden Gesellschaften übertragen wurden, waren die lokalen Populationen nicht immun. Die Krankheiten verursachten eine sehr hohe Sterblichkeit, die zum Zusammenbruch ganzer Gemeinschaften und Gesellschaften führen konnte.[10]

Es gibt keine Hinweise darauf, dass nach dem Übergang zur Landwirtschaft die Lebenserwartung über Jahrtausende hinweg zugenommen hätte. Möglicherweise ging die Erwachsenensterblichkeit etwas zurück, während die Kindersterblichkeit anstieg. Bei einer sehr hohen Kindersterblichkeit mögen diejenigen, die überlebt haben, besonders widerstandsfähig gewesen sein. Frauen in landwirtschaftlichen Siedlungen hatten mehr Kinder als ihre Ahninnen in Jäger-und-Sammler-Gruppen, und obwohl sie auch mehr Kinder verloren, ließ der Übergang zur Landwirtschaft die Bevölkerung anwachsen.

In guten Zeiten oder dann, wenn die Produktivität durch Innovationen anstieg, führten die neuen Möglichkeiten nicht zu einer dauerhaften Zunahme des Pro-Kopf-Einkommens oder der Lebenserwartung, sondern zu einer erhöhten Fruchtbarkeit und zu

Bevölkerungswachstum, da die Tragfähigkeit des Landes zunahm. In schlechten Zeiten, bei Hungersnöten oder Epidemien oder wenn es mehr Menschen gab als Nahrung, nahm die Bevölkerung ab. Dieses Malthusianische Gleichgewicht blieb jahrtausendelang bestehen. Tatsächlich ist es möglich, dass die Abnahme des individuellen Wohlbefindens, die gegen Ende des Jäger-und-Sammler-Zeitalters vonstattenging, noch bis lange nach Beginn der landwirtschaftlichen Sesshaftigkeit – wenn auch mit Unterbrechungen – fortdauerte, bis sich die Entwicklung vor 250 Jahren änderte.

Wir sind so sehr daran gewöhnt, Fortschritt mit Einkommenssteigerungen und verlängerter Lebenserwartung gleichzusetzen, dass wir leicht den Fehler machen, jene Zunahme des Wohlbefindens zu vergessen, die dadurch zustandekommt, dass es einfach mehr Menschen gibt. Wenn es richtig ist, dass bei wachsender Weltbevölkerung jeder Mensch weniger bekommt – zum Beispiel weil der Ertrag abnimmt –, dann wäre das Wohlbefinden pro Kopf in einer Welt am höchsten, in der es nur einen einzigen Menschen gibt. Das würden wir wohl kaum als eine gute Welt ansehen. Philosophen diskutieren diese Fragen seit vielen Jahren. Der Philosoph und Ökonom John Broome vertritt dabei folgenden Standpunkt: Sobald Menschen ein elementares Subsistenzniveau überschritten haben, ein Niveau, das das Leben lebenswert macht, wird die Welt mit jedem zusätzlichen Menschen, der dieses Kriterium erfüllt, zu einem besseren Ort.[11] Denn die Summe des Wohlbefindens auf der Welt hat sich erhöht. Wenn dem so ist, und unter der Voraussetzung, dass das Leben für die meisten Menschen lebenswert war – zugegebenermaßen eine große Einschränkung –, dann sollten wir die lange Malthusianische Ära von der Erfindung der Landwirtschaft bis ins 18. Jahrhundert als eine Zeit des Fortschritts betrachteten, selbst wenn sich der Lebensstandard und die Sterblichkeitsraten nicht verbesserten.

Leben und Tod in der Aufklärung

Spulen wir jetzt im Schnellvorlauf einige Jahrtausende vor in eine Zeit, für die wir erstmals über verlässliche Daten zur Sterblichkeit verfügen. Der britische Demograph Anthony Wrigley und seine Kollegen haben die Entwicklung der Lebenserwartung in England anhand von Kirchenbüchern rekonstruiert, in denen Geburten, Eheschließungen und Sterbefälle (»hatches, matches, and dispatches«) der örtlichen Bevölkerung verzeichnet sind.[12] Diese Kirchenbücher sind nicht so aussagekräftig wie Personenstandsregister – in die Studie wurde lediglich eine Stichprobe von Pfarrgemeinden einbezogen; Menschen, die von einer Pfarrgemeinde in eine andere zogen, werfen gewisse Probleme auf, Neugeborene, die schon sehr bald nach der Geburt starben, mögen nicht vermerkt sein, und Eltern benutzten manchmal die Namen solcher Kinder ein weiteres Mal –, aber sie stellen mit Abstand das beste Datenmaterial dar, das wir für sämtliche Länder für die Zeit vor 1750 besitzen. Die Linie in Abbildung 12 zeigt die Schätzungen zur Lebenserwartung der allgemeinen Bevölkerung Englands von der Mitte des 16. Jahrhunderts bis zur Mitte des 19. Jahrhunderts. Auch wenn es starke jährliche Schwankungen gibt, die mit Epidemien zusammenhängen – Pocken, Beulenpest und der sogenannte »Englische Schweiß« (möglicherweise Grippe, möglicherweise ein anderes Virus, das heute nicht mehr existiert) –, zeichnet sich über den rekonstruierten Zeitraum von 300 Jahren hinweg kein eindeutiger Trend ab.

Die Punkte in der Abbildung weisen die Lebenserwartung des englischen Hochadels für jedes Jahrzehnt derselben 300 Jahre aus. Diese Daten stellte der Demograph T. H. Hollingsworth in den 60er Jahren des vorigen Jahrhunderts aus den im Allgemeinen äußerst genauen Geburts- und Sterbebüchern zusammen, die der britische Adel führte.[13] Die Idee, die Durchschnittsbevölkerung mit dem Adel zu vergleichen, stammt von dem Sozialhistoriker

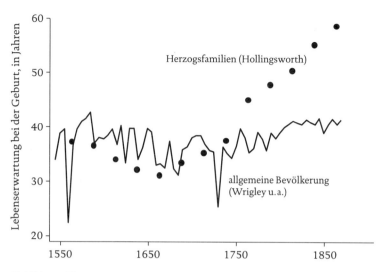

Abbildung 12:
Die Lebenserwartung der englischen Bevölkerung und von Herzogs-
familien – nach Bernard Harris, »Public health, nutrition, and the decline
of mortality: The McKeown thesis revisited«, *Social History of Medicine*
17(3) (2004): S. 379–407.

Bernard Harris, der als Erster dieses wunderbar informative Diagramm zeichnete.[14]

Von 1550 bis etwa 1750 war die Lebenserwartung der Herzöge
und ihrer Familien vergleichbar mit derjenigen der allgemeinen Bevölkerung, womöglich sogar etwas niedriger. Dies ist schon an sich
erstaunlich. Wohlhabendere Bevölkerungsgruppen mit hohem so-
zialem Status haben oftmals einen besseren Gesundheitszustand
als ärmere, statusniedrige Bevölkerungsgruppen, ein Phänomen,
das »sozioökonomisches Gesundheitsgefälle« genannt wird. Anhaltspunkte für ein solches Gefälle reichen bis ins Alte Rom zurück. Die erste Lehre also lautet, dass dieses »Gesundheitsgefälle«
nicht universell ist und in Großbritannien mindestens 200 Jahre
lang nicht anzutreffen war.

Es bestehen kaum Zweifel, dass die britischen Aristokraten

mehr zu essen hatten als das gemeine Volk. Höflinge von Heinrich VIII. in Hampton Court nahmen im 16. Jahrhundert täglich zwischen 4500 und 5000 Kalorien zu sich, und der König selbst war so beleibt, dass er sich ohne fremde Hilfe gar nicht mehr bewegen konnte. Heinrich stand damit nicht allein, und an einigen anderen europäischen Höfen aß man sogar noch üppiger.[15] Aber mehr Nahrung – zumindest von der Art, wie Aristokraten sie verzehrten – schützte nicht vor den Bakterien und Viren, die Pest und Pocken verursachten, oder vor den schlechten sanitären Bedingungen, denen auch die Kinder des Adels zum Opfer fielen. Der Vergleich mit dem Adel spricht folglich dafür, dass es Infektionskrankheiten waren, nicht unzureichende Ernährung, die zwischen 1550 und 1750 in England die Lebenserwartung begrenzten. Natürlich verschlimmern sich Krankheiten und Unterernährung gegenseitig – wenn man krank ist, kann der Körper die Nahrung nicht so gut verdauen –, aber umgekehrt gibt es keine Anhaltspunkte dafür, dass die durchweg hohe Nährstoffzufuhr den Adel selbst oder seine Kinder vor den damaligen Infektionskrankheiten schützte.

Nach 1750 nahm die Lebenserwartung der Aristokratie gegenüber derjenigen der allgemeinen Bevölkerung stark zu, so dass sich eine Kluft auftat, die 1850 fast 20 Jahre betrug. Nach ungefähr 1770 zeichnet sich dann auch bei der allgemeinen Lebenserwartung eine gewisse Aufwärtsbewegung ab. Wenn man diese Zahl isoliert betrachtet, scheint die beschriebene Bewegung anderen Aufs und Abs seit 1550 zu gleichen, aber sie ist im Rückblick wegen jener Entwicklung von Bedeutung, die nach 1850 einsetzte: eine kontinuierliche Erhöhung der Lebenserwartung für die Gesamtbevölkerung, die bis heute andauert. Die Lebenserwartung bei der Geburt stieg in England und Wales von 40 Jahren im Jahr 1850 auf 45 Jahre im Jahr 1900 und auf fast 70 Jahre im Jahr 1950. Die Aristokratie hat in der zweiten Hälfte des 18. Jahrhunderts die Durchschnittsbevölkerung nicht nur in Bezug auf den Gesundheitszustand hinter sich gelassen, sie hat auch als Erste von der allgemeinen Erhöhung der Lebenserwartung profitiert.

Wir wissen nicht mit Sicherheit, was die Ursache dieser Kluft ist, aber es gibt einige Anhaltspunkte. Das 18. Jahrhundert war die Zeit der britischen Aufklärung, die der Historiker Roy Porter als eine Epoche beschrieb, in der die Menschen nicht länger fragten: »Wie kann ich errettet werden?« – eine Frage, die im Laufe des vorangegangenen Jahrhunderts vor allem Chaos, einschließlich eines Bürgerkriegs, verursacht hatte –, sondern in der sie wissen wollten: »Wie kann ich glücklich werden?«.[16] Menschen strebten jetzt nach *persönlicher* Erfüllung, statt danach, durch Gehorsam gegenüber der Kirche und durch »Erfüllung jener Pflichten, die der gesellschaftlichen Stellung des Einzelnen entsprachen«, Tugendhaftigkeit zu erreichen.[17] Man konnte nach Glück streben, indem man seine Verstandeskräfte dazu einsetzte, überkommene Sitten und Bräuche wie etwa den Gehorsam gegenüber Krone und Kirche in Frage zu stellen. Und man strebte nach Glück, indem man Mittel und Wege fand, sein eigenes Leben zu verbessern, was sowohl materiellen Besitz als auch Gesundheit einschloss.

Immanuel Kant definierte die Aufklärung mit dem Wahlspruch: »Sapere aude! Habe Mut, dich deines eigenen Verstandes zu bedienen.« Während der Aufklärung wagten es Menschen, allgemein anerkannte Dogmen zu hinterfragen, und sie waren bereit, mit neuen Techniken und Methoden zu experimentieren. Einer der Bereiche, in dem Menschen begannen, sich ihres eigenen Verstandes zu bedienen, war die Medizin mit ihrem Ziel der Krankheitsbekämpfung, zu deren Zweck man neue Behandlungsverfahren erprobte. Viele der Innovationen kamen – in diesem früheren Zeitalter der Globalisierung – aus dem Ausland. Die neuen Arzneimittel und Therapien waren oftmals schwer erhältlich und teuer, so dass sie zunächst nur für wenige erschwinglich waren.

Die Inokulation (Impfung) gegen Pocken, auch »Variolation« genannt, ist eine der wichtigsten dieser Innovationen.[18] Pocken

waren im Europa des 18. Jahrhunderts eine der häufigsten Todesursachen. In Städten, die so groß waren, dass die Krankheit dort
dauerhaft präsent war, erkrankte praktisch jeder in seiner Kindheit an Pocken, und diejenigen, die überlebten, waren ihr Leben
lang immun. Die Bewohner von Kleinstädten und Dörfern blieben oftmals über viele Jahre von der Krankheit verschont. Aber da
sie keine Immunität besaßen, wenn die Epidemie dann ausbrach,
starben viele Kinder und Erwachsene gleichermaßen. In Schweden
waren im Jahr 1750 15 Prozent aller Todesfälle auf Pocken zurückzuführen. In London gingen im Jahr 1740 pro 1000 Taufen 140 Todesfälle – hauptsächlich von Kindern – auf ihr Konto .

Variolation ist nicht das Gleiche wie Vakzination (Schutzimp-
fung), die erst 1799 von Edward Jenner entwickelt und anschließend sehr schnell und auf breiter Front eingeführt wurde und auf
die man den deutlichen Rückgang der Sterblichkeit zurückführt.
Variolation ist ein altes Verfahren, das in China und Indien schon
seit über 1000 Jahren praktiziert wird und auch in Afrika seit langem bekannt ist. Dabei wird aus den Pusteln eines Pockenkranken
infektiöses Material gewonnen und in den Arm der Person, die man
schützen will, hineingekratzt. In den afrikanischen und asiatischen
Versionen dieser Technik wurde getrockneter Wundschorf in die
Nase der zu impfenden Person geblasen. Der Inokulierte erkrankte
an einer milden Form der Pocken, war jedoch anschließend immun. Laut der Abteilung für Medizingeschichte der U.S. National
Institutes of Health starben nur 1 bis 2 Prozent der Variolierten,
im Vergleich zu 30 Prozent derjenigen, die an den Pocken selbst
erkrankten.[19] Die Technik war von jeher umstritten, und es ist
anzunehmen, dass einige der Variolierten ihre Mitmenschen mit
Pocken ansteckten und vielleicht sogar eine richtige Epidemie aus-
lösten. Heute würde dieses Verfahren niemand mehr empfehlen.

Die Einführung der Variolation in Großbritannien gilt als das
Verdienst von Lady Mary Wortley Montague, die als Ehefrau des
britischen Botschafters am Osmanischen Hof in Konstantinopel

selbst Zeugin solcher Impfungen geworden war. In den höchsten gesellschaftlichen Kreisen setzte sie sich für die Anwendung des Verfahrens in Großbritannien ein. Sie erreichte, dass sich Mitglieder der Königsfamilie im Jahr 1721 damit gegen Pocken immunisieren ließen, wenn auch erst nachdem einige verurteilte Sträflinge und Waisenkinder als Versuchskaninchen herhalten mussten: Sie wurden varioliert und anschließend den Pocken ausgesetzt, ohne daran zu erkranken. Daraufhin unterzogen sich immer mehr Adlige einer solchen Behandlung.

Der Historiker Peter Razzell hat dokumentiert, wie die Variolation, die zunächst ein sehr teures Verfahren war und mehrere Wochen Isolation sowie ein hohes Honorar für die Impfärzte umfasste, schließlich zur Massenimpfung der einfachen Bevölkerung eingesetzt wurde. Gemeinden bezahlten sogar Impfkampagnen für die Armen, weil es billiger war, sie zu inokulieren, als sie zu bestatten. Bis zum Jahr 1800 sank die Zahl der Pockentoten pro 1000 Taufen in London jedenfalls um die Hälfte.

Die Variolation erreichte die Vereinigten Staaten im Zuge des Atlantischen Dreieckshandels auf den Sklavenschiffen. Bis 1760 wurden sämtliche Einwohner von Boston inokuliert, und George Washington ließ auch die Soldaten der Kontinentalarmee mit dem Verfahren behandeln. Pockenepidemien hatten im späten 17. Jahrhundert und im Jahr 1721, als man die Variolation zum ersten Mal ausprobierte, über 10 Prozent der Bostoner Bevölkerung hinweggerafft. Nach 1750 dagegen gab es dort nur noch vergleichsweise wenig Pockentote.

Wie die Medizinhistorikerin Sheila Ryan Johansson schreibt, fanden im späten 18. Jahrhundert weitere Innovationen auf dem Gebiet der Medizin und der Gesundheit statt.[20] Als Heilmittel für Malaria wurde erstmals Chinarinde (Chinin) aus Peru nach Großbritannien eingeführt, das »Heilige Holz« (Guaiacum) importierte man aus der Karibik und benutzte es zur Behandlung der Syphilis (angeblich war es wirksamer – zweifellos aber teurer – als Quecksilber), und Ipecac(uanha) (Brechwurzel) wurde aus Brasilien ein-geführt und zur Behandlung des »blutigen Ausflusses« (Ruhr) ver-wendet. Die wohlhabenden Familien nahmen zum ersten Mal die Dienste professioneller (männlicher) Hebammen in Anspruch – eine aus Frankreich importierte Neuerung.

Dies war auch die Zeit der ersten öffentlichen Gesundheits-kampagnen (zum Beispiel gegen Schnaps). Die ersten Apotheken wurden eröffnet und die hygienischen Bedingungen der Städte verbessert. In meiner Heimatstadt Edinburgh in Schottland bei-spielsweise begann man ab 1765 mit dem Bau einer New Town. Die Altstadt blieb erhalten, aber das stark verschmutzte North Loch, an dem sie lag, wurde trockengelegt und nördlich davon ein neuer, weitläufiger und sauberer Stadtteil errichtet. Sir Walter Scott, der im Jahr 1771 in der Altstadt Edinburghs geboren wurde, verlor sechs seiner elf Brüder und Schwestern in früher Kindheit, und er selbst erkrankte als Kind an Kinderlähmung. Dabei war seine Fa-milie keineswegs arm – seine Mutter war die Tochter eines Medi-zin-Professors und sein Vater Jurist.

Wir können nicht in Zahlen ausdrücken, wie sich diese Innovati-onen in der Sterblichkeit niederschlugen, und selbst die Neuerung mit dem wohl stärksten Effekt – die Variolation – bleibt in ihrer Wirkung umstritten. Dennoch spricht viel dafür, dass diese Inno-vationen – die allesamt Ergebnis wissenschaftlichen Erkenntnis-fortschritts sind und auf der neuen Offenheit für praktisches Her-umprobieren beruhten – für den besseren Gesundheitszustand des Hochadels und der königlichen Familie am Ende des 17. Jahrhun-derts verantwortlich sind. Da sie anfangs teuer und nicht allgemein anerkannt waren, wurden sie nur von denjenigen genutzt, die ver-mögend und gut informiert waren, so dass sich neue Gesundheits-ungleichheiten auftaten. Aber diese Ungleichheiten signalisierten auch, dass allgemeine Verbesserungen unmittelbar bevorstanden, da sich das Wissen immer weiter verbreitete und die Arzneimittel und Verfahren billiger wurden. Dies wiederum führte zu neuen, ähnlichen Innovationen, die nun oftmals die gesamte Bevölkerung einbezogen, wie etwa die Pockenimpfung nach 1799 oder die Sanitärbewegung, die sich zum Ziel setzte, die hygienischen Verhältnisse in den Städten zu verbessern. Wir werden weiteren Beispielen von neuen Erkenntnissen begegnen, die Gesundheitsungleichheiten schufen, zugleich aber allgemeine Verbesserungen ankündigten, wie etwa die sich allmählich durchsetzende Keimtheorie der Krankheitsentstehung am Ende des 19. Jahrhunderts und das nach den 60er Jahren des 20. Jahrhunderts aufkommende Verständnis davon, wie sich Tabakrauchen auf die Gesundheit auswirkt.

Von 1800 bis 1945: Ernährung, Wachstum und Sanitärversorgung

Während die Lebenserwartung im 18. Jahrhundert nur leicht zunahm und die Verbesserungen zudem ungleich verteilt waren, waren die enormen und allgemeinen Verbesserungen am Übergang vom 19. zum 20. Jahrhundert unverkennbar. Abbildung 13 zeigt die Zunahme der Lebenserwartung für England und Wales, Italien und Portugal. Die Daten für Großbritannien reichen am weitesten zurück, Italien folgt um das Jahr 1875 und Portugal erst 1940. Es gibt ältere Daten für die skandinavischen Länder und für Frankreich, Belgien und die Niederlande, aber ihre Kurven würden sich in diesem Diagramm kaum von derjenigen für England unterscheiden. Wie wir sehen werden, ist es kein Zufall, dass jene Länder, die den Kampf gegen die Sterblichkeit anführten, über die aussagekräftigsten und frühesten Datensätze verfügen.

Ich konzentriere mich hier auf England, aber das Diagramm veranschaulicht auch die Ausbreitung von Innovationen – ein Phänomen, dem wir immer wieder begegnen werden. Die Entwicklung der Lebenserwartung in England nach 1850 wird ergänzt durch die

Daten anderer Länder, die später mit der Erhebung begannen (hier Italien und Portugal). Anfangs sehr große Unterschiede in der Lebenserwartung – zehn Jahre zwischen Italien und England im Jahr 1875 und ungefähr die gleiche Differenz zwischen England und Portugal im Jahr 1940 – nehmen mit der Zeit ab, so dass am Ende des 20. Jahrhunderts Italien England überholt hatte und Portugal fast gleichauf lag. Wie schon beim Hochadel und der einfachen Bevölkerung in England am Ende des 18. Jahrhunderts gesehen, erzeugte, was auch immer in England – und bald darauf in den Ländern Nord- und Nordwesteuropas sowie den Vereinigten Staaten und Kanada geschah, eine Kluft zwischen diesen Ländern und denjenigen Süd- (und Ost-)Europas sowie dem Rest der Welt. Im Laufe der Zeit verringerten sich diese Abstände in dem Maße, wie sich Innovationen ausbreiteten – nicht gleichmäßig, nicht überall und nicht vollständig, aber letzten Endes doch weltweit.

Eine bessere Welt erzeugt notwendigerweise Unterschiede, und der Ausbruch aus frühzeitigem Tod hat Ungleichheit zur Folge.

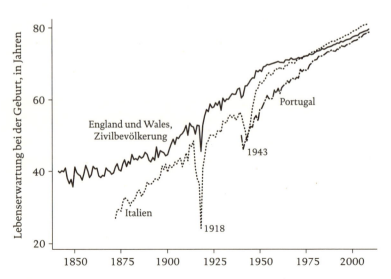

Abbildung 13:
Lebenserwartung ab 1850: England und Wales, Italien und Portugal

Was also geschah in England? Was führte im Laufe von anderthalb Jahrhunderten zu einer Verdopplung der Lebenserwartung von 40 auf 80 Jahre? In Anbetracht der Tatsache, dass die Lebenserwartung über Jahrtausende hinweg konstant blieb oder sogar sank, ist dies zweifellos eine der dramatischsten, schnellsten und positivsten Veränderungen in der Menschheitsgeschichte. Nicht nur werden fast alle Neugeborenen das Erwachsenenalter erreichen, sondern jeder junge Erwachsene hat auch mehr Zeit, seine Kompetenzen, Interessen und Talente zu entwickeln, so dass sich auch das Potential für Wohlbefinden enorm erhöht. Dennoch wird dieser größte Nutzeffekt noch immer nicht vollständig verstanden, und er wurde bis spät ins 20. Jahrhundert hinein kaum erforscht.

Ein guter Ausgangspunkt ist die Lebenserwartung, nicht bei der Geburt, sondern im Alter von 15 Jahren, die manchmal auch »Lebenserwartung im Erwachsenenalter« genannt wird; diese ist definiert als die Anzahl der zu erwartenden *zusätzlichen* Jahre, die einem 15-Jährigen bis zu seinem Tod verbleiben. Sie wird genauso berechnet wie die Lebenserwartung bei der Geburt, nur dass sie nicht bei null beginnt, sondern bei 15. Abbildung 14 zeigt die Lebenserwartung bei der Geburt wie in Abbildung 13 (auch wenn ich die Gelegenheit ergriffen habe, um die Gesamtbevölkerung einschließlich der Militärangehörigen zugrunde zu legen, so dass die Anzahl der Gefallenen im Ersten Weltkrieg den Einbruch im Jahr 1918 noch vergrößert) sowie die Lebenserwartung im Alter von 15 Jahren. Mit 15 Jahren konnten Menschen im Jahr 1850 erwarten, noch weitere 45 Jahre zu leben, während es 1950, ein Jahrhundert später, 57 Jahre waren.

Das Bemerkenswerteste an Abbildung 14 ist, dass bis um 1900 herum die Erwachsenenlebenserwartung in Großbritannien tatsächlich *höher* war als die Lebenserwartung zum Zeitpunkt der Geburt. Obwohl sie bereits 15 Jahre gelebt hatten, erwartete diese Teenager eine längere Zeitspanne bis zu ihrem Tod als bei ihrer Geburt. Weil das Leben als Säugling oder Kind so gefährlich war, schoss die Lebenserwartung nach oben, sobald man die Kindheit überlebt hatte. Am Ende des 20. Jahrhunderts ist das Sterberisiko in der Kindheit sehr niedrig geworden – zumindest in den reichen Ländern –, so dass die Kluft zwischen der Lebenserwartung im Erwachsenenalter und der Lebenserwartung zum Zeitpunkt der Geburt zugenommen hat und mittlerweile fast die vollen 15 Jahre beträgt, auf die sie sich beliefe, wenn niemand vor seinem 15. Lebensjahr sterben würde. Ähnliche Muster zeigen sich in anderen Ländern, für die wir über Daten verfügen, obwohl der Zeitpunkt, an dem die Lebenserwartung bei Geburt die Lebenserwartung im Erwachsenenalter überholt hat, von Land zu Land verschieden ist: Bis zu zehn Jahre früher trat dies in Skandinavien ein und 10 bis 20 Jahre später in Belgien, Frankreich und Italien.

Was immer den Anstieg der Lebenserwartung zwischen 1850 und 1950 verursachte, hat vor allem das Sterberisiko von Kindern gesenkt. Faktoren, die die Sterblichkeit von Erwachsenen mini-

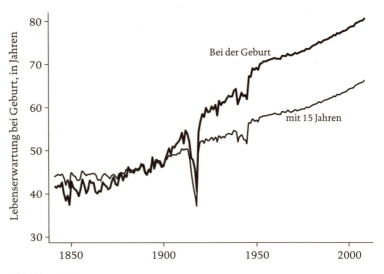

Abbildung 14:
Lebenserwartung bei der Geburt und mit 15 Jahren: England und Wales, Gesamtbevölkerung

mierten, oder solche, die bei Erwachsenen und Kindern gleichermaßen wirkten, waren ebenfalls wichtig, aber im Ergebnis weniger
dramatisch.

Die gesunkene Kindersterblichkeit kann nicht viel mit medizinischen Behandlungen zu tun haben, etwa neuen Medikamenten
wie Antibiotika, Sulfonamiden oder Streptomycin gegen Tuberkulose. Denn zum einen geschah der Rückgang der Sterblichkeit
überwiegend zu einer Zeit, als solche Behandlungen noch lange
nicht verfügbar waren, und zum anderen hatte die Einführung der
Medikamente keinen deutlichen Sterblichkeitsrückgang bei den
von ihnen behandelten Krankheiten zur Folge. Der Begründer der
Sozialmedizin, der Engländer Thomas McKeown, zeichnete eine
Reihe berühmter Diagramme, die nachwiesen, dass die Sterblichkeitsraten für eine ganze Reihe von Erkrankungen schon *vor* der
Einführung effektiver Behandlungsmethoden sanken und *nach*
ihrer Einführung mit praktisch der gleichen Rate weitersanken.[21]
McKeown, der selbst Arzt war, zog daraus den Schluss, die ärztliche
Heilkunst bewirke nicht viel (er behauptete sogar, ein Arzt richte
vermutlich umso weniger aus, je höher sein Status sei)[22], und er
folgerte, dass die Ursachen der Verbesserung des allgemeinen Gesundheitszustands in ökonomischen und sozialen Fortschritten
zu finden wären, insbesondere in einer besseren Ernährung und
besseren Lebensbedingungen. McKeown war der Erste in einer
langen Reihe von Ärzten, die zu der Überzeugung gelangten, ihre
eigenen fachkundigen Anstrengungen könnten die öffentliche Gesundheit nur geringfügig verbessern, und die sich daraufhin allgemeinen gesellschaftlichen Übeln zuwandten, wie etwa Armut und
Entbehrung, in denen sie die eigentlichen Ursachen für schlechte
Gesundheit sahen.

McKeown war der Meinung, die allmähliche Verbesserung der
materiellen Lebensbedingungen wie etwa bessere Ernährung und
besserer Wohnraum seien sehr viel wichtiger als eine gute Gesundheitsversorgung oder auch öffentliche Hygienemaßnahmen.

McKeowns Ansichten sind, auf die modernen Lebensumstände zugeschnitten, auch heute noch relevant für Debatten zwischen denjenigen, die glauben, die Bevölkerungsgesundheit werde hauptsächlich von medizinischen Entdeckungen und Behandlungsverfahren beeinflusst, und jenen, die die sozialen Lebensbedingungen in den Vordergrund stellen.

Die Ernährung hat zweifelsohne mit zum Rückgang der frühen Sterblichkeit beigetragen. Die Bevölkerung Großbritanniens konsumierte im 18. und frühen 19. Jahrhundert weniger Kalorien, als Kinder benötigten, um ihr Entwicklungspotential auszuschöpfen, und weniger als Erwachsene benötigten, um ihre körperliche Gesundheit aufrechtzuerhalten und produktive und einträgliche manuelle Arbeit zu verrichten. Die Menschen waren sehr mager und sehr kleinwüchsig und unterschieden sich darin wohl kaum von den Menschen in jedem vorhergehenden (oder nachfolgenden) Zeitalter, in dem ein Mangel an Kalorien herrschte. Die gesamte Geschichte hindurch hat sich der menschliche Körper an unzureichende Kalorienzufuhr angepasst, indem er sein Wachstum einschränkte. Kleinwüchsigkeit ist nicht nur eine Folge von Nahrungsmangel, insbesondere in der Kindheit. Kleinere Körper benötigen auch weniger Kalorien zur Aufrechterhaltung grundlegender Funktionen, und außerdem kann ein kleinerer Mensch mit weniger Nahrung mehr körperliche Arbeit verrichten als eine größere Person. Ein 1,83 Meter großer Arbeiter, der 90 Kilogramm wog, hätte im 18. Jahrhundert die gleichen Überlebenschancen gehabt wie ein Mensch ohne Raumanzug auf dem Mond. Im Schnitt gab es einfach nicht genug Nahrung, um eine Population von Menschen mit den heutigen Körpermaßen zu ernähren. Die kleinwüchsigen Arbeiter des 18. Jahrhunderts waren faktisch in einer Ernährungsfalle gefangen. Sie konnten nicht viel verdienen, weil sie körperlich so schwach waren, und sie konnten nicht genug essen, weil sie ohne Arbeit nicht das Geld hatten, um sich mit Lebensmitteln zu versorgen.

Mit den Anfängen der landwirtschaftlichen Revolution begann sich die Falle aufzulösen. Die Pro-Kopf-Einkommen stiegen allmählich an, und vielleicht zum ersten Mal in der Geschichte verbesserte sich die Ernährung der Menschen stetig. Aufgrund der besseren Ernährung gerieten die Menschen größer und kräftiger, wodurch sich auch ihre Produktivität erhöhte. So wurde eine positive Synergie zwischen sich gegenseitig aufschaukelnden Einkommens- und Gesundheitsverbesserungen in Gang gesetzt. Wenn der kindliche Körper die für sein Gedeihen notwendigen Nährstoffe nicht in ausreichender Menge erhält, wirkt sich dies negativ auf die Gehirnentwicklung aus. Größere, wohlhabendere Menschen mögen daher auch intelligenter gewesen sein. Dieses Plus wiederum förderte das Wirtschaftswachstum und beschleunigte seinerseits die Aufwärtsdynamik. Größere, schwergewichtigere Menschen lebten länger, und wohlgenährte Kinder hatten ein geringeres Sterberisiko und waren besser gegen Krankheiten gefeit. Der mit dem Nobelpreis ausgezeichnete Wirtschaftswissenschaftler Robert Fogel und seine Mitarbeiter haben diese Zusammenhänge über Jahre hinweg gründlich erforscht und beschrieben.[23]

Zweifellos hat sich die Ernährungssituation der Bevölkerung verbessert, und die Menschen sind größer, kräftiger und gesünder geworden. Aber die Ernährung allein liefert keine vollständige Erklärung für den Rückgang der Kindersterblichkeit. Ein solcher Ansatz unterschätzt die Bedeutung der direkten Krankheitsbekämpfung und konzentriert sich zu sehr auf die alleinige Rolle der Marktwirtschaft und zu wenig auf die kollektiven und politischen Anstrengungen, die der Krankheitsbekämpfung zugrunde lagen. Der Ökonom und Historiker Richard Easterlin hat in überzeugender Weise dargelegt, dass sich der Beginn des Wirtschaftswachstums zeitlich nicht mit den Verbesserungen des Gesundheitszustands deckt.[24] Der Rückgang der Kindersterblichkeit in ganz Nordwesteuropa war viel zu gleichförmig, als dass er sich mit dem Wirtschaftswachstum erklären ließe, das in verschiedenen

Ländern zu unterschiedlichen Zeitpunkten einsetzte. (Etwas ganz Ähnliches werden wir später, bei der Betrachtung des 20. Jahrhunderts beobachten können, wenn es um die internationale Synchronisierung von Fortschritten bei der Bekämpfung von Herzkrankheiten geht.) Und wenn die Ernährung als solche so wichtig war, warum hatten dann die britischen Adligen, die Nahrungsmittel in Fülle besaßen, in den Jahrhunderten vor 1750 keine höhere Lebenserwartung als das »gemeine Volk«? Der Demograph Massimo Livi-Bacci hat in mehreren europäischen Ländern ähnliche Fälle dokumentiert, zum Beispiel von Mönchen, die sich in den Klöstern kalorien- und abwechslungsreich ernährten und trotzdem keine höhere Lebenserwartung hatten als die übrige Bevölkerung.[25] Die Ernährung mag gewissen Krankheiten vorbeugen, aber sie bietet keinen umfassenden Schutz. Womöglich schützt sie besser vor bakteriellen Erkrankungen als vor Viruskrankheiten, aber selbst das ist nicht bewiesen.

Der Rückgang der Kindersterblichkeit und der daraus resultierende Anstieg der Lebenserwartung müssen vielmehr auf die Bekämpfung von Krankheiten durch Maßnahmen des öffentlichen Gesundheitsschutzes zurückzuführen sein. Diese bestanden zunächst in Verbesserungen der Sanitär- und Wasserversorgung. Schließlich schob die Wissenschaft die Begründung für die praktischen Verbesserungen sozusagen nach, und die Keimtheorie der Krankheitsentstehung setzte sich allgemein durch und wurde nach und nach mit gezielteren, wissenschaftlich basierten Maßnahmen umgesetzt. Dazu gehören die routinemäßige Impfung gegen eine breite Palette von Krankheiten und die Einführung auf der Keimtheorie basierender zweckdienlicher Verhaltensvorschriften zum Schutz der persönlichen und öffentlichen Gesundheit.

Die Verbesserung der öffentlichen Gesundheit erforderte *behördliche* Maßnahmen, die wiederum politische Willensbildung und Einigung voraussetzten. Der Markt allein hätte diese Maßnahmen nicht zuwege gebracht, auch wenn steigende Realeinkommen die Finanzierung oftmals kostspieliger sanitärer Projekte zweifellos erleichterten. Auf der individuellen Ebene führte der Rückgang von Erkrankungen – insbesondere von Durchfall- und Atemwegserkrankungen sowie anderen Infektionen bei Kindern – zu einer besseren Nährstoffversorgung, die mit dazu beitrug, dass die Menschen größer, kräftiger und leistungsfähiger wurden.

Die Nahrungsaufnahme ist wichtig, wichtiger aber noch ist die *Netto*-Nährstoffaufnahme, also die Menge an Nährstoffen, die dem Körper nach Abzug krankheitsbedingter Nährstoffverluste – auf direktem Weg bei Durchfall, aber auch zur Abwehr von Infektionen durch Fieber – zur Verfügung steht. Die Zunahme der Lebenserwartung in Nordwesteuropa und in den britischen »Ableger-Staaten« in Übersee nach 1850 geht hauptsächlich auf das Konto von Verbesserungen bei der Sanitärversorgung, gefolgt von Maßnahmen, die auf der Keimtheorie der Krankheitsentstehung beruhten. Anfang des 20. Jahrhunderts wurden diese auch in Süd- und Osteuropa eingeführt, und nach dem Zweiten Weltkrieg im Rest der Welt. Diese Entwicklung werde ich im nächsten Kapitel diskutieren.[26]

Im Zuge der Industriellen Revolution in Großbritannien siedelten Millionen von Menschen vom Land in neu gegründete Städte wie Manchester um, wo sich in den Fabriken neue Erwerbsmöglichkeiten boten, aber zugleich kaum etwas oder gar nichts gegen die Gesundheitsrisiken unternommen wurde, die durch das enge Zusammenleben so vieler Menschen auf einem Raum entstanden. Das Leben auf dem Lande kann auch ohne öffentliche Maßnahmen zur Abfallentsorgung gesundheitlich einigermaßen unbedenklich sein, aber für Städte gilt dies nicht. Haustiere, Zug- und Lastpferde, Milchkühe und Schweine für die Abfallbeseitigung lebten in den neuen Städten oftmals in allernächster Nähe zu ihren Besitzern. Außerdem fielen in Fabriken beim Schlachten von Vieh und beim Gerben von Tierhäuten potentiell gesundheitsgefährdende Abfälle und Rückstände an, und das Trinkwasser war oftmals durch menschliche Ausscheidungen und sonstige Schadstoffe verschmutzt. Das Alte Rom zählte mehr öffentliche Latrinen als Manchester während der Industriellen Revolution.[27] Wenn man dieselben Quellen, aus denen Trinkwasser gewonnen wurde, zur Entsorgung von Fäkalien nutzte, wurde der fäkal-orale Übertragungsweg, der seit der Neolithischen Revolution ein Problem gewesen war, zu einer Herausforderung von ganz neuen Dimensionen.

Die Lebenserwartung in den Städten fiel weit unter jene auf dem Land – was in einigen armen Ländern noch immer der Fall ist. Tatsächlich ist die Abwanderung in die ungesunden Städte einer der Faktoren, die erklären, weshalb die Lebenserwartung der allgemeinen Bevölkerung zu Beginn des 19. Jahrhunderts nur langsam anstieg und warum erst nach 1850 eine deutliche Zunahme zu verzeichnen war. Schließlich lösten diese stinkenden, die Gesundheit gefährdenden Städte mit ihren »düsteren, satanischen Fabriken« eine öffentliche Reaktion aus, die über Verlautbarungen zum traurigen moralischen Zustand der Leidenden hinausging, und so begannen Kommunen und Gesundheitsbehörden damit, Maßnahmen im Bereich der öffentlichen Hygiene umzusetzen.

Die Sanitärbewegung konnte sich nicht auf neue wissenschaftliche Erkenntnisse stützen. Tatsächlich war ihre Theorie der Krankheitsentstehung, die »Schmutz-« oder »Miasmatheorie« – wonach jeder üble Geruch gesundheitsschädlich sei – falsch, und sie unterschied sich in keiner Weise von dem, was die für die öffentliche Gesundheit zuständigen Amtsträger in Italien glaubten, als sie im 14. Jahrhundert (überwiegend erfolglos) den Schwarzen Tod bekämpften.

Dennoch besaß die Theorie einen wahren Kern, so dass sie bei konsequenter Umsetzung durchaus Erfolge zeitigte. Tatsächlich sinkt das allgemeine Erkrankungsrisiko, wenn menschliche Abfälle und Abwässer sicher entsorgt werden und das städtische Trinkwasser keinen üblen Geruch verströmt. Aber die Theorie führte dazu, dass der Abfall- und Abwasserentsorgung ein zu großes Gewicht beigemessen wurde, während man der Wasserversorgung zu wenig Beachtung schenkte. So ordnete zum Beispiel das Londoner Gesundheitsamt einmal an, den Inhalt der stinkenden Senkgruben in Kellergeschossen in die Themse zu kippen, wodurch der Cholera-Erreger ins Trinkwasser gelangte.

Einige Jahre später, bei der Cholera-Epidemie von 1854, sorgte eine der beiden Wassergesellschaften, die die Stadt mit Trinkwasser aus der Themse versorgten, dafür, dass Cholera-Bakterien von der einen Generation von Opfern auf die nächste übertragen wurden. Denn die Zuleitungsrohre der Gesellschaft lagen stromabwärts der Stelle, wo Abwasser in den Fluss eingeleitet wurde. Der zweite große Wasserlieferant der Stadt hingegen hatte seine Zuleitungsrohre flussaufwärts verlegt, wo das Wasser sauberer war. Diese Feststellung ermöglichte dem Londoner Arzt John Snow, die Cholera-Toten auf einem Stadtplan zu verzeichnen und sie so dem Wasserversorger zuzuordnen, der für den Ausbruch verantwortlich war. Auf diese Weise konnte Snow den Nachweis erbringen, dass sich die Cholera über verunreinigtes Trinkwasser ausbreitete.[28] Dies war eines der ersten »natürlichen Experimente« in öffentlicher Gesundheitspflege, und ich persönlich halte es für eines der bedeutendsten überhaupt. Dennoch erkannte Snow, dass das Experiment keine zwingenden Schlussfolgerungen zuließ – so konnte es zum Beispiel sein, dass ein Wasserversorger nur wohlhabende Kunden belieferte, die aus anderen Gründen geschützt waren –, und er scheute keine Mühen, um andere mögliche Erklärungen für seine Ergebnisse auszuschließen.[29]

Snows Erkenntnisse trugen zusammen mit den späteren Arbeiten von Robert Koch in Deutschland und Louis Pasteur in Frankreich dazu bei, der Keimtheorie der Krankheitsentstehung zum Durchbruch zu verhelfen, wenn auch gegen den heftigen Widerstand von Anhängern der Miasma-Theorie. Ein Knackpunkt war die Frage, warum manche Menschen, die der Krankheit ausgesetzt waren, nicht daran erkrankten. Wie ließ sich dies erklären und die

Kausalität eindeutig nachweisen?[30] Koch, der im Jahr 1883 *Vibrio cholerae* isoliert hatte, gab bestimmte Kriterien an, die erfüllt sein mussten, damit eine Mikrobe zweifelsfrei als Ursache einer Erkrankung identifiziert werden konnte, Kriterien, die später zu den vier sogenannten Henle-Koch-Postulaten ausgearbeitet wurden. Eines der Kriterien lautete, dass der Mikroorganismus die Krankheit auslösen muss, wenn er einer gesunden Person verabreicht wird. Dies war eine Schwachstelle der Theorie, was im Jahr 1892 auf spektakuläre Weise demonstriert wurde. Ein prominenter Miasmatiker und Kritiker der Keimtheorie, der damals 74 Jahre alte Max von Pettenkofer, trank in der Öffentlichkeit einen mit Cholera-Bakterien gefüllten Glaskolben leer, den ihm Koch eigens aus Ägypten zugesandt hatte, und litt anschließend nur unter leichten Beschwerden.

Warum bei ihm die Krankheit nicht ausbrach, ist unklar – jedenfalls kann es nicht an der Magensäure gelegen haben, da Pettenkofer sie zuvor neutralisiert hatte. Aber viele Krankheitserreger vermehren sich nur unter geeigneten Bedingungen, und von Pettenkofer hatte eine entsprechende Theorie aufgestellt, wonach der Mikroorganismus zunächst durch Fäulnis im Boden in ein Miasma umgewandelt werden müsse. Diese Theorie wurde durch die Hamburger Cholera-Epidemie im Jahr 1892 auf tragische Weise widerlegt. Die benachbarte Stadt Altona, die wie Hamburg ihr Wasser aus der Elbe bezog, filterte dieses, was man in Hamburg nicht tat, und blieb so von der Epidemie verschont. Pettenkofer führte das Selbstexperiment mit dem Bazillus nach der Hamburger Cholera-Epidemie durch, gewissermaßen als einen letzten Akt trotziger Auflehnung. Im Jahr 1901 erschoss er sich.[31]

Die Erfindung, Ausbreitung und allgemeine Anerkennung der Keimtheorie trugen maßgeblich zur Senkung der Kindersterblichkeit in Großbritannien und auf der ganzen Welt bei. Dieses Beispiel veranschaulicht auch eine Reihe von Themen, denen wir wiederbegegnen werden. Hier waren neue Erkenntnisse maßgeblich, die das Potential hatten, das Wohlergehen der Menschheit erheblich zu steigern, in diesem Fall indem das man Leben von Kindern retten konnte, die andernfalls hätten sterben müssen. Die grundlegende Erkenntnis, dass Keime Krankheiten verursachen und dass, im Fall der Cholera, Bakterien durch verunreinigtes Wasser übertragen werden, war kostenlos und jedem Menschen auf der Welt frei zugänglich.

Doch das bedeutete nicht, dass die öffentlichen Hygienemaßnahmen, die sich aus der Theorie ergaben, unverzüglich oder auch nur einigermaßen schnell ergriffen wurden. Zum einen war, wie wir gesehen haben, nicht jeder von der Theorie überzeugt. Und selbst wenn die Menschen sie anerkannten, waren unzählige Hindernisse zu überwinden. Das Wissen mochte gratis sein, aber seine Umsetzung war es nicht. Eine sichere Trinkwasserversorgung zu bauen ist zwar billiger als der Bau von Kläranlagen, aber noch immer kostspielig, und es erfordert technisches Wissen sowie eine permanente Überwachung, um sicherzustellen, dass das Wasser tatsächlich nicht verunreinigt ist. Abwasser muss so entsorgt werden, dass dabei das Trinkwasser nicht verschmutzt wird. Privatpersonen und Firmen sträuben sich oft gegen die Überwachung, zu deren Durchsetzung es effektiver staatlicher Strukturen und sachkundiger Beamter bedarf. Selbst in Großbritannien und in den Vereinigten Staaten war die Verunreinigung des Trinkwassers mit Fäkalien noch bis weit ins 20. Jahrhundert hinein ein Problem. Um von der Keimtheorie zu sauberem Trinkwasser und zu einer sicheren Abwasser- und Abfallentsorgung zu gelangen, braucht es Zeit, und es erfordert außerdem sowohl Geld als auch effektive Behörden, was beides vor 100 Jahren keineswegs immer gegeben war und in vielen Teilen der Welt auch heute noch nicht vorausgesetzt werden kann.

Wie immer spielen dabei politische Interessen eine wichtige Rolle. Der Historiker Simon Szreter beschreibt, dass in den Städten der Industriellen Revolution Frischwasser weithin verfügbar

war – allerdings für Fabriken als Energiequelle und nicht als Trinkwasser für die Stadtbewohner.[32] Wie so oft war der Nutzen, den
die neuen Methoden und Verfahren brachten, keineswegs gleich
verteilt. Und die Fabrikbesitzer, die zugleich diejenigen waren, die
Steuern zahlten, hatten kein Interesse, eigenes Geld auszugeben,
damit ihre Arbeiter über sauberes Wasser verfügten. Szreter legt
dar, wie sich neue politische Koalitionen aus Arbeitern und ver-
drängten Grundherren dafür einsetzten, dass eine Infrastruktur
für sauberes Wasser errichtet wurde – ein Einsatz, der erst erfolgreich war, nachdem die Reform Acts Arbeitern das Wahlrecht ver-
liehen hatten.

Nachdem sich das politische Gleichgewicht verschoben hatte,
zogen die Fabrikbesitzer mit, und die Städte begannen einander
mit lobpreisenden Darstellungen ihrer gesunden Lebensverhältnisse zu übertrumpfen. (Die Universität Princeton, an der ich lehre,
tat dies damals ebenfalls; sie behauptete, ihre Höhenlage – ganze
43 Meter über dem Meeresspiegel – mache sie zu einem gesünde-
ren Lebensraum als die malariaverseuchten Sümpfe in der Nähe.)
Immer wenn Gesundheit von kollektivem Handeln abhängt – ob
durch öffentliche Bauvorhaben, Gesundheitsversorgung oder Bildung –, spielen politische Faktoren eine Rolle. In diesem Fall trug
die (teilweise) Beseitigung einer Ungleichheit, nämlich der Tatsache, dass Arbeiter nicht wählen durften, dazu bei, eine andere
Ungleichheit zu beseitigen, die darin bestand, dass Arbeiter keinen
Zugang zu sauberem Trinkwasser hatten.

Die Ausbreitung von Ideen und deren praktische Umsetzung
brauchen Zeit, weil Menschen dabei oftmals ihre Lebensweise ändern müssen. Fast alle Kinder in den reichen Ländern lernen heute
in der Schule, dass viele Krankheiten durch Mikroorganismen
verursacht werden und dass man sich durch Händewaschen, Des-
infektion und den sachgemäßen Umgang mit Lebensmitteln und
Abfällen vor den Erregern schützen kann. Aber das, was wir nun
für selbstverständlich halten, war am Ende des 19. Jahrhunderts

unbekannt, und es dauerte Jahre, bis sich durch Verhaltensänderungen im öffentlichen und privaten Bereich der Nutzen der neuen Erkenntnisse in vollem Umfang realisieren ließ.[33]

Die Demographen Samuel Preston und Michael Haines haben beschrieben, dass in New York um die Jahrhundertwende zwischen ethnischen Gruppen deutliche Unterschiede in der Säuglings- und Kindersterblichkeitsrate bestanden. So hatten zum Beispiel Juden, deren religiöse Bräuche gesundheitsfördernd waren, viel niedrigere Sterblichkeitsraten als Frankokanadier, die keinen derartigen Schutz besaßen.[34] Dagegen lag die Sterblichkeit von Arztkindern praktisch genauso hoch wie die allgemeine Kindersterblichkeit. Als sich die Keimtheorie dann durchsetzte, fiel die Sterblichkeit von Arztkindern sehr viel niedriger aus.

In den Vereinigten Staaten wechselten Hotels nicht nach jedem Gast die Bettwäsche. Auf Ellis Island untersuchten Ärzte potentielle Einwanderer auf Trachom (eine infektiöse Augenkrankheit). Sie benutzten dabei ein knopfhakenartiges Instrument, das zwischen den einzelnen Untersuchungen nicht sterilisiert wurde. Auf diese Weise sorgte die Einwanderungsbehörde für die weitere *Ausbreitung* der Krankheit, statt sie an der Grenze aufzuhalten.[35] Ein zeitgenössisches Beispiel stammt aus Indien, wo die *dai*, eine traditionelle Hebamme, oftmals bei Schwangerschaftskomplikationen hinzugezogen wird. Eine solche Frau wurde von einem amerikanischen Geburtshelfer beobachtet, der ihr großes Geschick bei der Neuausrichtung eines Ungeborenen bewunderte, eine Fähigkeit, die sie in den Vereinigten Staaten reich gemacht hätte. Doch diese äußerst kunstfertige Fachkraft wusch sich nie die Hände, wenn sie von einer Frau zur nächsten ging.[36]

Wissenschaftliche Fortschritte wie die Keimtheorie sind keine isolierten Einzelentdeckungen. Sie bestehen aus einer Vielzahl von Entdeckungen, die miteinander zusammenhängen, und sie bauen im Allgemeinen auf früheren Fortschritten auf. Krankheitserreger kann man nicht mit bloßem Auge, sondern nur mit einem

Mikroskop erkennen, und obwohl Antoni van Leeuwenhoek im 17. Jahrhundert Mikroskope herstellte und mit ihnen Mikroorganismen beobachtete, lieferten diese Mikroskope nur stark verzerrte Bilder. In den 1820er Jahren entwickelte Joseph Jackson Lister das achromatische Mikroskop, das die Verzerrungen, die sogenannten »chromatischen Aberrationen« beseitigte, die ältere Mikroskope weitgehend unbrauchbar gemacht hatten.

Die Keimtheorie selbst führte zur Entdeckung einer ganzen Palette von Krankheitserregern, unter anderem der Milzbrand-, Tuberkulose- und Cholera-Erreger in Kochs Laboratorien in Deutschland. Koch war einer der Begründer des damals neuen Fachgebiets der Mikrobiologie, und seine Schüler identifizierten viele weitere Krankheitskeime, unter anderem die Erreger von Typhus, Diphterie, Tetanus und Beulenpest.

In der nächsten Entdeckungswelle bewies Louis Pasteur in Paris, dass Mikroorganismen für das Verderben von Milch verantwortlich waren, und er zeigte, wie sich dies durch die »Pasteurisierung« verhindern ließ. Pasteur demonstrierte außerdem, dass man aus attenuierten – abgeschwächten – Krankheitserregern eine ganze Reihe von Impfstoffen entwickeln konnte. (Er erfand auch Marmite, eine Art Grundnahrungsmittel der Briten, ohne das sich diese ein Leben heute gar nicht vorstellen können – wir werden in Kapitel 6 darauf zurückkommen.) Unter dem Eindruck der Keimtheorie entwickelte Joseph Lister (der Sohn von Joseph Jackson Lister) antiseptische Methoden in der Chirurgie, die, zusammen mit der Erfindung von Anästhetika, die moderne Chirurgie ermöglichten. Die Arbeiten von Snow, Koch und Pasteur bildeten nicht nur die Grundlage für die Keimtheorie, sie zeigten auch, wie man diese zur Förderung des Gemeinwohls in die Praxis umsetzen konnte.

Der wissenschaftliche Fortschritt – und die Keimtheorie ist ein bemerkenswertes Beispiel dafür – stellt eine der Schlüsselkräfte dar, die zur Verbesserung des menschlichen Wohlbefindens führten. Doch wie die nur zögerliche Aufnahme der Keimtheorie zeigt, setzen sich neue Entdeckungen und neue Technologien nicht ohne breite Akzeptanz und gesellschaftlichen Wandel durch. Und wir sollten auch nicht glauben, wissenschaftliche Fortschritte würden gewissermaßen aus dem Nichts entstehen oder wie Manna vom Himmel fallen. Die Industrielle Revolution und die damit einhergehende Urbanisierung schufen einen *Bedarf* an wissenschaftlichem Fortschritt – Menschen starben an Krankheiten, die im ländlichen England kein Problem gewesen waren –, aber zugleich schufen sie auch die Bedingungen, um diesen Bedarf erforschen zu können. Die unbeabsichtigte Förderung des fäkal-oralen Übertragungswegs, die zustandekam, indem man die Abwässer einer Generation von Cholera-Opfern in das Trinkwasser der nächsten einspeiste, bot überhaupt erst die Gelegenheit, dass jemand die Zusammenhänge untersuchen konnte. Selbstverständlich läuft dieser Prozess nicht automatisch ab – die Nachfrage nach Heilmitteln erzeugt nicht immer ein Angebot an solchen –, aber Bedarf, Furcht und, in manchen Fällen, Habgier sind starke Triebkräfte der Entdeckung und Erfindung.

Die Wissenschaft entwickelt sich entsprechend dem gesellschaftlichen und ökonomischen Umfeld, in das sie eingebettet ist, so wie dieses Umfeld seinerseits von Wissenschaft und Wissen geprägt wird. Selbst die Mikroorganismen, die in der Keimtheorie die zentrale Rolle spielen, existieren nicht in einem völlig losgelösten Zustand, in dem sie darauf warten, entdeckt zu werden. Ihre Ausbreitung, ihre Evolution und Virulenz werden stark beeinflusst von Wechselwirkungen mit den Menschen, die sie infizieren. Die Begleitumstände der Industriellen Revolution veränderten die Lebensbedingungen von Millionen von Menschen, aber sie veränderten auch die Mikroorganismen, die die Menschen infizierten, ebenso wie ihre Übertragungswege. Und sie schufen die Voraussetzungen, unter denen sich die Keimtheorie weiterentwickeln konnte.

KAPITEL 3

═══════════

DEM TOD IN DEN TROPEN ENTRINNEN

Für denjenigen Teil der Weltbevölkerung, der nicht das Glück besaß, in einem reichen Land geboren zu werden – und das ist die
Mehrheit –, hatte der Kampf gegen Infektionskrankheiten im
Jahr 1945 noch kaum begonnen. Doch als sie ihn dann aufnah-
men, mussten diese Menschen die geschichtliche Entwicklung
nicht noch einmal ganz von vorn wiederholen, zumindest nicht
im gleichen Schneckentempo. Im Jahr 1850 war die Keimtheorie
noch nicht aufgestellt. Im Jahr 1950 war sie Allgemeingut, so dass
zumindest einige der Verbesserungen, die in den führenden Ländern 100 Jahre gedauert hatten, in den Ländern, die nachfolgten,
schneller ablaufen konnten. Die Tatsache, dass Indien heute eine
höhere Lebenserwartung als Schottland im Jahr 1945 hat – trotz
eines Pro-Kopf-Einkommens, das Großbritannien bereits 1860
erreichte –, zeugt von der Macht des Wissens, historische Entwicklungen abzukürzen. Der rasche, wenn auch ungleichmäßige
Rückgang der Kindersterblichkeit in armen Ländern ließ Millionen von Kindern überleben, die ansonsten gestorben wären, was
die »Bevölkerungsexplosion« – von 2,5 Milliarden im Jahr 1950 auf
7 Milliarden im Jahr 2011 – hervorbrachte, die heute allmählich an
ein Ende gelangt. In den Nachkriegsjahren näherte sich die Lebenserwartung in armen Ländern der Lebenserwartung in reichen
Ländern an, zumindest bis zu den 90er Jahren, als HIV/AIDS in
Afrika in den am schwersten betroffenen Ländern die in der Nachkriegszeit erzielten Fortschritte zunichtemachte. Ungleichheiten

in der Lebenserwartung, die ab 1850 zugenommen hatten, als die reichen Länder den anderen davonzogen, verringerten sich nach 1950 in dem Maße, wie arme Länder aufholten, und vergrößerten sich dann wieder mit dem Beginn der neuen Epidemie.

Es gibt viele Länder, in denen noch immer ein hoher Prozentsatz an Kindern stirbt, und in drei Dutzend Ländern erleben über 10 Prozent der Kinder ihren fünften Geburtstag nicht. Sie sterben nicht an den »neuen« Krankheiten wie HIV/AIDS oder unheilbaren exotischen Tropenkrankheiten. Sie sterben an den gleichen Krankheiten, die europäische Kinder im 17. und 18. Jahrhundert dahinrafften: Darm- und Atemwegsinfektionen sowie Malaria – alles Krankheiten, von denen wir die meisten schon seit langem gut behandeln können. Diese Kinder sterben, weil sie zufällig in einem bestimmten Land geboren wurden. Sie würden nicht sterben, wenn sie in Großbritannien, Kanada, Frankreich oder Japan zur Welt gekommen wären.

Was erhält diese Ungleichheiten aufrecht? Was macht es so gefährlich, in Äthiopien, Mali oder Nepal und was so sicher, in Island, Japan oder Singapur zur Welt zu kommen? Selbst in einem Land wie Indien, wo die Sterblichkeitsraten rasch gesunken sind, ist nach wie vor ein hoher Prozentsatz der Kinder unterernährt. Sie sind magerer und kleiner, als sie es für ihr Alter sein sollten, und ihre Eltern gehören zu den kleinwüchsigsten Erwachsenen weltweit – womöglich sind sie sogar kleiner als die minderwüchsigen Erwachsenen im England des 18. Jahrhunderts. Wieso sind auch heute noch – und obwohl Indien eines der am schnellsten wachsenden Länder auf der Erde ist – so viele Inder in der Armut gefangen, die das letztendliche Ergebnis der Neolithischen Revolution war?

In den Jahren nach dem Zweiten Weltkrieg starben in den »weniger entwickelten Gebieten«, wie es im Sprachgebrauch der Vereinten Nationen heißt, weiterhin sehr viele Säuglinge und Kinder. Anfang der 50er Jahre erlebte in über 100 Ländern mehr als ein

Fünftel der Kleinkinder seinen ersten Geburtstag nicht. Zu diesen Ländern gehörten ganz Subsahara-Afrika sowie Süd- und Südostasien. Im Jahr 1960 schätzte die Weltbank die Kindersterblichkeit (verstanden als der Tod vor Erreichen des 5. Lebensjahrs) in 41 Ländern auf über 20 Prozent und in einigen Ländern sogar auf nahe 40 Prozent. In den 50er und 60er Jahren hatten die meisten Länder Sterberaten, die sich nicht allzu sehr von denjenigen unterschieden, die in Großbritannien 100 oder 200 Jahre zuvor bestanden. Aber Veränderungen kündigten sich an.

Am schnellsten stieg die Lebenserwartung kurz nach dem Krieg. Der Demograph Davidson Gwatkin berichtet, dass um das Jahr 1950 herum Länder wie Jamaika, Malaysia, Mauritius und Sri Lanka über zehn Jahre lang *jährliche* Zunahmen der Lebenserwartung von über einem Jahr verzeichneten.[1] In Mauritius stieg die Lebenserwartung von 33,0 Jahren für die Zeit von 1942 bis 1946 auf 51,1 Jahre für die Zeit von 1951 bis 1953. In Sri Lanka erhöhte sie sich zwischen 1946 und 1953 um 14 Jahre. Natürlich können diese Aufholjagden nicht ewig weitergehen, und sie können nur von großen, einmaligen Verringerungen der Säuglings- und Kindersterblichkeit herrühren. Zum Teil verdanken sie sich der Einführung des Penicillins, das erstmals während des Krieges erhältlich war, teilweise auch dem Einsatz etwas älterer Sulfonamid-Antibiotika. Den größten Anteil hatte aber vermutlich die sogenannte »Vektorkontrolle«, also die chemischen Bekämpfung krankheitsübertragender Schädlinge, insbesondere Stechmücken der Gattung *Anopheles*, die als Überträger der Malaria fungieren. Ein Großteil der Fortschritte bei der Malariabekämpfung wurde später zunichtegemacht, als die Stechmücken resistent wurden und die Verwendung des hochwirksamen Insektizids DDT wegen seiner umweltschädlichen Wirkungen (die vor allem auf seinen übermäßigen Gebrauch in der Landwirtschaft der reichen Länder zurückzuführen waren) weltweit verboten wurde. Doch selbst wenn die Auswirkungen auf die Malaria nur vorübergehend in Erscheinung traten, waren sie für diese Zeitspanne erheblich. Spätere Fortschritte in andere Richtungen wiederum, etwa Impfkampagnen, haben dann die Rückschläge mehr als wettgemacht.

UNICEF, die für die Gesundheit und das Wohlergehen von Kindern zuständige UN-Organisation, wurde 1965 für ihren Einsatz für die Kinder der Welt mit dem Nobelpreis ausgezeichnet. Unmittelbar nach dem Zweiten Weltkrieg impfte UNICEF Kinder in Europa gegen Tuberkulose, und in den 50er Jahren dehnte sie ihren Tätigkeitsbereich auf weltweite Kampagnen gegen Tuberkulose, Frambösie, Lepra, Malaria und Trachom aus. Daneben förderte sie Projekte im Bereich der Trinkwasser- und Sanitärversorgung.

Das Erweiterte Impfprogramm (EPI) der Weltgesundheitsorganisation (WHO) wurde im Jahr 1974 gestartet. Es förderte die Impfung gegen Diphterie, Keuchhusten und Tetanus (die DPT-Impfung deckt alle drei ab) sowie gegen Masern, Kinderlähmung und Tuberkulose. Die Globale Allianz für Impfstoffe und Immunisierung (Impfallianz Gavi) wurde im Jahr 2000 gegründet, in dem Bemühen, der Arbeit des erweiterten Impfprogramms neuen Schwung zu verleihen. Die Fortschritte bei der Immunisierung haben sich in den letzten Jahren etwas verlangsamt, vielleicht weil die Bevölkerungsgruppen, die am leichtesten zu erreichen und am aufgeschlossensten waren, bereits geimpft sind.

Eine weitere wichtige Innovation, die zum anhaltenden Rückgang der Sterblichkeitsrate beitrug, war der Wirksamkeitsnachweis für die orale Rehydratationstherapie (ORT), der während eines Cholera-Ausbruchs in Flüchtlingslagern in Bangladesch und Indien im Jahr 1973 gelang. Eine oral eingenommene wässrige Lösung von Salz und Traubenzucker verhinderte die Dehydrierung, an der viele an Diarrhö leidende Kinder starben. Die Behandlung kostet nur ein paar Cent pro Dosis und wurde von der medizinischen Fachzeitschrift *The Lancet* als der »wohl bedeutendste medizinische Fortschritt dieses Jahrhunderts« gerühmt.[2] Die ORT ist ein weiteres gutes Beispiel dafür, wie ein dringender Bedarf, zusammen mit wissenschaftlich fundiertem Probieren nach Versuch und Irrtum manchmal zu einer spektakulären Innovation führen kann, die Menschenleben rettet.

Diese medizinischen und technischen Fortschritte wurden auch in Regionen umgesetzt, in denen die lokalen Möglichkeiten begrenzt waren. Stechmücken konnten von ausländischen Experten oder inländischen Auftragnehmern mit Insektiziden bekämpft werden, wiederum unter Anleitung von ausländischen Experten. Und Impfkampagnen wurden von der WHO-Zentrale in Genf als kurzfristige Operationen mit fast militärischem Charakter durchgeführt, unter Einsatz lokaler Rettungssanitäter, die die Spritzen verabreichten. Die Impfstoffe waren (und sind) billig und wurden oftmals von UNICEF oder von der WHO zentral zu günstigen Preisen eingekauft. Diese Gesundheitskampagnen, sogenannte »vertikale Gesundheitsprogramme«, haben Millionen von Menschenleben gerettet. Weitere vertikale Initiativen sind die erfolgreiche Kampagne zur weltweiten Ausrottung der Pocken; die Kampagne gegen die Flussblindheit, die gemeinsam von der Weltbank, dem Carter Center, der WHO und Merck durchgeführt wurde; und die laufende, noch nicht abgeschlossene Initiative zur Ausrottung der Kinderlähmung.

Aber nicht nur Fortschritte in der Medizin und im öffentlichen Gesundheitsschutz spielten eine Rolle, auch bessere Bildung und höheres Einkommen haben ihren Teil beigetragen. Nach dem Zweiten Weltkrieg war das Wirtschaftswachstum, gemessen an historischen Maßstäben, hoch, und es gab Verbesserungen im Bildungswesen – wenn auch nicht überall, so doch in vielen Ländern. Frauen haben heute bessere Bildungschancen. Im indischen Bundesstaat Rajasthan, wo ich an der Erhebung von Daten beteiligt war, konnte fast keine der erwachsenen Frauen, die wir interviewten, lesen oder schreiben. Dafür kamen wir regelmäßig an Reihen Mädchen vorbei, die Schuluniformen trugen und auf dem Weg zur Schule waren. Zwischen 1986 und 1996 stieg der Prozentsatz der indischen Mädchen, die in ländlichen Regionen eine Schule besuchen, von 43 auf 62 Prozent, und obgleich das Unterrichtsniveau an manchen Schulen katastrophal ist, sind selbst schlecht gebildete Frauen tendenziell bessere und selbstsicherere Mütter als solche, die gar keine Bildung besitzen. Zahlreiche Studien aus Indien und anderen Ländern zeigen, dass die Kinder von gebildeteren Müttern sowohl in Bezug auf das Überleben als auch auf ihr Fortkommen in späteren Lebensaltern besser abschneiden. Außerdem haben gebildete Frauen weniger Kinder und können mehr Zeit und Ressourcen für jedes Kind verwenden. Eine geringere Fruchtbarkeit ist auch für Mütter selbst gut, weil sie die gesundheitlichen Risiken von Schwangerschaft und Geburt verringert und die Lebenschancen der Frauen selbst erhöht.

Verbesserungen des Bildungsniveaus sind vielleicht die wichtigste Ursache für eine bessere Gesundheit in Ländern mit niedrigem Einkommen.

Durch das Wirtschaftswachstum erhalten Familien mehr Geld, so dass sie ihre Kinder besser ernähren können, ebenso wie die Gemeinden und die nationalen Regierungen, die mit den zusätzlichen Mitteln die Wasserversorgung, die Abfall- und Abwasserentsorgung sowie die Schädlingsbekämpfung verbessern können. In den meisten indischen Verwaltungsbezirken hatten im Jahr 2001 über 60 Prozent der Haushalte Zugang zu Leitungswasser, während 20 Jahre zuvor nur sehr wenige Bezirke dieses Ziel erfüllten. Leitungswasser ist nicht immer sauberes Wasser, aber es ist gesundheitlich viel unbedenklicher als Wasser aus den meisten herkömmlichen Quellen.

Der Demograph Samuel Preston – der weltweit wohl scharfsichtigste Beobachter der Sterblichkeit – schätzte im Jahr 1975, dass weniger als ein Viertel des zwischen den 30er und 60er Jahren erfolgten Anstiegs bei der Lebenserwartung auf die Zunahme des inländischen Lebensstandards zurückzuführen sei. Der überwiegende Teil dieses Anstiegs hingegen verdanke sich neuen Verfahren, der Vektorkontrolle sowie modernen Medikamenten und Impfungen.[3] Prestons Berechnungen galten nur für die begrenzten Gruppen von Ländern, für die er über Daten verfügte, und einige davon waren im Jahr 1945 nicht arm. Zu seinen Schlussfolgerungen kam er, als er sich Diagramme wie Abbildung 5 in Kapitel 1 genauer ansah. Er berechnete, um wie viel die Lebenserwartung gestiegen wäre, wenn die Kurve, die den Zusammenhang zwischen Lebenserwartung und Einkommen darstellt, unverändert geblieben wäre und sich die Länder ihrem Wirtschaftswachstum gemäß auf ihr entlangbewegt hätten (der Beitrag des Einkommens zu besserer Gesundheit). Dann bestimmte er den Anteil des Zugewinns, der sich aus der Aufwärtsbewegung der Kurve selbst ergab (dem Beitrag neuer Methoden, die eine bessere Gesundheit ohne Steigerung des Lebensstandards erlauben).

Spätere Autoren haben die jeweiligen Beiträge von Innovation und Einkommen anders aufgeteilt, und es gibt keinen Grund anzunehmen, die Aufteilung sei zu allen Zeiten gleich, wie auch Preston betonte. Wichtige neue Methoden zur Rettung von Menschenleben – Antibiotika, Vektorkontrolle und Impfungen – stellen sich nicht in gleichmäßigem Rhythmus oder in vorhersagbarer Weise ein, und wenn sich eine Methode erschöpft hat, gibt es keine Garantie, dass die nächste schon zum Einsatz bereitsteht. Doch die großen Streitfragen sind immer gegenwärtig: Einkommen auf der einen Seite, Behandlung und Innovation auf der anderen, oder private, marktbasierte versus öffentliche Gesundheitsfürsorge, wobei Bildung die Effektivität beider verbessert.

Wenn die Krankheiten armer Länder tatsächlich »Krankheiten der Armut« sind, in dem Sinne, dass sie verschwinden, wenn die Armut zurückgeht, dann mögen direkte Gesundheitseingriffe weniger wichtig sein als das Wirtschaftswachstum. Wirtschaftswachstum wäre »doppelt segensreich«. Es würde den materiellen Lebensstandard direkt erhöhen und gleichzeitig, sozusagen als Dreingabe, die Gesundheit verbessern. Wenn Prestons Ergebnisse auch heute noch gelten – eine Frage, auf die ich später in diesem Kapitel eingehen werde –, wird die Magie des Einkommens nicht genügen, und das Problem der Gesundheit muss direkt durch Gesundheitsmaßnahmen angegangen werden.

Man beachte die Ähnlichkeit zwischen Prestons Befunden und der Schlussfolgerung von Kapitel 2, wonach der Rückgang der Sterblichkeit in Europa und Nordamerika zwischen 1850 und 1950 vor allem darauf zurückzuführen ist, dass Krankheiten durch neue Formen des Gesundheitsschutzes zurückgedrängt wurden und das Wirtschaftswachstum dabei zwar eine wichtige, jedoch nur sekundäre Rolle gespielt hat.

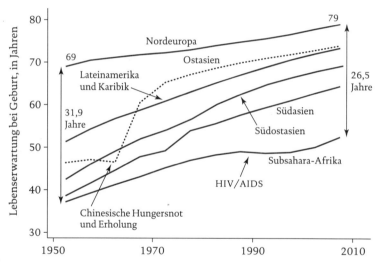

Abbildung 15:
Lebenserwartung in verschiedenen Regionen der Welt seit 1950

Was immer für den Sterblichkeitsrückgang verantwortlich ist, an seinem Ausmaß besteht jedenfalls kein Zweifel. Die Vereinten Nationen berichten, dass in dem 15-jährigen Zeitraum von 1950–1955 bis 1965–1970 die »weniger entwickelten Gebiete« der Welt einen Anstieg der Lebenserwartung um über zehn Jahre, und zwar von

42 auf 53 Jahre, verzeichneten. Bis 2005–2010 war sie um weitere zehn Jahre auf 66 Jahre angestiegen. Zwar reichten die Verbesserungen in den »höher entwickelten Gebieten« noch weiter, doch sie entwickelten sich viel langsamer. Abbildung 15 illustriert den Fortschritt in ausgewählten Regionen der Welt. Die obere Linie steht für Nordeuropa, definiert als Kanalinseln, Dänemark, Estland, Finnland, Island, Irland, Lettland, Litauen, Norwegen, Schweden und Großbritannien. In diesen Ländern betrug die Lebenserwartung zusammengenommen zunächst 69 Jahre und erhöhte sich dann bis zum Beginn des 21. Jahrhunderts um 10 Jahre. Ich werde im nächsten Kapitel auf die Gründe dafür eingehen.

Die anderen Regionen, Ostasien (einschließlich Japan), Lateinamerika und die Karibik, Südostasien, Südasien und Subsahara-Afrika, haben alle mehr als zehn Jahre dazugewonnen, so dass sich die Abstände zwischen ihnen und Nordeuropa verringert haben. Selbst für Subsahara-Afrika, das den geringsten Zugewinn zu verzeichnen hat, ist der Abstand zu Nordeuropa geschrumpft, von 31,9 Jahren zu Beginn der 50er Jahre auf 26,5 Jahre für 2005–2010.

Afrika und in einem geringeren Umfang auch Südasien (das sich im Norden bis nach Afghanistan erstreckt) sind die Regionen, wo noch am meisten zu tun bleibt. Auch schon vor der HIV/AIDS-Epidemie stieg die Lebenserwartung in Subsahara-Afrika langsamer als in anderen Regionen, und HIV/AIDS führte zu einer weiteren Stagnation, wie aus der Abbildung deutlich zu ersehen ist.

Mit der Einführung der antiretroviralen Therapie in den letzten Jahren und angesichts von zu beobachtenden Verhaltensänderungen gehen die UN heute davon aus, dass die Lebenserwartung in Afrika wieder ansteigt. Doch in den am stärksten betroffenen Ländern gingen die Fortschritte während der Nachkriegszeit größtenteils oder sogar vollständig verloren. Die Lebenserwartung in Botsuana – einem der am besten regierten und wirtschaftlich erfolgreichsten Länder Afrikas – stieg von 48 auf 64 Jahre, um dann 2000–2005 wieder auf 49 Jahre abzusinken, während die Lebenserwartung in Simbabwe – eines der afrikanischen Länder, das zu den wirtschaftlich erfolglosesten gehört und am ineffektivsten regiert wird – 2005–2010 niedriger war als 1950–1955. Die Grippe-Epidemie von 1918–1919 bedeutete nicht das Ende der großen Epidemien, die Millionen von Menschenleben forderten (laut WHO sind bis Ende 2011 34 Millionen Menschen an HIV/AIDS gestorben), und wir sollten auch nicht davon ausgehen, dass wir in Zukunft von neuen Epidemien verschont bleiben.

Niemand weiß genau, wie die AIDS-Epidemie begann – anders als im Fall der Großen Chinesischen Hungersnot von 1958–1961, deren Ursachen ich in Kapitel 1 erörtert habe und deren Auswirkungen in Abbildung 15 deutlich zu erkennen sind. Wie wir gleich sehen werden, ermöglicht es die Einparteienherrschaft in China, die öffentliche Gesundheit durch Maßnahmen zu fördern, die in Demokratien womöglich auf entschiedenen Widerstand stoßen würden. Doch wenn andererseits politische Fehlentscheidungen verheerende Konsequenzen haben, gibt es auch keine Mechanismen, die ihrer Umsetzung Einhalt gebieten könnten, selbst wenn das Ergebnis eine Katastrophe ist.

Häufig wird China, das keine Demokratie ist, dafür aber politische Maßnahmen sehr effektiv umsetzen kann, Indien gegenübergestellt, eine Demokratie mit einer freien Presse, aber oftmals ineffektiver Regierungsführung. Dennoch hat Indien seit seiner Unabhängigkeit keine Hungersnot erlebt, während es dort unter britischer Herrschaft viele gab.

Ungeachtet der großen Rückschläge durch HIV/AIDS und der Großen Chinesischen Hungersnot veranschaulicht Abbildung 15, dass die Lebenserwartung in den meisten Ländern der Welt *höher* ausfällt als vor 100 Jahren. Aber wie gut (oder schlecht) stellt sich die heutige Situation dar, und was bleibt zu tun?

Um das gegenwärtige Muster der Sterblichkeit besser zu verstehen, ist es hilfreich, die Sterbefälle weltweit zu betrachten, herauszufinden, woran Menschen in Ländern mit verschiedenen ökonomischen Entwicklungsniveaus sterben, und zu überlegen, wie viele dieser Todesfälle mit einem Wissensstand wie dem unseren verhütet werden könnten. Wenn Menschen an den exotischen, unheilbaren »tropischen« Krankheiten sterben, die oftmals in Schauergeschichten in den Medien auftauchen, brauchen wir neue Therapien und neue Medikamente. Wenn Menschen dagegen an denselben alten Krankheiten sterben, die in den reichen Ländern seit langem verschwunden sind, müssen wir uns fragen, woran das liegt. Wie wir sehen werden, benötigen wir zwar zweifellos neue und bessere Behandlungsmethoden, doch das Hauptproblem liegt in der Tatsache, dass immer noch viel zu viele Kinder auf der Welt an eigentlich leicht zu verhütenden Krankheiten sterben.

Tabelle 1 gibt einen Überblick über die globale Sterblichkeit im Jahr 2008, gemäß den Angaben der WHO. In diese Zahlen fließen viele Schätzungen ein, weshalb sie im Detail nicht ganz exakt sind, aber das allgemeine Bild, das sie vermitteln, ist zutreffend. Die zweite Spalte zeigt die Todesfälle für die Welt insgesamt, die dritte die für die Länder mit niedrigem Einkommen und die vierte die Todesfälle für die Länder mit hohem Einkommen.

Diese Einteilung der Welt nach dem Einkommen stammt von der Weltbank, die vier Kategorien unterscheidet: Länder mit niedrigem Einkommen, mit unterem mittlerem Einkommen, mit oberem mittlerem Einkommen und Länder mit hohem Einkommen. Hier führe ich nur die obere und untere Gruppe auf, um mich auf die Ungleichheiten in der Sterblichkeit zwischen den reichsten und den ärmsten Ländern zu konzentrieren. Von den 35 Ländern mit niedrigem Einkommen liegen 27 in Afrika, die übrigen acht sind Afghanistan, Bangladesch, Kambodscha, Haiti, Myanmar (Burma), Nepal, Nordkorea und Tadschikistan. Indien gilt nicht länger als ein Land mit niedrigem Einkommen. Es gibt 70 Länder mit hohem Einkommen, darunter die meisten Länder Europas, Nordamerikas

Tabelle 1:
Globale Sterblichkeit im Jahr 2008, in den ärmsten und
reichsten Ländern

	Welt	Niedriges Einkommen	Hohes Einkommen
Prozentsätze der Todesfälle (Prozentsätze der Bevölkerung)			
Alter 0–4	14,6 (9)	35,0 (15)	0,9 (6)
Alter 60 und darüber	55,5 (11)	27,0 (6)	83,8 (21)
Krebs	13,3	5,1	26,5
Herz-Kreislauf-Erkrankungen	30,5	15,8	36,5
Millionen von Todesfällen			
Atemwegsinfektionen	3,53	1,07	0,35
Perinatale Todesfälle	1,78	0,73	0,02
Durchfallerkrankungen	2,60	0,80	0,04
HIV/AIDS	2,46	0,76	0,02
Tuberkulose	1,34	0,40	0,01
Malaria	0,82	0,48	0,00
Kinderkrankheiten	0,45	0,12	0,00
Mangelernährung	0,42	0,17	0,02
Müttersterblichkeit	0,36	0,16	0,00
Alle Ursachen	56,89	9,07	9,29
Gesamtbevölkerung	6737	826	1077

QUELLE: World Health Organization, Global Health Observatory Data Repository, Download am 3. Februar 2013.
ANMERKUNG: Herz-Kreislauf-Erkrankungen einschließlich Schlaganfall. Bei den Atemwegsinfektionen handelt es sich überwiegend um Infekte der unteren Atemwege (womit Infektionen unterhalb der Stimmbänder gemeint sind, beispielsweise Lungenentzündung und Bronchitis sowie Grippe, die aber auch die oberen Atemwege betreffen kann). Perinatale Todesfälle sind Todesfälle von Kindern bei der Geburt oder unmittelbar danach, wozu auch Todesfälle bei Frühgeburten und bei Neugeborenen mit geringem Geburtsgewicht gehören sowie solche von Neugeborenen, die während der Geburt sterben, und von Neugeborenen, die unmittelbar nach der Geburt an Infektionen sterben. Kinderkrankheiten sind Keuchhusten, Diphterie, Kinderlähmung, Masern und Tetanus. Etwa zwei Drittel der Todesfälle infolge von Mangelernährung sind auf Protein- oder Energiemangel zurückzuführen, und ein Drittel auf Blutarmut.

und Australasiens sowie Japan, eine Reihe erdölproduzierender kleiner Länder und eine Handvoll Inselstaaten.

Der obere Teil der Tabelle zeigt die Verteilung der Todesfälle zwischen Kindern und älteren Menschen sowie die Prozentsätze von zwei der beiden häufigsten nicht-infektiösen Todesursachen, Krebs und Herz-Kreislauf-Erkrankungen. Unter Herz-Kreislauf-Erkrankungen werden hier auch Krankheiten des Herzens und der Blutgefäße zusammengefasst, weshalb Todesfälle inbegriffen sind, die auf Schlaganfälle und Herzinfarkte zurückgehen. Die zweite Spalte zeigt die Verteilung für die Welt insgesamt, die dritte und vierte für die Länder mit niedrigem und hohem Einkommen. Der untere Teil der Tabelle listet die absoluten Zahlen in Millionen Todesfällen auf, unter besonderer Berücksichtigung der häufigsten Todesursachen in den Ländern mit niedrigem Einkommen.

Im oberen Bereich der Tabelle sind in Klammern die Prozentsätze der Bevölkerung in der jeweiligen Altersgruppe angegeben, im unteren Teil der Tabelle die Gesamteinwohnerzahlen für jede Region. Man beachte, dass der größte Teil der Weltbevölkerung in Ländern mit mittlerem Einkommen lebt, die hier nicht aufgelistet sind.

Aus dem oberen Bereich der Tabelle lässt sich zudem die wichtige Tatsache ablesen, dass in Ländern mit niedrigem Einkommen die Bevölkerung viel *jünger* ist als in Ländern mit hohem Einkommen. Menschen in armen Ländern haben mehr Kinder, und wenn die Bevölkerung wächst, ist jede Generation größer als die vorhergehende, und die Bevölkerung insgesamt ist jung. In einigen der reichen Länder kommen die Babyboomer aus den Nachkriegsjahren allmählich ins Rentenalter, so dass die Gruppe der über 60-Jährigen stark wächst. In den Ländern mit niedrigem Einkommen gibt es mehr als doppelt so viele Kinder bis vier Jahre wie Menschen über 59. In den Ländern mit hohem Einkommen sind ältere Menschen dreimal so häufig vertreten wie Kinder. Selbst wenn die Risiken in den armen und reichen Ländern gleich wären, gäbe es in ersteren mehr Todesfälle von Kindern und in letzteren mehr Todesfälle von Erwachsenen.

Auf Säuglinge und Kinder entfallen 15 Prozent aller Todesfälle in der Welt, während sich über die Hälfte auf Menschen bezieht, die 60 Jahre und älter sind. Aber in armen und reichen Ländern zeigt sich ein jeweils anderes Bild. In den armen Ländern entfällt mehr als ein Drittel der Todesfälle auf Kinder unter fünf Jahren und weniger als ein Drittel auf ältere Menschen. In den reichen Ländern, wo die Kindersterblichkeit gering ist, entfallen mehr als 80 Prozent der Todesfälle auf Menschen, die 60 Jahre oder älter sind, und die große Mehrzahl der Neugeborenen erreicht ein hohes Alter.

Diese Unterschiede lassen sich teilweise, aber nicht vollständig durch die viel größeren Prozentsätze an alten Menschen in den reichen Ländern erklären – die Anzahl der Kindersterbefälle im Verhältnis zur Gesamtzahl der Kinder fällt in den Ländern mit niedrigem Einkommen viel höher aus. Der Gegensatz zwischen Reich und Arm ist die Folge des schon mehrfach angesprochenen epidemiologischen Übergangs, demzufolge der Tod selbst mit den Entwicklungsfortschritten der Länder »altert«.

Der Übergang vom Tod in der Kindheit zum Tod im hohen Alter geht auch mit einem Wechsel der Todesursachen einher, die sich von den Infektionskrankheiten hin zu chronischen Krankheiten verschieben. In den Ländern mit hohem Einkommen sterben prozentual gesehen dreimal mehr Menschen an Krebs, Schlaganfällen und Herzkrankheiten als in Ländern mit niedrigem Einkommen. Im Allgemeinen sterben alte Menschen an chronischen Krankheiten und Kinder an Infektionskrankheiten.

Die wichtigsten Todesursachen in armen Ländern sind weitgehend die gleichen Krankheiten, an denen auch Kinder in den mittlerweile reichen Ländern sterben – untere Atemwegsinfekte, Durchfall, Tuberkulose und die »Kinderkrankheiten« (im Sprachgebrauch der WHO sind dies Keuchhusten, Diphtherie, Kinderlähmung, Masern und Tetanus).

Die vier genannten Kategorien verursachen noch immer fast acht Millionen Todesfälle pro Jahr. Andere bedeutende Todesursachen sind Malaria und HIV/AIDS (für das noch immer ausgereifte Behandlungsmethoden fehlen), Todesfälle bei oder in zeitlicher Nähe zur Geburt (perinatale Todesfälle), Todesfälle von Müttern, die mit der Geburt zusammenhängen, und Todesfälle infolge von Mangelernährung, wobei die zwei wichtigsten davon Tod aufgrund von Protein- oder Energiemangel (Unterernährung) und aufgrund von Anämie sind (die auf eine eisenarme, oftmals mit einer vegetarischen Lebensweise einhergehenden Ernährung zurückzuführen ist).

Abgesehen von der Lungenentzündung, die in reichen Ländern jährlich 350 000 Todesfälle unter älteren Menschen verursacht, stirbt heute in den reichen Ländern, wo ein besserer öffentlicher Gesundheitsschutz das Risiko von Kindern, an Durchfall, Lungenentzündung und Tuberkulose zu sterben, deutlich gesenkt hat, praktisch *niemand* mehr an einer dieser Erkrankungen. Malaria ist in reichen Ländern kein Risiko, auch wenn sie dies bis kurz nach dem Zweiten Weltkrieg in einigen von ihnen noch war. In armen Ländern fallen der Malaria hauptsächlich Kinder zum Opfer.

Antiretrovirale Medikamente und Änderungen des Sexualverhaltens haben die Anzahl der HIV/AIDS-bedingten Todesfälle stark reduziert. Eine fast 100-prozentige Durchimpfung von Kindern hat die Kategorie der »Kinderkrankheiten« weitgehend beseitigt, und die vor- und nachgeburtliche medizinische Versorgung haben die perinatale Sterblichkeit und die Müttersterblichkeit stark gesenkt.

Wenige Menschen in den reichen Ländern sterben an Unterernährung, und auch wenn Anämie nicht unbekannt ist, gibt es keine großen Bevölkerungsgruppen im reichen Teil der Welt, die an einem bedrohlichen Mangel an lebenswichtigen Mikronährstoffen wie Eisen leiden.

Also stehen wir vor einem Rätsel. Warum sterben Kinder in armen Ländern und bleiben am Leben, wenn sie in reichen Ländern geboren werden? Warum rettet das in den reichen Ländern kostenlos zugängliche und effektive Wissen nicht das Leben von Millionen von Menschen, die in den armen Ländern sterben? Die Vermutung liegt nahe, dass dies mit der Armut zu tun hat. Tatsächlich deutet schon die von mir übernommene Klassifikation in Länder mit niedrigem und hohem Einkommen darauf hin, dass es auf das Einkommen ankommt. Wie im historischen Kontext halten wir Durchfall, Atemwegserkrankungen, Tuberkulose und Unterernährung für »Armutskrankheiten«, so wie wir Krebs, Herzerkrankungen und Schlaganfall als »Wohlstandskrankheiten« betrachten. Wie im 18. und 19. Jahrhundert muss Einkommen auch hier eine Rolle spielen. Menschen, die Geld haben, können sich in der Regel so viel Nahrung beschaffen, wie sie brauchen, und Wirtschafswachstum hilft, die Mittel bereitzustellen, die für Vektorkontrolle, Abfall- und Abwasserentsorgung sowie für Wasseraufbereitung benötigt werden, aber auch für Ambulanzen und Kliniken.

Trotzdem liefern Armut und Einkommen keine vollständige Erklärung, und wenn man sich allzu sehr auf das Einkommen konzentriert, führt einen dies vielleicht in die Irre, und zwar sowohl bezüglich dessen, *was* getan werden sollte, als auch in Bezug darauf, *wer* es tun sollte.

Wie immer lässt sich viel aus dem lernen, was in China und Indien geschah. Die Weltbank zählt sie nicht länger zu den Ländern mit niedrigem Einkommen, sondern zu jenen mit unterem mittlerem (Indien) und oberem mittlerem Einkommen (China). Beide sind in den letzten Jahren stark gewachsen, dabei gehörten sie in den 50er Jahren zu den ärmsten Ländern der Welt. Zusammengenommen lebt mehr als ein Drittel der Weltbevölkerung in China und Indien, darum müssen wir auf jeden Fall verstehen, was dort geschehen ist.

Abbildung 16 zeigt, wie sich Wirtschaftswachstum und Säuglingssterblichkeit in beiden Ländern in den letzten 55 Jahren entwickelt haben. Das Volkseinkommen, genauer gesagt das BIP pro Kopf, ist auf der rechten vertikalen Achse aufgetragen. Auch hier habe ich eine logarithmische Skala verwendet, bei der sich eine konstante Wachstumsrate als Gerade ausrichten würde. Tatsächlich hat sich das Wachstum in beiden Ländern im Laufe der Zeit *beschleunigt*, insbesondere – und in spektakulärer Weise – in China. Auch in Indien beschleunigte sich das Wirtschaftswachstum nach 1990, besonders ganz zum Schluss des betrachteten Zeitraums, nachdem es zuvor 40 Jahre lang sehr niedrig gewesen war. Beide Länder führten Wirtschaftsreformen durch, denen die steigenden Wachstumsraten zugeschrieben werden – China nach 1970, als die Agrarpreise erhöht und die Landwirte ermuntert wurden, mehr anzubauen und zu verkaufen, und Indien nach 1990, als viele der alten Regeln und Vorschriften der »Lizenzherrschaft« abgeschafft wurden.

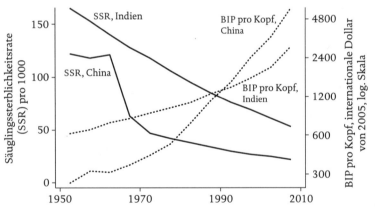

Abbildung 16:
Säuglingssterblichkeit und Wirtschaftswachstum in China und Indien

Die Säuglingssterblichkeit ist in China und Indien mit steigendem Einkommen gesunken. Da die Muster für die Kindersterblichkeit (Gruppe von Kindern unter fünf Jahren) in beiden Ländern ganz ähnlich sind, zeige ich sie hier nicht. Der Rückgang in

China wurde durch die Hungersnot gestoppt, bei der bis zu einem Drittel der Neugeborenen starb (die Abbildung zeigt fünfjährige Durchschnittswerte, so dass der Effekt viel kleiner ist), aber abgesehen von der Hungersnot ist ein rascher Rückgang bis etwa 1970 festzustellen, gefolgt von einem viel langsameren Rückgang nach 1970. Das ist das genaue Gegenteil von dem, was wir erwarten würden, wenn der Rückgang der Säuglingssterblichkeit auf das Wirtschaftswachstum zurückzuführen wäre, und dies wiederum träfe zu, wenn der Tod der Neugeborenen als eine direkte Folge der Armut gelten müsste.

Was in China geschah, ist kein Geheimnis. Als die Regierung beschloss, sich auf das Wachstum zu konzentrieren, wurden Ressourcen umgelenkt, um die Wirtschaft unter Vernachlässigung von allem anderen, einschließlich dem öffentlichen Gesundheitsschutz und der Gesundheitsversorgung, auf Vordermann zu bringen. Selbst diejenigen, die vormals für die Stechmückenbekämpfung zuständig waren, wurden nun in der Landwirtschaft eingesetzt, um ihren Beitrag zur wirtschaftlichen Aufholjagd zu leisten. In den ersten Jahren schenkte die Kommunistische Partei der öffentlichen Gesundheit große Aufmerksamkeit – *Away with All Pests* (»Weg mit allem Ungeziefer«) ist der unvergessliche Titel der Schilderung eines britischen Arztes, der in den 50er und 60er Jahren in China arbeitete –, aber dieser Fokus ging nach den Reformen verloren.[4]

Nichts von all dem bedeutet, dass die Reformen schlecht waren; das Wirtschaftswachstum nach den Reformen führte Millionen von Menschen aus der Armut heraus und schenkte ihnen ein besseres Leben. Allerdings zeigt sich hier, dass Wachstum keine *automatische* Verbesserung bei der Gesundheitskomponente des Wohlbefindens mit sich bringt. In China war die Politik entscheidend: Die Regierung beschloss, einen Aspekt des Wohlbefindens gegen einen anderen zu tauschen.

In Indien verlief die Entwicklung wie gewohnt langsamer und

weniger spektakulär. Das Wachstum war geringer als in China, und der Aufwärtstrend nach den Reformen war weniger ausgeprägt. Das Pro-Kopf-Einkommen Indiens war lange Zeit höher als das Chinas, doch zu Beginn der Nullerjahre betrug es weniger als die Hälfte des chinesischen. (Wie wir in Teil II sehen werden, sind diese Vergleiche mit *großen* Unsicherheiten behaftet.) Doch die Säuglingssterblichkeit in Indien ging bemerkenswert stetig zurück – sie wurde in keiner Weise von Änderungen der Wachstumsrate beeinflusst –, und der absolute Rückgang, von 165 im ersten Lebensjahr gestorbenen Kindern je 1000 Neugeborenen zu Anfang der 50er Jahre auf 53 im Fünfjahreszeitraum 2005–2010, ist tatsächlich *größer* als der Rückgang in China, wo die Zahl der gestorbenen Kinder von 122 auf 22 sank. Obgleich ein Neugeborenes in Indien noch immer ein höheres Sterberisiko als in China hat, ist die Leistungsfähigkeit des indischen Gesundheitswesens (bei der Neugeborenenversorgung) trotz sehr großer Unterschiede im Wirtschaftswachstum nicht ausnehmend schlechter als die des chinesischen. Zudem hat Indien seinen Erfolg ohne den Zwang und die Beschneidung persönlicher Freiheitsrechte erreicht, die mit der chinesischen Ein-Kind-Politik verbunden sind. Und wie die Wirtschaftswissenschaftler Jean Drèze und Amartya Sen gezeigt haben, sind bestimmte Regionen in Südindien heute sogar wirtschaftlich deutlich erfolgreicher als China.[5]

China und Indien sind »nur« zwei Länder, und sie müssen keineswegs repräsentativ für alle Länder stehen. Das Wirtschaftswachstum könnte trotzdem in Afrika oder in Ländern, die viel ärmer sind als China und Indien heute, der Schlüsselfaktor für die gesundheitsbezogenen Verbesserungen sein. Doch gibt es kaum Anhaltspunkte dafür, dass in Ländern mit höherem Wachstum die Säuglings- oder Kindersterblichkeit schneller zurückgegangen wäre. Abbildung 17 zeigt, dass zwischen dem Rückgang der Säuglingssterblichkeit und dem Wirtschaftswachstum kein nennenswerter Zusammenhang besteht.

Um die Wachstumshypothese einer fairen Überprüfung zu unterziehen, betrachte ich hier nur die längerfristigen Veränderungen. Ein hohes Wachstum für ein oder zwei Jahre mag wenig zu jenen Verbesserungen beitragen, von denen die Kindergesundheit abhängt. So mag etwa ein starker Preisanstieg bei einem Exportgut einigen wenigen Personen oder der Regierung hohe Einnahmen bescheren, aber er hätte wenig Einfluss auf den allgemeinen Wohlstand. Hält das Wachstum hingegen Jahrzehnte an, sollten seine Effekte deutlich zu sehen sein – wenn es sie tatsächlich gibt.

Die begrenzte Verfügbarkeit von Daten schränkt deren Aussagekraft ein, aber die Abbildung zeigt Wachstum und sinkende Sterblichkeit über Zeitspannen von mindestens 15 Jahren (im Durchschnitt sind es 42 Jahre), die in manchen Fällen bereits 1950 beginnen und erst nach 2005 enden. Die vertikale Achse veranschaulicht den jährlichen *Rückgang* der Säuglingssterblichkeitsrate, weshalb ein höherer Wert besser ist als ein niedriger. Da die Säuglingssterblichkeit in Todesfällen je 1000 Lebendgeburten gemessen wird, bedeutet eine Zahl wie 2 (zum Beispiel für Indien), dass im Laufe der Jahre, für die ich Daten besitze (55 Jahre), die Säuglingssterblichkeit um zweimal 55, also 110 Todesfälle je 1000 Geburten, gesunken ist. Ich habe die reichen Länder in dieses Diagramm aufgenommen, doch da sie bereits eine niedrige Säuglingssterblichkeit hatten, waren die Rückgänge im betrachteten Zeitraum geringer, und alle drängen sich im unteren Bereich, um die Mitte herum, so dass sich das Muster kaum geändert hätte, wenn man sie weggelassen hätte.

Die Abbildung vermittelt den Eindruck, es bestünde ein positiver Zusammenhang zwischen dem Wirtschaftswachstum und dem Rückgang der Säuglingssterblichkeit, aber dies ist darauf zurückzuführen, dass ich wie üblich Kreise aufzeichne, deren Größe proportional zur Bevölkerung ist. In diesem Fall gibt es drei große Länder, China, Indien und Indonesien, die relativ rasch gewachsen sind und in denen die Sterblichkeit überdurchschnittlich

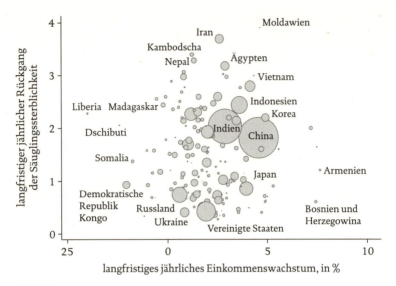

Abbildung 17:
Säuglingssterblichkeit und Wirtschaftswachstum weltweit, seit 1950

schnell gesunken ist. Doch für die Überprüfung der Hypothese, dass Wachstum für den Rückgang der Sterblichkeit verantwortlich ist, sollten wir die Bevölkerungsgröße außer Betracht lassen. Die Frage, die wir stellen, lautet: »Sinkt in Ländern mit höherem Wachstum die Säuglingssterblichkeit schneller?« In dieser Hinsicht ist jedes Land ein gesondertes Experiment, und es gibt keinen Grund, verschiedene Experimente unterschiedlich zu behandeln.

Wenn wir das Diagramm in dieser Weise betrachten und jedem Land das gleiche Gewicht beimessen, lässt sich überhaupt kein Zusammenhang erkennen. Zumindest in der historischen Betrachtung haben Länder mit höherem Wachstum ihre Säuglingssterblichkeit nicht schneller gesenkt. Das Schaubild zeigt viele Beispiele. Haiti, dessen Wirtschaft zwischen 1960 und 2009 schrumpfte (im Diagramm nicht ausgewiesen), weist einen sehr ansehnlichen Rückgang der Säuglingssterblichkeit auf, einen stärkeren als China oder Indien. Für die 16 Volkswirtschaften, die schrumpften, betrug der durchschnittliche jährliche Rückgang der Sterblichkeit 1,5 Prozent, was geringfügig besser ist als die Rate für alle 177 Länder in dem Schaubild zusammen. Die Säuglingssterblichkeit sinkt manchmal auch dann, wenn überhaupt kein Wirtschaftswachstum stattfindet.

Dass es *keinen* Zusammenhang zwischen Wachstum und der Rettung von Menschenleben geben sollte, ist erstaunlich. Wir wissen aus historischen Daten, dass andere Dinge – wie Krankheitsbekämpfung – genauso wichtig oder sogar noch wichtiger sind, aber dennoch ist es schwer zu glauben, Geld würde überhaupt nicht helfen. Und tatsächlich besteht Grund zu der Annahme, dass Abbildung 17 womöglich irreführend ist, weil sie die Rückwirkung der sinkenden Säuglingssterblichkeit auf das Wirtschaftswachstum außer Betracht lässt. Wenn Kinder, die andernfalls gestorben wären, gerettet werden, wächst die Bevölkerung, wodurch das Pro-Kopf-Einkommen möglicherweise sinkt oder zumindest weniger schnell wächst, als es ohne die lebensrettenden Innovationen der Fall gewesen wäre. Langfristig werden diese geretteten Kinder zu produktiven Erwachsenen heranwachsen, und es gibt keinen Grund – und keinerlei Belege – für die Annahme, dass größere Bevölkerungen zwangsläufig ärmere Bevölkerungen sind. In den ersten Jahren niedrigerer Kindersterblichkeit sind die soeben geretteten Menschen allerdings noch Kinder, die erst in Zukunft einen nennenswerten Beitrag zur ökonomischen Wertschöpfung leisten werden, womit eine niedrigere Kindersterblichkeit eine Zeitlang den Anteil jeder Person am Volkseinkommen schmälern mag. Dieser Effekt wirkt in eine Richtung, die dem möglichen Effekt eines höheren Pro-Kopf-Einkommens auf die Kindersterblichkeit entgegengesetzt ist und diesen womöglich sogar neutralisiert, was die fehlende Korrelation in Abbildung 17 erklären würde.

Aber die Daten stützen dieses Argument nicht. Es stimmt zwar, dass die Länder, deren Säuglingssterblichkeit am schnellsten zurückging, zugleich die Länder mit dem stärksten Bevölkerungswachstum sind. Reiche Länder, deren Säuglingssterblichkeit ohnehin schon niedrig war, verzeichneten einen geringen Rückgang eben dieser Säuglingssterblichkeit und ein niedriges Bevölkerungswachstum. In armen Ländern sank die Säuglingssterblichkeit sehr viel schneller, und ihre Bevölkerung wuchs schneller. Aber *innerhalb* der armen Länder oder innerhalb Afrikas, Asiens und Lateinamerikas besteht keinerlei Zusammenhang zwischen dem Rückgang der Säuglingssterblichkeit und dem Bevölkerungswachstum, entweder weil andere Faktoren wichtig waren oder weil die Fruchtbarkeitsraten in 40 Jahren genügend Zeit hatten, sich anzupassen. Wie wir aus Abbildung 17 ersehen können, besteht selbst in den armen Ländern kein Zusammenhang zwischen Wachstum und sinkender Sterblichkeit, und diese Tatsache lässt sich nicht durch irgendeinen verschleiernden Effekt der rückläufigen Sterblichkeit auf das Bevölkerungswachstum erklären.

Wenn Armut nicht die Ursache ist, warum so viele Kinder in armen Ländern sterben, und wenn Wirtschaftswachstum diese Todesfälle nicht automatisch verhütet, weshalb bleiben sie dann auf einem hohen Niveau erhalten, obwohl die meisten davon angesichts des medizinischen und naturwissenschaftlichen Wissensstandes vermeidbar wären?

Es ist hilfreich, sich erneut den in Tabelle 1 aufgelisteten Todesursachen zuzuwenden und darüber nachzudenken, was man gegen jede einzelne davon unternehmen kann. Denn verschiedene Todesursachen erfordern unterschiedliche Lösungen. Bei Tuberkulose, Malaria, Durchfallerkrankungen und unteren Atemwegsinfekten müsste man in die Umwelt eingreifen. Notwendig wären eine bessere Schädlingsbekämpfung, saubereres Wasser und eine bessere Abfall- und Abwasserentsorgung, die alle kollektives Handeln erfordern und von der Zentralregierung oder den Kommunen organisiert werden müssten. Das »Arzt-Patient«-Gesundheitssystem, unter dem ich die private, sich zwischen Arzt und Patient abspielende Gesundheitsversorgung verstehe, kann nicht viel gegen diese Probleme ausrichten. Es handelt sich um Probleme der öffentlichen Gesundheit, nicht um solche der privaten Gesundheitsversorgung, auch wenn diese manchmal die Folgen mildern kann. Bessere Lebensstandards müssten ebenfalls helfen, auch wenn, wie wir den Daten entnommen haben, diese allein nicht auszureichen scheinen.

Todesfälle infolge von Kinderkrankheiten, von perinatalen und Mutterkrankheiten sowie von Unterernährung könnten allesamt durch eine bessere vor- und nachgeburtliche Gesundheitsversorgung verhütet werden: durch Beratung der Mutter vor und nach der Geburt ihres Kindes, durch Gesundheitseinrichtungen, die für Notfälle und Komplikationen gerüstet sind, und durch Ambulanzen und Krankenpfleger, die in regelmäßigen Abständen überprüfen, ob sich kleine Kinder normal entwickeln, und die die notwendigen Impfungen verabreichen und Eltern beraten. In armen Ländern sind Kinder besonders nach der Entwöhnung stark gefährdet, wenn sie von einer relativ reichhaltigen, vollständigen und gesundheitlich unbedenklichen Ernährung – Muttermilch – auf eine Ernährung umstellen, die unzureichend, eintönig und unsicher ist. Gebildete Mütter können selbst eine Menge tun, doch auch Ärzte, Krankenpfleger und Kliniken sind in der Lage, Kindern und ihren Müttern durch diese riskante Zeit hindurchzuhelfen.

Für diese Todesursachen ist das »Arzt-Patient«-Gesundheitssystem daher wichtig. Aber viele Länder geben sehr wenig für ihr Gesundheitssystem aus, und ein Gesundheitsdienst kann mit den 100 Dollar pro Person und Jahr, die typisch für Subsahara-Afrika sind und die private ebenso wie öffentliche Ausgaben beinhalten, wenig bewirken. So hat die Weltbank beispielsweise für das Jahr 2010 berechnet, dass Sambia (in preisbereinigten US-Dollar von 2005) 90 Dollar je Einwohner ausgibt, Senegal 108 Dollar, Nigeria 124 Dollar und Mosambik nur 49 Dollar. Dagegen gaben Großbritannien 3470 Dollar und die Vereinigten Staaten 8362 Dollar pro Kopf aus.

Weshalb geben die Regierungen armer Länder so wenig aus, wenn der Gesundheitszustand ihrer Bürger so schlecht ist? Weshalb wenden sich bedürftige Bürger nicht an private Gesundheitsdienstleister, wenn der Staat nichts unternimmt? Und wie steht es mit der Auslandshilfe, die bei der Verbesserung von einigen der Faktoren der internationalen Gesundheit eine so wichtige Rolle gespielt hat?

Leider verfolgen Regierungen nicht immer das Ziel, die Gesundheit oder das Wohlbefinden ihrer Bürger zu verbessern. Selbst in Demokratien haben Politiker und Regierungen einen großen Spielraum, um ihre eigenen Ziele zu verfolgen, und es bestehen oftmals tiefgehende politische Meinungsverschiedenheiten über die Frage, was zur Verbesserung der Gesundheitsversorgung getan werden sollte, auch wenn man sich über die Notwendigkeit, etwas zu tun, einig ist. Aber viele Länder auf der Welt sind nicht demokratisch organisiert und viele Regierungen, allgemeiner gefasst, nicht dazu verpflichtet, im Interesse ihrer Bevölkerungen zu handeln, sei es nun aufgrund der Umstände – etwa weil sie die Bürger von der Notwendigkeit überzeugen müssten, Steuern zu zahlen – oder aufgrund geltender verfassungsrechtlicher Bestimmungen oder Einschränkungen.

Dies trifft eindeutig auf Diktaturen oder Militärregime zu, und auch auf Länder, wo repressive Regierungen die Streitkräfte oder die Geheimpolizei einsetzen, um die Bevölkerung zu unterdrücken. In anderen Fällen verfügen Regierungen aufgrund der Erlöse aus dem Export von Bodenschätzen – mineralische Rohstoffe und Erdöl sind bekannte Beispiele – über hohe Finanzmittel, so dass sie von der Bevölkerung keine Steuern erheben müssen. Da »wer bezahlt, in der Regel auch bestimmen darf«, können Regierungen solche Einnahmen dazu verwenden, ein System des Nepotismus und Klientelismus aufrechtzuerhalten, welches kein großes Interesse an der Gesundheit oder dem Wohlbefinden der breiten Bevölkerung hat. In Extremfällen, besonders in Afrika, war die ausländische Hilfe so beträchtlich, dass sie in der gleichen Weise wirkte, indem sie Staaten Finanzmittel zur Verfügung stellte, zugleich aber die Anreize untergrub, sie in der richtigen Weise auszugeben. Diesen Effekt zu vermeiden gestaltet sich für die Geber selbst bei besten Absichten schwierig – ich werde auf dieses Thema im letzten Kapitel ausführlicher eingehen.

Regierungen tragen nicht die alleinige Schuld. In einigen Ländern scheinen die Menschen nicht zu verstehen, dass sie ihre Gesundheit verbessern könnten – auch hier mag Bildung helfen – oder dass die Regierung die Instrumente vielleicht hätte, um ihnen dabei zu helfen. In Afrika fragt der Gallup World Poll Menschen regelmäßig, auf welche Probleme sich ihre Regierungen konzentrieren sollten. Gesundheitliche Belange stehen nicht weit oben auf der Liste, und sie tauchen weit abgeschlagen hinter Punkten wie Armutsbekämpfung oder Schaffung von Arbeitsplätzen auf. Regierungen, die der Schaffung von Arbeitsplätzen Priorität einräumen, und seien es unnütze Jobs in einem aufgeblähten öffentlichen Dienst, tun vielleicht genau das, was ihre Wähler wollen. Bei unserer Arbeit im Distrikt Udaipur in Rajasthan fanden wir heraus, dass Menschen wussten, wie arm sie sind, aber obwohl sie unter einer Vielzahl vermeidbarer Erkrankungen litten – dem, was der Ökonom und Aktivist Jean Drèze »einen Ozean von Krankheiten« nennt – waren sie der Meinung, mit ihrer Gesundheit sei alles in Ordnung. Dass es anderen Menschen materiell bessergeht, fällt einem direkt ins Auge, dagegen kann man ihnen eine bessere Gesundheit oder das geringere Sterberisiko ihrer Kinder kaum ansehen. Solche Dinge sind öffentlich nicht in der gleichen Weise sichtbar wie Wohlstand, Immobilienbesitz oder Konsumgüter.

In Afrika, wo sich Menschen und Mikroben in Koevolution entwickelt haben, gilt die Tatsache, dass beide immer noch existieren, als Beleg dafür, dass Krankheiten den Menschen begleiten, seit er auf diesem Kontinent lebt. Ganz allgemein betrachtet, geschah der Ausbruch aus Krankheit und frühem Tod *überall* auf der Welt erst in jüngster Vergangenheit (wie wir in Kapitel 2 gesehen haben), und viele Menschen mögen noch immer nicht verstehen, dass ein solcher Ausbruch möglich ist oder eine gute Gesundheitsversorgung ein Weg in die Freiheit sein könnte. Beim Gallup World Poll lautet ein regelmäßiges Ergebnis, dass der Prozentsatz der Menschen, die mit ihrer Gesundheit zufrieden sind, in den armen Ländern ungefähr genauso hoch ist wie in den reichen Ländern, obwohl die objektiven Gesundheitsbedingungen zwischen beiden Gruppen sehr weit auseinanderklaffen. Es gibt viele Länder, in denen die Menschen trotz schlechter Ergebnisse und Unterfinanzierung großes Vertrauen in ihr Gesundheitssystem haben. Die Amerikaner dagegen halten ungeachtet des vielen Geldes, das sie dafür ausgeben, sehr wenig von ihrem Gesundheitssystem: In einer Studie rangierten die Vereinigten Staaten auf Platz 88 von 120 Ländern, noch hinter Kuba, Indien und Vietnam und nur drei Plätze vor Sierra Leone.[6]

Ein großer Skandal im staatlichen Gesundheitswesen vieler Länder ist die Tatsache, dass medizinisches Personal – Pflegekräfte und Ärzte – häufig nicht zur Arbeit erscheinen. In Rajasthan war bei unseren Zufallsüberprüfungen die Hälfte der kleinen Polykliniken gar nicht geöffnet, während die größeren zwar offen standen, aber ein erklecklicher Teil des medizinischen Personals nicht anwesend war. Die Weltbank hat Studien über Absentismus (motivational bedingte Fehlzeiten) durchgeführt, und es zeigte sich, dass in vielen Ländern – wenn auch keineswegs in allen – Absentismus sowohl im Gesundheits- als auch im Bildungswesen ein riesiges Problem ist.[7] In manchen Fällen werden diese Beschäftigten schlecht bezahlt. Es ist, als gäbe es eine stillschweigende Übereinkunft zwischen Arbeitnehmern und ihren Arbeitgebern, wonach der Staat so tut, als würde er sie bezahlen, wofür sie im Gegenzug so tun, als würden sie zur Arbeit erscheinen.

Aber niedrige Löhne und Gehälter sind nicht immer der Grund. Wenn Menschen wenig von ihrem Gesundheitssystem erwarten, findet der Absentismus fruchtbaren Boden. In Rajasthan war es schon schwierig, Menschen auch nur zu dem Eingeständnis zu bewegen, dass sich eine bestimmte Pflegekraft seit Wochen nicht blicken ließ, und viele erwarten vom staatlichen System gar keine höhere Leistungsbereitschaft. Aber das ist nicht überall im Land der Fall. Der indische Bundesstaat Kerala ist bekannt für den politischen Aktivismus seiner Bürger und für die heftigen Proteste, zu denen es kommt, wenn eine Polyklinik einmal nicht geöffnet hat. In Kerala fehlt medizinisches Personal nur selten unentschuldigt, und die Menschen erwarten von ihren medizinischen Einrichtungen eine gute Behandlung. Wenn wir wüssten, wie wir das medizinische Personal in Rajasthan in ähnlicher Weise motivieren könnten, wie ihre Kollegen in Kerala es sind, wäre ein Großteil des Problems gelöst.

Privatärzte machen in armen Ländern oftmals glänzende Geschäfte, und ihre Dienste tragen häufig dazu bei, Mängel des staatlichen Gesundheitswesens (sofern es ein solches gibt) auszugleichen.

Aber der private Sektor hat seine eigenen Probleme. So ist es für jeden, der kein ausgebildeter Arzt ist, schwer zu wissen, was man benötigt, wenn man sich krank fühlt. Der »Einkauf« von Gesundheitsdienstleistungen ist nicht vergleichbar mit dem Einkauf von Lebensmitteln, wenn man hungrig ist. Es ist eher so, als brächte man sein Auto in die Reparaturwerkstatt. Die Menschen, die das Wissen haben, sind zugleich diejenigen, die die Leistung erbringen, und sie haben ihre eigenen Anreize und Interessen. Im privaten Sektor verdienen Leistungserbringer mehr Geld, wenn sie mehr oder einträglichere Leistungen abrechnen. Sie haben auch Anreize dafür, Menschen das zu geben, was sie wollen, unabhängig davon, ob sie es tatsächlich benötigen oder nicht. In Indien verabreichen private Allgemeinmediziner Menschen regelmäßig die Antibiotika, die sie verlangen, oftmals durch Injektion: Die Patienten verlassen sie dann als zufriedene Kunden und fühlen sich (vorübergehend) besser. Intravenöse Infusionen sind eine weitere beliebte Leistung, und Ärzte in Indien rühren kräftig die Werbetrommel dafür, so wie in den Vereinigten Staaten Ganzkörperaufnahmen in Computertomographen oder PSA-Tests für Prostatakrebs gnadenlos vermarktet werden.

Ärzte in öffentlichen Ambulanzen und Krankenhäusern in Indien verabreichen in der Regel keine Antibiotika-Spritzen oder intravenöse Infusionen auf Verlangen – was gut ist –, aber sie haben andererseits nicht die Zeit, Untersuchungen durchzuführen, mit denen sich herausfinden ließe, was einem Patienten eigentlich fehlt – was nicht so gut ist. Also ist die Wahl zwischen einem Arzt im öffentlichen Dienst und einem Privatarzt eine Glückssache, auch wenn man sich vermutlich – zumindest kurzfristig – nach dem Besuch eines Privatarztes besser behandelt *fühlt*.

All dies wäre weniger problematisch, wenn das öffentliche Gesundheitswesen zuverlässig wäre oder der private Gesundheitssektor sachgerecht reguliert würde. Das Problem in vielen Ländern besteht darin, dass keine der beiden Bedingungen erfüllt ist. Selbst in den reichsten Ländern der Welt ist die Ausgestaltung und Regulierung des Gesundheitswesens eine der schwierigsten, strittigsten und politisch brisantesten Aufgaben einer Regierung. Die meisten der »Privatärzte«, die von den von uns in Rajasthan interviewten Menschen konsultiert wurden, waren keine ausgebildeten Mediziner, sondern Quacksalber der einen oder anderen Art – sie werden in Rajasthan leicht verächtlich »bengalische Ärzte« genannt. Mehrere dieser »Doktoren« hatten nicht einmal einen Highschool-Abschluss.

Dass sowohl die private als auch die staatliche Gesundheitsversorgung versagt, geht auf das Fehlen einer leistungsfähigen öffentlichen Verwaltung zurück. Weder ist der Staat in der Lage, selbst die medizinische Versorgung der Bevölkerung zu gewährleisten, noch kann er die Regulierung, Lizenzierung und Überwachung sicherstellen, die ein effektives und sicheres privates Gesundheitssystem erfordert. Geld ist ebenfalls ein Problem, und Indien (wie auch viele Länder in Afrika) müsste offensichtlich viel mehr Geld in sein Gesundheitssystem investieren, wenn es dessen Leistungsfähigkeit nachhaltig verbessern wollte.

Allerdings kann man sich auch leicht ein kostspieligeres System vorstellen, das keinen Deut besser ist und in dem Ärzte sogar noch besser dafür bezahlt werden, dass sie nicht zum Dienst erscheinen. Ohne eine gebildete Bevölkerung und ohne effektive Staatsgewalt – ein leistungsfähiges Verwaltungssystem, einen fachkundigen Beamtenapparat, ein statistisches System und einen wohldefinierten und konsequent durchgesetzten Rechtsrahmen – ist es für Länder schwierig bis unmöglich, ein bedarfsgerechtes Gesundheitssystem aufzubauen.

KAPITEL 4

GESUNDHEIT IN DER MODERNEN WELT

Seit dem Zweiten Weltkrieg profitieren auch Menschen in armen Ländern von den gesundheitlichen Fortschritten, die Menschen in reichen Ländern schon seit langem zugutekommen. Die Keimtheorie der Krankheitsentstehung hat eine deutliche Verringerung von Infektionskrankheiten ermöglicht, aber es dauerte mehr als 100 Jahre, bis sich die wissenschaftlichen Erkenntnisse und die darauf basierenden politischen Maßnahmen von ihren Ursprungsorten auf den Rest der Welt ausdehnten. Wenn dies die ganze Geschichte gewesen wäre, hätten die Nachzügler schließlich zu den Pionieren aufgeschlossen, und die Geschichte der globalen Gesundheit wäre die Geschichte von der allmählichen Beseitigung der weltweiten Ungleichheiten im Gesundheitsstatus, die erstmals im 18. Jahrhundert aufgetreten waren. Aber selbst in den Pionierländern waren noch nicht alle Ketten von Krankheit und vorzeitigem Tod gesprengt, und die Lebenserwartung stieg weiter an, auch in den Ländern, die vorangegangen waren, und auch dann noch, als nur noch wenige Säuglinge und Kinder starben. Jetzt waren die Menschen mittleren und höheren Alters an der Reihe.

In diesem Kapitel schildere ich, wie diese weiteren »Ausbrüche« zustande kamen und wie sich die Lebenserwartung in den reichen Ländern möglicherweise in der Zukunft entwickeln wird. Es wird auch darum gehen, welche Auswirkungen eine hochvernetzte Welt, in der die Unterscheidung in reiche und arme Länder zusehends gegenstandslos wird, auf die Gesundheit haben wird.

Die Beschleunigung und Verbilligung von Transport und Kommunikation haben zur Folge, dass gesundheitsbezogene Innovationen in einem Land sich quasi sofort auf die Gesundheit im Rest der Welt auswirken. Es mag 100 Jahre gedauert haben, bis sich die Keimtheorie weltweit herumgesprochen und durchgesetzt hatte, aber im Falle moderner Entdeckungen geht alles viel schneller.

Auf den globalen Schnellstraßen reisen auch neue Krankheiten und neue Therapien. In diesem Zeitalter der Globalisierung haben sich die internationalen Ungleichheiten in der Lebenserwartung verringert. Doch die Lebenserwartung ist nicht der einzige wichtige Aspekt von Gesundheit, und es ist weitaus weniger klar, ob internationale *gesundheitsbezogene* Ungleichheiten kleiner werden. Wir sollten sie jedenfalls nicht als Relikte ansehen, die sozusagen nur darauf warten, in der Mülltonne der Geschichte entsorgt zu werden. Bei Gesundheit geht es nicht nur um Leben und Sterben, sondern auch darum, wie gesund Menschen im Verlauf ihres Lebens sind. Ein Maß der »lebenden« Gesundheit, das die Bedeutung der Lebenserwartung sowohl ein wenig relativiert als auch ergänzt, ist die menschliche Körpergröße – ein empfindlicher Indikator für die Belastung durch Unterernährung und Krankheiten, insbesondere bei Kindern. Wir werden sehen, dass bei den meisten – aber keineswegs bei allen – Menschen auf der Welt die Körpergröße zunimmt.

Aber der Fortschritt verläuft langsam. Beim gegenwärtigen Tempo wird es 200 Jahre dauern, bis indische Männer so groß werden wie Engländer heute. Weitaus schlimmer jedoch ist, dass es fast 500 Jahre dauern wird, bis Inderinnen die Engländerinnen einholen.

Auch die Älteren können ausbrechen: Leben und Tod in den reichen Ländern

Selbst in den reichen Ländern waren die gesundheitlichen Verbesserungen, die auf der Keimtheorie beruhten, im Jahr 1945 noch keineswegs abgeschlossen. So war die Säuglingssterblichkeit in Schottland in jenem Jahr so hoch wie heute in Indien. Doch nach dem Zweiten Weltkrieg hing der Anstieg der Lebenserwartung zunehmend von der Senkung der Sterblichkeit bei Menschen mittleren und höheren Alters ab, und weniger von der Verringerung der Säuglings- und Kindersterblichkeit. Nicht Tuberkulose, Durchfall und Atemwegserkrankungen sind heute die häufigsten Todesursachen, sondern Herzerkrankungen, Schlaganfall und Krebs. Dennoch steigt die Lebenserwartung weiter (wenn auch langsamer als vor 1950), angetrieben nicht von immer saubererem Wasser und immer umfassenderem Impfschutz, sondern von medizinischen Fortschritten und Verhaltensänderungen.

Bis zum Jahr 1950 hatten die reichen Länder den größten Teil der Arbeit erledigt, der notwendig war, um die Plage der Infektionskrankheiten im Kindesalter abzuschütteln, und bis zum Jahr 2000 war die Arbeit weitgehend abgeschlossen. Zum gegenwärtigen Zeitpunkt können rund 95 Prozent aller Neugeborenen in reichen Ländern damit rechnen, ihren 50. Geburtstag zu erreichen. Daher hängt der weitere Anstieg der Lebenserwartung heute davon ab, was mit den Menschen mittleren und höheren Alters geschieht. Auch hier gab es in den letzten 50 Jahren große Fortschritte.

Abbildung 18 weist nach, wie sich die Lebenserwartung im Alter von 50 Jahren in 14 reichen Ländern der Welt entwickelt hat. Die Lebenserwartung mit 50 wird definiert als die Anzahl der Lebensjahre, die einem Menschen an seinem 50. Geburtstag wahrscheinlich noch verbleiben. Wenn also die Lebenserwartung mit 50 noch 25 Jahre beträgt, kann ein 50-Jähriger damit rechnen, 75 Jahre alt zu werden.

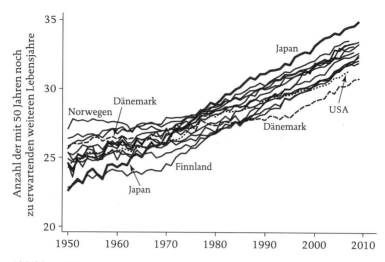

Abbildung 18:
Lebenserwartung mit 50 in Wohlstandsländern, Männer und Frauen
zusammengenommen

Was die Lebenserwartung bei Geburt angeht, so nimmt die Berechnung an, die Sterblichkeitsraten würden konstant bleiben. Die Abbildung zeigt die Durchschnittswerte für Männer und Frauen. Wie immer schneiden Frauen besser ab, aber hier will ich lediglich demonstrieren, wie schnell die Lebenserwartung von allen zusammen gestiegen ist, ungeachtet der Unterschiede zwischen den Geschlechtern.

Bereits im Jahr 1950 konnten 50-Jährige in all diesen 14 Ländern damit rechnen, wenigstens ein paar Jahre über die biblischen 70 Jahre hinaus zu leben. Dies galt sogar für Japan, das damals von allen Ländern in der Gruppe das Schlusslicht bildete. Im Jahr 1950 gab es erhebliche Unterschiede zwischen den Ländern – von 27,0 Jahren in Norwegen bis hin zu 22,8 Jahren in Finnland und 22,6 Jahren in Japan. In den 50er und 60er Jahren machten verschiedene Länder unterschiedliche Fortschritte, aber nach 1970 beschleunigte sich die Zunahme der Lebenserwartung. Außerdem verlief sie jetzt zwischen den Ländern viel synchroner. Was immer die Lebenserwartung der Menschen erhöhte, wirkte offenbar überall auf ziemlich die gleiche Weise. Zwischen 1970 und 1990 stieg die Lebenserwartung im Alter von 50 Jahren in diesen Ländern um fast drei Jahre an. Die Fortschritte setzten sich auch nach 1990 fort, aber jetzt existierten wieder größere Unterschiede zwischen den Ländern. Einige davon, wie Japan, verzeichneten sehr hohe Zuwächse, während andere, etwa die Vereinigten Staaten und Dänemark, hinterherhinkten.

Die zentrale Aussage der Abbildung lautet, dass die Sterblichkeit von Menschen mittleren und höheren Alters nach 1950 deutlich gesunken ist. Wie wir in Kapitel 2 gesehen haben, geschah vor 1950 nichts dergleichen. Damals betrafen die Verbesserungen überwiegend Kinder, während die Lebenserwartung in höherem Alter nur gering anstieg. Die zweite Botschaft besagt, dass einige Länder größere Fortschritte gemacht haben als andere. Japan, das 1950 das Schlusslicht bildete, steht heute an erster Stelle. Dänemark, das zunächst zur Spitzengruppe gehörte, ist heute an die letzte Stelle gerückt, und die Vereinigten Staaten, die anfangs im Mittelfeld lagen, nehmen heute die zweitletzte Position ein.

Wie kam es dazu? Eine der Ursachen geht über die Besonderheiten von Krankheiten und ihrer Behandlung hinaus. Menschen wollen nicht sterben, und sie wenden erhebliche – sowohl eigene als auch staatlich bereitgestellte – Mittel auf, um dem Tod zu entrinnen. Wenn ein hoher Prozentsatz von Kindern vor Erreichen des Erwachsenenalters stirbt, hat die Bekämpfung der Kindersterblichkeit höchste Priorität für die Eltern und die Gesellschaft. Aber mit steigender Lebenserwartung wird die »nächste« Krankheit zur wichtigsten, und das bedeutet in der Regel die nächste große tödliche Krankheit, die Menschen von höherem Alter heimsucht als die »vorige«. Nachdem man das erste Ungeheuer im Labyrinth erschlagen hat, wird das Monster, das hinter ihm lauert, zur nächsten Priorität. Sobald wir herausgefunden haben, wie wir das erste unschädlich machen können, gewinnt das zweite enorm an Bedeutung.

Als wir Kindersterblichkeit und Infektionskrankheiten in den 60er und 70er Jahren weitgehend hinter uns gelassen hatten, waren die nächsten Ungeheuer die chronischen Krankheiten, an denen Menschen im mittleren Lebensalter starben: Herzerkrankungen, Schlaganfall und Krebs. Als *chronisch* gelten in diesem Zusammenhang Krankheiten, die eine Zeitlang dauern – herkömmlicherweise länger als drei Monate –, und sie sind das Gegenteil von *akuten* Krankheiten, an denen man schnell sterben kann, wie es bei vielen Infektionskrankheiten der Fall ist. (Vielleicht wäre es treffender, von *nicht-übertragbaren* und *übertragbaren* Krankheiten zu sprechen.)

Wie wir sehen werden, gab es bei allen drei der großen chronischen Erkrankungen Fortschritte, insbesondere bei Herzkrankheiten und Schlaganfall, die beide in die Kategorie der Herz-Kreislauf-Erkrankungen fallen. Zumindest ein Teil dieses Fortschritts verdankt sich der Tatsache, dass Menschen bereit waren, hohe Geldbeträge für die Behandlung, aber vor allem für die Forschungsanstrengungen auszugeben, die die Grundmechanismen dieser Krankheiten aufklärten und so die Entwicklung wirksamerer Medikamente ermöglichten. Wenn Krebs und Herz-Kreislauf-Erkrankungen an Bedeutung verlieren – wofür begründete Hoffnung besteht –, gewinnen Krankheiten wie die Alzheimer-Krankheit an Dringlichkeit. Diese Erkrankung war im Jahr 1950, ganz zu schweigen von 1850, noch weitgehend bedeutungslos, weil nur wenige Menschen überhaupt so alt wurden, um daran zu erkranken. Wie im 19. Jahrhundert verlangen neue Krankheiten neue Therapien und bieten zugleich auch neue Chancen, diese Therapien zu entdecken. Heute, wo der Tod selbst altert, stellen jene Krankheiten eine Herausforderung dar, von denen immer ältere Menschen betroffen sind.

Tabakrauchen ist ein Schlüssel, um neuere Sterblichkeitstrends in Ländern mit hohem Einkommen zu verstehen.[1] Die Muster sind nicht überall die gleichen, aber durchweg breitete sich der Tabakkonsum in der ersten Hälfte des 20. Jahrhunderts aus, um dann in vielen, wenn nicht in allen Ländern wieder abzunehmen. Anfangs rauchten viel weniger Frauen als Männer. Frauen kamen erst später zum Rauchen, und in Ländern mit rückläufigem Tabakkonsum hören sie später damit auf als Männer.

Raucher erleben den Tabakkonsum als einen unmittelbaren Genuss, und außerdem ist es eine billige und gesellige Form des Vergnügens für Arme und Reiche gleichermaßen. Für viele Arme war und ist Tabak eine leicht zugängliche und erschwingliche Aktivität, die eine vorübergehende Flucht aus einem arbeitsreichen und oftmals schwierigen Leben ermöglicht. Aber sie bringt auch Krankheit und Tod mit sich. Es besteht ein sehr enger Zusammenhang zwischen Lungenkrebs und Tabakrauchen, weil nur sehr wenige Menschen, die an Lungenkrebs sterben, nicht geraucht haben, auch wenn nicht jeder, der raucht, an Lungenkrebs erkrankt.

Todesfälle aufgrund von Lungenkrebs hinken in der Regel Trends im Rauchverhalten um etwa 40 Jahre hinterher, so dass die Sterblichkeit aufgrund von Tabakkonsum noch lange nach einer Verhaltensänderung fortbesteht. Aber Zigaretten töten wahrscheinlich mehr Menschen durch Herz-Kreislauf-Erkrankungen als durch Lungenkrebs, und es gibt weitere unangenehme Folgen wie etwa Atemwegserkrankungen. Die wichtigste davon ist die *Chronisch obstruktive Lungenerkrankung*, eine Sammelbezeichnung für verschiedene Erkrankungen, zu denen sowohl Bronchitis als auch das Emphysem gehören. Die Krankheit führt zu Atemnot und ist eine der häufigsten Todesursachen überhaupt.

In den Vereinigten Staaten gilt vielen die Veröffentlichung des *Report on Health Consequences of Smoking* (für Männer!) durch den Sanitätsinspekteur des öffentlichen Gesundheitsdienstes (Surgeon General) im Jahr 1964 als der entscheidende Anstoß für eine Verhaltensänderung. Viele ältere Amerikaner werden sagen, sie hätten bis zur Veröffentlichung des Berichts geraucht und unmittelbar danach entweder aufgehört oder zumindest den Beschluss dazu gefasst. Es gab kein besseres Beispiel als das des Sanitätsinspekteurs, Dr. Luther Terry, selbst. In dem Bestreben, möglichst wenig öffentliche Aufmerksamkeit zu erregen, sollte der Bericht an einem Samstagvormittag in Washington, D.C., vorgestellt werden, und als Dr. Terry in seiner Limousine zu der Konferenz fuhr, rauchte er. Zu seiner großen Verärgerung – »das geht Sie nichts an« – warnte ihn ein Berater, man werde ihn als Erstes fragen, ob er selbst Raucher sei. Und in der Tat kam es so, worauf Terry ohne zu zögern antwortete »Nein«. »Seit wann?«, wurde er dann gefragt. Seine Antwort: »Zwanzig Minuten.«

Millionen von Amerikanern folgten in den kommenden Jahren dem Beispiel des Sanitätsinspekteurs. Der Absatz von Zigaretten erreichte Anfang der 60er Jahre mit etwa elf Stück pro Tag und Erwachsenem seinen Höhepunkt. Damals rauchten etwa 40 Prozent der Bevölkerung, und jeder Raucher konsumierte mehr als eine Schachtel pro Tag.

Dass der Bericht des Sanitätsinspekteurs allein für die Veränderung dieser Situation verantwortlich war, kann mit Fug und Recht bezweifelt werden. Es hatte viele frühere Berichte über die gesundheitlichen Folgen des Rauchens gegeben – so wurde meiner Mutter im Jahr 1945 in Edinburgh von ihrem Arzt dringend empfohlen, während der Schwangerschaft nicht zu rauchen, was der Grund dafür sein mag, dass ich dieses Buch schreiben kann – und selbst in den Vereinigten Staaten war der Höchststand von 1964 weitgehend zufallsbedingt. Der Tabakkonsum von Männern war schon lange vor 1964 rückläufig, während gleichzeitig seit geraumer Zeit immer mehr Frauen rauchten. Es war lediglich die Summe der beiden, die 1964 ihren Höchststand erreichte.

Das Wissen um die gesundheitsschädlichen Folgen des Rauchens ist heute weit verbreitet, zumindest in den reichen Ländern, so dass man meinen sollte, der Tabakkonsum gehe überall zurück. Doch es bestehen noch immer erhebliche Unterschiede, sowohl zwischen Ländern als auch zwischen Männern und Frauen. Einkommen und die lokalen Zigarettenpreise schwanken von Land zu Land, und verschiedene Länder haben unterschiedliche Einstellungen zu Risikowarnungen und Beschränkungen des Rauchens an öffentlichen Orten. Keiner dieser Faktoren kann die Unterschiede zwischen Männern und Frauen befriedigend erklären. In einigen Ländern war es für Frauen gesellschaftlich verpönt zu rauchen – Frauen, die auf der Straße rauchten, waren in den 50er Jahren in Schottland kaum besser angesehen als Prostituierte (zumindest bei meiner Mutter), und das Recht auf Rauchen wurde mit sozialen Bewegungen in Verbindung gebracht, die für die Gleichberechtigung von Frauen eintraten.

In den Vereinigten Staaten wie in Großbritannien, Irland und Australien rauchten Frauen bald genauso viel wie Männer oder sogar noch mehr, auch wenn heute der Prozentsatz derjenigen, die rauchen, bei beiden Geschlechtern zurückgeht. In Japan war der Prozentsatz von Männern, die rauchen, außerordentlich hoch (fast 80 Prozent in den 50er Jahren), aber mittlerweile sinkt er. Dagegen haben nur sehr wenige Japanerinnen jemals geraucht. Auch in Kontinentaleuropa wird im Allgemeinen immer weniger geraucht, allerdings gibt es viele Ausnahmen, vor allem bei Frauen. Wie jemand einmal scherzhaft bemerkte, wurde der Bericht des Sanitätsinspekteurs, der sich nur an Männer wandte, nicht in »Fremdsprachen« übersetzt.[2]

Es gibt eine Parallele zwischen der Verbreitung des Rauchens und der Verbreitung der Keimtheorie der Krankheitsentstehung vor weniger als 100 Jahren. Zigaretten sind oder waren fester Bestandteil der Lebensweise vieler Menschen, und sie sind oder waren ein wichtiges Genussmittel. Das Wissen, dass Zigaretten gesundheitsschädlich sind, hat zwar eine abschreckende Wirkung, aber es gibt auch Faktoren, die diese Wirkung wettmachen – einmal ganz abgesehen von den Schwierigkeiten der Raucherentwöhnung. Die Erkenntnisse der Keimtheorie mussten in die alltägliche Haushaltsführung und Hygiene integriert werden. Dies betraf auch Lebensweisen und Gewohnheiten, die schwer und manchmal nur unter erheblichen Kosten zu ändern waren. In beiden Fällen waren überkommene Geschlechterrollen von Bedeutung. Frauen waren in erster Linie für Haushaltsführung und Kindererziehung verantwortlich, die wichtig waren, um Maßnahmen gegen die Verbreitung von Krankheitserregern umzusetzen. In vielen Familien wurden Frauen so zur »Keimpolizei« des Haushalts.[3]

Was das Zigarettenrauchen anbelangt, so war es zunächst mit der Unterdrückung und später mit der Befreiung der Frauen verbunden. Man sollte auch immer bedenken, dass Zigaretten ungeachtet der gegenwärtigen Dämonisierung des Tabakkonsums und der häufigen Beschreibung des Rauchens als eine Seuche oder Epidemie *nicht* mit Cholera-Bakterien oder Pockenviren vergleichbar sind. Zweifellos ist Tabakkonsum gesundheitsschädlich, aber er ist auch für viele ein Genuss – etwas, das man von der Beulenpest oder auch von Brustkrebs mit Sicherheit nicht behaupten kann. Es ist kein Zeichen geistiger Unzurechnungsfähigkeit, wenn ein Mensch für sich zu der Überzeugung gelangt, dass der Genuss, den das Rauchen bereitet, die negativen gesundheitlichen Folgen mehr als aufwiegt. Viele Kommunen in den Vereinigten Staaten knöpfen den überwiegend ärmeren Menschen, die rauchen, gehörige Beträge ab. Diese Gelder werden vor allem dazu verwendet, um geringere Einnahmen aus der Grundsteuer, die vor allem Wohlhabende trifft, auszugleichen. Welches übergeordnete öffentliche Gesundheitsinteresse sollte diese Besteuerung der Armen zur Begünstigung der Reichen rechtfertigen?

Aufstieg und Fall des Tabakrauchens spiegelt sich in Abbildung 19 im Anstieg und Rückgang der Todesfälle aufgrund von Lungenkrebs wider.[4] Die Kurven zeigen die Sterblichkeitsraten bei Lungenkrebs für Menschen zwischen dem 50. und 69. Lebensjahr seit 1950, für Australien, Kanada, Neuseeland, die Vereinigten Staaten und die Länder Nordwesteuropas. Die schwarze Linie in beiden Diagrammen steht für die Vereinigten Staaten.

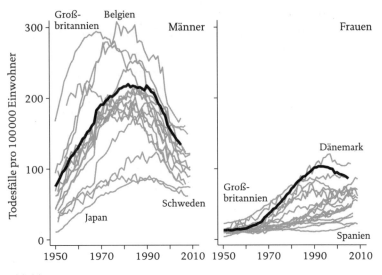

Abbildung 19:
Lungenkrebssterblichkeit, schwarze Linie = USA

In dem Diagramm für Männer sehen wir einen drastischen Anstieg der Sterblichkeit, die um das Jahr 1990, etwa zwei bis drei Jahrzehnte nachdem der Zigarettenkonsum sein Maximum erreichte,
zu ihrem Höchststand gelangt und dann absinkt. Das rechte Diagramm zeigt die Lungenkrebssterblichkeit bei Frauen: Da sich das
Rauchen bei Frauen erheblich später verbreitete, beschränkt sich
der Rückgang auf einige wenige Länder, und die Kurven insgesamt
gleichen dem offenen Maul eines Krokodils. Bei Frauen dauert die
starke Zunahme des Zigarettenkonsums noch an, auch wenn die
Lungenkrebssterblichkeit in einigen wenigen Ländern, unter anderem den USA, zurückgeht. Da Frauen nie so stark geraucht haben
wie Männer, sind ihre Sterblichkeitsraten niedriger, was sich mit
ihrer Rauchhäufigkeit in früheren Jahren deckt. Die Länder, in denen Frauen geraucht haben, weisen höhere Sterberaten auf.

Zu beachten ist schließlich auch, dass Lungenkrebs zwar eine
wichtige Todesursache ist, aber nur ein kleiner Teil der 40 Pro-

zent, die geraucht haben, an Lungenkrebs gestorben ist (oder sterben wird). Die durchschnittliche jährliche Sterblichkeitsrate in den Vereinigten Staaten betrug in den schlimmsten Jahren nur knapp über 200 pro 100 000 Einwohner oder 0,2 Prozent.

Obwohl Raucher gegenüber Nichtrauchern ein um das Zehn- bis Zwanzigfache erhöhtes Risiko haben, an Lungenkrebs zu sterben, ist diese Krankheit für die große Mehrheit der Raucher nicht die eigentliche Todesursache. (Das Memorial Sloan-Kettering Cancer Center bietet einen Online-Rechner an, mit dem sich die Risiken abschätzen lassen.)[5] So hat beispielsweise ein 50-jähriger Mann, der 30 Jahre lang jeden Tag eine Schachtel Zigaretten geraucht hat, ein Risiko von 1 Prozent, an Lungenkrebs zu erkranken, wenn er sofort aufhört, und ein Risiko von 2 Prozent, wenn er weiterraucht. Ehe man aus dieser Tatsache den Schluss zieht, es sei alles halb so wild, sollte man sich daran erinnern, dass Lungenkrebs weder das einzige noch das größte Gesundheitsrisiko des Rauchens ist.

Zigarettenrauchen ist die Hauptursache, warum die Lebenserwartung von Frauen in den letzten Jahren nicht so schnell gestiegen ist wie die von Männern, nicht nur in den Vereinigten Staaten, sondern auch in einer Reihe anderer Länder, in denen Frauen früh zu rauchen begannen, etwa Großbritannien, Dänemark und die Niederlande.

Amerikanerinnen zahlen einen ziemlichen hohen Preis dafür, dass es den Tabakkonzernen in den 60er und 70er Jahren des vorigen Jahrhunderts gelungen ist, die Emanzipation der Frauen mit dem Zigarettenrauchen zu verknüpfen. Die Häufigkeit des Rauchens bei Amerikanern ist die Hauptursache, warum die Lebenserwartung im Alter von 50 Jahren in den Vereinigten Staaten langsamer gestiegen ist als in einer Reihe anderer reicher Länder wie Frankreich und Japan. Neuere Berechnungen schätzen, dass die Lebenserwartung einer 50-jährigen Person in den Vereinigten Staaten ohne Tabakkonsum 2,5 Jahre länger wäre.[6]

Wichtiger noch als das Sinken der Lungenkrebssterblichkeit war der Rückgang der Todesfälle aufgrund von Herz-Kreislauf-Erkrankungen, zu denen Erkrankungen des Herzens und der Blutgefäße zählen, wie etwa Schlaganfall, Arteriosklerose (fetthaltige Ablagerungen an den Gefäßwänden, die den Blutfluss blockieren), koronare Herzkrankheit, Herzinfarkt, Herzinsuffizienz und Angina pectoris. Der Rückgang des Tabakkonsums bei Männern hat ebenfalls dazu beigetragen, die Sterblichkeit bei diesen Erkrankungen zu senken, aber es gab auch bedeutende Fortschritte in der medizinischen Behandlung, was bei Lungenkrebs bislang nicht der Fall ist.

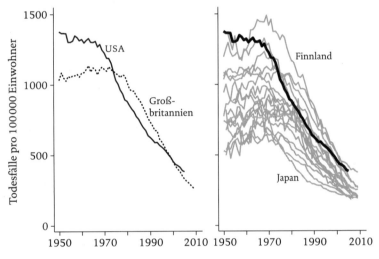

Abbildung 20:
Sterblichkeit an Herz-Kreislauf-Erkrankungen, die schwarze Linie im rechten Diagramm stellt die USA dar.

Abbildung 20 zeichnet die Sterblichkeit an Herz-Kreislauf-Erkrankungen seit 1950 für Männer im Alter zwischen 55 und 65 Jahren nach. Im linken Diagramm zeige ich nur die USA und Großbritannien, im rechten Diagramm stelle ich die Sterblichkeit in denselben reichen Ländern dar, die in Abbildung 19 enthalten sind. Diese Zahlen sind *sehr hoch* – sie betragen ungefähr das *Fünffache* der

Sterblichkeit an Lungenkrebs. In den 50er Jahren mussten in jedem gegebenen Jahr zwischen 1 und 1,5 Prozent der Männer dieser Altersgruppe damit rechnen, an Herz-Kreislauf-Erkrankungen zu sterben. Herz-Kreislauf-Erkrankungen waren damals – und sind noch immer – die häufigste Todesursache in Ländern mit hohem Einkommen. In den 50er und 60er Jahren war die Sterblichkeit in den Vereinigten Staaten höher als in Großbritannien, wobei sie in Großbritannien langsam anstieg und in den USA langsam sank. Unter den reichen Ländern war in den Vereinigten Staaten das Risiko am höchsten, und zwischen den Ländern gab es erhebliche Unterschiede, wobei Island und die Niederlande die geringste Sterblichkeit besaßen. Bis etwa 1970 ging jedes Land seinen eigenen Weg, ohne dass ein länderübergreifender Trend zu erkennen gewesen wäre. Was immer die Ursachen von Herz-Kreislauf-Erkrankungen waren, sie fielen – wie das Rauchen, das tatsächlich eine ihrer Ursachen ist – in jedem Land verschieden aus.

Alles änderte sich nach 1970. Die Sterblichkeit an Herz-Kreislauf-Erkrankungen begann, zuerst in den Vereinigten Staaten, zu sinken (in einigen Ländern später als in anderen, so hinkte zum Beispiel Großbritannien sieben bis acht Jahre hinterher), und es kam in allen reichen Ländern gleichzeitig zu einem drastischen Rückgang der Sterblichkeit an Herz-Kreislauf-Erkrankungen. Selbst Finnland – einst führend bei der Mortalität an Herz-Kreislauf-Krankheiten, mit einer Sterberate von 1,5 Prozent im Jahr 1970 – schloss sich schnell dem allgemeinen Trend an, so dass in den ersten Jahren des 21. Jahrhunderts die Sterblichkeitsrate nicht nur um die Hälfte bis zwei Drittel sank, sondern auch eine deutliche Annäherung der Raten zwischen verschiedenen Ländern stattfand. Die großen Unterschiede in der Mortalität während der 50er Jahren sind heute praktisch verschwunden.

Was ist geschehen? Der Rückgang des Tabakkonsums ist eine Ursache, aber wie wir gesehen haben, schwankt das Verhalten auch heute noch von Land zu Land, und es ist unwahrscheinlich, dass es so schnell und länderübergreifend so koordiniert zu Verhaltensänderungen gekommen ist. Es gibt keine internationale Gesundheitsbehörde (die Weltgesundheitsorganisation ist kaum ein wahrscheinlicher Kandidat), die all ihre Mitgliedstaaten anweisen könnte, gleichzeitig entsprechende Vorschriften zu erlassen. Viel wahrscheinlicher dagegen ist eine medizinische Innovation, insbesondere eine, die sowohl kostengünstig als auch wirksam ist, so dass sie sich schnell grenzüberschreitend ausbreiten kann.

Eine Schlüsselinnovation für die Behandlung von Herz-Kreislauf-Erkrankungen war die Entdeckung, dass Diuretika – billige Tabletten, die manchmal auch »Wassertabletten« genannt werden, weil sie die Häufigkeit der Blasenentleerung erhöhen – wirksame Blutdrucksenker sind, und ein hoher Blutdruck ist einer der Hauptrisikofaktoren für Herzerkrankungen. Die Mayo Clinic beschreibt ihre Wirkung folgendermaßen: »Diuretika … helfen dem Körper, Salz (Natrium) und Wasser auszutreiben. Ihre Wirkung beruht darauf, dass sie die Nieren veranlassen, mehr Natrium in den Urin abzugeben. Das Natrium wiederum bewirkt, dass dem Blut Wasser entzogen wird. Dies verringert die Flüssigkeitsmenge, die durch die Blutgefäße fließt, was schließlich den Druck auf die Gefäßwände verringert.«[7] Im Jahr 1970 wurde eine wegweisende randomisierte kontrollierte Studie der U.S. Veterans Administration veröffentlicht, woraufhin sich die Behandlung des Bluthochdrucks in den USA schnell änderte.[8]

Es gehört zu den Besonderheiten des US-amerikanischen Gesundheitssystems, dass Innovationen sehr schnell eingeführt werden – nicht nur die guten wie etwa die Blutdrucksenker, sondern auch viele von zweifelhaftem Nutzen. Großbritannien mit seinem chronisch unterfinanzierten und zentral gesteuerten Nationalen Gesundheitsdienst führt medizinische Innovationen im Allgemeinen viel langsamer und umsichtiger ein. (Heute verfügt es über das National Institute of Clinical Excellence mit der wunderbaren Abkürzung NICE, das neue Produkte und neue Verfahren prüft und

Richtlinien herausgibt.) Dadurch dauerte es eine Weile, bis die billigen und wirksamen Diuretika für die neue Indikation verschrieben wurden. Das rechte Diagramm in Abbildung 20 zeigt, dass das Gleiche auch in anderen Ländern geschah. Die Vereinigten Staaten gingen voran, und andere Länder folgten nach einer Weile, deren Dauer von den jeweiligen nationalen Institutionen und Gesundheitssystemen abhängig war.

Diuretika waren die ersten blutdrucksenkenden Arzneimittel. Ihnen folgte eine ganze Reihe weiterer – mit Namen wie ACE-Hemmer, Calciumkanalblocker, Beta-Blocker und Angiotensin-Rezeptorblocker –, so dass Ärzte heute über eine breite Palette von Wirkstoffen verfügen, aus denen sie den für den jeweiligen Patienten am besten geeigneten auswählen können. Auch cholesterinsenkende Arzneimittel, sogenannte Statine, haben zum Rückgang der Sterblichkeit beigetragen, und zwar laut einer Studie in gleichem Maße wie blutdrucksenkende Arzneimittel.[9]

Diese vorbeugenden Maßnahmen sollen die Wahrscheinlichkeit verringern, dass Menschen überhaupt erkranken, aber es gibt auch neue Behandlungsverfahren für die Krankheit selbst. So sollte Patienten, die nach einem Herzinfarkt ins Krankenhaus eingeliefert werden, unverzüglich Aspirin verabreicht werden – eine effektive und sehr kostengünstige medikamentöse Behandlung.

Es gibt weitere, technologisch anspruchsvollere Innovationen zur Behandlung der Herzkrankheit – etwa durch Bypass-Operationen und Ähnliches –, die eindeutig *nicht* preiswert sind und die womöglich ebenfalls zum Rückgang der Sterblichkeit beigetragen haben. Eine klinische Studie zeigte, dass die Sterblichkeit von Menschen mittleren Alters, die jeden Tag eine »Babyaspirin« einnahmen, sank, doch stellte sich später heraus, dass diese Behandlung zwar einige Menschenleben rettet, aber andererseits auch Todesopfer (wenngleich weniger) fordert – ein gutes Beispiel für den oftmals scharfen Konflikt zwischen dem Durchschnitt und dem Individuum.

Dennoch haben die Neuerungen in Therapie und Prävention

zusammengenommen Millionen von Menschenleben gerettet, was die Sterblichkeit an der häufigsten Todesursache erheblich reduziert hat. Millionen von Menschen, die andernfalls gestorben wären, können weiter arbeiten, Geld verdienen und lieben – und dies erhöht auch die Wahrscheinlichkeit, dass sie ihre Enkelkinder heranwachsen sehen werden.

Wie steht es mit den Frauen? Wie bei Lungenkrebs ist auch bei Herz-Kreislauf-Erkrankungen die Sterblichkeit von Frauen *deutlich* niedriger, im Allgemeinen nur halb so hoch wie bei Männern. Aber auch diese Raten sinken, je nach Land um etwa die Hälfte, und mit einem ähnlichen länderübergreifenden Trend, so dass internationale Schwankungen in den Sterblichkeitsraten bei Herz-Kreislauf-Erkrankungen heute viel niedriger ausfallen als in den 50er Jahren. Auch wenn sie von Anfang an eine niedrigere Sterblichkeit besaßen, haben Frauen doch genauso wie Männer von den sinkenden Risiken, an einer Herzkrankheit zu sterben, profitiert. Für Frauen wie für Männer sind Herz-Kreislauf-Erkrankungen die Todesursache Nummer eins. Auch wenn Brustkrebs (zu Recht) als eine bedeutende und spezifische Bedrohung für Frauen gilt, sterben weniger Frauen an Brustkrebs als an Herzkrankheiten.

Diese Innovationen, die dazu beigetragen haben, Herz-Kreislauf-Erkrankungen zu verhüten und zu behandeln, sind insofern ungewöhnlich, als sie *keine* länderübergreifende Ungleichheit unter den relativ reichen Ländern erzeugten, sondern vielmehr das Gegenteil. Die Sterblichkeitsraten bei Herzerkrankungen liegen heute länderübergreifend viel näher beieinander als vor 50 Jahren. Die bedeutenden Innovationen, die dem Rückgang der Mortalität zugrunde lagen, haben also anders als die Keimtheorie der Krankheitsentstehung vor 100 Jahren, keine internationale Ungleichheit im Gesundheitszustand der Bevölkerungen mit sich gebracht. Vielleicht konnten Länder die maßgeblichen Innovationen deshalb zügig in ihre Gesundheitswesen integrieren, weil sie preiswert und leicht nachzuahmen waren.

Aber ihr günstiger Preis hat offenbar nicht zu ihrer gleichmäßigen Verbreitung *innerhalb* der gesamten Bevölkerung der einzelnen Länder geführt, und die Fortschritte bei der Bekämpfung von Herz-Kreislauf-Erkrankungen haben wahrscheinlich die Ungleichheiten im Gesundheitsstatus verschiedener Einkommens- und Bildungsgruppen in einem gewissen Ausmaß verstärkt. Der Teil der Behandlung, der von der Mitwirkung des Einzelnen abhängt – in diesem Fall regelmäßige Arztbesuche, um den Blutdruck messen und den Cholesterinwert bestimmen zu lassen –, wurde schneller von den höher Gebildeten, den Wohlhabenderen und denjenigen, die bereits gesünder waren, angenommen.[10]

Krebs ist die zweithäufigste Todesursache nach Herzkrankheiten. Nach Lungenkrebs sind die häufigsten, medizinisch bedeutsamsten Krebsarten Brustkrebs (an dem fast nur Frauen erkranken), Prostatakrebs (ausschließlich Männer) und Darmkrebs (der Männer wie Frauen gleichermaßen betrifft). Zumindest bis in die 90er Jahre hinein gab es kaum Fortschritte bei der Behandlung dieser Krebsarten, und die Sterblichkeitsraten sanken nicht. Trotz vieler Milliarden, die in den USA in den Kampf gegen den Krebs investiert wurden, starben die Menschen weiterhin mit etwa den gleichen Raten, und die Bestandsaufnahmen der renommiertesten Autoren gelangten zu dem Schluss, dass man den Krieg verlieren oder jedenfalls nicht gewinnen würde.[11] Ich habe in diesem Buch immer wieder betont, dass der wissenschaftliche Erkenntnisfortschritt und die Entwicklung neuer Behandlungsmethoden auf einen bestehenden Bedarf reagieren. Aber die Nachfrage erzeugt nicht *immer* ein entsprechendes Angebot, und auch Milliarden von Dollar oder die Kriegserklärung gegen eine Krankheit führen nicht unbedingt zum Sieg über sie – wie die Tatsache bezeugt, dass wir Krebs bis heute nicht heilen können.

Doch deutet einiges darauf hin, dass endlich Fortschritte gemacht werden, denn die Sterblichkeitsraten aller drei Krebsarten sinken allmählich.[12] Womöglich tun sie das schon seit einiger Zeit, doch mag dies, vielleicht paradoxerweise, durch sinkende Sterblichkeitsraten bei Herz-Kreislauf-Erkrankungen verschleiert worden sein. Wenn wir mit dem ersten Monster im Labyrinth besser fertigwerden, fordert das Monster dahinter mehr Opfer, und dies selbst dann, wenn es nicht mehr so todbringend ist wie früher. Menschen, die nicht an einer Herzerkrankung starben, konnten jetzt dem Krebs zum Opfer fallen, und wenn sich einige der Risikofaktoren (vielleicht Fettleibigkeit) überschneiden, sollten Erfolge bei der Prävention von Herz-Kreislauf-Erkrankungen die Krebssterblichkeit erhöhen. Die Tatsache, dass dies *nicht* geschah, könnte dann als Beleg für Fortschritte im Kampf gegen Krebs betrachtet werden (ganz ähnlich wie bei Sherlock Holmes der Hund, der in der Nacht nicht bellte, eben dadurch einen Hinweis auf den Täter gab).

Aber jüngste Verringerungen der Krebssterblichkeit sind ein direkterer Beleg für Erfolge. Diese werden zum Teil auf die Vorsorgeuntersuchungen (Mammographie, PSA-Tests und Darmspiegelungen) für alle drei Krebserkrankungen zurückgeführt, auch wenn insbesondere Mammographien und PSA-Tests keinen großen Anteil daran haben können. Nach der Einführung von Mammographie-Screening-Programmen gab es eine enorme Zunahme an Diagnosen von Brustkrebs-Frühstadien, aber keine Belege für einen entsprechenden Rückgang bei den Diagnosen von Spätstadien, der eigentlich die Konsequenz hätte sein müssen. In den letzten 30 Jahren wurden im Rahmen der Brustkrebsfrüherkennung Karzinome bei mehr als einer Million Frauen entdeckt, die nie irgendwelche Symptome entwickelt hätten.[13] Bessere Behandlungsverfahren haben wahrscheinlich stärker zu Buche geschlagen, etwa der Einsatz von Tamoxifen in der Brustkrebstherapie. In seiner Biographie des Krebses, *Der König aller Krankheiten*, behauptet der Onkologe und Historiker Siddhartha Mukherjee, dass wir, nachdem man über Generationen hinweg in der chirurgischen Behandlung und Chemotherapie weitgehend nach der Methode von Versuch und Irrtum verfuhr, die Entstehung einzelner

Krebsarten allmählich immer besser verstehen und dass sich diese wissenschaftlichen Erkenntnisse in Form neuer und wirksamerer Behandlungen auszuzahlen beginnen.[14]

Im Unterschied zu vielen der wirksamsten neuen Medikamente für Herz-Kreislauf-Erkrankungen sind die neuen chemotherapeutischen und chirurgischen Behandlungsverfahren für Krebs oftmals sehr teuer, und daher wird man sie nur langsam in anderen Ländern einführen. Vorsorgeuntersuchungen selbst sind nicht besonders kostspielig, aber sie können große psychische und auch finanzielle Belastungen mit sich bringen. Dies ist etwa dann der Fall, wenn die Früherkennungsuntersuchung nicht die Krankheit selbst nachweist, sondern einen Risikofaktor für eine Erkrankung wie Bluthochdruck, erhöhte Cholesterinwerte oder auch eine genetische Prädisposition. Die Behandlung derjenigen, bei denen solche Risikofaktoren entdeckt werden – mit Blutdrucksenkern, Statinen oder in Extremfällen mit prophylaktischen chirurgischen Eingriffen wie etwa der Brustabnahme bei Frauen mit hohem genetischen Brustkrebsrisiko –, wird einigen der so Behandelten das Leben retten, zugleich aber werden sehr viele gesunde Menschen, bei denen die Krankheit nie ausbrechen würde, unnötigerweise behandelt.[15] Wenn die Vorsorgeuntersuchungen effektiv sind, können sie auch zu neuen Ungleichheiten führen, sofern die Gebildeteren und besser Informierten sie als Erste annehmen.

Dennoch besteht Hoffnung, dass die Vorsorgeuntersuchungen im Laufe der Zeit effektiver werden, dass Überdiagnosen besser kontrolliert und Medikamente und Verfahren preiswerter werden, je häufiger sie verordnet und angewandt werden. In diesem Fall besteht die begründete Hoffnung, dass die Behandlung von Krebs wie die der Herz-Kreislauf-Erkrankungen zu einer der Erfolgsgeschichten der Wissenschaft und Medizin werden wird. Ein weiterer Gitterstab vom Gefängnis der Krankheiten wird beseitigt worden sein, und Menschen werden weitere Jahre an Lebenszeit dazugewinnen.

Noch viele andere Faktoren wirken sich auf die Sterblichkeits-raten aus, allerdings ist ihr Effekt in der Regel weniger eindeutig oder umstrittener als bei den Faktoren, die ich bislang diskutiert habe. Einer dieser weiteren Faktoren ist unser alter Freund mehr und bessere Nahrung. Bessere Ernährung dürfte im 19. Jahrhundert, als Hunger weiter verbreitet war als heute, ein Faktor gewesen sein, der Sterblichkeitsraten senkte. Heute treibt uns eher die Sorge um, dass Menschen zu viel anstatt zu wenig essen. Dennoch ist es möglich, dass eine der Ursachen für die gegenwärtig sinkende Sterblichkeit bei älteren Menschen Verbesserungen der Ernährung vor 70 Jahren sind, als diese Menschen gezeugt, geboren und aufgezogen wurden. Finnland, das in den 70er Jahren die höchste Sterblichkeit an Herz-Kreislauf-Erkrankungen aufwies, war um die Zeit des Ersten Weltkriegs herum, als die 55-Jährigen der 70er Jahre geboren wurden, eines der ärmsten Länder der Welt.

Ein weiterer Beleg, der das Ernährungsargument stützt, ist ein bemerkenswerter Befund der Demographen Gabriele Doblhammer und James Vaupel.[16] Sie errechneten, dass auf der Nordhalbkugel die Lebenserwartung im Alter von 50 Jahren für Menschen, die im Oktober geboren wurden, ein halbes Jahr höher ist als für Menschen, die im April geboren wurden. Das Muster kehrt sich auf der Südhalbkugel um, außer bei denjenigen, die im Norden zur Welt gekommen sind und später in den Süden auswanderten – auch sie zeigen das nördliche Muster. Dieser Befund lässt sich vermutlich damit erklären, dass selbst in den heute reichen Ländern grüne Blattgemüse, Hühnchen und Eier nur im Frühjahr leicht erhältlich und preiswert waren. Das führte dazu, dass ungeborene Kinder, deren Entbindungstermin im Herbst lag, während der Schwangerschaft besser mit Nährstoffen versorgt wurden. Wie zu erwarten, nahm dieser Effekt im Laufe der Zeit ab, da saisonale Unterschiede in der Lebensmittelversorgung geringer wurden.

Sinkende Sterblichkeit ist ein großer Segen – schließlich wollen wir alle länger leben –, aber sie ist nicht die einzige Gesundheitsverbesserung. Wir wollen auch ein angenehmeres und gesünderes Leben. Daher sollten wir uns nicht allein auf die Sterblichkeit konzentrieren, sondern auch die *Morbidität* berücksichtigen. Menschen, die körperlich oder geistig behindert sind oder die an chronischen Schmerzen oder einer Depression leiden, sind deutlich eingeschränkt in ihrer Fähigkeit, Dinge zu tun, die das Leben lebenswert machen. Auch hier gab es bedeutende Verbesserungen.

Eine ist die Entwicklung – im Wesentlichen nach der Methode von Versuch und Irrtum – von Gelenkprothesen, insbesondere Hüftprothesen. Ihre Implantation ist heute ein Routineverfahren, das den Betreffenden ein Leben voller Schmerzen und stark eingeschränkter Beweglichkeit erspart.[17] Hüftoperationen sind einer jener »magischen« chirurgischen Eingriffe, die ein mühsames, schmerzhaftes und eingeschränktes Leben in eines verwandeln können, in dem die ursprüngliche Funktionalität fast 100-prozentig wiederhergestellt ist. In ähnlicher Weise stellt die moderne Kataraktchirurgie das Sehvermögen wieder her oder verbessert es sogar.

Solche Verfahren geben den Betroffenen eine breite Palette von Fähigkeiten zurück, die ansonsten endgültig verloren wären. Schmerzmittel sind viel wirksamer als früher. Ibuprofen (das seit 1984 erhältlich ist) lindert Schmerzen in Fällen, in denen Aspirin wirkungslos bleibt, und Patienten können heute unter Anleitung von medizinischem Fachpersonal lernen, bei starken Schmerzen ihre Schmerzmittel nach Bedarf selbst zu dosieren. Neue Wirkstoffe zur Behandlung von Depressionen haben die Lebensqualität vieler Menschen deutlich verbessert. Der Zugang zu medizinischem Fachpersonal ist auch dann wichtig, wenn diese Menschen nichts anderes tun können, als Menschen, die sich Sorgen wegen ihres eigenen Gesundheitszustands oder dem ihrer Angehörigen machen, zu beruhigen. Und selbst wenn sie das nicht vermögen, können sie doch wenigstens die Ungewissheit nehmen, die an sich schon eine große seelische Belastung ist.

Medizinische Betreuung und Behandlung kosten Geld – entweder die Patienten, ihre Versicherer oder den Staat. Die Vereinigten Staaten geben mit Abstand das meiste Geld für das Gesundheitswesen aus – gegenwärtig etwa 18 Prozent des Volkseinkommens –, aber sie sind nicht das einzige Land, das sich vor die Herausforderung gestellt sieht, immer kostspieligere und, in vielen Fällen, *wirksamere* neue Verfahren zu bezahlen.

In einigen Fällen beschränken Staaten den Zugang, um Geld zu sparen. Ein bekanntes Beispiel stammt aus dem britischen Nationalen Gesundheitsdienst, der in den 70er Jahren den Zugang zur Dialyse erheblich einschränkte und nur noch diejenigen aufnahm, die als jung genug angesehen wurden, um davon zu profitieren. Die über 50-Jährigen wurden ausgeschlossen, mit der Begründung, sie seien schon »ein bisschen gebrechlich« und daher die Kosten nicht wert.[18] Zu manchen Zeiten gab es in Großbritannien auch lange Wartelisten für Hüft- und Kniegelenksersatz. In diesen Fällen erhöhte eine unzureichende medizinische Versorgung die Morbiditäts- und Mortalitätsraten, aber der Zugang zu Dialyse und Gelenksersatzoperationen ist mittlerweile in Großbritannien weitaus weniger stark eingeschränkt.

Allerdings hat Großbritannien seine Bemühungen, die Einführung neuer Medikamente und Verfahren zu kontrollieren, nicht aufgegeben. Ich habe bereits das NICE-Institut erwähnt, das medizinische Innovationen testet und ausführliche Berichte über ihre Wirksamkeit und ihr Kosten-Nutzen-Verhältnis veröffentlicht. Ein solches Institut wird von der Pharmaindustrie und von den Herstellern medizinischer Geräte entschieden abgelehnt. Zumindest ein Pharmakonzern drohte nach einer anfänglichen negativen Entscheidung, sich ganz aus Großbritannien zurückzuziehen, aber der damalige britische Premierminister Tony Blair blieb hart.[19]

Unter Ökonomen und Ärzten besteht keine Einigkeit, wo die Schwelle zu medizinischer Überversorgung liegt oder ob irgendeine Form der Rationierung notwendig ist. Einige verweisen auf die enormen Fortschritte der Medizin. Sie behaupten, wenn wir den Verringerungen von Morbidität und Mortalität einen angemessenen Wert zuschreiben würden – was Ärzte sehr ungern tun und was bestenfalls zu ungenauen und strittigen Ergebnissen führt –, dann würden wir erkennen, dass man selbst in den Vereinigten Staaten die medizinische Versorgung weiter ausbauen sollte. Wenn man doppelt so viel Geld ausgeben und dafür Mortalität und Morbidität doppelt so stark reduzieren könnte, wäre das immer noch ein gutes Geschäft, behaupten sie.

Manche dieser Berechnungen machen den Fehler, den Rückgang der Sterblichkeit *ausschließlich* auf die bessere medizinische Versorgung zurückzuführen, und sie ignorieren zum Beispiel die erheblichen Effekte des verringerten Tabakkonsums. Aber selbst bei einer sachgerechteren Ursachenzuschreibung lassen sich gute Argumente dafür ins Feld führen, die Gesundheitsausgaben weiter zu erhöhen. Angesichts unseres steigenden Wohlstands, so das Argument, dürfte ein besseres und längeres Leben die beste Investition sein, die wir überhaupt machen können. Und wenn das Gesundheitswesen in den Vereinigten Staaten mehr kostet als in Europa, dann ist dies zum Teil darauf zurückzuführen, dass die medizinische Versorgung in den Vereinigten Staaten luxuriöser ist – mehr Privat- und halbprivate Zimmer in Krankenhäusern, kürzere Wartezeiten für diagnostische Maßnahmen und Vorsorgeuntersuchungen und dergleichen. Aber das ist durchaus verständlich, wenn man bedenkt, dass Amerikaner insgesamt reicher sind als Europäer und sich diese Dinge leisten können.

Das Gegenargument konzediert, das Gesundheitswesen habe viel Positives erreicht, konzentriert sich dann jedoch auf die Verschwendung im System, die sich auf die Höhe der Ausgaben auswirke, und auf das Fehlen eines Bewertungsverfahrens nach dem Vorbild des britischen NICE-Instituts. Letzteres führe dazu, dass neue Verfahren unabhängig von ihrem Nutzen eingeführt würden, und beschleunige das Ausgabenwachstum.

Untermauert wird das Argument, wonach ein Großteil der Gesundheitsausgaben überflüssig ist, von dem Dartmouth Atlas, der die Ausgaben von Medicare dokumentiert, jenes staatlichen Programms, das in den USA für die Gesundheitsversorgung älterer Menschen aufkommt. Der Atlas ist eine Karte der Vereinigten Staaten, die außergewöhnliche regionale Schwankungen in den Gesundheitsausgaben zeigt, und diese Schwankungen hängen weder mit dem medizinischen Versorgungsbedarf noch mit besseren Ergebnissen zusammen. Tatsächlich besteht eine *negative* Korrelation zwischen den Ausgaben und der Qualität der Ergebnisse.[20] Dies lässt sich am plausibelsten damit erklären, dass einige Ärzte und Krankenhäuser Tests und Behandlungen viel aggressiver anordnen als andere und dass diese zusätzlichen Ausgaben einen geringen oder gar keinen Nutzen haben und in einigen Fällen Patienten vielleicht sogar schaden. Wenn das stimmt, könnten Gesundheitsausgaben deutlich verringert werden, ohne der Gesundheit zu schaden.

Ein hochwertiges Gesundheitssystem, das die Gesundheit der Bevölkerung aufrechterhält und verbessert, ist ein wichtiges Instrument zur Förderung des allgemeinen Wohls. Aber das Gesundheitswesen ist teuer, und daher gibt es möglicherweise eine Konkurrenz zwischen höheren Gesundheitsausgaben und Investitionen in andere Aspekte des Wohlbefindens. Wenn Amerikaner doppelt so viel für das Gesundheitswesen ausgeben würden, müssten sie alle anderen Ausgaben um ein Viertel verringern. Wenn wir den Dartmouth-Empfehlungen folgen würden, teure Programme mit geringem Nutzen zurückzufahren und die Gesundheitsausgaben um, sagen wir, die Hälfte zu senken, könnten wir alle anderen Ausgaben um fast 10 Prozent erhöhen. Solche Zielkonflikte treten im Alltag ständig auf, und wir machen uns normalerweise keine allzu großen Gedanken darüber, ob Menschen zu viel Geld zum Beispiel für Bücher oder elektronische Spielereien ausgeben, so dass ihnen nicht mehr genug für den Sommerurlaub bleibt. Weshalb ist es im Gesundheitswesen anders?

Das Problem ist, dass Menschen nicht bewusst *entscheiden*, wie viel sie für ihre Gesundheitsversorgung ausgeben wollen – anders als beim Kauf eines Buches oder der Reservierung einer Urlaubsreise. Menschen mögen sich nicht einmal bewusst sein, was sie für ihre medizinische Versorgung bezahlen oder worauf sie dafür verzichten. In den Vereinigten Staaten trägt die Regierung über Medicare den größten Teil der medizinischen Behandlungskosten älterer Bürger, und die meisten der Jüngeren (59 Prozent) sind über ihre Arbeitgeber versichert. Viele dieser Erwerbstätigen glauben, ihre Arbeitgeber würden ihre Krankenversicherung bezahlen, ohne dass sie dies selbst etwas koste. Dabei haben die meisten Studien gezeigt, dass letztlich nicht die Arbeitgeber dafür zahlen, zum Beispiel durch niedrigere Gewinne, sondern die Beschäftigten durch niedrigere Löhne.[21] Daher sind die durchschnittlichen Löhne und Gehälter und die davon abhängenden Familieneinkommen langsamer gestiegen, als es der Fall gewesen wäre, wenn die Gesundheitskosten nicht so schnell zugenommen hätten. Aber die meisten Menschen erkennen diese Zusammenhänge nicht und kommen nicht auf die Idee, steigende Gesundheitskosten für den nur langsamen Anstieg ihres Einkommens verantwortlich zu machen. Daher erkennen sie auch nicht, dass die Gesundheitskosten das eigentliche Problem sind.

Ähnliche Probleme treten auf, wenn das Gesundheitswesen staatlich finanziert ist, wie etwa in Europa oder bei Medicare, die die Kosten der medizinischen Versorgung älterer Menschen in den Vereinigten Staaten trägt. Wenn Menschen ihre Regierung drängen, zusätzlichen Gesundheitsleistungen zu finanzieren – etwa die Kosten für verschreibungspflichtige Medikamente zu erstatten –, denken sie meistens nicht daran, was man dafür aufgeben muss. Der Nestor der amerikanischen Gesundheitsökonomen, Victor Fuchs, schildert den Fall einer älteren Frau, für die einerseits Medicare die Kosten einer teuren Operation vollständig übernimmt, obwohl der Eingriff vielleicht nicht unbedingt notwendig oder nicht immer erfolgreich ist. Andererseits reicht aber die Rente der Frau nicht einmal aus, um sich ein Flugticket zu kaufen, damit sie an der Hochzeit ihrer Enkeltochter teilnehmen oder ein frischgeborenes Enkelkind besuchen kann.[22]

Solche Abwägungen müssen im Rahmen des politischen Prozesses in einer demokratischen Debatte getroffen werden, aber dies ist ein schwieriger, kontroverser und oftmals von wenig Sachkunde begleiteter Prozess. Es ist auch ein Prozess, der, zumindest in einigen Ländern, stark von den Gesundheitsdienstleistern beeinflusst wird, die ein Interesse an Überversorgung haben – ein Interesse, das umso stärker und finanzkräftiger wird, je mehr Geld ausgegeben wird.

Einkommen und Gesundheit sind zwei der wichtigsten Komponenten des Wohlbefindens, und es sind die beiden, mit denen sich dieses Buch hauptsächlich befasst. Wir können sie nicht getrennt betrachten und auf der einen Seite Ärzten und Patienten erlauben, die Politik zu Verbesserungen der Gesundheitsversorgung zu drängen, während auf der anderen Seite Ökonomen eine wachstumsfreundliche Politik einfordern und am Ende jede Gruppe die andere ignoriert. Wenn das Gesundheitssystem so teuer und so effektiv wie heute ist, müssen Abwägungen getroffen und Prioritäten gesetzt werden. In Fuchs' Worten müssen wir das Wohlbefinden ganzheitlich betrachten. Wir müssen ein Verfahren einführen, das eine angemessene Mitwirkung aller gesellschaftlichen Gruppen ermöglicht. Dazu wird unweigerlich auch eine Institution nach dem Vorbild des britischen NICE-Instituts gehören. Außerdem ist es unumgänglich, der Bevölkerung die Gefahren für andere Aspekte des Wohlbefindens deutlich zu machen, die mit einem unbegrenzten Wachstum der Gesundheitsausgaben verbunden sind.

Was hält die Zukunft für uns bereit? Können wir davon ausgehen, dass die Lebenserwartung in den Ländern mit hohem Einkommen weiter ansteigt? Die pessimistische Einschätzung, die man oftmals mit dem Demographen und Soziologen Jay Olshansky in Verbindung bringt, geht von der Beobachtung aus, dass es immer schwieriger wird, die Lebenserwartung zu steigern. Das haben wir bereits gesehen: Wenn man das Leben von Kindern rettet, ist der Effekt auf die Lebenserwartung enorm, weil sie noch so viele Jahre vor sich haben. Aber sobald fast alle Kinder gerettet worden sind, macht die Verringerung der Sterblichkeit älterer Menschen keinen großen Unterschied mehr, zumindest nicht für die Lebenserwartung.

Abbildung 10 in Kapitel 2 zeigt, wie sich der Anstieg der Lebenserwartung in den USA nach 1950 deutlich verlangsamt hat, und das Argument lautet, dass wir in der Zukunft eine ähnliche Verlangsamung erwarten dürfen, selbst wenn die Innovationen weitergehen, weil das Leben immer älterer Menschen gerettet wird. Selbst wenn man den Kampf gegen den Krebs in den Vereinigten Staaten gewinnen würde, würde die Lebenserwartung nur um vier bis fünf Jahre steigen. Die Pessimisten weisen auch darauf hin, dass die Zunahme der Fettleibigkeit in den meisten reichen Ländern möglicherweise die Sterblichkeitsraten in der Zukunft wird ansteigen lassen. Vielleicht, aber bislang gibt es kaum Anhaltspunkte dafür. Dies mag damit zusammenhängen, dass mit besseren Behandlungsoptionen für Herz-Kreislauf-Erkrankungen – einschließlich Medikamenten zur Senkung von Cholesterinspiegel und Bluthochdruck – die Gesundheitsrisiken von Fettleibigkeit heute geringer sind als zu dem Zeitpunkt, als sie zum ersten Mal erforscht wurden.[23]

Auf der anderen, der optimistischen Seite veröffentlichten die Demographen Jim Oeppen und James Vaupel im Jahr 2002 ein bemerkenswertes Diagramm, das die weltweit höchste Lebenserwartung von Frauen in jedem Jahr seit 1840 darstellte und dabei zeigte, dass dieses Maß – die höchstmögliche Lebenserwartung in jedem Jahr – 160 Jahre lang kontinuierlich angestiegen ist.[24] Alle vier Kalenderjahre stieg die höchste Lebenserwartung der Welt um ein Jahr. Oeppen und Vaupel sehen keinen Grund, weshalb sich dieser seit langem andauernde Anstieg nicht fortsetzen sollte. In ihr Diagramm sind auch die vielen älteren Schätzungen der höchstmöglichen Lebenserwartung eingezeichnet, die jeweils von der Realität überholt wurden. Viele frühere Wissenschaftler haben vorhergesagt, der Anstieg der Lebenserwartung werde sich verlangsamen oder zum Stillstand kommen, und sie alle haben sich geirrt.

Das optimistische Argument zugunsten einer kontinuierlichen weiteren Zunahme der Lebenserwartung wird durch die Tatsache gestützt, dass Menschen nicht früher sterben wollen, als sie müssen; dass sie mit wachsendem materiellem Wohlstand mehr von ihrem Einkommen aufwenden können, um dieses Ergebnis – einen verfrühten Tod – zu verhindern; und dass sie wahrscheinlich bereit sind, einen immer größeren Teil ihres Einkommens für ein längeres Leben auszugeben. Und es gibt keinen Grund anzunehmen, dass sie in Zukunft weniger erfolgreich sind als in der Vergangenheit.

Ich finde das optimistische Argument überzeugender: Seit Menschen in der Aufklärung gegen traditionelle Autoritäten rebellierten und begannen, die Kraft ihres Verstandes einzusetzen, um ihre Lebensbedingungen zu verbessern, haben sie einen Weg gefunden, dies zu tun, und es bestehen kaum Zweifel, dass sie weiterhin Siege gegen die Kräfte des Todes erringen werden. Gleichwohl wäre es zu optimistisch, davon auszugehen, dass die Lebenserwartung in der Zukunft genauso schnell ansteigen wird wie in der Vergangenheit. Wie wir gesehen haben, lässt sinkende Säuglings- und Kindersterblichkeit die Lebenserwartung rasch ansteigen, aber diese Quelle des Wachstums ist, zumindest in den reichen Ländern, weitgehend ausgeschöpft. Während der 160 Jahre, in denen die höchste Lebenserwartung alle vier Jahre um ein Jahr anstieg, hatte der massive Rückgang der Kindersterblichkeit erheblichen Anteil daran, und das wird auch so weitergehen. Einmal mehr gibt es gute Gründe dafür, sich *nicht* auf die Lebenserwartung als Erfolgsmaßstab zu konzentrieren. Wenn wir Krebs und andere Alterskrankheiten besiegen, würden wir viel menschliches Leid aus der Welt schaffen und Millionen von Menschen ein besseres Leben schenken. Dass dies auch einen geringen Effekt auf die Lebenserwartung hätte, ist eher nebensächlich.

Gesundheit in einem Zeitalter der Globalisierung

Ich habe reiche Länder (in diesem Kapitel) und arme Länder (in Kapitel 3) so betrachtet, als wären sie getrennte Welten. Jetzt ist es an der Zeit, sie zusammen in den Blick zu nehmen und der Frage nachzugehen, wie sich die beiden Gruppen gegenseitig beeinflussen. In den vergangenen 50 Jahren kam es zu einer beispiellos engen Verflechtung zwischen den Ländern der Welt – ein Prozess, der gemeinhin »Globalisierung« genannt wird. Dies ist zweifellos nicht die erste Globalisierung in der Geschichte, auch wenn wir in der gegenwärtigen Epoche eine besonders weitreichende Verflechtung erleben. Güter werden weltweit schneller und kostengünstiger denn je transportiert, und der Informationsaustausch erfolgt sogar noch schneller. Die Globalisierung wirkt sich in vielfältiger Weise auf die Gesundheit aus: direkt, durch Ausbreitung von Krankheiten, Informationen und Behandlungen, und indirekt, durch wirtschaftliche Kräfte, insbesondere die Zunahme des Außenhandels und höheres Wirtschaftswachstum.

Es gab viele Epochen der Globalisierung in der Geschichte – manchmal durch Krieg, Eroberung und imperialistische Expansion, manchmal durch neue Handelsrouten, die neue Produkte und neuen Wohlstand brachten. Krankheitserreger gingen dabei einfach mit auf Reisen, mit Folgen, die die Welt tiefgreifend verwandelten. Der Historiker Ian Morris hat beschrieben, wie die Ausweitung des Handels im zweiten nachchristlichen Jahrhundert zur Verschmelzung bis dahin getrennter Erregerpools führte, die sich seit Beginn der Landwirtschaft isoliert im Westen und in Süd-

und Ostasien entwickelt hatten, »als seien sie auf verschiedenen Planeten beheimatet« gewesen. In China und den östlichen Vorposten des Römischen Reichs kam es zu katastrophalen Seuchenausbrüchen.[25] Der sogenannte »Kolumbianische Austausch« – der Austausch von Pflanzen, Tieren und Mikroben zwischen Alter und Neuer Welt – nach 1492 ist ein noch bekannteres Beispiel.[26]

Viele historische Epidemien nahmen ihren Ausgang von neuen Handelsrouten oder neuen Eroberungen. Die Attische Seuche um das Jahr 430 v. Chr. soll durch den Handel eingeschleppt worden sein, und die Beulenpest wurde 1347 durch Ratten auf Handelsschiffen nach Europa gebracht. Die Cholera-Epidemie im 19. Jahrhundert soll durch die Handelsaktivitäten der Briten in Indien aus Asien nach Europa gelangt sein, und ihre anschließende Ausbreitung dort und in Nordamerika wurde durch die neuen Eisenbahnen beschleunigt. Eine infizierte Person konnte sich in einer anderen Stadt aufgehalten haben, bevor sie von ihrer Infektion erfuhr, und die Cholera breitete sich entlang der Bahnlinien aus. Heute kann jemand in der Zeit, die Menschen früher brauchten, um von einer Stadt in eine andere zu gelangen, sogar von einer Erdhalbkugel in die andere reisen.

Aber die Globalisierung öffnet ihre Routen auch den Feinden von Krankheiten. Wir haben bereits gesehen, wie sich die Keimtheorie der Krankheitsentstehung – ein ganzes Bündel von Ideen und Praktiken, die im Norden entwickelt wurden – nach 1945 rasch weltweit ausbreitete. Das Wissen über blutdrucksenkende Medikamente verbreitete sich nach 1970 ebenfalls sehr schnell, und es ist verantwortlich für das gleichzeitige Sinken der Sterblichkeitsraten, das in Abbildung 3 zu sehen ist. Die Tatsache, dass Tabakkonsum Krebs verursacht, musste nicht in jedem Land neu entdeckt werden. Auch wenn der Ursprung von HIV/AIDS umstritten ist, besteht am raschen Übergreifen der Epidemie von einem Kontinent zum anderen kein Zweifel. Gemessen an historischen Maßstäben war die Reaktion der Wissenschaft außerordentlich schnell – von der Entdeckung des Virus über die Aufklärung seiner Übertragungswege bis hin zur Entwicklung antiretroviraler Medikamente, die aus einer tödlichen eine chronische Krankheit machten –, auch wenn sie für die Millionen, die in der Zwischenzeit starben, nicht schnell genug war. Unser heutiges Verständnis der Krankheit ist zwar noch immer unvollständig, hat aber – nicht nur in den reichen Ländern – zu angemessenen und wirksamen Gegenmaßnahmen geführt, und auch in den am schlimmsten betroffenen afrikanischen Ländern sind die Raten der Neuinfektionen in den letzten Jahren gesunken, und die Lebenserwartung steigt wieder an.

Die Erfolge im Kampf gegen Herz-Kreislauf-Erkrankungen und Krebs verbreiten sich, nicht nur von einem reichen Land zum anderen, sondern weltweit. Mit der rückläufigen Sterblichkeit an Infektionskrankheiten gewinnen nicht-übertragbare Krankheiten in dem Maße an Bedeutung, wie die Kinder, die nun nicht mehr sterben, heranwachsen und lange genug leben, um daran zu erkranken. Von Afrika abgesehen, sind nicht-übertragbare Krankheiten heute überall auf der Welt die häufigste Todesursache, und preiswerte und wirksame krankheitsvorbeugende Medikamente wie Blutdrucksenker dürften sich genauso schnell verbreiten wie Impfstoffe in der Vergangenheit. Einmal mehr dürfte der limitierende Faktor die Fähigkeit von Staaten sein, ein arztbasiertes System der Gesundheitsversorgung zu organisieren und zu regulieren. Innovationen, die kostspieliger sind, wie etwa manche Krebsmedikamente oder Gelenkprothesen, breiten sich ebenfalls aus, sind in der Regel aber nur den Betuchten oder Gutvernetzten in einer begrenzten Zahl armer Länder zugänglich.

Die Beiträge der reichen Länder zur Gesundheit der Bevölkerung in den armen Ländern waren nicht immer positiv. Gesundheitsforscher sehen anders als Ökonomen in der Globalisierung oftmals eine negative Kraft. Anlass zu großer Sorge geben nicht nur der hohe Tabakkonsum, sondern auch die Aktivitäten der Tabakkonzerne. Deren Produkte, in vielen reichen Ländern zusehends verpönt, finden einen sicheren Hafen in ärmeren Ländern, deren Regierungen einmal mehr entweder nicht fähig oder nicht willens sind, regulierend einzugreifen. Das Patentsystem, das neue Medikamente für einen bestimmten Zeitraum sehr teuer macht, wurde lautstark angegriffen, wobei allerdings unklar bleibt, ob Patente das eigentliche Problem sind. Auch die jeweilige inländische Verteilungsinfrastruktur stellt eine Schwierigkeit dar, und im Übrigen ist bei fast allen Medikamenten, die die WHO als »unentbehrliche Arzneimittel« auflistet, der Patentschutz ausgelaufen. Dennoch könnte die Liste länger sein, wenn mehr Medikamente billiger wären.

Arme, kleine Länder sind oftmals benachteiligt, wenn sie bilaterale Handelsabkommen mit großen, reichen Ländern aushandeln. Letztere verfügen über viel mehr Juristen und Lobbyisten einschließlich Pharma-Lobbyisten, die kein Interesse daran haben, die Gesundheit der Bevölkerung in den armen Ländern zu schützen. Medizinische Versorgung auf dem Niveau der Wohlstandsländer hat zweifellos die lokalen Gesundheitsungleichheiten in armen Ländern verschärft. In Städten wie Delhi, Johannesburg, Mexico City und São Paulo behandeln hochmoderne medizinische Einrichtungen die Wohlhabenden und Mächtigen, und dies manchmal in Sichtweite der Menschen, die unter gesundheitlichen Bedingungen leben, welche nicht viel besser sind als die im Europa des 17. Jahrhunderts.

Wie haben sich die globale Gesundheit und globale Gesundheitsungleichheiten seit 1950 entwickelt? In Abbildung 15 von Kapitel 3 sahen wir, dass die regionalen Ungleichheiten in der Lebenserwartung zurückgegangen sind, so dass sich die Regionen mit der niedrigsten Lebenserwartung den Regionen mit der höchsten Lebenserwartung angenähert haben. Jetzt betrachte ich Länder, nicht Regionen, als Einheiten.

Abbildung 21 zeigt, wie sich die Lebenserwartung in dem »durchschnittlichen« Land verändert hat, wie sich die schlechtesten und besten Länder entwickelt haben und ob die Ungleichheit in der Lebenserwartung zu- oder abnimmt. Das Schaubild gleicht einer Reihe von Orgelpfeifen, tatsächlich handelt es sich um einen sogenannten »Box-Whisker-Plot«, auch Boxplot oder Kastengrafik genannt. Die vertikale Achse gibt die Lebenserwartung an, und die Pfeifen (oder Boxen) decken den Bereich ab, in dem die mittleren 50 Prozent der Daten zu den Lebenserwartungen aller Länder liegen. Man kann dem Diagramm zunächst einmal entnehmen, dass die Kästen von links unten (1950–1954) nach rechts oben (2005–2009) in dem Maße höherwandern, wie die Lebenserwartung weltweit zunimmt. Jeder graue Kasten enthält die Hälfte aller Länder, und die Linie durch die Mitte steht für das Land, das genau in der Mitte der Streuung der Lebenserwartungen liegt und damit deren Median bildet. Die horizontalen Linien wandern mit der Zeit ebenfalls nach oben, das heißt, die Lebenserwartung in dem Land, das genau in der Mitte der Verteilung liegt, dem Medianland, steigt – wenn auch heute etwas langsamer als vor 50 Jahren.

Grund dafür ist einmal mehr die Tatsache, dass wir von großen Erhöhungen der Lebenserwartung, die sich der Senkung der Kindersterblichkeit verdanken, zu mühsamer errungenen Zuwächsen übergegangen sind, die von der Senkung der Alterssterblichkeit herrühren. Die oberen und unteren »Antennen« (Whiskers), die als Geraden aus dem Kasten herausragen und deren Enden jeweils mit einem horizontalen Strich markiert sind, decken alle übrigen Länder ab, bis auf die »Ausreißer« mit wirklich extremer Lebenserwartung. Die Abbildung zeigt lediglich zwei Länder, die in dieser Hinsicht Extremfälle sind und sich zwischen 1990 und 1995 mitten in einem Bürgerkrieg befanden: Ruanda und Sierra Leone. Insgesamt sind für jede Periode 192 Länder dargestellt, und einige der Schätzungen sind spekulativ, insbesondere in den früheren Jahren.

Die Abbildung zeigt, dass die Boxen im Laufe der Zeit kleiner werden, die Länder sich also stärker dem Mittelwert annähern und die Streuung der Lebenserwartung sich über alle Länder hinweg

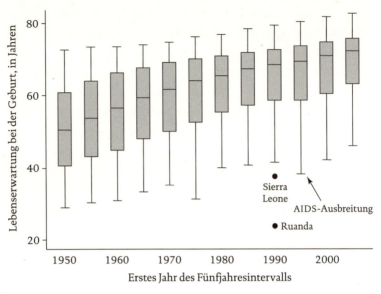

Abbildung 21:
Die Lebenserwartung und ihre globale Streuung

verengt. Dieses Maß der internationalen Verteilung gesundheitlicher Ergebnisse wird also weniger ungleich. Der drastische Anstieg der internationalen Gesundheitsungleichheit, der vor 250 Jahren begann, kehrt sich langsam um.

Die Verengung verlief nicht ganz kontinuierlich. Wir können die Ausweitung zwischen 1995 und 2000 erkennen, die durch die AIDS-Toten in Afrika verursacht wurde, und sehen, dass im Anschluss daran die Verengung weitergeht. Die Querstriche in der Mitte der Kästen nähern sich immer weiter dem oberen Ende der Kästen und den oberen »Antennen« an, was uns sagt, dass die Differenz in der Lebenserwartung zwischen dem Land in der Mitte und den oberen Ländern – wie Japan – im Laufe der Zeit ebenfalls geschrumpft ist. Der Abstand zwischen dem mittleren Land – dem Median – (72,2 Jahre) und dem obersten Land (Japan mit 82,7 Jahren) beträgt jetzt nur noch 10,5 Jahre. Doch diese Abstandsverringerung lässt einen längeren Schwanz von Ländern zurück. Selbst wenn man die Greuel in Ruanda und Sierra Leone zu Beginn der 90er Jahre ausklammert, ist der Abstand zwischen der Mitte und dem niedrigsten Wert von 22 auf 26 Jahre gestiegen.

Einmal mehr müssen wir uns fragen, ob die Lebenserwartung ein gutes Maß für die Gesundheitsungleichheiten zwischen Ländern darstellt. Dieses Kapitel hat gezeigt, dass sich die Zugewinne der Senkung der Kindersterblichkeit in den armen Ländern und der Senkung der Sterblichkeit von Menschen mittleren und höheren Alters in den reichen Ländern verdanken. Wenn wir reiche und arme Länder anhand der Zugewinne an Lebenserwartung vergleichen, verleihen wir den armen Ländern ein größeres Gewicht, weil es sich viel stärker auf die Lebenserwartung auswirkt, wenn man ein Kind rettet, als wenn man einen 60-Jährigen rettet. Und tatsächlich ist dies der wichtigste Grund, warum die Ungleichheit der Lebenserwartung zurückgegangen ist.

Aber es ist keineswegs gesagt, dass es besser ist, einem Kind das Leben zu retten als einem älteren Erwachsenen – ein Werturteil, das jedoch implizit in diesem Maß der Ungleichheit enthalten ist. Man kann in diesem Punkt so oder so argumentieren. Einige würden dafür plädieren, das Kind zu retten – denn auch wenn es noch kaum an der Welt teilhat, gewinnt es sehr viele Lebensjahre –, während andere sich dafür aussprechen würden, den Erwachsenen zu retten, weil er viel stärker an der Welt teilhat, wenn ihm auch viel weniger Jahre bleiben. Aber wenn man Ungleichheiten anhand der Lebenserwartung betrachtet, hat man keineswegs die Garantie, diese schwierige Frage in der richtigen Weise zu lösen. Je nachdem, wie man Leben gewichtet, könnte dies die Verringerung der Ungleichheit vergrößern oder verkleinern oder sie sogar umkehren.

Der Abbau globaler Ungleichheiten in der Lebenserwartung bedeutet nicht automatisch, dass die Welt zu einem besseren Ort wird. Denn die Lebenserwartung deckt nicht sämtliche Aspekte von Gesundheit – oder auch von Sterblichkeit – ab, die uns wichtig sind. Wir leben zweifellos in einer Welt, in der die Kindersterblichkeit in armen Ländern und die Sterblichkeit von Menschen mittleren und höheren Alters in reichen Ländern sinken. Ob diese Tendenzen die Gleichheit in der Welt erhöhen, ist eine Frage, über die man streiten kann und deren Beantwortung davon abhängt, welches Gewicht man dem jeweiligen Sterblichkeitsrückgang beimisst.

Die philosophischen Kontroversen sind damit nicht beendet. Auf die Verringerung der Säuglings- und Kindersterblichkeit folgte der Rückgang der durchschnittlichen Kinderzahl (Geburtenrate). In Afrika brachte jede Frau im Jahr 1950 im statistischen Durchschnitt 6,6 Kinder zur Welt. Bis zum Jahr 2000 fiel diese Ziffer auf 5,1, und nach Schätzungen der Vereinten Nationen liegt sie heute bei 4,4. In Asien sowie in Lateinamerika und der Karibik ging die Geburtenrate sogar noch stärker zurück, von 6 Kindern auf etwas mehr als 2. Die Fruchtbarkeitsziffer sank nicht unmittelbar nach dem Rückgang der Sterblichkeitsraten, was der Grund ist, warum es zu einer Bevölkerungsexplosion kam. Doch als im Laufe der Zeit Eltern zu der Überzeugung gelangten, es würden nicht mehr so viele ihrer Nachkommen sterben, bekamen sie weniger Kinder, von denen aber möglicherweise genauso viele oder mehr bis ins Erwachsenenalter überlebten. Diese Veränderung kann man so bewerten, dass Babys, die bald nach ihrer Geburt gestorben wären, jetzt erst gar nicht mehr zur Welt kommen.

Wer sind die Nutznießer dieses Wandels? Wieder hängt die Antwort davon ab, wie wir Leben gewichten – eine Frage, mit der sich Philosophen schon seit langer Zeit beschäftigen. Klar ist jedenfalls, dass *Mütter* sehr profitieren. Sie müssen nicht so oft schwanger werden, um die gleiche Anzahl von Kindern zu haben, die am Leben bleiben, und ihnen – wie auch ihren Ehemännern – bleibt der schreckliche Kummer erspart, ihre Kinder sterben zu sehen. Wenn man Frauen diese Last abnimmt, beseitigt man nicht nur eine Quelle des Leids, man versetzt sie so auch in die Lage, ein auf andere Art erfüllteres Leben zu führen, ein höheres Bildungsniveau zu erreichen, außer Haus zu arbeiten und eine aktivere Rolle in der Gesellschaft einzunehmen.

Körperliche Veränderungen

Die Entwicklung der globalen Gesundheit seit 1950 ist in vielerlei Hinsicht höchst erfreulich. Aber ich will mit einigen etwas weniger ermutigenden Beobachtungen schließen, die sich nicht auf das Sprengen der Ketten des Todes beziehen – was in den meisten Ländern eindrucksvoll gelungen ist und vielleicht sogar zu einer Angleichung geführt hat. Vielmehr will ich meine Aufmerksamkeit nun auf den weniger eindrucksvollen und weniger gleichmäßigen Fortschritt richten, der bei der Befreiung aus den Fesseln der Mangelernährung festzustellen ist. Ein guter Indikator von Mangelernährung ist, wie schon mehrfach genannt, die menschliche Körpergröße.

Die Körpergröße ist an und für sich kein Maß des Wohlbefindens. Unter sonst gleichen Bedingungen gibt es keinen Grund anzunehmen, jemand, der über 1,80 Meter groß ist, wäre glücklicher, wohlhabender oder gesünder als jemand, der 15 Zentimeter kleiner ist. Und die Körpergröße ist auch nicht in gleicher Weise Teil des Wohlbefindens, wie es Einkommen und Gesundheit sind. Aber wenn eine *Population* kleinwüchsig ist, deutet dies darauf hin, dass ihre Mitglieder in der Kindheit oder Adoleszenz nicht ausreichend mit Nährstoffen versorgt wurden, entweder weil sie nicht genug zu essen bekamen, oder weil sie in einer ungesunden Umgebung aufwuchsen, in der Krankheiten, selbst wenn sie nicht zum Tod führten, das Wachstum der Menschen dauerhaft hemmten. Während die Körpergröße der einzelnen Person genetisch determiniert ist – größere Eltern haben größere Kinder –, ist man heute der Ansicht, dass dies nicht für (hinreichend große) Populationen gilt und Schwankungen der durchschnittlichen Körpergröße zwischen Populationen gute Indikatoren für Schwankungen des Ausmaßes von Mangelernährung darstellen. Früher glaubte man, Unterschiede in der Körpergröße zwischen Populationen seien vornehmlich auf genetische Unterschiede zurückzuführen. Doch als sich dann die Lebensbedingungen verbesserten und die Menschen in einem »kleinwüchsigen« Land einer nach dem anderen größer wurden, und zwar manchmal recht schnell, gab man diese Ansicht auf.[27]

Wir beginnen heute zu verstehen, dass Unterversorgung mit Nährstoffen in der Kindheit schwerwiegende und langanhaltende Folgen haben kann. Kleinwüchsige Menschen verdienen weniger als großgewachsene, nicht nur in landwirtschaftlichen Gesellschaften, wo eine kräftige Statur und körperliche Stärke die Chancen auf dem Arbeitsmarkt erhöhen, sondern auch unter Fachkräften in reichen Ländern wie Großbritannien und den Vereinigten Staaten. Ein Grund dafür ist, dass ein positiver Zusammenhang zwischen kognitiver Leistungsfähigkeit und Körpergröße besteht. Kleinere Menschen sind demnach *im Durchschnitt* weniger intelligent als großgewachsene – eine Feststellung, die oftmals einen lauten Aufschrei der Empörung hervorruft. Zwei meiner Kollegen an der Universität Princeton, die diese Frage erforschten, wurden angefeindet und mit hasserfüllten E-Mails bombardiert, während Ehemalige die Universitätsleitung aufforderten, die beiden zu entlassen.[28] Lassen Sie mich also versuchen, die Zusammenhänge sorgfältig zu erklären.

Unter idealen Bedingungen, wenn jeder genug zu essen bekommt und niemand krank wird, werden einige Menschen entsprechend ihren genetischen Prädispositionen kleinwüchsig und andere hochgewachsen sein, aber die kognitive Leistungsfähigkeit wird nicht *systematisch* mit der Körpergröße variieren. In der wirklichen Welt aber werden einige Menschen in der Kindheit nicht hinreichend mit Nährstoffen versorgt, und diese Personen werden unter den Kleinwüchsigen überrepräsentiert sein, was der Grund ist, warum Kleingewachsene – im Durchschnitt – eine geringere kognitive Leistungsfähigkeit haben. Dies mag schlichtweg auf unzureichende Kalorienzufuhr oder auch darauf zurückzuführen sein, dass der kindliche Körper gegen allzu viele Kinderkrankheiten ankämpfen musste, was sehr viel Energie beansprucht. Der Nährstoffmangel kann auch spezifischer Natur sein. So benötigt etwa das kindliche Gehirn für seine normale Entwicklung eine ausreichende Menge an Fetten, und es gibt Millionen von Menschen auf der Welt, deren Nahrung *zu fettarm* ist, im Gegensatz zu den Millionen in den Wohlstandsländern, die sich *zu fettreich* ernähren.

Mangelernährung nimmt in dem Maße ab, wie Populationen wohlhabender werden und sich ausreichend ernähren, und auch in dem Maße, wie Kinderkrankheiten durch verbesserte Sanitärversorgung, Schädlingsbekämpfung und Impfstoffe eingedämmt werden. Dennoch mag es Jahre dauern, bis die Effekte der Unterversorgung mit Nährstoffen auf die Körpergröße nachlassen, und sei es auch nur, weil sehr kleine Mütter keine großen Kinder bekommen können. Die Zunahme der Körpergröße in einer Population unterliegt dieser biologischen Grenze, so dass es viele Generationen dauern kann, bis Populationen ihr Wachstumspotential ausschöpfen, auch nachdem ernährungs- und krankheitsbedingte Beschränkungen beseitigt wurden. Die Biologie begrenzt dabei das Wachstum, um Probleme zu vermeiden, die durch ein allzu schnelles Aufholen entstehen würden.[29] Aber im Laufe der Zeit würden wir erwarten, dass die Menschen überall auf der Welt größer werden. Es zeigt sich jedoch, dass dies nicht der Fall ist.

Die Europäer sind *viel* größer geworden. Die Ökonomen Timothy Hatton und Bernice Bray haben aus verschiedenen Quellen Daten über die Körpergröße von Männern in elf europäischen Staaten zusammengetragen, die bis in die späten 1850er- oder frühen 1860er-Jahren zurückreichen.[30] Leider verfügen wir über sehr wenige historische Daten zur Körpergröße von *Frauen,* weil die Informationen über die Körpergröße von Männern im Allgemeinen von Messungen bei der Musterung von Soldatenanwärtern stammen. Die Körpergröße ausgewachsener europäischer Männer, die in der Mitte des 19. Jahrhunderts geboren wurden, betrug im Durchschnitt 166,7 Zentimeter (cm). Diejenigen, die etwas über 100 Jahre später geboren wurden – in den fünf Jahren zwischen 1976 und 1980 –, waren im Durchschnitt 178,6 cm groß. In dem Land mit der geringsten Größenzunahme – Frankreich – betrug die Wachstumsrate 0,8 cm pro Jahrzehnt. In dem Land, in dem die Körpergröße am schnellsten zunahm – den Niederlanden –, betrug sie pro Jahrzehnt 1,35 cm. Die Männer in den meisten anderen Ländern wurden pro Jahrzehnt um etwa 1 cm größer. Hatton versuchte, die Ursachen dieser Zuwächse zu ergründen, und fand, in Übereinstimmung mit den in diesem Kapitel genannten Argumenten, heraus, dass der Rückgang der Säuglingssterblichkeit – ein Hinweis auf geringere Infektionsrisiken in der Umwelt – der wichtigste Faktor war und der Einkommenszuwachs der zweitwichtigste.[31] Während Europa die Fesseln der Mangelernährung und der von der Industriellen Revolution geschaffenen »Kloakenhöllen« abstreifte, wuchsen die Menschen zu einer Körpergröße heran, die von jeher möglich, aber zuvor unerreichbar war.[32]

Für die meisten Länder der Welt verfügen wir nur über bruchstückhafte historische Informationen, dagegen liefern uns viele der in Kapitel 2 angesprochenen Demographic and Health Surveys verlässliche Informationen über die Körpergröße von Frauen. (Bei der aktuellsten Erhebung wurde auch die Körpergröße von Männern gemessen.) Jede Erhebung liefert uns historische Informationen, weil dabei die Körpergröße von Menschen im Alter zwischen 15 und 49 Jahren gemessen wird. Da sich unsere Körpergröße nicht mehr ändert, sobald wir ausgewachsen sind (zumindest so lange nicht, bis wir ab dem 50. Lebensjahr wieder kleiner werden), gibt uns jede Erhebung Aufschluss über die durchschnittliche Körpergröße von Erwachsenen, die über einen Zeitraum von 20 oder mehr Jahren geboren wurden. Diesen Erhebungen können wir also nicht nur die durchschnittliche Körpergröße ausgewachsener Frauen in dem jeweiligen Land zum Zeitpunkt der Erhebung entnehmen. Durch Vergleich von älteren mit jüngeren Frauen können wir außerdem feststellen, wie schnell die Körpergröße zunimmt. In Ländern mit positiver Entwicklung sind ältere Frauen etwa ein bis zwei Zentimeter kürzer als jüngere Frauen.

Abbildung 22 zeigt die Körpergrößen von Frauen weltweit. Jeder Punkt in dem Diagramm steht für eine »Geburtskohorte« von Frauen in einem Land. Angegeben ist die Durchschnittsgröße in Zentimetern aller Frauen, die in einem bestimmten Jahr, zum Beispiel 1960, geboren wurden. Dieser Durchschnittswert ist gegen das durchschnittliche Volkseinkommen in diesem Land im Geburtsjahr der Frauen aufgetragen, und auch hier habe ich wieder eine logarithmische Skala für das Einkommen gewählt. Rechts oben im Bild sehen wir zum Beispiel, dass Europäerinnen mit steigendem Volkseinkommen größer werden. Früher geborene Frauen befinden sich dabei im unteren linken Bereich der europäischen Gruppe, während später geborene Frauen rechts oben eingezeichnet sind. Die Vereinigten Staaten sind der schwarze »Sporn« rechts. Auch Amerikanerinnen sind größer geworden, aber nicht so schnell wie Frauen in Europa.

In der Mitte und im linken Bereich des Diagramms sehen wir die Frauen aus Ländern mit niedrigem oder mittlerem Einkommen. Die dunklen Kreise stehen für afrikanische Länder, sie erscheinen überwiegend in der linken Hälfte, weil afrikanische Länder arm waren, als diese Frauen geboren wurden, so wie sie auch heute noch arm sind. (Die reichen Afrikanerinnen rechts im Diagramm leben in Gabun, das aufgrund seiner Ölexporte ein hohes Pro-Kopf-Einkommen hat, auch wenn die meisten seiner Einwohner weiterhin arm sind.) Eingebettet in die Afrikanerinnen sind die Haitianerinnen (weiße Kreise), die größtenteils afrikanischer Abstammung sind und in Bezug auf Körpergröße und Einkommen viel mit Afrikanerinnen in Afrika gemeinsam haben.

China (grauer Kreis) ist ebenfalls links verortet, und Bangladesch, Indien und Nepal finden sich links unten. Erinnern wir uns daran, dass wir die Einkommen in den Jahren betrachten, in denen diese mittlerweile erwachsenen Frauen geboren wurden, in der Regel 1980 oder früher. Dadurch erscheinen China und Indien viel ärmer, als sie es heute sind. Lateinamerikanische und karibische Frauen, die in Ländern mit mittlerem Einkommen leben, erscheinen im unteren, mittleren Bereich der Abbildung.

Der vielleicht erstaunlichste Befund, den man diesem Diagramm entnehmen kann, ist die enorme Ungleichheit der Durchschnittsgrößen weltweit. Die durchschnittlichen Körpergrößen von ausgewachsenen Frauen, die im Jahr 1980 geboren wurden, waren: 171 cm für Däninnen, 148 cm für Guatemaltekinnen, 150 cm für Peruanerinnen oder Nepalesinnen und 151 cm für Inderinnen, Bangladescherinnen oder Bolivianerinnen. Wenn die Körpergröße der kleinwüchsigsten Populationen in der Welt mit der europäischen Rate von 1 cm pro Jahrzehnt zunähme, würde es 230 Jahre dauern, ehe Guatemaltekinnen genauso groß wären wie Däninnen. Heute würde eine Dänin, die ein Dorf in Guatemala besucht, ihre Gastgeberinnen um 23 cm überragen – sie wäre ein moderner Gulliver in einem modernen Lilliput.

Frauen in wohlhabenderen Ländern – oben rechts – sind größer als Frauen in ärmeren Ländern – unten links –, was zu erwarten wäre, wenn höheres Einkommen mit besserer Sanitärversorgung, geringerer Häufigkeit von Kinderkrankheiten und besserer Ernährung einherginge. Aber ganz so einfach ist es nicht. Stellen wir uns das Diagramm ohne Europa und die Vereinigten Staaten vor. Für den Rest der Welt ist der Zusammenhang zwischen Körpergröße und Einkommen umgekehrt: Größere Menschen leben in *ärmeren* Ländern. Viel davon hat mit Afrika zu tun. Zwischen den afrikanischen Populationen gibt es große Unterschiede – man denke

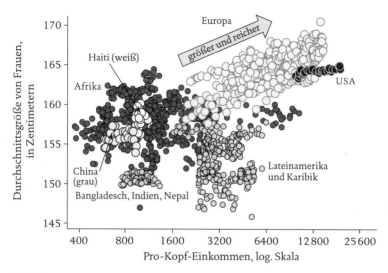

Abbildung 22:
Die Körpergröße von Frauen weltweit

nur an Basketballspieler vom Volk der Dinka im Südsudan oder an die Buschmänner der Kalahari –, aber im Durchschnitt sind Afrikanerinnen groß, nicht im Vergleich zu Europäerinnen, aber im Vergleich zu Südasiatinnen und zu vielen Lateinamerikanerinnen. Dieser negative Zusammenhang zwischen Körpergröße und Einkommen wird so bald nicht verschwinden, weil indische Kinder, die heute geboren werden, ungeachtet des raschen Wachstums der indischen Volkswirtschaft in den letzten Jahrzehnten *noch immer* sehr klein sind.

Wir wissen nicht genau, warum Afrikaner so groß sind. Ein Grund ist sicherlich, dass in einem Großteil des Kontinents Nahrung weder so knapp noch so überwiegend vegetarisch ist wie in weiten Teilen Südasiens, insbesondere Indiens. Offenkundig trifft dies auf einige Regionen nicht zu – die Wüste Kalahari zum Beispiel –, aber in den meisten afrikanischen Ländern ernähren sich die Menschen abwechslungsreich und nehmen auch Fleisch und tierische Fette zu sich. Es gibt in Afrika allerdings große Unterschiede, die mit der lokalen Verfügbarkeit von Nahrungsmitteln und lokalen Infektionsrisiken zusammenhängen. Gleichzeitig ist die Kindersterblichkeit extrem hoch, und wenn die kleineren Kinder schwächer sind und ein höheres Sterberisiko haben, werden die Überlebenden vergleichsweise groß sein. Damit daraus eine Population von überdurchschnittlicher Körpergröße hervorgeht, muss die Sterblichkeit sehr hoch sein, so hoch, dass ein hinreichend hoher Prozentsatz kleinwüchsiger Kinder hinweggerafft wird und der wachstumshemmende Effekt, der entsteht, weil der Körper in der Kindheit gefährliche Keime abwehren und dafür viel Energie aufwenden muss, überwunden wird.

Sanitäre Anlagen mögen ein weiterer Faktor sein. In Regionen, in denen Menschen ihre Notdurft unter freiem Himmel verrichten und in denen die Bevölkerungsdichte hoch ist, wird das kindliche Wachstum durch chronischen Kontakt mit fäkalen Keimen gehemmt. Mit seiner viel geringeren Bevölkerungsdichte ist Afrika hier gegenüber Indien im Vorteil.[33]

In Anbetracht der Tatsache, dass die Einwohner vieler afrikanischer Staaten größer sind als die Einwohner Indiens und mehrerer lateinamerikanischer Länder, sollten wir der oberflächlich verlockenden Idee widerstehen, die durchschnittliche Körpergröße einer Population lasse sich als ein Gesamtmaß des Wohlbefindens oder des Lebensstandards heranziehen. Sterblichkeit und Einkommen sind zwei der wichtigsten Einflüsse auf die Körpergröße von Erwachsenen, und sie sind auch von entscheidender Bedeutung für das Wohlbefinden. Aber es ist keineswegs sicher, ob sich Krankheit und Armut in gleicher Weise auf die Körpergröße auswirken wie auf das Wohlbefinden.

Werfen wir einen Blick auf die Verhältnisse in Afrika, so beeinflussen viele lokale Faktoren – wie etwa unterschiedliche Ernährungsweisen – die Körpergröße, und diese lokalen Faktoren mögen sich auf das Wohlbefinden auswirken oder auch nicht. Erinnern wir uns auch daran, dass es viele Generationen dauern kann, ehe die Durchschnittsgröße von Populationen steigt, weil die Mütter vor den Kindern wachsen müssen, die Großmütter vor den Müttern und so weiter. Nicht nur die heutige Ernährung und die heutigen Krankheiten bestimmen die Körpergröße der heute Lebenden, auch die Vorgeschichte spielt eine Rolle. All dies bedeutet, dass die Durchschnittsgröße kein geeignetes Maß des Wohlbefindens ist.

Die Kleinwüchsigkeit der Südasiaten ist vielleicht der aufschlussreichste Teil des ganzen Bildes. Weil wir keine historischen Daten über europäische Frauen besitzen, wissen wir nicht, wie weit wir zurückgehen müssen, bis wir zu einer Körpergröße kommen, die derjenigen heutiger indischer Frauen entspricht. Doch die jüngsten indischen Daten beziehen Männer ein, und es zeigt sich, dass die Durchschnittsgröße indischer Männer, die im Jahr 1960 geboren wurden, 164 cm beträgt: 2–3 cm weniger als der europäische Durchschnitt im Jahr 1860 – vergleichbar mit der Körpergröße der Europäer im 18. Jahrhundert – und nur 5 cm größer als die niedrigsten Zahlen in der Literatur, die für heutige Buschmänner und für Norwegen im Jahr 1761 159 cm angibt.[34] In Sikkim und Meghalaya, zwei Bundesstaaten in Nordostindien, betrug die Durchschnittsgröße von Männern, die 1960 geboren wurden, sogar weniger als 159 cm.

Es ist möglich, dass um die Mitte des Jahrhunderts geborene Inder in ihrer Kindheit unter genauso gravierender Mangelernährung litten wie andere große Bevölkerungsgruppen in der Geschichte, bis hin zur Neolithischen Revolution und den Jägern und Sammlern, die ihnen vorausgingen. Die Lebenserwartung in Indien betrug im Jahr 1931 27 Jahre, was ebenfalls Ausdruck einer extremen Mangelernährung ist. Noch im 20. Jahrhundert lebten Inder in einer Malthusianischen Falle. Wie bei Malthus hielten Tod und Elend das Bevölkerungswachstum in Grenzen, aber selbst für die Überlebenden waren die Lebensbedingungen schrecklich. Es gab nicht nur zu wenig Nahrung, um einen guten Gesundheitszustand aufrechtzuerhalten, sondern der Nahrung fehlten auch wichtige

Nährstoffe. Die meisten Menschen ernährten sich monoton von einer einzigen Getreideart, ergänzt um einige wenige Gemüsesorten, und sie nahmen zu wenig Eisen und Fett zu sich. Um überhaupt zu überleben, selbst mit einer Lebenserwartung in den 20ern, musste die ganze Bevölkerung kleinwüchsig sein, so wie es die Bevölkerung Englands im 17. und 18. Jahrhundert gewesen war. Die Malthusianische »Konsequenz« für die wachsende Bevölkerung war ihre Kleinwüchsigkeit.

Indien befreit sich heute aus diesem Alptraum, aber es hat noch einen weiten Weg vor sich. Indische Kinder gehören noch immer zu den magersten und kleinwüchsigsten weltweit, aber sie sind größer und fülliger als ihre Eltern oder Großeltern, und Symptome schwerer Unterernährung wie etwa Marasmus werden heute in Studien zur Ernährungsgesundheit nur noch selten dokumentiert. Die Inder werden mittlerweile, Jahrzehnt für Jahrzehnt, größer, wenn auch nicht so schnell, wie es in Europa geschah oder wie es heute in China der Fall ist, wo die Menschen alle zehn Jahre durchschnittlich einen Zentimeter zulegen. Inder dagegen entkommen der Kleinwüchsigkeit nur halb so schnell – mit ungefähr einem *halben* Zentimeter pro Jahrzehnt –, und diese Zahl gilt für *Männer*. Auch Inderinnen werden größer, aber sehr viel langsamer: Sie brauchen 60 Jahre, um einen Zentimeter größer zu werden.[35]

Wir wissen nicht, warum der Zugewinn bei Inderinnen um so vieles geringer ist als bei indischen Männern, aber zweifellos hat es etwas mit dem allgemeinen Muster der Begünstigung von Söhnen in Nordindien zu tun. In Südindien, in Kerala und Tamil Nadu, wo die traditionelle Benachteiligung von Mädchen unbekannt ist, werden sowohl Männer als auch Frauen mit der üblichen Rate von einem Zentimeter pro Jahrzehnt größer, aber im Norden nimmt die Körpergröße von Frauen langsamer zu als die von Männern, die wiederum langsamer größer werden als ihre Geschlechtsgenossen im Süden. Eine Ironie dieser Art von Diskriminierung gegenüber Frauen ist, dass sie auf die Männer zurückfällt, weil sie, genauso wie Frauen, übermäßig kleine und unterernährte Frauen als Mütter haben, was wiederum indirekt ihre eigene körperliche und kognitive Entwicklung beeinträchtigen kann.

Obwohl die Menschen in Afrika im Durchschnitt größer sind, werden Frauen in einigen afrikanischen Ländern sogar *kleiner*.[36] Auch wenn es, wie wir gesehen haben, nicht immer stimmt, dass wohlhabendere Menschen größer sind, besteht doch weltweit eine hohe Korrelation zwischen steigendem Wohlstand und zunehmender Körpergröße. Dies trifft ganz offensichtlich für Europa zu, und das Wachstum hat hinreichend lange angedauert, um in Abbildung 22 deutlich hervorzutreten, aber es trifft auch auf das moderne China, Indien und andere Länder zu. Der Grund, warum manche Afrikanerinnen kleiner als ihre Mütter sind, dürfte am ehesten in den sinkenden Realeinkommen in Afrika in den 8oer und frühen 9oer Jahren liegen.

Die Völker der Welt leben nicht nur länger und werden wohlhabender, auch ihre Körper werden größer und kräftiger, mit vielen positiven Konsequenzen, darunter sogar möglicherweise eine Zunahme der kognitiven Leistungsfähigkeit. Aber die positiven Effekte sind wie Sterblichkeit und Wohlstand ungleich verteilt. Im gleichen Tempo wie bisher wird es Jahrhunderte dauern, ehe die Bolivianerinnen, Guatemaltekinnen, Peruanerinnen oder Südasiatinnen auch nur so groß sein werden wie die Europäerinnen heute. Während also vielen der Ausbruch gelungen ist, bleiben Millionen zurück. So entsteht eine Welt der Unterschiede, in der die Ungleichheit sogar an den Körpern der Menschen abzulesen ist.

TEIL II

GELD

KAPITEL 5

MATERIELLER WOHLSTAND
IN DEN VEREINIGTEN STAATEN

Mitte des 18. Jahrhunderts begann die Lebenserwartung zunächst in Großbritannien und dann in weiteren Ländern in aller Welt langsam zu steigen. Die Menschen entkamen Krankheiten und einem frühen Tod, der Lebensstandard stieg, und die Volksgesundheit verbesserte sich weitgehend parallel dazu. Die wissenschaftliche Revolution und die Aufklärung erhöhten den materiellen Wohlstand rasant und verlängerten das Leben der Menschen deutlich. Aber diese Revolutionen, die alle dieselben Wurzeln hatten, verbesserten nicht nur das Leben, sondern begründeten auch eine Welt der Unterschiede. Der Ökonom Lant Pritchett bezeichnete diese Entwicklung als die »Große Divergenz«.[1] Das Wirtschaftswachstum erhöhte den Lebensstandard und verringerte die Armut. Es ist schwierig, diese Veränderungen genau zu messen – damit werden wir uns noch beschäftigen. Allerdings gelangte eine sorgfältig erhobenen Studie zu dem Schluss, dass das Durchschnittseinkommen der Weltbevölkerung zwischen 1820 und 1992 auf das Sieben- bis Achtfache gestiegen ist.[2] Im selben Zeitraum schrumpfte der Teil der Weltbevölkerung, der in extremer Armut lebte, von 84 auf 24 Prozent.

Dieser in der Geschichte der Menschheit beispiellose Anstieg des Lebensstandards ging mit einer gewaltigen Vergrößerung des Einkommensgefälles sowohl zwischen den Ländern als auch zwischen den Bewohnern der einzelnen Länder einher. Und auch das *Wesen* der Ungleichheit wandelte sich. Im 18. Jahrhundert waren die Einkommen vor allem *innerhalb* der Länder ungleich verteilt: Auf der einen Seite standen die reichen, adligen Grundherren, auf der anderen das gemeine Volk. Ende des 20. Jahrhunderts hatte sich dieses Verhältnis grundlegend geändert: Jetzt klafften die größten Einkommenslücken *zwischen* den Ländern. Dies war das Ergebnis der »Großen Divergenz«. Aber während sich die Lebenserwartung weltweit anglich, gibt es keinen Hinweis darauf, dass die Einkommensunterschiede zwischen den Ländern abgenommen hätten.

Sehen wir uns zunächst an, wie sich der materielle Wohlstand in den Vereinigten Staaten in den vergangenen 100 Jahren entwickelt hat. Ich habe die USA ausgewählt, weil sie ein dramatisches Beispiel darstellen, das sich dazu eignet, die Kernaussagen dieses Buches zu illustrieren. Nicht alle profitieren im selben Maße von wachsendem Wohlstand. Dies hat zur Folge, dass die Verbesserung oft (wenn auch nicht immer) die Kluft zwischen verschiedenen Bevölkerungsgruppen vergrößert. Die Auswirkungen von Veränderungen, seien diese nun positiv oder negativ, sind oft ungleichmäßig verteilt. Die Entwicklung der Ungleichheit ist nicht nur wichtig, um die Verbesserung zu bewerten – wer ist Nießnutzer der Vorteile, wer hat das Nachsehen? Wir müssen berücksichtigen, dass auch die Ungleichheit an sich solche Auswirkungen hat. Manchmal weitet sie das Wachstum auf größere Gruppen aus, indem sie mehr Menschen vor Augen hält, wie sie von neuen Chancen profitieren können. Gleichzeitg kann sie den materiellen Wohlstand aber auch untergraben oder sogar vollkommen zunichte machen. Die Ungleichheit kann auf der einen Seite jene, die zurückgefallen sind, zu einer Aufholjagd anspornen, so dass sich ihre Lage bessert. Andererseits verschärft sie sich womöglich derart, dass einige wenige als Gewinner aus dieser Polarisierung hervorgehen – mit der Folge, dass das Wirtschaftswachstum insgesamt gedrosselt und die wirtschaftlichen Abläufe gehemmt werden.

Dass ich die Vereinigten Staaten als Beispiel gewählt habe, liegt auch darin begründet, dass die für dieses Land vorliegenden Daten solide und nachvollziehbar sind. Jeder kann sich etwas unter einem Dollar vorstellen, wir müssen keine Währungen konvertieren, und wir können uns auf Daten stützen, die von erstklassigen Statistikern erhoben wurden. Auf all diese Vorteile müssen wir verzichten, wenn wir uns die weltweite Entwicklung ansehen wollen. Ähnlich verhält es sich mit einem Blick in die fernere Vergangenheit: Der Mangel an Daten erschwert eine vergleichende historische Analyse. Ein Vergleich zwischen dem 21. und dem 19. Jahrhundert ist in mehrerlei Hinsicht ebenso schwierig wie ein Vergleich zwischen zwei Ländern. Die Menschen verhalten sich unterschiedlich, geben ihr Geld für andere Dinge aus, haben unterschiedliche Wertvorstellungen: »Die Vergangenheit ist ein fremdes Land.« Mit den soliden Daten aus den Vereinigten Staaten kann ich verschiedene Konzepte entwickeln und erklären, was die Ökonomen und Statistiker meinen, wenn sie versuchen, Einkommen, Armut und Ungleichheit zu messen und zu beschreiben.

Wirtschaftswachstum in den Vereinigten Staaten

Das vertraute Konzept des Bruttoinlandsprodukts (BIP) ist ein guter Ausgangspunkt (wohingegen es ein sehr schlechter Endpunkt wäre). Die obere Linie in Abbildung 23 zeigt, wie sich das Pro-Kopf-BIP in den Vereinigten Staaten seit 1929, dem Beginn der modernen Statistik, entwickelt hat. Das BIP bemisst die Produktionsleistung eines Landes und bildet die Grundlage, um ein Nationaleinkommen zu beziffern. Im Jahr 1929 betrug dieses knapp 8000 Dollar pro Kopf. Im Jahr 1933, auf dem Höhepunkt der Weltwirtschaftskrise, fiel es auf 5695 Dollar, um von da an, abgesehen von einigen kleineren Rückschlägen, wieder stetig zu steigen. Bis zum Jahr 2012 kletterte es auf 43 238 Dollar, das war mehr als das Fünffache des Wertes von 1929. Diese Zahlen sind preisbereinigt, das heißt, es handelt sich um das *reale* Pro-Kopf-Einkommen gemessen an der Kaufkraft des Dollar im Jahr 2005. Im Jahr 1929 lag das durchschnittliche Nationaleinkommen bei 805 Dollar, aber da die Preise damals ebenfalls sehr viel niedriger waren, hätte dies im Jahr 2009 einem Einkommen von 8000 Dollar entsprochen.[3]

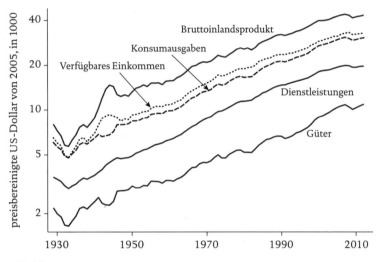

Abbildung 23:
Bruttoinlandsprodukt und seine Bestandteile, 1929–2012

Die Rückschläge in der Entwicklung des BIP entsprechen Phasen stagnierenden oder rückläufigen Wachstums. Im Laufe der Zeit wurden diese Rückschläge seltener und fielen weniger deutlich aus – was ebenfalls ein Zeichen des Fortschritts ist. Die globale Rezession im Anschluss an die Finanzkrise des Jahres 2008 schlug sich kaum in der Entwicklung des BIP nieder, obwohl sie viele Menschen schwer traf, vor allem die Millionen, die ihre Arbeit verloren und bisher noch keine neue gefunden haben. Die Linie im Diagramm steigt ab 1950 beinahe geradlinig an: Das BIP gewann stetig um 1,9 Prozent pro Jahr hinzu – oder um etwas mehr als

2 Prozent jährlich, wenn wir nur den Zeitraum bis 2008 berücksichtigen.

Obwohl sich die Datenlage verschlechtert, wenn wir weiter in die Vergangenheit zurückgehen, können wir feststellen, dass das Pro-Kopf-Nationaleinkommen in den letzten anderthalb Jahrhunderten stetig gestiegen ist. Ein jährlicher Zuwachs von 2 Prozent bedeutet, dass sich das Einkommen alle 35 Jahre verdoppelt: Hätte jedes Ehepaar im Alter von 35 Jahren zwei Kinder gehabt, so hätte sich der Lebensstandard einer jeden Generation gegenüber der vorhergehenden verdoppelt. Für die heute lebenden Menschen hat es den Anschein, als sei dies die natürliche Ordnung der Dinge, aber unsere Vorfahren hätten sich sehr darüber gewundert, konnten sie doch über Tausende von Jahren hinweg keinerlei Fortschritt erkennen – und wenn es Fortschritt gab, mussten sie mitansehen, wie anschließende Rückschläge diesen wieder zunichtemachten. Und allem Anschein nach werden sich auch unsere Kinder und Kindeskinder darüber wundern.

Wie wir oben bereits erwähnten und im weiteren Verlauf noch sehen werden, ist das Bruttoinlandsprodukt kein guter Indikator für den Wohlstand. Aber damit nicht genug, eignet es sich auch nur bedingt dazu, die Einkommensentwicklung zu beurteilen. Es enthält in den Vereinigten Staaten erzeugtes Einkommen von Ausländern, Einkommen in Form von nicht ausgeschütteten Unternehmensgewinnen (die letzten Endes den Aktionären gehören) sowie Überschüsse von lokalen, staatlichen und Bundesverwaltungen. Der Teil des Nationaleinkommens, der den Familien zur Verfügung steht, nachdem sie Steuern bezahlt und Transferleistungen bezogen haben, ist das *verfügbare Einkommen*, dessen Entwicklung wir an der zweiten Linie von oben verfolgen können. Dieses Einkommen fällt deutlich geringer aus als das BIP, aber die historische Entwicklung und die Schwankungen beider Indikatoren sind sehr ähnlich. Ein entsprechendes Bild gewinnen wir, wenn wir uns statt des Einkommens ansehen, was die Menschen ausgeben: Die dritte Linie veranschaulicht die *Konsumausgaben*. Die Differenz zwischen dem verfügbaren Einkommen und den Konsumausgaben ist der Betrag, den die Haushalte sparen. Das Diagramm veranschaulicht, dass die Sparquote in den Vereinigten Staaten vor allem in den letzten 30 Jahren gesunken ist. Wir wissen nicht genau, woran das liegt, aber es gibt mehrere mögliche Erklärungen: Heute bekommt man leichter Kredit als früher, und man muss nicht mehr so hohe Anzahlungen wie in der Vergangenheit leisten, wenn man ein Haus, ein Auto oder eine Spülmaschine kaufen will. Die Menschen verlassen sich auf das soziale Sicherheitsnetz und halten es nicht mehr für notwendig, für den Ruhestand zu sparen; der Durchschnittsamerikaner hat – zumindest bis zur Finanzkrise – von der guten Entwicklung der Börsen und der Immobilienpreise profitiert.

Kapitalerträge kann man zu Geld machen und ausgeben, oder man kann sie ohne zu sparen zur Vermögensbildung verwenden. Die Volkswirte definieren Ersparnisse als *Differenz* zwischen Einkommen und Konsum, jeweils festgelegt als Geldströme pro Zeiteinheit. Das *Vermögen* ist keine Stromgröße, sondern eine *Bestandsgröße*, das heißt, es umfasst das gesamte Guthaben zu einem gegebenen Zeitpunkt. Das Vermögen steigt durch Kapitalerträge und sinkt durch Verluste (insgesamt haben die Amerikaner infolge der Finanzkrise von 2008 etwa die Hälfte ihres Vermögens verloren). Das Vermögen steigt auch, wenn eine Person Ersparnisse anhäuft, und es sinkt, wenn sie »entspart«, also mehr Geld ausgibt, als sie verdient. Dies geschieht beispielsweise im Ruhestand oder während einer vorübergehenden Arbeitslosigkeit.

In dem Diagramm sehen wir auch, wofür die Menschen ihr Geld ausgeben. Die Ausgaben sind in zwei weit gefasste Kategorien unterteilt, nämlich in Ausgaben für Güter (mehr als ein Drittel der Gesamtausgaben im Jahr 2012) und in Ausgaben für Dienstleistungen. Die beiden größten Posten in der Kategorie Dienstleistungen sind Unterkunft und Betriebskosten – auf die gegenwärtig rund

2 Billionen Dollar im Jahr oder 18 Prozent der Konsumausgaben entfallen – sowie die Gesundheit, für die die Amerikaner rund 1,8 Billionen Dollar (16 Prozent) ausgeben. Etwa ein Drittel der Ausgaben für Güter entfallen auf langlebige Konsumgüter – Kraftfahrzeuge, Möbel, Elektronik und dergleichen –, während zwei Drittel des Geldes in dieser Kategorie für Verbrauchsgüter ausgegeben werden, das heißt für Dinge wie Lebensmittel und Kleidung. Für Lebensmittel setzen die Amerikaner heute nur noch 7,5 Prozent ihres verfügbaren Einkommens ein – dieser Anteil steigt auf 13 Prozent, wenn wir auch Lebensmittel berücksichtigen, die außer Haus konsumiert werden. Dies sind die Ausgaben für das materielle Wohlergehen, und ihr Anstieg im letzten Jahrhundert zeigt, dass die Zunahme der Lebenserwartung von einem immer größeren Wohlstand begleitet wurde. Wir leben heute nicht nur länger, sondern auch besser.

Der materielle Wohlstand und die Kennzahlen, die wir verwenden, um ihn zu messen – BIP, Haushaltseinkommen und Konsum – sind in jüngster Zeit in die Kritik geraten. Wir hören, höhere Ausgaben seien nicht gleichbedeutend mit einem besseren Leben, und Kirchenvertreter und andere Moralapostel warnen uns regelmäßig vor dem verderblichen Materialismus. Doch selbst unter jenen, die stetes Wirtschaftswachstum begrüßen, erheben viele Einwände gegen die heutige Definition des Bruttoinlandsprodukts und die Verfahren, mit denen man es misst. Wichtige Tätigkeiten wie die Arbeit von Hausfrauen oder Freizeitaktivitäten sind zum einen im BIP nicht einbezogen, und selbst jene Dinge, die Berücksichtigung finden, werden oft nicht richtig gemessen. Auf der anderen Seite enthält das BIP Posten, die eigentlich unberücksichtigt bleiben sollten, etwa die Kosten der Beseitigung von Umweltschäden, des Baus von Gefängnissen oder des Pendlerverkehrs. Diese »defensiven« Ausgaben können nicht als an sich gut bezeichnet werden, vielmehr sind sie leider notwendig, um gute Dinge zu ermöglichen.[4] Wenn die Kriminalität zunimmt und mehr Geld für Gefängnisse ausgegeben wird, steigt das BIP, genauso wenn wir den Klimawandel ignorieren und immer mehr Geld ausgeben müssen, um nach Waldbränden und Überschwemmungen die Schäden zu beheben. Wir beziehen die Instandsetzungsarbeiten in die Kalkulation mit ein, aber die Faktoren der Zerstörung blenden wir aus.

Das BIP sagt nichts darüber aus, wer was bekommt. Abbildung 23 verrät uns, dass es mehr von allem gibt, aber es verschweigt, wer dieses »Mehr« bekommt. Diese gravierenden Probleme bei Definition und Messung müssen wir untersuchen. Es ist von größter Bedeutung, etwas über die Verteilung zu erfahren, und ein wesentlicher Teil dieses Kapitels ist dieser Frage gewidmet. Aber zunächst möchte ich mich der Bedeutung des materiellen Wohlstands zuwenden und erklären, warum das Wirtschaftswachstum wichtig ist und gegen den Vorwurf verteidigt werden muss, es trage wenig oder gar nicht zum Wohlergehen der Menschen bei.

Voraussetzung für Wirtschaftswachstum sind Investitionen in Dinge – in neue Maschinen oder grundlegende Infrastrukturen wie Autobahnen oder Breitbandverbindungen – sowie in Menschen, die eine bessere Bildung benötigen. Wissen muss erworben und verbreitet werden. Zum Teil ist diese Verbreitung das Ergebnis neuer Forschung, zum Teil wird sie durch technische Neuerungen ermöglicht, die Wissenschaft in Güter und Dienstleistungen verwandelt, sowie durch die unablässige Abwandlung und Verbesserung des Designs, die beispielsweise das Modell T von Ford im Laufe der Zeit in einen Toyota Camry oder meinen klobigen PC von 1983 in den eleganten, federleichten und unendlich viel leistungsfähigeren Laptop verwandelt haben, auf dem ich dieses Buch schreibe. Investitionen in Forschung und Entwicklung regen die Innovation an. Dabei können neue Ideen von überall herkommen: Das Wissen ist nicht national beschränkt, sondern wird international vermittelt, wodurch sich neue Ideen rasant verbreiten können. Für die Innovation werden auch Entrepreneure und risikofreudige Manager benötigt, die Wege finden, um wissenschaftliche

Erkenntnisse und technische Fortschritte in einträgliche neue Produkte und Dienstleistungen zu überführen. Ohne geeignete Institutionen gestaltet sich dies schwierig. Die Innovatoren müssen vor Enteignung geschützt sein, es bedarf eines funktionierenden Rechtswesens, um Streitigkeiten beizulegen und Patente zu schützen, und die Steuern dürfen nicht zu hoch sein. Sind alle diese Bedingungen erfüllt – was in den Vereinigten Staaten anderthalb Jahrhunderte lang der Fall war –, so wird ein nachhaltiges Wirtschaftswachstum möglich und der Lebensstandard steigt.

Lohnen sich diese Neuerungen? Abgesehen davon, dass neue Güter und Dienstleistungen den Menschen die Chance eröffnet haben, Armut und Entbehrungen hinter sich zu lassen, versetzen sie uns in die Lage, Dinge zu tun, die zuvor unmöglich waren, und diese neuen Möglichkeiten verbessern unser Leben. Nehmen wir einige der Neuerungen in den Blick und denken wir kurz darüber nach, wie das Leben verlief, als es sie noch nicht gab. Eine Vielzahl von Haushaltsgeräten haben die Menschen und insbesondere die Frauen von monotoner Schufterei befreit. Die wöchentliche Wäsche nahm früher einen ganzen Tag in Anspruch: Auf Kohleöfen wurde Wasser gekocht, die schmutzige Kleidung musste von Hand gewaschen, aufgehängt und gebügelt werden. In einer schottischen Werbeanzeige aus den 50er Jahren des vergangenen Jahrhunderts hieß es, ein neues Waschpulver spare »jeden Montag Kohle«. Schon im alten Rom kannte man fließendes Wasser und gute Abwassersysteme, aber erst steigende Einkommen machten diese Annehmlichkeiten für uns alle zugänglich. Dank besserer Verkehrsmittel genießen wir persönliche Freiheit, können unseren Wohnort wählen, zahlreichen neuen Freizeitaktivitäten nachgehen und mehr Zeit mit unseren Freunden und unserer Familie verbringen – wie es die Gegner des materialistischen Lebensstils fordern. Dank der Luftfahrt können sich große Bevölkerungsgruppen in der Welt bewegen. Wir alle können den ganzen Tag mit unseren Kindern und Freunden Kontakt haben, wir können Freundschaften zu Menschen pflegen, die Tausende Kilometer entfernt leben, und wir können überall jederzeit Literatur, Musik und Filme genießen. Im Internet finden wir Information und Unterhaltung im Überfluss, und ein Großteil davon ist völlig kostenlos. Neue medizinische Therapien wie die medikamentöse Bluthochdrucktherapie, mit denen wir uns in Kapitel 4 beschäftigt haben, verlängern unser Leben, damit wir diese Möglichkeiten nutzen können, und dank anderer Behandlungsmethoden – darunter Hüftimplantate und Kataraktoperationen – können wir sie wirklich genießen. Wir bezahlen zu viel für die medizinische Versorgung, doch das schmälert nicht die Leistungen der Medizin. Niemand bestreitet, dass das Wirtschaftswachstum eine Schattenseite hat, aber alles in allem verbessert es unser Leben beträchtlich.

Abhängig davon, welchen Standpunkt man einnimmt, kann man diese Aufzählung der segensreichen materiellen Innovation entweder für banal und gewöhnlich oder für zu wenig gewöhnlich halten. Doch wie dem auch sei, solche Listen zeigen, wie wenig überzeugend die Behauptung ist, keiner dieser Fortschritte trage zum Wohl der Menschen bei oder wir wollten diese Dinge nur, weil unsere Nachbarn sie haben.

Aber gibt es nicht Belege dafür, dass die Amerikaner trotz all des Wohlstands, den sie im vergangenen halben Jahrhundert angehäuft haben, nicht glücklicher sind als früher? Widersprechen diese Erkenntnisse nicht der Vorstellung, Wirtschaftswachstum sei etwas Gutes? Nicht unbedingt. Wie wir in Kapitel 1 gesehen haben, bekommt man auf die Frage, ob jemand glücklich ist, ganz andere Antworten als auf die Frage, ob jemand mit seinem Leben zufrieden ist. In Kapitel 1 (Abbildung 7) haben wir gesehen, dass Dänen und Italiener weniger glücklich sind als Bangladeschis und Nepalesen, obwohl sie überzeugt sind, dass sie ein sehr viel besseres Leben führen. Wir wissen nicht, was die Amerikaner auf die Frage geantwortet hätten, wie sie ihr Leben in den letzten 100 Jahren bewerten. Es liegen keine Daten dazu vor. Wichtiger ist, dass wir über die Einkommensverteilung nachdenken. Wie wir sehen werden, entspricht das in Abbildung 23 dargestellte Wirtschaftswachstum keineswegs der Erfahrung der amerikanischen Durchschnittsfamilie. Insbesondere seit den 70er Jahren ist ihr Einkommen bei weitem nicht so deutlich gestiegen. Das Problem dieses Bevölkerungsteils besteht nicht darin, dass seine Mitglieder ein spektakuläres Wirtschaftswachstum erlebt haben und nicht damit zufrieden sind. Ihr Problem ist, dass sie von diesem Wachstum wenig oder gar nicht profitiert haben. Daher kann es kaum überraschen, dass diese Menschen nicht glücklicher in ihrem Leben sind.

Das Einkommenswachstum ist zu begrüßen, denn es eröffnet den Menschen größere Chancen auf ein gutes Leben. Allerdings müssen wir uns vor Augen halten, was in Abbildung 23 erfasst wurde und was nicht. Die Freizeit bleibt völlig außen vor. Wenn Menschen beschließen, weniger zu arbeiten und sich mehr Zeit für Dinge zu nehmen, die ihnen mehr wert sind als ihre Arbeit, werden das Nationaleinkommen und die Konsumausgaben sinken. Das französische Pro-Kopf-BIP ist unter anderem deshalb geringer als das amerikanische, weil die Franzosen mehr Urlaub nehmen. Doch man kann kaum behaupten, es ginge ihnen deshalb schlechter. Das BIP enthält auch keine Dienstleistungen, die nicht auf dem Markt verkauft werden: So kommt es, dass die Tätigkeit einer Frau, die zu Hause bleibt, um ihre Familie zu versorgen, nicht erfasst wird, während ihre Leistung sehr wohl in die Berechnung des Nationaleinkommens eingeht, wenn dieselbe Frau im Haus einer anderen Familie arbeitet. Wenn der Freizeitgenuss dadurch verbessert wird, dass im Internet hochwertige Unterhaltungsangebote zu geringen Kosten bereitgestellt werden, können wir auch den Nutzen dieser Verbesserung nicht erfassen. Es gibt durchaus gute (wenn auch einigermaßen technische) Gründe dafür, dass die Dinge so gehandhabt werden, aber diese Beispiele verdeutlichen, dass es tatsächlich problematisch ist, das Bruttoinlandsprodukt als Wohlstandsindikator anzuführen.

Die Freizeit nicht zu berücksichtigen ist unter anderem deshalb bedenklich, weil die Amerikaner ihre Zeit heute ganz anders nutzen als vor 50 Jahren. Die bedeutsamste Veränderung besteht darin, dass heute mehr Frauen einer Erwerbsbeschäftigung nachgehen, darunter insbesondere Frauen, die mit hochqualifizierten Männern verheiratet sind. Wenn wir Freizeit positiv und Arbeit negativ besetzen, geht es diesen Frauen schlechter, weil sie Freizeit verloren haben. Bei Frauen, die eine zweite oder dritte schlecht bezahlte Arbeit annehmen müssen, um über die Runden zu kommen, trifft diese Feststellung tatsächlich zu, und wenn wir das zusätzliche Einkommen berücksichtigen, die verlorene Freizeit jedoch außer Acht lassen, überschätzen wir ihr Wohlergehen. Aber für viele Frauen ist es ein großer Fortschritt, dass sie außerhalb des Hauses arbeiten können. Vor einem halben Jahrhundert hatten sie diese Möglichkeit noch nicht. Wir müssen wiederum auch darauf achten, die »Freizeit« von Arbeitslosen nicht als Nutzen zu zählen. Wer seine Arbeit verloren hat, hat sich nicht aus freien Stücken entschlossen, mehr Zeit zu Hause zu verbringen, und in zahlreichen Studien wurde nachgewiesen, dass Arbeitslose zu den unzufriedensten Menschen überhaupt zählen. Daher würde man die für Abbildung 23 verwendeten Daten durch eine automatische Bereinigung um den Wert der Freizeit nicht verbessern.

Etwa zwei Drittel der Amerikaner wohnen in Eigenheimen und zahlen keine Miete. Sie genießen einen geldwerten Vorteil – sie leben mietfrei in ihren Häusern –, und die volkswirtschaftlichen Gesamtrechnungen weisen für diese Fälle einen entsprechenden Wert bei den Konsumausgaben, beim verfügbaren Einkommen und beim BIP aus. Tatsächlich sind die Statistiker zu dem Schluss gelangt, dass Personen, die in ihrem eigenen Haus wohnen, eine Miete an sich selbst zahlen, weshalb dieser gewaltige Betrag (1,2 Billionen Dollar im Jahr 2011) sowohl unter unserem Einkommen als auch unter unseren Ausgaben verbucht wird. Der britische Staat führte im Rahmen seines Einkommensteuersystems »reale«

Steuern auf dieses »imaginäre« Einkommen ein, und ich erinnere mich, dass sich mein gesetzestreuer und normalerweise sehr zurückhaltender Vater jedes Mal in eine regierungsfeindliche Tirade hineinsteigerte, wenn der Steuerbescheid ins Haus flatterte. Die Buchführer berücksichtigen diese »Mietzahlungen« mit Recht (obwohl der Staat vermutlich gut beraten ist, sie nicht zu besteuern), aber diese und viele andere »Zurechnungen« sorgen dafür, dass die Vorstellung, die die Statistiker von den Einkommen der Bürger haben, unvereinbar mit der Vorstellung ist, die sich die Bürger selbst davon machen. Die persönlichen Einkommen und Ausgaben beinhalten auch die Beträge, die der Staat stellvertretend für die Konsumenten in das Gesundheitswesen investiert, während die staatlichen Aufwendungen für die Bildung aus rätselhaften technischen Gründen *nicht* berücksichtigt werden.

Wenn Ihnen ein Politiker sagt, Sie hätten es nie so gut gehabt wie heute, während Sie selbst einen ganz anderen Eindruck haben, werden Sie sich kaum mit seiner Erklärung zufriedengeben, es gehe Ihnen gut, weil die Miete, die Sie an sich selbst zahlen, gestiegen ist oder weil der Staat eine bessere medizinische Versorgung für ältere Menschen bezahlt.

Die Ausgaben für die Gesundheit sind fast so hoch wie jene für das Wohnen, und den Wert der Gesundheitsfürsorge zu messen ist noch schwieriger. Wir wissen, was das Gesundheitswesen *kostet*, aber sein Nutzen ist ungewiss und schwer zu bewerten. Würde die medizinische Versorgung wie Thunfischdosen oder iPads auf dem Markt verkauft werden, so könnten wir sie anhand der Preise bewerten, die die Konsumenten dafür bezahlen. Aber die medizinische Versorgung wird im Wesentlichen von Versicherungen oder vom Staat bezahlt, was uns nichts darüber sagt, welchen Wert sie für die Patienten hat. Mangels besserer Möglichkeiten wird das Gesundheitswesen in den volkswirtschaftlichen Gesamtrechnungen an seinen Kosten gemessen. Diejenigen, die glauben, die Gesundheitsfürsorge sei mehr wert als das, erklären, auf diese Art werde der Beitrag der medizinischen Versorgung zum Wohlergehen der Menschen unterschätzt. Diejenigen, die auf die Verschwendung im Gesundheitssystem hinweisen, behaupten das Gegenteil. Einigkeit besteht lediglich darüber, dass der Wert der medizinischen Versorgung nicht richtig gemessen wird.

In meiner Bewertung der Segnungen, die uns das Wirtschaftswachstum beschert, habe ich den Wert neuer Güter hervorgehoben. Allerdings glauben viele Ökonomen, dass die volkswirtschaftlichen Gesamtrechnungen den Wert insbesondere radikal neuer Güter nicht richtig wiedergeben. Dasselbe gilt für Verbesserungen der Qualität vorhandener Güter: Hemden müssen nicht mehr gebügelt werden, Telefone lassen sich mit Sprachbefehlen steuern, Autos werden sichererer und Computer schneller. All das findet Eingang in die volkswirtschaftlichen Gesamtrechnungen, aber niemand ist der Meinung, dass wir genau wissen, wie wir diese Güter richtig bewerten können. Einige Volkswirte glauben, Wirtschaftswachstum bestehe vor allem darin, dass *mehr* Dinge produziert werden – mehr Häuser, mehr Röcke und Hemden, mehr Tische und Stühle –, obwohl es heute vor allem darum geht, *bessere* Dinge zu produzieren. Aber das »Besser« ist sehr viel schwieriger zu messen als das »Mehr«, weshalb zumindest die Möglichkeit besteht, dass den Statistikern im Laufe der Zeit immer mehr entgeht.

Es kann durchaus sein, dass die Mehrheit der Volkswirte der Meinung ist, die Zahlen, die Abbildung 23 zugrunde liegen, würden der Verbesserung des Lebens der Amerikaner nicht gerecht. Aber bisher hat niemand eine überzeugende Lösung gefunden, um dies zu korrigieren. Nicht alle Güter und Dienstleistungen sind heute besser als früher. Die Banken haben uns mit dem Bankautomaten das Leben erleichtert, denn wir müssen uns nicht mehr in einer Filiale am Schalter anstellen, wenn wir Geld abheben wollen. Dass aber auch die skrupellosen Kreditvergabepraktiken, die zur Finanzkrise geführt haben, den Bankkunden zugutegekommen wären, kann man wohl kaum behaupten.

Im goldenen Apfel des materiellen Fortschritts versteckt sich ein Wurm, der in Abbildung 23 zu erkennen ist: Das durchschnittliche Wachstum verlangsamt sich, weshalb der Wohlstandszuwachs von Generation zu Generation schrumpft. Wenn wir uns das Bruttoinlandsprodukt genauer ansehen und seine Entwicklung vor und nach 1970 vergleichen, stellen wir fest, dass sich das Wachstum schon vor der Finanzkrise verlangsamt hat. Die Zahlen sprechen eine deutlichere Sprache: Im Jahrzehnt von 1950 bis 1959 stieg das Pro-Kopf-BIP um 2,3 Prozent pro Jahr, in den 60er Jahren waren es 3,0 Prozent jährlich, in den 80er Jahren 2,0 Prozent, in den 90er Jahren 1,9 Prozent und im ersten Jahrzehnt des 21. Jahrhunderts nur noch 0,7 Prozent. Selbst wenn wir die Jahre 2008 und 2009 nicht berücksichtigen, kommen wir in diesem Zeitraum nur auf ein durchschnittliches jährliches Wachstum von 1,6 Prozent. Der Unterschied zwischen 3,0 und 1,6 Prozent scheint nicht allzu groß zu sein, aber wenn man diese Differenz in langfristige Wachstumsraten übersetzt, stellt sich heraus, dass sich der Lebensstandard über einen Zeitraum von 25 Jahren bei einem jährlichen Durchschnittswachstum von 3,0 Prozent mehr als verdoppelt, während er bei einem durchschnittlichen Wachstum von 1,6 Prozent um weniger als die Hälfte steigt. Wenn die Wirtschaft wächst, gibt es (zumindest potentiell) mehr für alle, und je schneller der Kuchen größer wird, desto weniger streitet man sich über die Verteilung, denn jeder kann mehr bekommen, ohne dass jemand anderer etwas verlieren muss.

Das Wachstum scheint sich tatsächlich zu verlangsamen. Aber wenn es zutrifft, dass uns einige Verbesserungen im Zuge der errungenen Güter und Dienstleistungen wiederum entgehen, überschätzen wir möglicherweise das Ausmaß des Problems oder sehen sogar eine Verlangsamung, wo es gar keine gibt. Da der Anteil der Dienstleistungen am Bruttoinlandsprodukt steigt und die Dienstleistungen besonders schwer zu messen sind, könnte es sein, dass den Volkswirten im Laufe der Zeit immer mehr entgeht. Dasselbe gilt für alle neuen internetgestützten und elektronischen Güter, die erst seit kurzem verfügbar sind und deren Nutzen mit einiger Sicherheit nicht in vollem Umfang von den Statistiken erfasst wird. Die medizinische Versorgung wird offenkundig besser, und der daraus resultierende Anstieg der Lebenserwartung schlägt sich in den Statistiken nicht nieder. Aber es ist auch klar, welche Probleme unbeholfene Korrekturversuche heraufbeschwören würden.

Wie wir in Kapitel 4 gesehen haben, ist der Anstieg der Lebenserwartung teilweise auf die medizinische Versorgung, in erster Linie jedoch auf Verhaltensänderungen zurückzuführen – beispielsweise geben viele Menschen das Rauchen auf. Wenn wir also den Wert der zusätzlichen Lebensjahre messen – allerdings ist die Berechnung schwierig und umstritten – und ihnen die entsprechenden Gesundheitskosten zuordnen, können wir das BIP-Wachstum leicht nach oben korrigieren. Doch diese Korrektur wäre *falsch*: Auch hier würde das statistische Heilmittel die statistische Krankheit wahrscheinlich nur verschlimmern. Dennoch wird sich das Problem der Unterschätzung von Faktoren nicht in Luft auflösen, und wir werden ihm in diesem Kapitel noch einige Male begegnen.

Armut in den Vereinigten Staaten

Wie sich die Verlangsamung des BIP-Wachstums auf die Benachteiligten ausgewirkt hat, lässt sich an der veränderten Zahl der Armen ablesen. In Abbildung 24 sehen wir die Entwicklung der alljährlich vom Bureau of the Census veröffentlichten amtlichen Armutsquote. Die dicke Linie unten gibt Aufschluss über den Prozentsatz der Amerikaner, die in Armut leben. Ihr Anteil sank von 22 Prozent im Jahr 1959 (Beginn der Datenreihe) auf einen Tiefststand von 11 Prozent im Jahr 1973, um anschließend um einen Zentralwert zu schwanken. Im Jahr 2010 wurden 15 Prozent der

Bevölkerung als arm eingestuft. Das entspricht einem Anstieg von 2,5 Prozent gegenüber der Zeit vor der Finanzkrise. Es ist durchaus Kritik an der Art und Weise angebracht, wie diese Zahlen ermittelt werden, aber auf den ersten Blick besteht ein erstaunlicher Widerspruch zwischen dem *positiven* Bild des Fortschritts in Abbildung 23 und dem *negativen* Bild der Armut in Abbildung 24, insbesondere mit Blick auf die Verlangsamung des Wirtschaftswachstums ab dem Jahr 1970. Die Wirtschaft hörte nach 1973 nicht auf zu wachsen, sondern das Pro-Kopf-Einkommen erhöhte sich zwischen 1973 und 2010 um mehr als 60 Prozent. Aber dieses Wachstum führte nicht zu einer Verringerung der Armutsquote. Wer auch immer in den Genuss der höheren Einkommen kam, es waren nicht die amtlich als arm eingestuften Menschen. Zwar ergeben sich bei der Messung die üblichen Probleme – für die Armutsstatistiken werden die Einkommen anders definiert als für die BIP-Statistiken –, aber das erklärt nicht, warum das Wirtschaftswachstum die Armut nicht beseitigt hat.

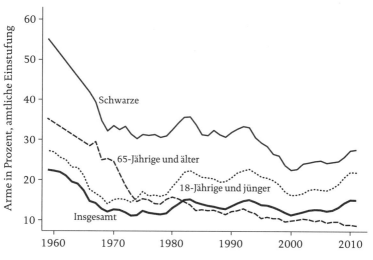

Abbildung 24:
Entwicklung der Armutsquote, 1959–2011

Die Armutsquote ist bei verschiedenen Gruppen unterschiedlich hoch. Das gilt insbesondere für die Zeit bis Mitte der 70er Jahre. Heute ist die Armutsquote bei Afroamerikanern und Hispanos (in der Abbildung nicht berücksichtigt) mit Abstand am höchsten, während der Anteil der Armen bei den älteren Menschen am geringsten ausfällt. Aber bei allen drei Gruppen ist die Armutsquote deutlich gesunken (das gilt insbesondere für die ersten Jahre, in denen sie ermittelt wurde). Die Verringerung der Altersarmut wird oft als einer der großen Erfolge des Sozialversicherungsprogramms bezeichnet, das den Amerikanern ab dem 65. Lebensjahr inflationsbereinigte Rentenzahlungen garantiert. Kinder sind eher von Armut bedroht als Erwachsene. Von entscheidender Bedeutung ist, dass die Armut in den vergangenen 30 Jahren weder bei Kindern noch bei einer anderen Gruppe oder der Gesamtbevölkerung verringert werden konnte. Dabei ist zu beachten, dass wir hier vom *Anteil* der Armen sprechen, weshalb die absolute *Zahl* der Armen aufgrund des Bevölkerungswachstums deutlicher steigt als die Armutsquote: Zwischen 1959 und 2011 erhöhte sich die Anzahl der in Armut lebenden Amerikaner von 6,7 Millionen auf 46,2 Millionen.

Nun müssen wir die Frage stellen, ob diese Zahlen, die eine trotz Wirtschaftswachstum steigende oder bestenfalls stagnierende Armutsquote zeigen, glaubwürdig sind oder ob die Berechnungsmethode möglicherweise fehlerhaft ist. Tatsächlich sind Zweifel an der Methode angebracht, die herangezogen wird, um zu bestimmen, wann ein Mensch als arm zu betrachten ist. Die Grundidee ist ganz einfach, nicht so ihre Umsetzung. Eine der schwierigsten Fragen lautet, wo die Armutsgrenze zu ziehen ist und wie sie im Laufe der Zeit angepasst werden muss.

Die Armutsgrenze für die Vereinigten Staaten wurde im Jahr 1963 von Mollie Orshansky ermittelt, einer Volkswirtin der Sozialversicherungsbehörde. Orshansky rechnete aus, wie viel eine vierköpfige Familie (zwei Erwachsene und zwei Kinder) in einem Jahr für Lebensmittel ausgeben musste, um sich ausreichend zu

ernähren, und verdreifachte diesen Betrag ausgehend von der Beobachtung, dass die durchschnittliche amerikanische Familie etwa
ein Drittel ihres Einkommens für Lebensmittel ausgab. So kam sie
auf einen Betrag von 3165 Dollar für das Jahr 1963. Im August 1969
wurde diese Zahl offiziell als Armutsgrenze für die USA festgelegt,
und seitdem ist sie abgesehen von der Inflationsanpassung unverändert geblieben. Der entsprechende Wert für das Jahr 2012 lag bei
23 283 Dollar. Es ist sehr sonderbar, dass diese Grenze nicht verändert wurde: Warum hält man nicht am ursprünglichen Verfahren
fest und berechnet die Armutsgrenze jedes Jahr neu? Stattdessen
beließ man es bei dem Wert aus dem Jahr 1963 und modifizierte
ihn allein durch die Inflationsrate.

Orshanskys »wissenschaftliche« Ableitung der Armutsgrenze –
die auf dem scheinbar vernünftigen und rhetorisch ansprechenden
Konzept der Ernährungsbedürfnisse beruhte – war nicht viel mehr
als ein Ablenkungsmanöver. Die Volkswirte der Regierung Johnson bereiteten den »Krieg gegen die Armut« vor und brauchten
eine Armutsgrenze. Sie übernahmen den Wert von 3000 Dollar,
weil er plausibel schien. Orshanskys Aufgabe war es, eine Zahl zu
liefern, die nicht so klang, als hätte sie sich jemand in der Kaffee-
pause ausgedacht. Bei ihrer ersten Berechnung, der sie eigentlich
den Vorzug gab, stützte sich Orshansky auf den »Plan für kostengünstige Ernährung« des Landwirtschaftsministeriums und kam
auf eine Zahl von etwas mehr als 4000 Dollar. Ein knapper kalku-
lierter »Plan für wirtschaftliche Ernährung« ergab die Grenze von
3165 Dollar, die von der Behörde übernommen wurde – nicht, weil
sie überzeugender oder wissenschaftlich fundierter war, sondern
weil sie den ursprünglichen 3000 Dollar näherkam![5]

Diese Geschichte erzähle ich nicht, um die Volkswirte in der
Johnson-Administration als perfide Betrüger zu entlarven oder
Zweifel an der wissenschaftlichen Integrität einer ausgezeichne-
ten Beamtin zu wecken. Vielmehr will ich verdeutlichen, dass die
Bürokraten recht hatten: Die Armutsgrenze muss sinnvoll und

sowohl für die Öffentlichkeit als auch für die Politiker akzeptabel sein. Tatsächlich führte Gallup zu jener Zeit mehrere Umfragen durch, in denen die meisten Befragten die Armutsgrenze bei etwa 3000 Dollar zogen.[6] Es war (und ist) praktisch, bei der Berechnung von den Ausgaben für Lebensmittel auszugehen, denn die Menschen neigen dazu, Armut mit Hunger gleichzusetzen, und sind vielleicht eher bereit, Sozialtransfers an die Armen zu akzeptieren, wenn sie glauben, sie würden damit Menschen unterstützen, die nicht genug zu essen haben. Die auf den Nahrungserfordernissen beruhende Berechnung erweckt den Eindruck, die Armutsgrenze sei von »Experten« gezogen worden, obwohl es keine Experten für die »Erfordernisse« einer in Armut lebenden Familie gibt – wenn man einmal von der armen Familie selbst absieht.

Dass Rhetorik und Realität dieselbe Antwort gaben, war sehr vorteilhaft, als im Jahr 1963 die Armutsgrenze festgelegt wurde. Als weniger vorteilhaft erwies sich dies in späteren Jahren, als verschiedene Zugänge zur Aktualisierung der Grenze zu verschiedenen Ergebnissen führten. Wenn Orshanskys Ansatz richtig ist, muss die Armutsgrenze jedes Jahr ausgehend von einem neuen Plan für wirtschaftliche Ernährung und einem neuen Multiplikator neu berechnet werden. Wenn wir das Gallup-Verfahren vorziehen, müssen wir die Grenze abhängig von aktuellen Umfrageergebnissen ziehen. (Ich ziehe die zweite Methode vor: Wenn wir vorhaben, einen Teil der Bevölkerung als arm einzustufen und diese Menschen entsprechend zu behandeln, indem wir ihnen beispielsweise Lebensmittelbeihilfen zugestehen, sollte die Einschätzung der Allgemeinheit – mit deren Steuern diese Unterstützung bezahlt wird – Einfluss darauf haben, wo die Armutsgrenze gezogen wird.) Aber keine der beiden Methoden wurde gewählt. Sieht man von einigen geringfügigen technischen Korrekturen und von der Inflationsanpassung ab, so ist die Armutsgrenze heute identisch mit der, die Orshansky – oder die Volkswirte der Johnson-Administration – im Jahr 1963 zogen. Wäre das von Orshansky gewählte

Verfahren aktualisiert worden – wie sie selbst immer wieder forderte –, so wäre die Armutsgrenze heute deutlich höher. Die aktuellen Gallup-Umfragen zeigen ebenfalls, dass die Öffentlichkeit die Armutsgrenze entsprechend dem Anstieg der Reallöhne anheben würde. In jedem Fall hätte der Wert im Laufe der Zeit steigen müssen, womit die Armutsquote *schneller* gestiegen wäre, als die Statistiken ausweisen. Man kann kaum behaupten, die amerikanische Volkswirtschaft scheine nur unfähig, die Armut schneller zu verringern, weil die Armutsgrenze nicht richtig aktualisiert werde. Das Gegenteil ist richtig: Würde man die Armutsgrenze richtig aktualisieren, so wäre die Armutsquote noch höher.

Die amerikanische Armutsgrenze hat sich in eine *absolute* Grenze verwandelt: Sie besagt, dass ein feststehender Geldbetrag nötig ist, um der Armut zu entkommen, und wird lediglich der Preisentwicklung angepasst. Sie stellt keine Beziehung zu den Einkommen anderer Personen her und richtet sich nicht nach den geltenden ökonomischen Maßstäben. Eine absolute Armutsgrenze ist am ehesten dann sinnvoll, wenn es einen klar definierten Warenkorb von Gütern gibt, die die Menschen zum Leben brauchen. Die Armutsgrenze entspricht dann einfach den Kosten dieser Güter, und zur Aktualisierung einer solchen Grenze genügt es, die Preisänderungen der als notwendig ausgewiesenen Güter zu berücksichtigen, damit diese erschwinglich bleiben.

Dieser Zugang mag bei armen afrikanischen oder südasiatischen Ländern sinnvoll sein, aber arme amerikanische Familien sind weit von einem solchen Subsistenzniveau entfernt und brauchten auch im Jahr 1963 keinesfalls 3165 Dollar, um zu *überleben*. In den Vereinigten Staaten ist arm, wer nicht am gesellschaftlichen Leben teilhaben kann. Eine amerikanische Familie ist arm, wenn sie verglichen mit ihren Freunden und Nachbarn kein angemessenes Leben führen kann. Erreicht ein Mensch die für ihn geltenden sozialen Standards nicht, so lebt er in *absoluter* Entbehrung. Um diese absolute Entbehrung zu vermeiden, benötigt er wiederum eine *relative* Menge an Geld, das heißt einen Betrag, der den örtlichen Standards entspricht.[7] In reichen Ländern wie den Vereinigten Staaten kann man eigentlich nur eine *relative* Armutsgrenze ziehen. Und wenn man eine solche zieht, werden sowohl das Maß der Armut als auch ihre Wachstumsrate verglichen mit dem Jahr 1963 als zu niedrig angesetzt.

In einer Welt allgemein steigender Lebensstandards bedeutet eine absolute Armutsgrenze, dass sich die Lebensqualität der Armen immer weiter von jener der gesellschaftlichen Mitte entfernt. In den Vereinigten Staaten und anderen hoch entwickelten Ländern wird die Armutsgrenze herangezogen, um zu bestimmen, wer Anspruch auf verschiedene Sozialleistungen und Beihilfen hat. Wird dieser Maßstab nicht dem allgemeinen Fortschritt angepasst, so wird die Gruppe der Personen, die Anspruch auf diese Unterstützung haben, im Laufe der Zeit immer kleiner.

Dass die Armutsgrenze nicht angepasst wird, ist einer von vielen Mängeln bei der Messung der Armut in den Vereinigten Staaten. Ein weiterer Fehler ist, dass in den amtlichen Statistiken das Einkommen *vor* Steuern und Transfers herangezogen wird, um zu bestimmen, ob jemand arm ist oder nicht. Das ist ein gravierender Fehler. Die zahlreichen staatlichen Programme zur Armutsbekämpfung, darunter dasjenige für Lebensmittelmarken (das Supplemental Nutrition Action Program, SNAP) sowie Barzuschüsse, die im Rahmen des Steuersystems gewährt werden, finden keine Berücksichtigung. Die absurde Folge dieses Vorgehens besteht darin, dass diese Eingriffe, so wirksam sie auch sein mögen, um die *tatsächliche* Armut zu verringern, nicht geeignet sind, die *gemessene* Armut zu senken. Selbst wenn es einer innovationsfreudigen und effektiven Verwaltung gelänge, die Armut mit solchen Programmen zu *beseitigen*, würde sich das nicht in den amtlichen Statistiken niederschlagen. Ein solches Versagen ist mehr als eine theoretische Möglichkeit. Bessere Berechnungen zeigen, dass der Anstieg der allgemeinen Armutsquote nach 2006 (nicht jedoch die früheren Anstiege) sehr viel geringer ausgefallen wäre, hätte man einen umfassenderen Einkommensmaßstab verwendet.

Auch dieses Versagen sollte man nicht den Statistikern des Census Bureau anlasten: Das Problem ist seit langem bekannt, und das Census Bureau hat wichtige Beiträge zur Entwicklung besserer Maßstäbe geleistet.[8] Die Problematik besteht darin, dass die ursprünglichen Verfahren weder Beihilfen noch Steuergutschriften berücksichtigten, aus dem einfachen Grund, weil es beide im Jahr 1963 noch nicht gab und nur sehr wenige arme Personen Steuern zahlten. Darum wirkten sich die Fehler anfangs nicht aus. In den folgenden Jahren geriet dieser Umstand zu einer politischen Frage. Es ist schwierig, das Verfahren, mit dem man die Zahl der Armen erfasst, zu ändern – selbst wenn Einigkeit besteht, dass sich dadurch ein Fehler beheben lässt: Wir laufen so Gefahr, die Büchse der Pandora zu öffnen, die voll von komplexen und kontrovers diskutierten Fragen ist. Wenige Regierungen waren bereit, sich auf diese Diskussionen einzulassen.

Was können wir über die Entwicklung der Armutsquote in den Vereinigten Staaten seit den späten 1950er Jahren sagen? Wir wissen einiges über die Einkommen am unteren Ende der Verteilung, so dass wir trotz einer fehlerhaften offiziellen Armutsgrenze eine Aussage darüber treffen können, was geschehen ist. Zweifellos verringerte sich die Armut zwischen 1959 und 1975, und die Lage der älteren Menschen und der Afroamerikaner besserte sich deutlich. Außer Zweifel steht auch, dass sich der Fortschritt seit Mitte der 70er Jahre verlangsamte oder zum Stillstand kam. Diejenigen, die eine feststehende Armutsgrenze wie jene in den amtlichen Statistiken für einen geeigneten Maßstab halten, müssen zu dem Schluss gelangen, die Armutsquote sei trotz des kräftigen Wirtschaftswachstums in diesem Zeitraum unverändert geblieben.

Dieser negativen Einschätzung können wir widersprechen, indem wir einmal mehr darauf hinweisen, dass der Fortschritt unterschätzt wird, weil die Statistiken die Einführung neuer und die

Verbesserung existierender Güter nicht richtig wiedergeben. Das würde bedeuten, man überschätzt die Wirkung der Inflation, weil einige Preiserhöhungen darauf beruhen, dass Dinge nicht einfach nur teurer, sondern auch besser geworden sind. Wenn das stimmt, wird die Armutsgrenze zu schnell angehoben, womit ein stetig wachsender Teil der Armen überhaupt nicht arm ist.

So wir dieses Argument akzeptieren – und wir können unmöglich wissen, in welchem Umfang die Armen von nicht gemessenen Qualitätsverbesserungen profitieren –, besteht die Möglichkeit, den Kampf gegen die Armut schließlich doch noch zu gewinnen.[9] Denselben Schluss kann man aus der Tatsache ziehen, dass die Steuern und Sozialtransfers, die den Armen zugutekommen, nicht im amtlichen Maß enthalten sind. Berücksichtigt man diese Zuwendungen, so fällt nicht nur die Zunahme der Armut in Rezessionen geringer aus, sondern wir können auch langfristig eine deutlichere Verringerung der Armut verzeichnen.[10]

Wenn man jedoch wie ich der Meinung ist, dass die Armutsgrenze entsprechend der Entwicklung des Lebensstandards der typischen Haushalte angehoben werden müsste, so stellt sich heraus, dass sich die Armutsquote in den vergangenen vier Jahrzehnten trotz des durchschnittlichen Wirtschaftswachstums erhöht hat. Allgemein lässt sich sagen, dass das Wirtschaftswachstum in den Vereinigten Staaten in der Nachkriegszeit bis in die 70er Jahre dem größten Teil der Bevölkerung zugutekam. Von da an verlangsamte es sich, und die Menschen am unteren Ende der Einkommensverteilung profitierten nicht mehr davon. Die Nachkriegszeit lässt sich in zwei Phasen unterteilen: In der ersten Phase hatten die meisten Amerikaner Anteil an einem relativ schnellen Wachstum, wohingegen sich das Wachstum in der zweiten Phase verlangsamte und sich die Kluft zwischen den Armen und allen anderen Gruppen vergrößerte.

Die Armut wird in den Vereinigten Staaten ganz ähnlich gemessen wie in anderen Ländern der Welt. Die Wahl der Armutsgrenze ist fast immer umstritten, und es gibt zahlreiche für die Öffentlichkeit kaum durchschaubare technische Probleme bei der Definition und Messung der Einkommen. Die Frage, wie die Armutsgrenzen aktualisiert werden können, ist nicht leicht zu klären, was teilweise mit philosophischen und politischen Meinungsverschiedenheiten und teilweise damit zu tun hat, dass sich eine Änderung der Einstufungskriterien auch auf die Unterstützung der Betroffenen auswirkt: Einige Begünstigte werden profitieren, während andere Beihilfen verlieren. Jede Änderung bei der Berechnung der Armutsgrenze – sei es auch ein Eingriff, der dazu bestimmt ist, einen offenkundigen und allgemein anerkannten Fehler wie die Nichtberücksichtigung von Lebensmittelzuschüssen zu beheben – wird auf politischen Widerstand stoßen.

Die Armutsstatistiken sind Teil des staatlichen Instrumentariums, das gebraucht wird, um politische Maßnahmen zu gestalten, Einkommen umzuverteilen und zu verhindern, dass Menschen durch unglückliche Umstände in die Armut abgleiten. Sie sind Teil des Apparats, der für eine gerechte Verteilung sorgen soll. Ihre Existenz belegt, dass der Staat die Verantwortung für den Kampf gegen die Armut und für die Beseitigung ihrer schlimmsten Konsequenzen übernimmt. Dank dieser Statistiken können die Staaten die Armut »sehen«, wie es der Politikwissenschaftler James Scott ausgedrückt hat.[11] Auch hier zeigt sich: So schwierig es ist, ohne Messungen Politik zu betreiben, so unmöglich ist es, Messungen vorzunehmen, ohne die politische Dimension zu berühren.

Die Verteilung der Einkommen in den Vereinigten Staaten

Die Einkommensentwicklung kann man unter drei verschiedenen Gesichtspunkten betrachten: Wachstum, Armut und Ungleichheit. Das Wachstum gibt Aufschluss über die durchschnittliche

Veränderung, die Armut über die Lage am unteren Ende der Verteilung und die Ungleichheit darüber, wie die Einkommen auf die Familien oder Personen verteilt werden. Die Ungleichheit wird oft anhand des *Gini-Koeffizienten* gemessen. Dieser ist nach dem italienischen Ökonomen Corrado Gini benannt, der sich in der ersten Hälfte des 20. Jahrhunderts mit dem Problem der Ungleichheit beschäftigte. Der Gini-Koeffizient ist ein Wert, der zwischen 0 (vollkommene Gleichheit, alle haben gleich viel) und 1 liegt (vollkommene Ungleichheit, eine Person besitzt alles). Gemessen wird, wie weit verschiedene Menschen vom Durchschnittseinkommen entfernt sind. (Wenn Sie es genau wissen wollen: Der Gini-Koeffizient entspricht der durchschnittlichen Differenz zwischen den Einkommen sämtlicher Personenpaare geteilt durch das doppelte Durchschnittseinkommen. Nehmen wir an, Sie und ich sind zu zweit. Wenn Sie alles haben und ich nichts, ist die Differenz zwischen dem, was Sie und ich haben, das Doppelte des Durchschnitts, und der Gini-Koeffizient beträgt 1. Wenn wir beide gleich viel haben, beträgt die Differenz zwischen uns und damit der Koeffizient 0.)

Der Gini-Koeffizient blieb in den ersten drei Jahrzehnten nach dem Zweiten Weltkrieg weitgehend unverändert. Mitte der 70er Jahre begann er zu steigen. Dasselbe gilt für den Einkommensanteil der reichsten 10 Prozent, und zwar unabhängig davon, ob wir Einkommen vor oder nach Steuern betrachten. Das Durchschnittseinkommen ist gestiegen, während die niedrigsten Einkommen stagnieren. Dazu kann es nur kommen, wenn die Einkommen der nicht armen Personen schneller steigen als die der Armen. Solche Beschreibungen sind zutreffend, aber sie verraten uns nicht viel darüber, was geschehen ist oder warum es geschehen ist. Stattdessen müssen wir uns sämtliche Einkommen ansehen und herausfinden, aus welchen Quellen sie stammen und von welchen Kräften sie gestaltet wurden: Es geschieht sehr viel mehr als man in zwei oder drei Statistiken zusammenfassen könnte. Wir können uns die Einkommen der Amerikaner als einen breiten Strom vorstellen, dessen durchschnittliche Flussrate wenig darüber aussagt, was an den beiden Ufern, in den Strudeln oder in den trägen Nebengewässern geschieht.

In Abbildung 25 sehen wir, was an verschiedenen Punkten der Verteilung mit den Durchschnittseinkommen geschehen ist. Das Census Bureau berechnet diese Zahlen anhand der Daten, die alljährlich in einer Haushaltserhebung gesammelt werden: In dieser Erhebung werden die Familien nach ihrem Einkommen im Vorjahr gefragt. Die hier verwendeten Zahlen stammen aus dem März 2011, als 87 000 Familien nach ihrem Einkommen im Jahr 2010 gefragt wurden. Das Diagramm zeigt die Durchschnittseinkommen der Familien in den einzelnen Fünfteln (Quintilen) der Einkommensverteilung, und zwar zu inflationsbereinigten Preisen von 2010 auf einer logarithmischen Skala. Die oberste Linie gibt Aufschluss über die Durchschnittseinkommen der reichsten 5 Prozent der amerikanischen Familien. Im Jahr 1966 war ihr Durchschnittseinkommen elfmal so hoch wie das der ärmsten 20 Prozent der Familien. Bis 2010 stieg dieses Verhältnis auf das 21-Fache. Sämtliche Beträge werden vor Steuern und Beihilfen ermittelt, und Leistungen des Staates – etwa die umfassende medizinische Versorgung – werden nicht berücksichtigt. Wie wir sehen werden, sind einige dieser Auslassungen bedeutsam. In Abbildung 23 sind diese Leistungen sehr wohl berücksichtigt, was einer der Gründe dafür ist, warum sie ein vorteilhafteres Bild zeichnet als Abbildung 25.

Das Diagramm veranschaulicht eines der wichtigsten Merkmale der Entwicklung der Einkommensverteilung seit Ende der 60er Jahre. Bis Mitte der 70er Jahre profitierten alle Familien vom wachsenden Wohlstand. Aber seit damals haben sich die Einkommen der verschiedenen Gruppen auseinanderentwickelt. Wie wir bereits an den Zahlen zur Armut gesehen haben, hat das unterste Fünftel der Familien sehr wenig dazugewonnen. In den vergangenen 45 Jahren ist ihr durchschnittliches Einkommen um weni-

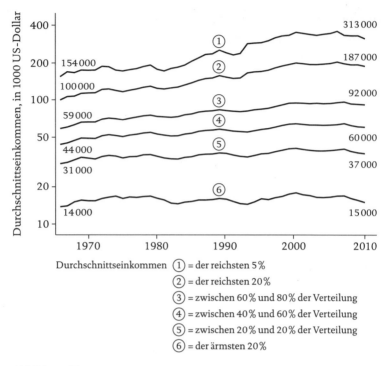

Abbildung 25:
Verteilung der Familieneinkommen in den Vereinigten Staaten

ger als 0,2 Prozent pro Jahr gestiegen, und schon vor Beginn der Rezession war ihr Realeinkommen nicht höher als Ende der 70er Jahre. Im Gegensatz dazu stieg das Durchschnittseinkommen des obersten Fünftels im selben Zeitraum um 1,6 Prozent pro Jahr. Noch schneller stieg das Durchschnittseinkommen der reichsten 5 Prozent, nämlich um 2,1 Prozent pro Jahr. Wenn wir die nicht gemessenen Qualitätsverbesserungen berücksichtigen, fällt der Zugewinn für die Familien im unteren Fünftel der Verteilung höher aus, aber die *Differenz* zwischen den Einkommenszuwächsen der Reichsten und Ärmsten bliebe unverändert.

Wie wir später sehen werden, weist dieses Diagramm zwei Mängel auf: Erstens reichen die Zeitreihen nicht weit genug in die

Vergangenheit zurück. Zweitens ist die Stichprobe zu klein, und die Einkommen der reichsten Haushalte werden nicht erfasst. Es ist sehr unwahrscheinlich, dass Bill Gates oder Warren Buffett jemals im Rahmen einer Haushaltserhebung zu ihrem Einkommen befragt werden. Mit beiden Defiziten werden wir uns später noch eingehend befassen, aber zunächst sollten wir uns auf die letzten 40 Jahre und auf die große Masse der Familien konzentrieren, die nicht mehrere Millionen Dollar im Jahr verdienen.

Ungleichheit auf dem Arbeitsmarkt

Der Arbeitsmarkt ist ein guter Ausgangspunkt, um sich mit den Einkommen zu beschäftigen: Die meisten Familien beziehen ihr Einkommen aus ihrer Erwerbstätigkeit, was zur Folge hat, dass Löhne und Gehälter großen Einfluss auf die Familieneinkommen haben. Der Arbeitsmarkt ist jedoch nur einer von mehreren Faktoren, die sich auf die Familieneinkommen auswirken. Viele Menschen – Hausfrauen, Rentner, Kinder, Arbeitslose oder Behinderte – beziehen kein Erwerbseinkommen und sind auf die Unterstützung ihrer Familie, auf eine Altersrente oder auf staatliche Zuwendungen angewiesen. Einige Personen sind Eigentümer von Unternehmen, so dass ihr Einkommen teilweise aus Erwerbseinkommen und teilweise aus Erträgen auf das in das Unternehmen investierte Kapital besteht. Andere beziehen Kapitaleinkünfte, das heißt die Dividenden und Erträge aus dem Vermögen, das sie, ihre Eltern oder weiter entfernte Vorfahren in der Vergangenheit angehäuft haben.

In vielen Familien gibt es mehrere Mitglieder, die ein Einkommen beziehen, und deren Zusammenleben wirkt sich darauf aus, wie die individuellen Einkommen in ein Familieneinkommen umgewandelt werden. Dies ist die Wirkung *demographischer Merkmale* auf die Einkommensverteilung. Eine Welt, in der die Männer arbeiten und die Frauen nicht, unterscheidet sich von einer Welt, in der beide Mitglieder von »Power-Paaren« Spitzengehälter beziehen, und die demographischen Veränderungen tragen zur wachsenden Ungleichheit bei.

Auch die staatliche Politik spielt eine wichtige Rolle. Die nationalen und örtlichen Regierungen entscheiden darüber, welcher Anteil des Einkommens besteuert werden soll, steuern das Rentensystem und das öffentliche Gesundheitswesen und legen eine Vielzahl von Vorschriften und Regeln fest, die sich auf die Tätigkeit der Unternehmen und die Funktionsweise des Arbeitsmarktes auswirken. Aufgabe der Politik ist es, Verteilungskonflikte zu lösen, und verschiedene Wähler- und Interessengruppen versuchen Einfluss auf die Eingriffe der öffentlichen Hand zu nehmen. Die wechselnde Größe und Macht dieser Gruppen und Organisationen – Gewerkschaften, Rentner, Einwanderer und sogar Häftlinge – wirken sich auf die Entwicklung der Einkommen aus. All das geschieht vor dem Hintergrund des technologischen Wandels, der Entwicklungen im Welthandel, der Migrationsbewegungen und sich wandelnder gesellschaftlicher Normen.

Die Einkommensverteilung kann weder auf einen Mechanismus wie das Wechselspiel zwischen Angebot und Nachfrage auf dem Arbeitsmarkt reduziert noch anhand eines einzigen Maßstabs der Ungleichheit wie des Gini-Koeffizienten gemessen werden. Sie ist das Ergebnis zahlreicher unterschiedlicher Prozesse, die ineinandergreifen. Die Geschichte spielt ebenso eine Rolle wie der Markt, die Politik und die Demographie.

Jan Tinbergen, einer der beiden Ökonomen, die den ersten Wirtschaftsnobelpreis erhielten, betrachtete die Entwicklung der Einkommensverteilung nicht, wie sie in der Vergangenheit betrachtet worden war, nämlich als Auseinandersetzung zwischen Arbeit und Kapital. Stattdessen sah er einen Wettbewerb zwischen technologischer Entwicklung und Ausweitung der Bildung.[12] Die Ökonomen Lawrence Katz und Claudia Goldin von der Universität

Harvard haben diese Analogie zur Beschreibung der jüngsten Entwicklungen auf dem amerikanischen Arbeitsmarkt verwendet.[13] Die Nutzung von Technologie am Arbeitsplatz erfordert Kenntnisse und eine spezielle Ausbildung, vielleicht aber auch nur die Anpassungsfähigkeit, die man durch eine gute Allgemeinbildung erwirbt. Genügt die Qualifikation der Arbeitskräfte den Erfordernissen des Marktes nicht mehr, steigt der Preis der Bildung, die Einkommen besser ausgebildeter Arbeitskräfte erhöhen sich überdurchschnittlich, und die Ungleichheit nimmt zu. Übersteigt das Bildungsniveau die Erfordernisse des Marktes – das geschah zum Beispiel während des Vietnamkriegs, als junge Männer, die ansonsten nicht studiert hätten, scharenweise in die Universitäten strömten –, so steigt das Angebot qualifizierter Arbeitskräfte. Dadurch sinkt der Preis der Qualifikation – der Qualifikationsbonus –, und die Einkommensungleichheit nimmt ab.

Anfang des 20. Jahrhunderts bestand das wesentliche Bildungsgefälle zwischen denen, die einen Mittelschulabschluss besaßen, und denen, die die Sekundarschule nicht abgeschlossen hatten. Heute ist das durchschnittliche Bildungsniveau sehr viel höher, und die Trennlinie verläuft zwischen denen, die einen Hochschulabschluss besitzen, und denen, die keine Universität besucht haben. Der technologische Wandel in der Produktion verschafft denjenigen einen Vorteil, die mehr Kenntnisse besitzen; dieser Trend wird als *qualifikationsverzerrter technologischer Fortschritt* bezeichnet. Vor langer Zeit haben wir den Schritt von der Feldarbeit zur Fließbandarbeit vollzogen. Heute muss man die Fähigkeit mitbringen, Computerprogramme zu schreiben, um neue Aufgaben zu bewältigen. Besser ausgebildete Arbeitskräfte können neue Technologien besser nutzen und sind eher in der Lage, die neuen Methoden anzupassen, zu verbessern oder abzuwandeln.

Das Bildungsniveau der Amerikaner ist im vergangenen Jahrhundert fast stetig gestiegen, wodurch das Angebot an Kompetenzen auf dem Arbeitsmarkt gesteigert wurde. In Ermangelung anderer Faktoren hätte diese Entwicklung den Wert der Bildung geschmälert und die Einkommenskluft zwischen den Erwerbstätigen mit und denen ohne Hochschulabschluss verringert. Aber die Kluft ist keineswegs geschrumpft, sondern gewachsen, und diese Entwicklung hat sich seit Ende der 70er Jahre beschleunigt. Wenn die Preise trotz eines wachsenden Angebots steigen, ist klar, dass die Nachfrage noch schneller gewachsen sein muss. Die Ökonomen führen diese Logik darauf zurück, dass immer mehr Kenntnisse erforderlich sind, um mit den neuen Informationstechnologien arbeiten zu können. Sie sind der Ansicht, die Beschleunigung des qualifikationsverzerrten technologischen Fortschritts in den vergangenen 30 Jahren sei der Hauptgrund für die wachsende Einkommensungleichheit. Der steigende Qualifikationsbonus, den Arbeitskräfte mit Hochschulausbildung einstreichen, führt den jungen Menschen vor Augen, dass ein Universitätsstudium aufgrund des technologischen Wandels an Wert gewinnt, und der Anstieg des durchschnittlichen Bildungsniveaus belegt, dass die Menschen auf dieses Signal reagieren.

Der rasche Wandel bei der Nutzung des Computers und der Funktionsweise des Internets sowie die Tatsache, dass Information immer leichter zugänglich wird, haben die Nachfrage nach Arbeitskräften erhöht, die diese Information bei eigenen Entscheidungen zu nutzen in der Lage sind. Aber seit dem Ende der 70er Jahre kann das Bildungsangebot nicht mehr mit der Nachfrage Schritt halten. Natürlich ist nicht sicher, dass sich dieser Trend unendlich fortsetzt. Wenn das Bildungssystem flexibler wird und die benötigten neuen Kenntnisse so rasch produzieren kann, wie die Nachfrage danach wächst, wird die Ungleichheit irgendwann nicht mehr weiter zunehmen.[14]

Wenn ein neuer Weg gefunden wird, um unsere täglichen Aufgaben zu erledigen, sollten wir das nicht als wissenschaftlichen Durchbruch betrachten, der aus heiterem Himmel dem Geist eines einsamen Genies entspringt. Vielmehr ist eine Neuerung normalerweise die Antwort auf ein wirtschaftliches oder gesellschaftliches Bedürfnis. Manchmal liegen die erforderlichen wissenschaftlichen Erkenntnisse und Konzepte schon vor, aber es werden Unternehmer und Techniker benötigt, die eine Chance zur gewinnbringenden Nutzung dieser Erkenntnisse erkennen und in der Lage sind, die Forschungsergebnisse in markttaugliche Lösungen zu verwandeln.

Der Ökonom Daron Acemoglu hat die Bedeutung eines solchen »gelenkten« technologischen Wandels hervorgehoben und erklärt, dass viele neue Methoden erst anwendbar werden, wenn es ein ausreichendes Angebot an qualifizierten Arbeitskräften gibt, die sie entwickeln und anwenden können.[15] Er betont, man könne daraus kaum den Schluss ziehen, das infolge des Vietnamkriegs steigende Qualifikationsniveau habe die Erfindung des Computers herbeigeführt, aber er stellt sich einen kumulativen Prozess vor, in dem der durch frühere technologische Fortschritte erzeugte Qualifikationsbonus mehr junge Menschen zu einem Studium bewegt. Das größere Angebot an hochqualifizierten Arbeitskräften beschleunigt den technologischen Fortschritt, wodurch der Qualifikationsbonus weiter steigt, und so weiter. Der Prozess wird erst zum Stillstand kommen, wenn wir alle Möglichkeiten der neuen Informationstechnologien ausgeschöpft haben, so dass die Erfinder ihre Aufmerksamkeit auf einen anderen Teil der Volkswirtschaft richten, so wie sie ihr Interesse von der Eisenbahn auf das Automobil und vom Automobil auf die Elektronik verlagerten. Wachsende Einkommensungleichheit ist ein Nebenprodukt dieses Mechanismus und trägt entscheidend dazu bei, das Angebot an Kenntnissen zu erhöhen. Während die Ungleichheit also an sich nicht zu begrüßen ist, gehört sie zu einem System, das den Lebensstandard für alle erhöht.

Eine passende Analogie ist die eines Elternpaars, das die ständige Unordnung in den Kinderzimmern satt hat und sich entschließt, das Taschengeld vom Zustand der Zimmer abhängig zu machen, um die Sprösslinge zum Aufräumen anzuhalten. Solche Maßnahmen sind normalerweise bis zu einem gewissen Grad wirksam: Das Familienleben funktioniert besser, die Eltern entspannen sich, und die Kinder entdecken, wie angenehm ein aufgeräumtes Zimmer ist. Aber dieses Vorgehen birgt auch Risiken: Reagiert eines der Kinder besser auf den Anreiz als seine Geschwister oder ist eines von Natur aus ordentlicher als die anderen, so werden die anfangs gleichen Taschengelder bald ungleich werden. In einer idealen Familie würden alle Kinder perfekte Ordnung in ihrem Zimmer halten und das volle Taschengeld erhalten. In realen Familien führen eindeutigere Anreize wie in realen Volkswirtschaften zu größerer Ungleichheit. Einige Eltern sehen darin möglicherweise kein Problem: Schließlich haben alle Kinder dieselben Möglichkeiten und sollten lernen, mit den Konsequenzen ihres Handelns zu leben. Andere Eltern werden einfühlsamer sein und verstehen, dass der Ordnungssinn bei ihren Kindern unterschiedlich ausgeprägt ist und dass jeder Mensch hin und wieder einen Fehler macht. Daher werden sie möglicherweise die Einschätzung ihrer Kinder teilen, dass die neue Ungleichheit unfair ist. Chancengleichheit ist keine Garantie für unzweifelhaft gerechte Ergebnisse.

Halten die Eltern lange genug an dem Anreizsystem fest, so kann die Ungleichheit noch größer werden, wenn die Kinder beginnen, einen Teil ihres Taschengelds zu sparen. Selbst wenn alle Kinder denselben Anteil davon zur Seite legen, fügt eines von ihnen seinen Ersparnissen stetig mehr Geld hinzu, womit sein Wohlstand mehr wächst als der seiner Geschwister. Das Sparen wird die Ungleichheit der Taschengelder erhöhen, und die Vermögensungleichheit wird rasch die Ungleichheit der elterlichen Zahlungen in den Schatten stellen, so wie die Vermögensungleichheit in der Volkswirtschaft die Einkommensungleichheit kaschiert. Die Ungleichheit wird sogar noch schneller zunehmen, wenn die Kinder, die einen angeborenen Ordnungssinn haben, gleichzeitig jene sind, die von Natur aus dazu neigen, Geld für die Zukunft zurückzulegen. Dasselbe passiert in der Volkswirtschaft, wenn diejenigen, die in die Zukunft blicken und größere Selbstbeherrschung besitzen, zugleich jene sind, die eher von der Bildung profitieren und mit größerer Wahrscheinlichkeit durch ihre dank einer guten Bildung angehäuften Ersparnisse ein Vermögen aufbauen. Sei es in Familien oder in Volkswirtschaften: Die Beziehung zwischen Anreizen und Ungleichheit ist konfliktträchtig.

Kommt die explosive Entwicklung der neuen Technologien wirklich allen zugute? Zweifellos besteht die Möglichkeit: Wenn bessere Lösungen gefunden werden, steht potentiell ein höheres Gesamteinkommen zur Verteilung bereit. Und selbst wenn der Qualifikationsbonus steigt, muss das an sich nicht dazu führen, dass die Löhne geringqualifizierter Arbeitskräfte sinken. Aber während aus Abbildung 25 kein Rückgang der *Einkommen* der unteren 20 Prozent der Familien hervorgeht, sieht das Bild bei den niedrigsten *Löhnen* anders aus: Diese sind real tatsächlich gesunken. Die Familieneinkommen sind nur stabil geblieben, weil mehr Frauen erwerbstätig geworden sind, weshalb heute eine größere Zahl von Familien mehr als ein Erwerbseinkommen bezieht.

Woran liegt es, dass die Einkommen dieser Gruppe nicht gestiegen sind? Ein Grund ist die Globalisierung: Die Erzeugung zahlreicher Produkte, die früher von geringqualifizierten Arbeitern in den Vereinigten Staaten hergestellt wurden, ist in ärmere Länder verlagert worden, und viele Unternehmen haben Tätigkeiten, die früher im Inland erledigt wurden, ins Ausland verlegt, darunter »Abwicklungsfunktionen« (wie die Bearbeitung von Versicherungsansprüchen) und Call Center. Auch die Einwanderung (sei sie legal oder illegal) wird dafür verantwortlich gemacht, die Löhne für geringqualifizierte Tätigkeiten unter Druck zu setzen, obwohl diese Behauptung umstritten ist und einige solide Studien gezeigt haben, dass diese Wirkung sehr beschränkt ist. Die steigenden Kosten der medizinischen Versorgung spielen ebenfalls eine wichtige Rolle: In den Vereinigten Staaten ist die Krankenversicherung für die meisten Beschäftigten Teil ihres Gehalts, und Studien zeigen, dass steigende Versicherungsbeiträge letzten Endes die Löhne und Gehälter schmälern.[16] Tatsächlich entwickeln sich die Durchschnittslöhne in den Phasen, in denen die Gesundheitskosten besonders schnell steigen, schlecht, und erholen sich, wenn die Krankenversicherungsbeiträge langsamer steigen.[17] Der für das Gesundheitswesen aufgewandte Anteil des BIP, der im Jahr 1960 bei nur 5 Prozent lag, stieg bis Mitte der 70er Jahre auf 8 Prozent und erreichte im Jahr 2009 fast 18 Prozent.

Selbst in geringqualifizierten Tätigkeiten hängt das Wohlergehen der Arbeitnehmer davon ab, welche Art von Qualifikation sie besitzen. In der ungünstigsten Lage befinden sich Personen, die einer mechanischen Büroarbeit nachgehen, die von einem Computer übernommen oder in Niedriglohnländer (jedoch nicht in die ärmsten Länder der Welt) verlagert werden kann. Trotzdem sind in den Tätigkeiten mit den niedrigsten Durchschnittslöhnen sowohl Löhne als auch Beschäftigung gestiegen: in Dienstleistungsjobs im Einzelhandel, im Gastgewerbe und im Gesundheitswesen, wo oft keine ausgeprägten kognitiven Fähigkeiten (wie sie an der Universität geschult werden), sondern zwischenmenschliche Kompetenzen gefragt sind. Diese Tätigkeiten können nicht von Computern übernommen werden. Vielfach werden sie traditionell von Frauen beherrscht, was den Druck auf die Männer, deren Arbeitsplätze verloren gingen, weiter erhöhte. Sehr viel reichere Personen, deren wirtschaftliche Position sich deutlich verbessert hat (dazu später mehr), nehmen Dienstleistungen von Kellnern und Köchen, Tagesmüttern, Kindermädchen, Geburtsbegleiterinnen, Hundesittern, Putzfrauen und Personal Shoppers in Anspruch, und manche beschäftigen ihren persönlichen Koch, Chauffeur und Piloten. Das Leben dieser Superreichen erinnert ein wenig an das der alten europäischen Aristokratie mit ihren riesigen Anwesen, auf denen Heere von Bediensteten beschäftigt waren – so etwas wie Downton Abbey in Palm Beach.[18] Da die in diesen Dienstleistungsberufen beschäftigten Arbeitnehmer am unteren Ende der Verteilung bleiben, hat eine Polarisierung von Einkommen und Tätigkeiten stattgefunden: An der Spitze und ganz unten in der Verteilung ist ihr Anteil gewachsen, nicht jedoch in der Mitte.[19]

Politik und Ungleichheit

Politische Eingriffe wirken sich auf das Niedriglohnsegment aus. Der Mindestlohn wird vom Kongress festgesetzt – im Jahr 2013 lag er bei 7,25 Dollar pro Stunde und 14 500 Dollar pro Jahr mit 2000 Arbeitsstunden. Einige Bundesstaaten legen eigene Mindestlöhne fest, die in 18 Staaten höher als der auf Bundesebene geltende Satz sind. Entscheidend ist, dass der auf Bundesebene geltende Mindestlohn nicht automatisch der Inflation oder dem Anstieg der Markteinkommen angepasst wird. Die Folge ist ein stetiger Rückgang des realen Wertes des Mindestlohns, nur unterbrochen von Erhöhungen durch den Kongress. Steigen die Reallöhne, so schrumpft der Mindestlohn gemessen am Durchschnittslohn weiter.

Eine Anhebung des Mindestlohns ist zwischen Arbeitnehmern und Arbeitgebern, die beide beträchtlichen politischen Einfluss ausüben, fast immer umstritten. In der Folge kann der Mindestlohn lange Zeit auf demselben Niveau verharren: Vom 1. Januar 1981 bis April 1990 lag er bei 3,35 Dollar, vom 1. September 1997 bis zum 24. Juli 2007 bei 5,15 Dollar, und der gegenwärtige Satz (2013) gilt seit dem 24. Juli 2009. Selbst wenn er aktualisiert wird, genügt die Anhebung oft nicht, um die Inflation auszugleichen. Daher war die Kaufkraft des 2011 geltenden Mindestlohns von 7,25 Dollar um ein Drittel geringer als die des Mindestlohns von 2,10 Dollar im Jahr 1975. Anders ausgedrückt: Eine Person, die im Jahr 1975 den Mindestlohn erhielt, verdiente 4200 Dollar im Jahr, was der amtlichen Armutsgrenze für eine dreiköpfige Familie entsprach. Im Jahr 2010 verdiente der Mindestlohnbezieher 14 500 Dollar, aber die Armutsgrenze für den Drei-Personen-Haushalt war mittlerweile auf 17 374 Dollar gestiegen. Diese langfristige Abwertung des Mindestlohns, die nur durch gelegentliche und partielle Anpassungen unterbrochen wird, ist ein Beleg für den schwindenden politischen Einfluss der Arbeitnehmer, deren Einkommen etwa dem Mindestlohn entspricht.

Die Auswirkungen des Mindestlohns sind unter Ökonomen und Politikern umstritten. Die herkömmliche – und ein wenig vereinfachende – Theorie besagt, die Arbeitgeber würden, wenn der Staat den Mindestlohn über den Marktwert hinaus anhebe, einen Teil ihrer nun teureren Arbeitskräfte auf die Straße setzen, da ihre Kosten ihren Nutzen für das Unternehmen übersteige. Die Princeton-Ökonomen David Card und Alan Krueger gelangten Anfang der 90er Jahre in einer empirischen Studie zu dem Schluss, es gebe diese Wirkung nicht – zumindest dann nicht, wenn der Mindestlohn *geringfügig* angehoben werde.[20] Die beiden Häretiker wurden mit heftiger Kritik überhäuft, und zwar nicht nur seitens der Arbeitgeber, deren Interessen betroffen waren, sondern auch seitens empörter Ökonomen. Der Nobelpreisträger James Buchanan schrieb im *Wall Street Journal*, indem man zulasse, dass die Tatsachen der Theorie derart widersprächen, sage man im Grunde, dass die Wirtschaftswissenschaft »nicht den geringsten wissenschaftlichen Gehalt hat«, weshalb die Ökonomen nichts anderes tun könnten als »sich in den Dienst ideologischer Interessen« zu stellen. Abschließend beglückwünschte er all jene Ökonomen, die sich »noch nicht in eine Schar von Huren verwandelt haben, die dem Feldlager hinterherziehen«.[21]

In der Wirtschaftswissenschaft gibt es kaum empirische Belege, die man nicht in Zweifel ziehen kann, aber der Vorwurf der ideologischen Voreingenommenheit und der mangelnden wissenschaftlichen Integrität – der nicht auf eine Seite der Debatte beschränkt ist – wird besonders häufig erhoben, wenn gegensätzliche politische Interessen aufeinanderprallen. Doch in diesem Fall ist ein Teil der empirischen Belege keineswegs umstritten. Bei denjenigen, die über einen Arbeitsplatz verfügen, erhöht eine Verringerung des Mindestlohns die Einkommensungleichheit, weil sie geringe Löhne möglich macht, die es ansonsten nicht geben würde. Diese Wirkung wird bei Gruppen oder Berufen, in denen man die Arbeitskräfte relativ gut bezahlt, sehr gering ausfallen, weshalb es wenige Beschäftigte unterhalb des Minimums geben wird. Aber in Niedriglohngebieten und schlecht bezahlten Tätigkeiten oder unter bestimmten Gruppen wie Frauen oder Afroamerikanern, deren Löhne relativ niedrig sind, wird diese Maßnahme erhebliche Auswirkungen haben.[22]

Wenn der Rückgang des Mindestlohns seit den 70er Jahren teilweise für den allgemeinen Rückgang der Reallöhne der Geringverdiener verantwortlich ist, stellt sich die Frage, warum die Politik nichts dagegen unternommen hat. Ein Grund dafür ist der sinkende Einfluss der Gewerkschaften insbesondere im Privatsektor. Die Gewerkschaftsdichte im amerikanischen Privatsektor sank zwischen 1973 und 2012 von 24 Prozent auf nur noch 6,6 Prozent. Im öffentlichen Sektor schloss sich in den 70er Jahren eine wachsende Zahl von Beschäftigten den Gewerkschaften an, aber seit 1979 stagniert die Gewerkschaftsdichte auch in diesem Bereich. Mittlerweile beherbergt der öffentliche Sektor die Mehrheit der Gewerkschaftsmitglieder. Zur schwindenden politischen Schlagkraft der Gewerkschaften kommt ein weiteres Problem hinzu: Es gibt Gruppen, die überhaupt nicht wählen können. Dass illegale Einwanderer unter diese Gruppen fallen, liegt auf der Hand. Aber dasselbe gilt für legale Immigranten, die nicht im Besitz der Staatsbürgerschaft sind. Zwischen 1972 und 2002 hat sich der Anteil der Nichtbürger an der Bevölkerung im Wahlalter vervierfacht; gleichzeitig ist diese Gruppe im Verhältnis zur übrigen Bevölkerung ärmer geworden. Aufgrund der veränderten Einwanderungspolitik sind die legalen Einwanderer, denen es zuvor relativ gutging, relativ ärmer geworden, und sie wurden politisch zum Schweigen gebracht, während der politische Einfluss der Gewerkschaften sank.

Es gibt eine weitere wichtige Gruppe, die ihres Einflusses beraubt wurde, obwohl ihre Angehörigen amerikanische Staatsbürger sind. Nur in Vermont und Main dürfen Straftäter im Gefängnis wählen. Zehn Staaten entziehen Straftätern auf Lebenszeit das Wahlrecht, so dass sie selbst nach Verbüßung ihrer Haftstrafe und nach Ablauf der Bewährungsfrist nie wieder wählen dürfen. Im Jahr 1998 gelangte das Sentencing Project von Human Rights Watch in einer Studie zu dem Ergebnis, dass schätzungsweise 2 Prozent der amerikanischen Bevölkerung im Wahlalter zeitweilig oder dauerhaft von Wahlen ausgeschlossen war. Ein Drittel dieser Personen waren männliche Schwarze, was bedeutet, dass 13 Prozent der männlichen afroamerikanischen Bevölkerung nicht wählen durften. In Alabama wird dieser Anteil auf über 30 Prozent geschätzt, und fast genauso hoch ist er in Mississippi. Selbst in einem relativ liberalen Staat wie New Jersey, wo straffällig gewordenen Bürgern nicht auf Lebenszeit das Wahlrecht entzogen wird, können 18 Prozent der männlichen Schwarzen nicht wählen. Obgleich viele derart ausgeschlossene Personen wahrscheinlich auch dann nicht wählen gehen würden, wenn sie es dürften, sind sie *potentielle Wähler*, und da sie von der politischen Teilhabe ausgeschlossen sind, können sie nie wirksamen politischen Einfluss ausüben. Die Politiker sehen daher auch keinen Anlass, ihren Bedürfnissen Aufmerksamkeit zu schenken.

Rentner spüren keine direkten Auswirkungen der Entwicklungen auf dem Arbeitsmarkt, obwohl ihre Renten von ihrer Erwerbstätigkeit, ihren Ersparnissen, ihren eigenen Beiträgen zu Vorsorgeplänen oder den Einzahlungen ihrer Arbeitgeber und von den Regelungen des Rentenversicherungssystems abhängen, das die Renten auszahlt. Diese Zahlungen sind ebenfalls Gegenstand politischer Auseinandersetzungen und eignen sich als Machtmittel. Die Rentner sind nicht besonders wohlhabend, aber sie stellen eine große Gruppe, und ihr Einfluss wächst, da sich die geburtenstarken Jahrgänge dem Rentenalter nähern. Die Rentner wählen, und in den Vereinigten Staaten zählt ihre Interessenvertretung, die AARP, zu den einflussreichsten *Pressure-Groups.*

Der Kontrast zwischen der Entwicklung des Mindestlohns und jener der Renten ist ein Indiz für die schwindende Macht der Gewerkschaften und den wachsenden Einfluss der älteren Generation. Die Alten nehmen auch teure medizinische Leistungen aus dem staatlichen Medicare-Programm in Anspruch (deren Kosten weiter steigen). Berücksichtigt man zusätzlich zu den Renteneinkommen die Kosten dieses Programms, so stehen die Rentner wirtschaftlich sogar noch besser da. Dank ihrer politischen Macht kann die ältere Generation diese Vorteile verteidigen, obwohl andere einflussreiche Interessengruppen – darunter die Anbieter von Gesundheitsdiensten, die Versicherungen und die Pharmaunternehmen – ebenfalls ihren Einfluss geltend machen, damit diese Leistungen weiterhin finanziert werden.

Die Einkommenssteuer ist eine progressive Steuer, das heißt, die Reichen müssen mehr von ihrem Einkommen abtreten als die Armen, die unter Umständen sogar Steuergutschriften erhalten. Das Resultat der Besteuerung ist, dass die Einkommen nach Steuern ausgewogener verteilt sind als vor Steuern. Die progressive Besteuerung wird immer wieder in Frage gestellt, etwa in der Debatte daüber, ob Kapitalerträge und Dividenden wie Arbeitseinkommen besteuert werden sollten, ob Umverteilung eine Frage der Gerechtigkeit ist (wie es der sozialdemokratische Flügel vertritt) oder ob jedermann denselben Anteil seines Einkommens abtreten soll (wie es das konservative Lager vielfach fordert).

Etwa die Hälfte der amerikanischen Familien zahlt keine Bundessteuern auf ihr Einkommen. Trotzdem hat die Besteuerung seit den 70er Jahren nicht wesentlich zur Verringerung der Ungleichheit beigetragen, die in erster Linie durch die Entwicklung der Einkommen vor Steuern gestiegen ist. In den 80er Jahren erhöhte die Fiskalpolitik das Einkommensgefälle durch Steuersenkungen, die den wohlhabenden Amerikanern zugutekamen. In den 90er Jahren verlief die Entwicklung in der entgegengesetzten Richtung: Die Steuern auf Spitzeneinkommen wurden erhöht, und der Earned Income Tax Credit wurde eingeführt, eine Lohnauffüllung, die den Beziehern niedriger Einkommen zugutekommt. Seit 2001 wurden erneut die Spitzenverdiener durch Steuersenkungen bevorzugt. Die Haushaltsbehörde des Kongresses schätzt, dass die Einkommensungleichheit im Zeitraum zwischen 1979 und 2001 (gemessen am Gini-Koeffizienten, wenn auch auf einer geringfügig abweichenden Basis) bei den Einkommen vor Steuern um etwa ein Viertel und bei den versteuerten Einkommen (unter Berücksichtigung des finanziellen Wertes von Medicare) um ein Drittel zugenommen hat. Zurückzuführen ist diese große Diskrepanz teilweise darauf, dass die Progressivität des Steuersystems in diesem Zeitraum verringert wurde. Ein weiterer Grund ist, dass die Sozialtransfers auf höhere Bereiche der Einkommensverteilung ausgeweitet wurden, da die Transfers an die (politisch einflussreichen) Rentner im Vergleich zu denen an die (politisch schwachen) Armen stiegen.[23]

Erwerbseinkommen und Familien

Die Menschen bringen ihr Gehalt nach Hause und teilen es mit den Mitgliedern ihrer Familie, die teilweise selbst ein Einkommen beziehen. In vielen Haushalten gibt es hingegen keinen Verdiener, zum Beispiel in jenen, deren Mitglieder im Ruhestand sind und von einer privaten oder staatlichen Rente leben. Wie die Menschen zusammenleben und welche Mitglieder des Haushalts erwerbstätig sind, hat größeren Einfluss auf die Verteilung der Familieneinkommen als die Entwicklung der Erwerbseinkünfte auf dem Arbeitsmarkt. Einige Trends, darunter der Anstieg der Einkommen von Frauen gegenüber denen von Männern sowie der Anstieg der Einkünfte von Schwarzen im Vergleich zu denen von Weißen bis 1985, haben die Zunahme der Einkommensungleichheit auf dem Arbeitsmarkt wettgemacht.

Wenn wir die Einkünfte aller Menschen unabhängig davon betrachten, ob sie eine Arbeit haben, welcher ethnischen Gruppe und welchem Geschlecht sie angehören, beobachten wir eine sehr viel geringere Zunahme der Einkommensungleichheit als würden wir den Fokus auf die Erwerbstätigkeiten richten. Die wachsende Einkommensungleichheit zwischen den Arbeitskräften wurde teilweise durch den Einstieg von Personen ausgeglichen, die zuvor nicht gearbeitet und kein Einkommen erzielt haben, darunter insbesondere verheiratete Frauen. Und während die Einkommensungleichheit *innerhalb* der Gruppen – zum Beispiel zwischen vollzeitbeschäftigten männlichen Weißen – zugenommen hat, hat sie *zwischen* den Gruppen abgenommen, da die Erwerbseinkommen der Frauen im Verhältnis zu denen der Männer und die Einkommen von Afroamerikanern im Verhältnis zu denen Weißer gestiegen sind.

Weitere Veränderungen haben dazu beigetragen, die Familieneinkommen noch breiter zu verteilen als die Erwerbseinkünfte. Es werden häufiger Ehen zwischen hochqualifizierten Männern und sehr gut ausgebildeten Frauen geschlossen. Das ist schon seit langem so, aber vor 50 Jahren war die Wahrscheinlichkeit, dass die Ehefrauen von Männern mit hohen Einkommen ebenfalls einer Erwerbsbeschäftigung nachgingen, geringer als die Wahrscheinlichkeit, dass die Frauen von Geringverdienern arbeiten gingen. Oft waren die Ehefrauen von Spitzenverdienern sehr gut ausgebildet, aber den gesellschaftlichen Gepflogenheiten entsprechend übernahmen sie eher die Haushaltsführung. Auch heute haben Ehepartner zumeist ein ähnliches Bildungsniveau, doch ist die Wahrscheinlichkeit größer, dass Ehefrauen von Spitzenverdienern ebenfalls ein hohes Einkommen erzielen. Solche »Power-

Paare« mit zwei Spitzeneinkommen tragen dazu bei, dass sich das oberste Segment der Verteilung der Familieneinkommen weiter von den einkommensschwächeren Familien entfernt als die Personen mit den höchsten Erwerbseinkommen von den übrigen Erwerbstätigen. Das sehen wir sehr deutlich, wenn wir die Daten aus den Haushaltserhebungen zugrunde legen, alle Ehepaare trennen (natürlich nur statistisch!), die »geschiedenen« Personen nach dem Zufallsprinzip mit anderen Ehepartnern verheiraten und die Verteilung der Familieneinkommen neu berechnen: Die wachsende Einkommensungleichheit zwischen den Familien wird auf diese Weise nicht beseitigt, aber sie fällt sehr viel geringer aus.

Während die Spitze der Einkommensverteilung infolge der Zunahme der Power-Paare breiter wird, schwillt das untere Ende der Verteilung durch die zunehmende Zahl von Alleinstehenden an, darunter insbesondere Haushalte, die von einer alleinstehenden Frau geführt werden. Ihre Zahl wächst schneller als die Gesamtzahl der Haushalte, und die Armutsgefahr ist bei ihnen deutlich erhöht.

Die unpersönlichen Kräfte des Arbeitsmarktes haben bei der großen Mehrheit der amerikanischen Familien den größten Einfluss auf das Einkommen und darauf, wie hoch diese im Vergleich zu denen anderer Erwerbstätiger ausfallen. Auch die veränderte Familienzusammensetzung hat das Einkommensgefälle zwischen den Familien vergrößert, und dasselbe gilt für die Eingriffe, mit denen man auf politischen Druck reagiert hat. Der Arbeitsmarkt wird in erster Linie durch das Wechselspiel zwischen Technologie und Bildung beeinflusst, während die Globalisierung und der Rückgang der Mindestlöhne eine geringere, aber bedeutsame Rolle spielen. Die rasch steigenden Kosten des Gesundheitswesens schmälern die Erwerbseinkommen. Die Bildungsanreize nehmen ebenso deutlich zu wie die Strafen für diejenigen, die diese Anreize ignorieren. Darunter leiden jene, die sich gegen die Bildung entscheiden oder durch mangelnde Fähigkeiten oder ein ungünstiges Umfeld daran gehindert wurden, eine gute Bildung zu erwerben.

Wie in unserem Beispiel von den ordentlichen und unordentlichen Kindern befördern eindeutigere Bildungsanreize die Ungleichheit. Die Ungleichheit hat neue Tätigkeiten an der Spitze und im unteren Segment des Arbeitsmarktes geschaffen und die Mitte ausgehöhlt. Dazu kommt, dass die Armen politischen Einfluss eingebüßt haben, da der Beschäftigungsanteil der armen Einwanderer, die nicht wählen gehen, gestiegen ist und die Afroamerikaner ihr Wahlrecht aus freien Stücken nicht wahrnehmen oder von Wahlen ausgeschlossen sind. Demgegenüber verbessert sich die Position der gut gestellten Rentner, da ihre Zahl, ihr Einfluss als Wählergruppe und ihre politische Repräsentation steigen. Aber die erfolgreichste Gruppe sowohl auf dem Arbeitsmarkt als auch in der Politik bilden die Personen an der Spitze der Einkommensverteilung. Mit dieser Gruppe werden wir uns im folgenden Abschnitt beschäftigen.

Spitzeneinkommen in den Vereinigten Staaten

Die Forschung auf dem Gebiet der Einkommensungleichheit wurde im Jahr 2003 durch eine Studie der Ökonomen Thomas Piketty, der heute an der Paris School of Economics lehrt, und Emmanuel Saez von der University of California in Berkeley in eine andere Richtung gelenkt.[24] Es war seit langem bekannt, dass die Einkommensdaten aus den Haushaltserhebungen kaum etwas über die Spitzeneinkommen verrieten: Die Zahl der Spitzenverdiener ist so gering, dass sie nicht regelmäßig in den Stichproben erfasst werden – und selbst wenn zufällig solche Personen ausgewählt würden, dürften sie eine geringe Bereitschaft zeigen, Auskunft über ihr Einkommen zu geben. Piketty und Saez weiteten eine Methode aus, die der Nobelpreisträger Simon Kuznets im Jahr 1953 entwickelt hatte.[25] Kuznets hatte mit Einkommenssteuerdaten gearbeitet. Die Reichen müssen ebenso wie alle anderen Steuerzahler Steuererklärungen einreichen, die genauen Aufschluss über ihr Einkommen geben. Die Ergebnisse von Piketty und Saez haben unsere Vorstellung von der Einkommensungleichheit und insbesondere von den Einkommen an der Spitze der Verteilung verändert. In späteren Studien wurden vergleichbare Daten aus anderen Ländern ausgewertet, so dass wir uns nicht auf Erkenntnisse über die Entwicklung in den Vereinigten Staaten beschränken müssen.

Ich habe mir dieses Material für das Ende des Kapitels aufbewahrt, weil es besondere Aufmerksamkeit verdient und weil es unerlässlich ist, um zu verstehen, was auf dem Arbeitsmarkt, auf dem Kapitalmarkt und in der Politik geschehen ist. Ich glaube auch, dass die Spitzeneinkommen allein schon deshalb besondere Bedeutung haben, weil es hier um so gewaltige Geldmengen geht.

Abbildung 26 stellt eine aktualisierte Version einer der wichtigsten Grafiken in der Arbeit von Piketty und Saez dar.[26] Die Daten reichen bis zur Einführung der Einkommenssteuer in den Vereinigten Staaten im Jahr 1913 zurück und erstrecken sich bis zum Höhepunkt der globalen Wirtschaftskrise im Jahr 2011. Die beiden Weltkriege sind schwach schattiert, die Weltwirtschaftskrise der 30er Jahre ist durch eine dunkelgraue Fläche markiert. Die drei Linien geben Aufschluss über den geschätzten prozentualen Anteil des reichsten Einen Prozent der Steuerzahler am gesamten persönlichen Einkommen einschließlich Kapitalerträgen (obere Linie), über den Anteil des reichsten halben Prozents (mittlere Linie) und des reichsten Zehntelprozents (untere Linie). Die Dollarbeträge rechts entsprechen dem Durchschnittseinkommen der Angehörigen dieser Gruppe im Jahr 2011: 1,1 Millionen Dollar für das reichste Prozent, 1,7 Millionen Dollar für das reichste halbe Prozent und 5 Millionen für das reichste Zehntelprozent. Das Durchschnittseinkommen der reichsten 0,01 Prozent (in der Abbildung nicht berücksichtigt) betrug im Jahr 2011 mehr als 24 Millionen Dollar, und die Angehörigen dieser Gruppe bezogen 4,5 Prozent des Gesamteinkommens. Die reichsten 10 Prozent der Steuerzahler hatten mit einem Durchschnittseinkommen von 255 000 Dollar in diesem Jahr einen Anteil von 47 Prozent am Gesamteinkommen. (Ein Steuerzahler entspricht nicht einer Familie, und das steuerlich relevante Einkommen deckt sich nicht mit anderen Einkommensmaßen, aber die Überschneidungen sind groß genug, um ein zutreffendes Bild zu gewinnen.)

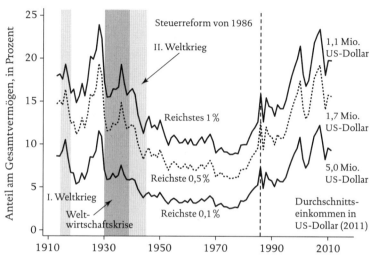

Abbildung 26:
Spitzeneinkommen einschließlich Kapitalerträgen, 1913–2011

In dem Diagramm sehen wir, dass die Entwicklung des Einkommensanteils der reichsten Amerikaner im vergangenen Jahrhundert – grob gesagt – in einer U-Kurve sank und wieder stieg. Der Anteil dieser Gruppe nahm in beiden Weltkriegen deutlich ab, da die amerikanische Kriegsbeteiligung in erster Linie mittels einer höheren Unternehmensbesteuerung finanziert wurde. Dadurch sanken die Dividendenerträge der Reichen erheblich. Ein ähnlicher Rückgang ließ sich in der Weltwirtschaftskrise der 30er Jahre beobachten. Nach dem Zweiten Weltkrieg sank der Einkommensanteil der Reichen weiter, wenn auch nicht mehr so stark. Ende der 70er und Anfang der 80er Jahre kehrte sich der Trend um. Im Jahr 1986 stieg der Einkommensanteil der Reichen deutlich, und weitere Anstiege in den folgenden zwei Jahrzehnten führten dazu, dass die reichsten Steuerzahler im Jahr 2008 ein ähnlich großes Stück des Einkommenskuchens erhielten wie am Vorabend des Ersten Weltkriegs. Im Jahr 1986 änderte eine einschneidende Steuerreform die Definition des zu versteuernden Einkommens, was den rasanten Anstieg in diesem Jahr zur Folge hatte.

Abgesehen davon, dass die Spitzeneinkommen großen Schwankungen unterworfen sind, fließen sie heute einer anderen Personengruppe zu. In den ersten Jahren bestanden die Spitzeneinkommen vorwiegend aus Kapitalerträgen. Die reichsten Personen waren damals »Couponschneider«, wie Piketty und Saez sie nennen, da sie den Großteil ihres Einkommens aus Dividenden und Zinsen erzielten. Aber die Vermögen, auf denen diese Einnahmen beruhten, wurden im Laufe des Jahrhunderts durch progressive Einkommens- und Vermögenssteuern verringert. Diejenigen, die von dem Vermögen lebten, das sie selbst oder ihre Vorfahren angehäuft hatten, wurden an der Spitze durch *Verdiener* ersetzt, das heißt durch Spitzenmanager, Investmentbanker und Hedgefondsmanager, deren Einkommen sich aus Gehältern, Bonuszahlungen und Aktienoptionen zusammensetzt. Das unternehmerische Einkommen war vor 100 Jahren wichtig und ist es auch heute noch, und sein Anteil am Gesamteinkommen der Reichen ist relativ konstant geblieben. Das widerspricht der vordergründigen Geschichte von der Verdrängung der Rentiers oder »reichen Müßiggängers« durch die »arbeitenden Reichen«. In der atemberaubenden Höhe, in der das reichste Zehntelprozent lebt, haben die Kapitaleinkünfte immer noch einen größeren Anteil am Gesamteinkommen als unter den reichsten 10 Prozent, aber die Erwerbseinkommen zeigen mittlerweile den höchsten Anteil von fast drei Vierteln bei den reichsten 10 Prozent der Amerikaner und von 43 Prozent beim reichsten Zehntelprozent. Im Jahr 1916 erzielte diese Gruppe nur

10 Prozent ihres Einkommens mit einer Erwerbstätigkeit. Dividenden und Zinsen spielen zwar weiterhin eine wichtige Rolle, aber sie sind breiter verteilt, weil ein Großteil der Aktien im Besitz von Rentenfonds ist.

Seit etwa drei Jahrzehnten ist die Kluft zwischen dem materiellen Wohlstand der Mehrheit der Menschen und jenem der Personen an der Spitze der Einkommensverteilung deutlich gewachsen. Zwischen 1980 und 2008 stiegen die Einkommen von 90 Prozent der amerikanischen Steuerzahler vor Steuern inflationsbereinigt um weniger als ein Zehntelprozent, was einem Anstieg von *insgesamt* 1,9 Prozent in diesen 28 Jahren entsprach. Jede neue Generation hält mit Mühe den Lebensstandard der vorigen aufrecht.

Nach Steuern und insbesondere nach Berücksichtigung ihres Beitrags zur Deckung der Kosten von Medicare schneiden die unteren 90 Prozent etwas besser ab. Die Haushaltsbehörde des Kongresses berichtet, die Einkommen der unteren 80 Prozent der Haushalte seien zwischen 1979 und 2007 nach Steuern um etwa ein Viertel gestiegen, das heißt um weniger als 1 Prozent pro Jahr.[27] Medicare ist ein nützliches Programm, aber seine Nutznießer sind die Rentner, und das Geld kann nicht verwendet werden, um die Miete zu bezahlen oder Essen auf den Tisch zu bringen.

Auf der anderen Seite sind die Einkommen des reichsten Einen Prozents vor Steuern um *mehr als das Doppelte* gestiegen (genauer gesagt, um das 2,35-Fache). Der Wohlstand von Eltern und Kindern, die sowohl 1980 als auch 2011 das Glück gehabt haben, zum reichsten Einen Prozent zu gehören, ist tatsächlich gewachsen. Ganz an der Spitze der Einkommensverteilung – jenseits des Bereichs, der im Diagramm zu sehen ist –, ist das Durchschnittseinkommen des reichsten Einen Prozents um mehr als das Vierfache gestiegen.

Diese Zahlen beziehen sich auf das Einkommen *vor Steuern*, weshalb die Spitzenverdiener nach Steuern seit 2001 noch besser abschneiden, da die Spitzensteuersätze gesenkt wurden. Die sehr unterschiedlichen Erfahrungen der Mehrheit und der begünstigten Minderheit erklären den scheinbaren Widerspruch zwischen den Abbildungen 23 und 24: Es scheint widersinnig, dass trotz eines deutlichen Wirtschaftswachstums im Kampf gegen die Armut kaum Fortschritte erzielt wurden. Die beiden Abbildungen zeigen auch, dass sich nicht nur die Armen mit einer geringen Erhöhung ihres Lebensstandards abfinden mussten.

Was ist geschehen? Und warum ist es bedeutsam?

Sind die Reichen auf Kosten der übrigen Gesellschaft reicher oder wie andere gebildete und talentierte Menschen einfach nur produktiver geworden? Haben sie neue und bessere Wege gefunden, um Dinge zu tun, von denen die gesamte Gesellschaft profitiert? Darf man in einer Welt, in der es allen gut- und einigen bessergeht, über die Ungleichheit klagen, oder ist das einfach Neid? Und warum machen wir uns überhaupt Gedanken über die Ungleichheit? Wenn alle dieselben Chancen haben, warum sollten wir uns dann daran stören, dass es denen bessergeht, die härter arbeiten? Und wenn nicht alle dieselben Chancen haben, sollten wir uns dann vielleicht Gedanken über die Chancengleichheit machen, anstatt uns mit der Ungleichheit der Ergebnisse zu beschäftigen?

Es gibt gute Argumente für Chancengleichheit und dafür, Menschen nicht dafür zu bestrafen, dass sie sich Erfolg erarbeitet haben. Aber verglichen mit anderen reichen Ländern und trotz der verbreiteten Vorstellung, in den Vereinigten Staaten könne jeder Erfolg haben, ist dieses Land nicht allzu erfolgreich in dem Bemühen, für Chancengleichheit zu sorgen.

Eine Möglichkeit, das Maß an Chancengleichheit einzuschätzen, besteht darin, die Korrelation zwischen den Einkünften von Vätern und Söhnen zu messen. In einer vollkommen mobilen Gesellschaft mit vollkommener Chancengleichheit sollte keinerlei Beziehung zwischen dem Einkommen eines Mannes und dem seines Vaters bestehen. Hingegen hätte die Korrelation in einer Kastengesellschaft, in der die Berufe von einer Generation an die nächste weitergereicht werden, einen Wert von 1. In den Vereinigten Staaten liegt die Korrelation bei etwa 0,5. Das ist der höchste Wert unter den OECD-Ländern, der nur von China und einer Handvoll lateinamerikanischer Länder übertroffen wird. Tatsächlich besteht in Ländern mit ausgeprägter Einkommensungleichheit ein enger Zusammenhang zwischen den Einkünften von Vätern und Söhnen.[28] Die ungleichen Länder, zu denen die Vereinigten Staaten gehören, sind zugleich diejenigen, in denen die Chancen sehr ungleich verteilt sind. Selbst wenn wir sagen, dass es um die Chancengleichheit geht, und wir uns nicht um die Ungleichheit der Ergebnisse kümmern, hängen beide miteinander zusammen, was darauf hindeutet, dass Ungleichheit ein Hindernis für Chancengleichheit ist.

Und wie sieht es mit dem Neid auf die Reichen aus? Die Ökonomen haben eine Vorliebe für das Pareto-Prinzip, dem wir in der Einleitung bereits begegnet sind: Wenn einige Personen mehr profitieren als andere, ohne dass sich die Lage von irgendjemandem verschlechtert, wird die Welt ein besserer Ort. Der Neid sollte nicht gezählt werden. Diese Maxime wird oft als Begründung dafür herangezogen, dass wir uns auf die Armut konzentrieren und uns keine Gedanken darüber machen sollten, was an der Spitze geschieht. Um es mit den Worten des Harvard-Ökonomen Martin Feldstein zu sagen: »Die Einkommensungleichheit ist kein Problem, das behoben werden muss.»[29] Tatsächlich spricht vieles für das Pareto-Prinzip, aber wie wir sehen werden, bedeutet es nicht, dass eine wachsende Einkommensungleichheit unproblematisch ist. Um zu klären, warum nicht, müssen wir ein wenig mehr darüber herausfinden, aus welchem Grund die Spitzeneinkommen in den letzten Jahren so schnell gestiegen sind und welche Folgen diese Entwicklung hat.

Zunächst einmal wäre da die Tatsache, dass sich die Spitze gar nicht so sehr von der übrigen Einkommensverteilung unterscheidet, sondern die Einkommen sich dort lediglich vervielfachen. Die neuen Technologien haben den besser Ausgebildeten und Kreativeren neue Chancen eröffnet, und in Extremfällen haben besonders gut gebildete und kreative Menschen (oder zumindest die Glücklichsten aus dieser Gruppe) dank dieser Technologien außerordentliche Reichtümer erworben. Beispielhaft sind Bill Gates von Microsoft, Steve Jobs von Apple oder Larry Page und Sergey Brin von Google. Mittlerweile kann nicht nur ein örtliches Publikum, sondern die ganze Welt Entertainern oder Spitzenathleten zusehen, die in Relation zur Größe dieses Publikums bezahlt werden. Dank der Globalisierung können erfolgreiche Unternehmer und erfolgreiche Entertainer ihre Reichweite erhöhen und höhere Gewinne erzielen. Tatsächlich sind mittlerweile mehr Menschen in aller Welt imstande, ihre außergewöhnlichen Talente auszuschöpfen.

Eine weitere Teilgruppe der Spitzenverdiener stellen die Führungskräfte von Banken und Hedgefonds dar. Auch diese Menschen sind hochqualifiziert und haben ihre Ausbildung und ihre Kreativität genutzt, um neue Produkte hervorzubringen. Unter Ökonomen besteht keine Einigkeit darüber, ob der gesellschaftliche Wert dieser neuen Finanzinstrumente den Gewinnen entspricht, die ihre Erfinder damit erzielen. Es ist schwer, nicht Paul Volcker beizupflichten, der erklärt hat, die letzte wirklich nützliche Finanzinnovation sei der Bankautomat gewesen. Wenn Bankiers und Finanziers persönliche Anreize haben, die ihre gesellschaftlichen Anreize übersteigen, werden wir zu viel Bank- und Finanzdienstleistungen bekommen, und es gibt keine Rechtfertigung für die dadurch verursachte Ungleichheit.

Die Finanzdienstleistungen haben wesentlich zur Finanzierung der Innovation in der gesamten Volkswirtschaft beigetragen, und die effiziente Kapitalallokation gehört zu den wichtigsten Funktionen einer Marktwirtschaft. Doch besteht der Verdacht, dass einige sehr profitable finanzielle Aktivitäten kaum einen Nutzen für die Allgemeinheit haben und sogar die Stabilität des Finanzsystems bedrohen können – der Investor Warren Buffett hat diese Aktivitäten als »finanzielle Massenvernichtungswaffen« bezeichnet. Wenn das stimmt, sind die sehr hohen Einkünfte der Personen, die diesen Aktivitäten nachgehen, weder gerechtfertigt noch effizient. Die übrige Wirtschaft leidet darunter, dass die besten Köpfe vom Finanzsektor angelockt werden, denn es ist wahrscheinlich, dass Innovation und Wachstum in anderen Sektoren geringer ausfallen.

Sehr viel weniger umstritten ist, dass die unausgesprochene Garantie des Staates, die größten und besonders eng vernetzten Banken unter keinen Umständen fallen zu lassen, dazu führte, dass die Bankiers übermäßige Risiken eingingen und fürstlich dafür entlohnt wurden, obwohl infolge ihrer Fehler Millionen Menschen den Arbeitsplatz verloren, Einkommenseinbußen hinnehmen mussten oder auf Schulden sitzenblieben, die sie unmöglich zurückzahlen konnten. Es ist eine Sache, dass Personen reich werden, indem sie mit ihrem Geld und dem ihrer Kunden spielen. Aber es ist etwas ganz anderes, dass sie mit dem Geld der Allgemeinheit spielen dürfen. Es ist untragbar, dass solche Machenschaften gesellschaftlichen Schaden verursachen.

Nicht nur Finanzmanager und einige wenige außergewöhnlich kreative Innovatoren beziehen heute deutlich höhere Einkommen. Dasselbe gilt für die Führungskräfte vieler amerikanischer Unternehmen. Auch hier wurde das Argument vorgebracht, die Natur des Spitzenmanagements habe sich gewandelt, die Unternehmen seien heute größer, und dank der Fortschritte in der Informationstechnologie könnten die Spitzenmanager heute größere Mitarbeitergruppen lenken. Es darf jedoch bezweifelt werden, ob dieser Trend den Anstieg der Spitzengehälter zu erklären vermag. Zum einen kann der technische Fortschritt nicht als plausible Erklärung für die in Abbildung 26 erkennbaren rasanten Einkommenszuwächse an der Spitze dienen. Zum anderen ist der Anstieg der Einkommen von Spitzenmanagern, wie wir im nächsten Kapitel sehen werden, in anderen westlichen Volkswirtschaften sehr viel geringer ausgefallen (oder vollkommen ausgeblieben), obwohl auch ihre Unternehmen Zugang zu den neuen Managementtechnologien haben und sich auf denselben globalen Märkten im Wettbewerb behaupten müssen. Eine mögliche Erklärung ist, dass die Globalisierung Managern mit der Muttersprache Englisch einen Vorteil verschafft, weil dies die Sprache der Weltwirtschaft ist und weil englischsprachige Manager ihre Dienste an den Meistbietenden in vielen Ländern verkaufen können. Tatsächlich sind die Spitzeneinkommen in den englischsprachigen Ländern stärker gestiegen als in der übrigen Welt.

Eine Studie hat gezeigt, dass die Spitzenmanager von Ölkonzernen ein höheres Einkommen beziehen, wenn der Ölpreis hoch ist. Dies deutet darauf hin, dass sie aus dem Grund belohnt wurden, weil die Unternehmen genug Geld hatten, nicht weil die Manager etwas getan hatten, um es zu verdienen.[30] Wenn die Geschäfte gut gehen, zahlen Unternehmen ihren Führungskräften mehr, aber wenn sich das Blatt wendet, bleiben entsprechende Gehaltskürzungen aus. Normalerweise werden die Spitzengehälter von Vergütungskomitees festgelegt, in denen nominell unabhängige Direktoren sitzen. Aber wie Warren Buffet und andere beobachtet haben, bestreiten die Mitglieder dieser Gremien oft einen Großteil ihres Einkommens mit den Einkünften, die sie als Board-Mitglieder beziehen, weshalb sie in der Praxis vom geschäftsführenden Direktor kontrolliert werden. Buffett hat auch auf die Rolle von Vergütungsberatern hingewiesen, die dabei helfen, riesige Pakete von einem Unternehmen weiterzutragen. Der Einsatz solcher Beratungsfirmen sowie die verbreitete Praxis, dass sich die geschäftsführenden Direktoren gegenseitig in ihre Boards aufnehmen, könnte eine Erklärung dafür sein, dass die riesigen Vergütungspakete ausgehend von den Finanzfirmen die Unternehmenswelt erobern. Gleichzeitig waren die gesellschaftlichen Normen, die nach dem Zweiten Weltkrieg zu einer entschieden progressiven Besteuerung und zur Angleichung der Einkommen geführt hatten, bis zur Jahrtausendwende ausgehöhlt worden, weshalb extrem hohe Einkommen sozial akzeptabler waren als vor einem halben Jahrhundert.

Die Politik hat ebenfalls ihren Beitrag zum raschen Anstieg der Spitzeneinkommen geleistet. Da sich die Finanzinstitute auf das Versprechen verlassen konnten, dass sie im Notfall gerettet würden, weil sie »zu groß waren, um unterzugehen«, konnten sie mit riskanten Geschäften Gewinne im Umfang Hunderter Millionen von Dollar einfahren. Hier versagte die Ordnungspolitik. Die Ökonomen Thomas Philippon und Ariell Reshef haben gezeigt, dass die in den 20er Jahren des 20. Jahrhunderts hohen Gehälter im Finanzsektor nach der Weltwirtschaftskrise sanken, da der Sektor strengen Vorschriften unterworfen wurde, dass sie aber ab dem Jahr 1980 wieder stiegen.[31] Philippon und Reshef erklären, dass vier Arten von Finanzvorschriften und Deregulierungsmaßnahmen – den Banken wurde erlaubt, zahlreiche Filialen zu unterhalten, Geschäfts- und Investmentbanken wurden voneinander getrennt, ebenso Banken und Versicherungsgesellschaften, und die Zinsen wurden gedeckelt – dem Muster der Gehaltsentwicklung im Finanzsektor entsprechen. Die Verabschiedung des Glass-Steagall Act im Jahr 1932 und die Aufhebung dieser Vorschriften im Jahr 1999 markieren Anfang und Ende der Regulierungsphase.

Wenn der Kongress solche Gesetze beschließt und aufhebt, handelt er nicht in einem gesellschaftlichen Vakuum. Die Gruppen, denen solche Regelungen nutzen oder schaden, üben beträchtlichen Druck auf die Parlamentarier aus, und finanzkräftige Interessengruppen wissen, wie sie ihr Geld einsetzen können, um Politikern im Wahlkampf unter die Arme zu greifen oder ihnen zu schaden. Die Politikwissenschaftler Jacob Hacker und Paul Pierson behaupten, das Lobbying habe wesentlich zum Anstieg der Spitzeneinkommen beigetragen.[32] Sie erklären, die Zahl der von eingetragenen Washingtoner Lobbyisten vertretenen Unternehmen sei zwischen 1971 und 1982 von 175 auf 2500 gestiegen. Zurückzuführen sei diese Zunahme im Wesentlichen auf eine Welle von staatlichen Regulierungseingriffen in die Wirtschaft in Zusammenhang mit den Sozialreformen der Great Society. Änderungen an möglicherweise undurchsichtig oder unverständlich wirkenden Regeln für die Marktabläufe, für die Unternehmenstätigkeit oder für die Buchführung können bestimmten Interessengruppen gewaltige Erträge sichern. Das galt für den Glass-Steagall Act, und es gibt viele weitere Beispiele aus der Zeit vor und nach der Finanzkrise. Ein spektakuläres Beispiel war der halbstaatliche Hypothekenfinanzierer Fannie Mae, der von gut vernetzten politischen Amtsträgern geleitet wurde, die sich selbst und ihre Spitzenmanager reich machten, indem sie Risiken eingingen, die letzten Endes katastrophale Auswirkungen hatten, während sie die Aufsichtsbehörden mit gut finanzierten politischen Kampagnen in Schach hielten.[33]

Wenn diese Darstellungen auch nur teilweise richtig sind, besteht die Gefahr, dass sich der rasche Anstieg der Spitzeneinkommen weiter selbst verstärken wird, denn Geld bedeutet politischen Einfluss. Es werden Regeln festgelegt, die nicht im Interesse der Allgemeinheit, sondern im Interesse der Reichen sind, die diese Regeln nutzen, um noch reicher und einflussreicher zu werden. Die OECD-Länder, in denen der Einkommensanteil der reichsten Personen besonders stark gestiegen ist, sind zugleich diejenigen Länder, in denen die Steuern auf hohe Einkommen am deutlichsten gesenkt wurden.[34] Die Politologen Larry Bartels und Martin Gilens haben dokumentiert, dass Abgeordnete beider Kongressparteien empfänglich für die Wünsche reicher Wähler sind, während sie auf die Wünsche armer Wähler überhaupt nicht reagieren.[35]

Die Volkswirtschaft erleidet nicht nur einen Verlust, wenn Talent in finanztechnische Berufe umgeleitet wird, deren gesellschaftlicher Nutzen fragwürdig ist. Dasselbe gilt auch für die Umleitung von Talent in das Lobbying. Es ist seit langem klar, dass diese »direkt unproduktiven profitorientierten Aktivitäten« in vielen Entwicklungsländern die wirtschaftliche Entwicklung behindern – ein klassisches Beispiel war Indien vor 1990 mit seiner berühmten License Raj (Lizenzherrschaft) –, und die gewaltigen Gewinne und relativ geringen Kosten des Lobbying locken talentierte Menschen an, die somit in den produktiven und innovativen Arbeitsbereichen fehlen, von denen das Wirtschaftswachstum abhängt.[36] Über die Staatsausgaben und die steigenden Kosten von Wahlen wird viel diskutiert, aber sogar die Kosten der letzten Präsidentschaftswahlen waren gering verglichen mit den jährlichen Ausgaben der Autohersteller für Werbung. Politische Gefälligkeiten sind gemessen an ihrem potentiellen Ertrag verblüffend preiswert.

Einmal saß ich auf einem Flug von Neu-Delhi nach Dschaipur in Radschasthan neben einem Mann, dessen Unternehmen irgendein Produkt erzeugte (ich erfuhr nicht, worum genau es sich dabei handelte, aber er ließ durchblicken, es müsse vor konkurrierenden ausländischen Erzeugnissen geschützt werden). Mein Mitreisender erklärte mir ausführlich, wie heimtückisch die indischen Aufsichtsbehörden waren und wie viel Zeit er – zum Beispiel mit dieser Reise – darauf verwendete, Zulassungen und Fristverlängerungen zu beantragen und Behörden zu einer vorteilhaften Auslegung der Vorschriften zu bewegen. Er machte keinen Hehl aus seiner Verachtung für die Beamten. In Dschaipur angekommen, lud er mich zum Frühstück im Rambagh Palace Hotel ein, und anschließend machte er sich auf den Weg zu seinem Treffen mit einem dieser verabscheuungswürdigen Bürokraten. Zum Abschied flüsterte er mir zu: »Ahh, Professor Deaton, die Gewinne, die Gewinne!« Etwas ganz Ähnliches hätte man vermutlich aus dem Mund von Sanford Weill hören können, der Citigroup nur dank der Aufhebung des Glass-Steagall Act hatte gründen können.

Der Prozess der kumulativen Kausalität von Geld und Politik ist keineswegs umfassend erforscht, obwohl sich mittlerweile sowohl Politikwissenschaftler als auch Ökonomen dafür interessieren. Gegenwärtig können wir uns noch kein klares Bild vom *Ausmaß* der verschiedenen Effekte machen: Wir wissen nicht, welcher Teil des Anstiegs der Spitzengehälter auf das Lobbying oder andere politische Aktivitäten zurückzuführen ist, welcher Teil der hohen Produktivität der Spitzenverdiener geschuldet ist und welcher Teil der politischen Aktivität auf diese Spitzenverdiener entfällt im Vergleich zu konkurrierenden Interessengruppen wie zum Beispiel die Gewerkschaften, die ebenfalls großen Einfluss in Washington ausüben. Wir wissen auch nicht, warum diese Einflüsse im Laufe der Zeit derart gewachsen sind – sofern dies überhaupt der Fall ist. Von den Antworten auf diese Fragen hängt es ab, ob wir uns ernste Sorgen über den Anstieg der Spitzeneinkommen machen sollten. Und diese Antworten zeigen, warum Sorgen über den wachsenden Reichtum der Reichen viel mehr sind als bloßer Neid.

Wenn sich die Demokratie in eine Plutokratie verwandelt, werden alle, die nicht reich sind, in der Praxis von der Teilnahme an der demokratischen Entscheidungsfindung ausgeschlossen. Von Richter Louis Brandeis stammt die berühmte Aussage, die Vereinigten Staaten könnten entweder eine Demokratie oder konzentrierten Reichtum in den Händen weniger haben, aber nicht beides zugleich. Die politische Gleichberechtigung, die Voraussetzung für eine funktionierende Demokratie ist, wird durch wirtschaftliche Ungleichheit ständig bedroht, und je extremer die wirtschaftliche Ungleichheit, desto größer die Gefahr für die Demokratie.[37]

Eine Einschränkung der Demokratie führt direkt zum Verlust von Wohlstand, weil die Bürger gute Gründe haben, ihre Fähigkeit zur politischen Teilhabe zu schätzen, und der Verlust dieser Fähigkeit zieht weiteren Schaden nach sich. Die sehr Reichen sind kaum auf das öffentliche Bildungs- und Gesundheitswesen angewiesen. Daher haben sie guten Grund, Kürzungen in diesen Bereichen zu unterstützen und gegen Steuererhöhungen zu kämpfen. Sie haben hingegen keinen Grund, sich für die allgemeine Krankenversicherung einzusetzen oder sich Sorgen über die geringe Qualität der öffentlichen Schulen in weiten Teilen der USA zu machen. Sie werden sich einer Bankenaufsicht widersetzen, die die Gewinne beschränkt, selbst wenn damit jenen geholfen wird, die ihre Hypotheken nicht bedienen können, oder die Allgemeinheit so vor räuberischen Kreditvergabepraktiken, irreführender Werbung oder sogar einer weiteren Finanzkrise bewahrt wird.[38] Sich Gedanken über diese Konsequenzen extremer Ungleichheit zu machen, hat nichts mit Neid auf die Reichen zu tun. Vielmehr geht es darum, dass die rasch steigenden Einkommen der Reichsten eine Bedrohung für den Wohlstand der übrigen Bevölkerung darstellen.

Gegen das Pareto-Prinzip ist nichts einzuwenden, und solange wir selbst keinen Schaden erleiden, sollte es uns gleichgültig sein, ob es anderen wirtschaftlich bessergeht als uns. Falsch ist es, das Prinzip nur auf eine Dimension des Wohlergehens – das Geld – zu beziehen und andere Dimensionen außer Acht zu lassen, beispielsweise die Möglichkeit, am Leben einer demokratischen Gesellschaft teilzuhaben, eine gute Bildung zu erlangen, Gesundheit zu genießen und nicht zum Opfer des Strebens anderer Menschen nach Reichtum zu werden. Wenn ein Anstieg der Spitzeneinkommen zwar nicht dazu beiträgt, andere Einkommen zu verringern, er aber dennoch das Wohlergehen der Bevölkerungsmehrheit in anderer Hinsicht beeinträchtigt, können wir uns nicht auf das Pareto-Prinzip berufen, um ihn zu rechtfertigen. Geld und Wohlergehen sind zwei verschiedene Dinge!

Selbst wenn wir uns nur auf die Einkommen konzentrieren und schädliche Wirkungen in anderen Bereichen außer Acht lassen, hängt unsere Antwort auf die Frage, ob Einkommensungleichheit ungerecht ist, davon ab, ob Anstiege der Spitzeneinkommen der Allgemeinheit oder nur denen zugutekommen, die diese Einkommen beziehen. Es ist kaum zu erwarten, dass die Öffentlichkeit über das verfrühte Ende eines prominenten Bankiers ebenso trauern würde wie über den Tod von Steve Jobs.

Am Beispiel der heutigen Vereinigten Staaten können wir die

Themen dieses Buches sehr gut veranschaulichen. Die amerikanische Wirtschaft ist seit dem Zweiten Weltkrieg deutlich gewachsen, wenn dieses Wachstum auch nicht das höchste in der Geschichte des Landes war. Die von diesem Wirtschaftswachstum hervorgebrachten Güter und Dienstleistungen verbesserten das Leben vieler Menschen. Man kann nicht behaupten, die Vereinigten Staaten hätten sich erst nach dem Zweiten Weltkrieg aus Armut und Entbehrung befreit, denn gemessen an historischen Maßstäben war dieses Land schon im Jahr 1945 wohlhabend. Aber die Auswirkungen des Wachstums auf den Wohlstand dürfen nicht unterschätzt werden. Die Menschen leben heute sicherer und in besseren Unterkünften, sie unternehmen Reisen, von denen ihre Großeltern nur träumen konnten. Sie haben Zugang zu einem Großteil der in der Welt verfügbaren Information und Unterhaltung (das galt früher nur für eine verschwindend kleine Minderheit) und können auf verschiedenste, für frühere Generationen unvorstellbare Arten miteinander kommunizieren.

Aber die Erträge des Wachstums waren wie so oft ungleich verteilt: Insbesondere seit Mitte der 70er Jahre, als das Wachstum sich verlangsamte und sehr viel weniger Gesellschaftsgruppen erfasste, haben manche mehr davon profitiert als andere. Solche Unterschiede können produktiv sein und eröffnen, wie wir an zahlreichen Beispielen gesehen haben, Möglichkeiten: Sie spornen die weniger Privilegierten an, ihren Rückstand aufzuholen, womit sich der Nutzen von den Wenigen auf die Vielen ausdehnen kann. In der jüngeren amerikanischen Geschichte lässt sich diese Entwicklung anhand des »Wettlaufs zwischen Bildung und Technologie« und der deutlichen Zunahme der gut ausgebildeten Amerikaner beschreiben.

Wachstum, Ungleichheit und Aufholen sind die schimmernde Seite der Münze. Die Schattenseite sehen wir, wenn der Prozess gekapert und die Aufholjagd unmöglich wird. Der Historiker Eric Jones hat schön beschrieben, wie es dazu kam, dass sich der

Westen nach 1750 entwickelte, während der Osten und der Süden stagnierten. Jones erklärt, es sei keineswegs so gewesen, dass die übrige Welt nie gewachsen wäre: Sie tat es durchaus.[39] Aber das Wachstum wurde stets durch mächtige Herrscher oder Geistliche erstickt, die sich entweder die Innovationen aneigneten oder die wirtschaftliche Aktivität unterdrückten, weil sie ihre Position bedrohte. So kam nie ein dauerhaftes Wachstum zustande, und der Gans, die goldene Eier hätte legen können, wurde kurz nach dem Schlüpfen der Hals umgedreht. Aufgrund der extrem ungleichen Machtverteilung in diesen Gesellschaften entstand eine Umgebung, in der kein dauerhaftes Wirtschaftswachstum möglich war, weshalb der Fluchtweg aus der Armut versperrt blieb.

Die Wirtschaftshistoriker Stanley Engerman und Kenneth Sokoloff erzählen eine andere Version der Geschichte von Ungleichheit und (mangelndem) Wachstum.[40] Dort, wo die Macht in wenigen Händen konzentriert war – zum Beispiel in Lateinamerika oder in den amerikanischen Südstaaten, deren Wirtschaft von Plantagen beherrscht war –, widersetzten sich die Reichen der politischen Einbeziehung der Mehrheit und beschränkten die Bildung auf die Elite, der sie selbst angehörten. Der Mangel an Demokratie und an allgemeiner Bildung beraubte das Volk jener Institutionen, die für ein breit angelegtes Wirtschaftswachstum unverzichtbar sind. Hingegen schuf die frühe Einführung einer öffentlichen allgemeinen Bildung in den Vereinigten Staaten eine unerlässliche Voraussetzung für den langfristigen wirtschaftlichen Erfolg des Landes.

Auch die Ökonomen Daron Acemoglu und Simon Johnson vom MIT sowie der Politikwissenschaftler James Robinson aus Harvard verfechten die These, dass auf die Bedürfnisse der Elite zugeschnittene Institutionen das Wirtschaftswachstum hemmen.[41] Die Kolonialmächte, die mit der Entsendung ihrer eigenen Staatsbürger Kolonien errichten konnten, brachten ihre Institutionen mit (man denke an die Vereinigten Staaten, Australien, Kanada und Neuseeland), während sich an Orten, die sich (zum Beispiel aufgrund verbreiteter Krankheiten) nicht für die Besiedlung eigneten, »extraktive« Staaten formierten, in denen man im Wesentlichen die örtlichen Ressourcen plünderte (man denke an Bolivien, Indien oder Sambia) und Institutionen errichteten, die dazu dienten, die Interessen der herrschenden Elite zu wahren, ohne jedoch das Wirtschaftswachstum der Kolonie zu fördern.

»Extraktive« Regime haben normalerweise kein Interesse daran, das Privateigentum zu schützen oder für Rechtssicherheit zu sorgen, und ohne entsprechende Institutionen werden Unternehmertum und Innovation kaum gedeihen. Länder, die in der Kolonialzeit relativ wohlhabend und bevölkerungsreich waren, waren besonders attraktive Ziele für Eroberer. Dies hatte eine historische Wendung des Glücks zur Folge: Die einst reichen Länder, die von den europäischen Mächten erobert wurden, sind heute arm, und die ehemals armen sind mittlerweile reich.

Diese Schicksalswende sollte uns eine Warnung sein: Wir dürfen unseren gegenwärtigen Wohlstand und das moderne Wirtschaftswachstum nicht als selbstverständlich betrachten, als etwas, das immer da war und immer da sein wird. Das Rent-Seeking kann dazu führen, dass das Wirtschaftswachstum durch einen internen Krieg ersetzt wird, in dem die verschiedenen Gesellschaftsgruppen erbittert um ihren Anteil am schrumpfenden Gesamtertrag kämpfen. Die Interessengruppen festigen die Position einiger weniger auf Kosten der vielen, die alle so wenig verlieren, dass es sich nicht lohnt, sich zusammenzuschließen, um die Plünderung zu unterbinden. Die kumulative Wirkung der Bereicherung vieler solcher Gruppen kann eine Volkswirtschaft aushöhlen und das Wachstum zum Erliegen bringen.[42] In der Vergangenheit haben mächtige und wohlhabende Eliten das Wirtschaftswachstum unterdrückt, und sie können es erneut tun, wenn sie nicht daran gehindert werden, die Institutionen zu unterlaufen, die für ein breit angelegtes Wachstum erforderlich sind.

KAPITEL 6

DIE GLOBALISIERUNG UND DER GRÖSSTE ALLER AUSBRÜCHE

Seit dem Zweiten Weltkrieg hat sich der größte Ausbruch überhaupt zugetragen. Ein rasantes Wirtschaftswachstum in vielen Ländern hat Hunderte Millionen von Menschen aus einem Leben voller Entbehrungen befreit. Materieller Wohlstand und Lebenserwartung sind gestiegen.

Wie immer ist der Fortschritt nicht überall gleichmäßig verlaufen: Einige besonders dynamisch wachsende Länder haben den Rückstand auf die reichen Länder verkürzt, aber ihr Fortschritt hat eine Kluft zwischen ihnen und den Ländern aufgerissen, die zurückgeblieben sind. Ehemals arme Länder in Asien sind in die Mitte gerückt, wodurch ein deutliches Gefälle zwischen ihnen und vielen afrikanischen Ländern entstanden ist.

Der Rückgang der Sterblichkeit, insbesondere bei Kindern, hat dazu geführt, dass die Weltbevölkerung in einem Maße gewachsen ist, für das die Menschheitsgeschichte kein Beispiel kennt. Wir können tatsächlich von einer Bevölkerungsexplosion sprechen. Die meisten Experten, die in den 6oer Jahren des 20. Jahrhunderts Prognosen zur bevorstehenden Entwicklung anstellten, erwarteten nicht, dass man angesichts dieses sprunghaften Bevölkerungswachstums die Armut in der Welt verringern könnte. Vielmehr stellte die tickende »Bevölkerungsbombe« eine Bedrohung für den Lebensstandard überall in der Welt dar. Der große Ökonom und Nobelpreisträger James Meade beklagte, die drei großen Katastrophen des 20. Jahrhunderts seien der »höllische« Verbrennungsmotor, die Bevölkerungsexplosion und der Wirtschaftsnobelpreis. Was die Bevölkerungsexplosion anbelangt, so hätten ihm die meisten seiner Zeitgenossen zugestimmt, und noch heute betrachten viele das Bevölkerungswachstum (neben dem höllischen Verbrennungsmotor) als ernsthafte Bedrohung. Aber die Welt hat im letzten halben Jahrhundert nicht nur vier Milliarden zusätzliche Menschen aufgenommen, sondern die sieben Milliarden, die heute in ihr leben, genießen im Durchschnitt ein sehr viel besseres Leben als ihre Eltern und Großeltern.

Natürlich ist eine durchschnittliche Verbesserung kein Trost für diejenigen, die unter dem Durchschnitt liegen und zurückgefallen sind. Wir haben bereits gesehen, dass die Erträge des Durchschnittswachstums in den Vereinigten Staaten keineswegs gleichmäßig verteilt wurden. Die USA sind nicht das einzige Land, in dem die Ungleichheit zugenommen hat, und obwohl es wichtige Ausnahmen gibt, haben viele Länder in den letzten Jahren die Erfahrung zunehmender Einkommensungleichheit machen müssen.

Und was ist mit der Ungleichheit *zwischen* den Ländern? Viele ehemals arme Länder haben den »Vorteil der Rückständigkeit« genutzt, um Wissen und Technologien, die in den reichen Ländern seit langem verfügbar waren, zu übernehmen (und teilweise sogar zu verbessern). Die Länder, die diese Aufholjagd begonnen haben, können sich den langwierigen Prozess von Versuch und Irrtum ersparen, der ihr Wachstum in der Vergangenheit hemmte. Länder wie die asiatischen Tigerstaaten (Hongkong, Singapur, Südkorea und Taiwan) und in jüngerer Zeit China und Indien erleben ein Wirtschaftswachstum, das um ein Vielfaches höher ist als alles, was aus der Vergangenheit bekannt war. Aber das Wachstum ist ungleich verteilt, und den meisten Ländern, die vor 50 Jahren arm waren, ist es nicht gelungen, dem Beispiel Chinas, Indiens oder der Tigerstaaten zu folgen.

Es überrascht vielleicht, dass die Einkommensungleichheit zwischen den Ländern trotz der Erfolge der wachstumsstarken Nationen kaum abgenommen hat, denn auf jedes Land, das die Kluft verringern konnte, kommt ein anderes, das abgehängt wurde. Der Unterschied zwischen den Durchschnittseinkommen in armen und reichen Ländern ist so groß wie eh und je. Wenn wir die Länder dem Durchschnittseinkommen entsprechend von den ärmsten aufwärts zu den reichsten ordnen, können wir das Land, das ein Viertel vom unteren Ende der Skala entfernt ist – ein moderat armes Land –, mit dem Land vergleichen, das ein Viertel vom oberen Ende der Skala entfernt ist – dies ist ein moderat wohlhabendes Land. Im Jahr 1960 war das Durchschnittseinkommen des moderat wohlhabenden Landes siebenmal so hoch wie das des moderat armen Landes. Im Jahr 2009 war dieses Verhältnis auf das Achteinhalbfache gestiegen.

In diesem Kapitel werden wir das Nachkriegswunder – den größten aller Ausbrüche – genauer untersuchen: Wir werden uns ansehen, wie es dazu kam und wie diese Entwicklung alte Ungleichheit beseitigte und neue schuf. Wir werden auch einen genauen Blick auf die Zahlen werfen, um Klarheit darüber zu gewinnen, ob wir uns auf sie verlassen können. Die Messung von Armut und Ungleichheit in der Welt ist mit zahlreichen Problemen behaftet. Wir wissen weniger als wir sollten und zweifellos weniger, als man angesichts des Überflusses an Meinungsäußerungen zu diesem Thema vermuten würde.

Die Vermessung der Welt

Es ist schwierig, das materielle Wohlergehen zu messen, und selbst das allgegenwärtige *Einkommen* ist kaum genau zu definieren. Und unsere Messungen von Armut und Ungleichheit sind nur so gut wie unsere Messungen des Einkommens. Noch komplizierter werden die Dinge, wenn wir Vergleiche zwischen Ländern anstellen wollen. Die Menschen haben eine ziemlich gute Vorstellung davon, welches Einkommen nötig ist, um in der Gemeinschaft, der sie angehören, nicht zu den Armen zu gehören. Selbst wenn die nationale Armutsgrenze nicht den Lebenshaltungskosten an Ihrem Wohnort, geschweige denn den unterschiedlichen Vorstellungen von den Grundbedürfnissen eines Menschen entspricht, dürfen wir annehmen, dass die Mehrheit der Bürger und Politiker die nationale Armutsgrenze als Wert betrachtet, der diejenigen, deren Einkommen für einen angemessenen Lebensunterhalt ausreicht, von denen trennt, für die das nicht zutrifft. Aber wenn wir alle Armen in der Welt berücksichtigen, brauchen wir eine Armutsgrenze, die in Nairobi und Quito, Karatschi und Timbuktu und vielleicht sogar in London und Canberra brauchbar ist. Um das zu bewerkstelligen, müssen wir wie bei jedem internationalen Einkommensvergleich die verschiedenen Währungen umrechnen. Aber wie sich herausstellt, sind die Wechselkurse für diesen Zweck unbrauchbar.

Ein guter Ausgangspunkt ist die Frage, wie wir eine Währung in eine andere konvertieren können. Nehmen wir beispielsweise Dollar und Rupien. Es gibt einen Wechselkurs, der sich täglich ändert und Aufschluss darüber gibt, wie viele Rupien man auf dem Markt für einen Dollar kaufen kann. Zum gegenwärtigen Zeitpunkt (im April 2013) liegt dieser Kurs bei 54,33 Rupien für einen Dollar. Wenn ich also von New York nach Indien fliege und am Flughafen von Neu-Delhi zur Wechselstube gehe, werde ich etwa 50 Rupien pro Dollar bekommen – je nach der Gebühr, die die Bank verlangt, kann es auch weniger sein. Aber in der Stadt angekommen, stelle ich fest, dass ich in Delhi mit 50 Rupien sehr viel mehr kaufen kann als mit einem Dollar in New York. Wenn ich zum Essen in die Kantine der Delhi School of Economics gehe oder mir auf der Straße etwas zu essen kaufe, ist der Unterschied beträchtlich.

Eine einfache Beschreibung dieses Verhältnisses lautet, dass das Preisniveau in Indien niedriger ist als in New York: Wechselt man Geld zum offiziellen Kurs, so sind die meisten Dinge in Indien verglichen mit ihrem Preis in den Vereinigten Staaten günstig. Tatsächlich liegt das Preisniveau in Indien bei nur etwa 40 Prozent des amerikanischen Niveaus. Das heißt, man gibt für die Einkäufe in einem typischen Warenkorb in Indien nur 40 Prozent dessen aus, was man in den Vereinigten Staaten dafür bezahlen muss. Das bedeutet folglich, dass die Dinge an beiden Orten dasselbe kosten würden, wenn der Wechselkurs nicht bei 50, sondern bei 20 Rupien für einen Dollar läge. Dieser »richtige« Wechselkurs, der dafür sorgen würde, dass ein Dollar an beiden Orten denselben Wert besitzt, wird als kaufkraftparitätischer Wechselkurs oder KKP-Wechselkurs bezeichnet, weil er die Kaufkraft an beiden Orten angleicht. Wenn das Preisniveau in Indien wie in den meisten armen Ländern niedriger ausfällt als in den USA, wird auch der KKP-Wechselkurs niedriger sein als der amtliche Umtauschkurs.

Woher kennen wir diese Zahlen? Da es keinen Markt gibt, auf dem Währungen zu kaufkraftparitätischen Kursen gehandelt werden, besteht die einzige Möglichkeit darin, loszugehen und herauszufinden, was die Dinge an verschiedenen Orten kosten. Internationale Teams von Forschern und Statistikern sammeln Millionen Preise in Ländern rund um den Erdball und ermitteln Durchschnittswerte, um für jedes Land ein Preisniveau zu bestimmen. Die ersten derartigen Berechnungen stellte ein Team von Volkswirten der University of Pennsylvania unter der Leitung von Irving Kravis, Robert Summers und Alan Heston Mitte der 70er Jahre für sechs Länder an. (Heston arbeitet immer noch auf diesem Gebiet und zählt zu den Personen, die für viele der Zahlen in diesem Buch verantwortlich sind.) Diese Pioniere veränderten das Weltbild der Ökonomen, und ohne ihre Arbeit hätten wir keine Ahnung, wie wir die Lebensstandards in verschiedenen Ländern miteinander vergleichen sollten.[1]

Eine der ersten Erkenntnisse, die man aus diesen internationalen Vergleichen zog, lautet, dass das oben beschriebene Beispiel aus Indien durchaus repräsentativ war und ist: Die Preisniveaus in ärmeren Ländern sind niedriger, und je ärmer ein Land ist, desto niedriger ist auch sein Preisniveau. Viele Menschen finden diese Schlussfolgerung nicht nur überraschend, sondern halten sie auch für unglaubwürdig. Wie kann es sein, dass dieselben Dinge an einem Ort der Welt weniger kosten als an einem anderen? Wären Güter wie Stahl oder Benzin in Neu-Delhi billiger als in New York, so würde sich doch ein Händler finden, der sie in Neu-Delhi kauft und reich wird, indem er sie in New York verkauft? Tatsächlich unterscheiden sich die Preise von Stahl und Benzin an diesen beiden Orten nicht allzu sehr, wenn man Transportkosten, Steuern und Subventionen berücksichtigt. Aber diese Argumente gelten eben nicht für alle Güter und Dienstleistungen. Die Tatsache, dass ein Haarschnitt in Neu-Delhi oder ein Restaurantessen in Bangkok in New York ein Schnäppchen wären, ist für einen Händler uninteressant, weil diese Dienstleistungen eben nicht in New York, sondern in Delhi und Bangkok erbracht werden und weil es unmöglich ist, sie von einem Ort zum anderen zu überführen. Da die Einwohner armer Länder arm sind, kosten Dienstleistungen dort weniger, aber viele dieser Dienstleistungen sind unbeweglich.

Könnte jedermann ungehindert von einem Land in ein anderes auswandern, so würden die Löhne in den reichen Ländern sinken, während jene in den armen Ländern stiegen. Auf diese Art würde sich die Ungleichheit in der Welt verringern. Natürlich lehnen die Arbeitnehmer in den reichen Ländern Lohnsenkungen ab, und aus diesem Grund dürfen die Menschen in den armen Ländern *nicht* ungehindert auswandern, und deshalb sind Mahlzeiten und Haarschnitte in armen Ländern so billig. Den Preis von Grund und Boden kann man genauso wenig wie den Preis der Arbeitskraft zum Gegenstand der Arbitrage zwischen reichen und armen Ländern machen. Man kann günstige Immobilien in Indien oder Afrika nicht auf das amerikanische Niveau heben, indem man sie über den Ozean bewegt. Das Vorhandensein von billigem Land und preis-

werten Arbeitskräften in armen Ländern erklärt, warum die Preisniveaus in diesen Ländern so viel niedriger liegen als in reichen
Ländern. Der Markt legt die Wechselkurse fest, um die Preise von
Stahl, Benzin, Autos und Computern anzugleichen, das heißt von
allem, was Gegenstand des internationalen Handels ist und sein
kann. Aber das Preisniveau hängt von Gütern und Dienstleistungen ab, die nicht gehandelt werden können. Weil diese in armen
Ländern billiger sind, ist das durchschnittliche Preisniveau umso
niedriger, je ärmer ein Land ist.

Da die Preise in ärmeren Ländern niedriger sind, gelangen wir
zu falschen Ergebnissen, wenn wir die vom Markt festgesetzten
Wechselkurse heranziehen, um die Lebenshaltungskosten in verschiedenen Ländern zu vergleichen. In den Medien sind solche
Vergleiche fast immer mit Fehlern behaftet, und auch Wirtschaftswissenschaftler begehen manchmal diesen Irrtum. Im Frühjahr
2011 stellten Vertreter der indischen Regierung vor dem Obersten Gerichtshof die (unkluge und kleinliche) Behauptung auf,
26 Rupien am Tag genügten zumindest für die Landbevölkerung,
um Armut zu vermeiden. Die Öffentlichkeit reagierte mit einem
Aufschrei der Empörung, und indische und internationale Medien wiesen darauf hin, dass die Weltbank (die in den Augen der
meisten Inder nicht gerade eine wohlwollende Einrichtung ist) die
Armutsgrenze bei 1,25 Dollar am Tag ansetzt, was bei einem durchschnittlichen Wechselkurs von 53 Rupien mehr als das Doppelte
des von der indischen Regierung angesetzten Wertes war.

Aber bei einem KKP-Wechselkurs von 20 Rupien für einen Dollar liegt die Armutsgrenze der Weltbank bei 25 Rupien, was etwa
dem Wert entspricht, den die Regierung angab. Sogar die *Financial
Times* verwendete die Marktrate für die Umrechnung von Rupien
in Dollar und gelangte zu dem Ergebnis, die indische Regierung
ziehe die Armutsgrenze nicht wie die Weltbank bei 1,25 Dollar,
sondern bei nur 0,52 Dollar. Bei einer korrekten Kaufkraftbereini-
gung wäre die Zeitung auf 1,30 Dollar gekommen, was zwar immer

noch ein elendes Almosen ist, aber fast das Dreifache der falsch berechneten Zahl darstellt.

Das Entwicklungsprogramm der Vereinten Nationen (UNDP) machte viele Jahre lang denselben Fehler und setzte sich damit dem Vorwurf aus, die Armut in armen Ländern zu übertreiben. Wann immer wir etwas über den Lebensstandard in armen Ländern lesen – sei es über das Lohnniveau, die Kosten der medizinischen Versorgung oder die Preise von Lebensmitteln und Verkehrsmitteln – und die naheliegende Umrechnung anhand der Marktrate vornehmen, erhalten wir Werte, die nur die Hälfte oder ein Drittel der richtigen Preise ausmachen. Die Löhne in armen Ländern sind zweifellos niedrig – das bedeutet einfach, dass diese Länder arm sind –, aber es hat keinen Sinn, ihre Armut im Vergleich zu den reichen Ländern zu überzeichnen.

Wenn wir die Lebensstandards in aller Welt vergleichen oder die globale Armut oder Ungleichheit berechnen, sind kaufkraftparitätische Wechselkurse immer die richtige Wahl. Die Formulierung »in aller Welt« ist hier bedeutsam, denn wenn wir uns die Lage der Menschen in einem Land ansehen, um die Ungleichheit zu berechnen – wie wir es in Kapitel 5 am Beispiel der Vereinigten Staaten getan haben – können wir mit gutem Recht darauf verzichten, die Preisunterschiede zwischen verschiedenen Orten in diesem Land zu berücksichtigen. Zweifellos ist das Leben in Kansas oder Mississippi billiger als in New York, aber die Stadtbewohner genießen mehr Annehmlichkeiten. Wenn die Menschen ihren Wohnort wählen können, so verraten die höheren Preise in den Großstädten viel über den Wert dieser Annehmlichkeiten. Falls dem so ist, können wir die Einkommen im gesamten Land vergleichen, ohne die Preise berichtigen zu müssen; Menschen mit höheren Einkommen in Manhattan in New York sind in einer besseren Situation als Menschen mit niedrigeren Einkommen in Manhattan in Kansas.

Anders liegen die Dinge, wenn wir die Vereinigten Staaten mit Indien oder Frankreich mit dem Senegal vergleichen, da es keine

Freizügigkeit zwischen diesen Ländern gibt. Selbst wenn das Leben in den Vereinigten Staaten angenehmer ist als in Indien – und ich weiß nicht, ob es so ist –, besteht kein Grund zu der Annahme, dass der Unterschied im Preisniveau zwischen den USA und Indien diese unterschiedlichen Annehmlichkeiten widerspiegelt. Wenn wir also die indischen mit den amerikanischen Einkommen vergleichen, um uns ein Bild von der globalen Ungleichheit zu machen, müssen wir den Wechselkurs heranziehen, zu dem die Kaufkraft in den beiden Ländern gleich ist.

Aber obwohl KKP-Vergleiche denen zwischen Marktwechselkursen vorzuziehen sind, sind sie keineswegs perfekt. Preisniveaus werden berechnet, indem die Preise vergleichbarer Güter und Dienstleistungen in verschiedenen Ländern gesammelt werden, etwa der Preis eines Kilogramms Reis oder eines Haarschnitts in Hanoi, London und São Paulo. Aber nicht alle Preise sind einfach zu bestimmen. Wie ermitteln wir den Preis eines Hauses, das sich eine arme Familie in einem Dorf gebaut hat, wie denjenigen einer Hütte in einem städtischen Elendsviertel? Für solche Immobilien gibt es oft keinen Mietmarkt, so wie es keine Mietmärkte für viele Arten von Unterkünften in wohlhabenderen Ländern gibt. Es ist schwer, den Wert von Gesundheitsdiensten und anderen Leistungen zu bestimmen, die Staaten ihren Bürgern anbieten, und noch schwerer ist eine einheitliche Bestimmung des Wertes solcher Dienste in allen Ländern, denn die Aufgabe lautet, Gleiches mit Gleichem zu vergleichen. Für einen großen Teil unserer Ausgaben gibt es keine Marktpreise, weshalb wir uns mit Vermutungen begnügen müssen, die durchaus begründet, aber dennoch völlig falsch sein können. Das bedeutet nicht, dass es besser wäre, die normalen Wechselkurse zu verwenden, die nachweislich ungeeignet sind. Aber es bedeutet, dass die KKP-Wechselkurse, obwohl geeignet, unvermeidliche Unsicherheit mit sich bringen.

Sehen wir uns kurz an, wie das Zusammentragen verschiedener Preise für vergleichbare Güter in verschiedenen Ländern funktioniert. Nehmen wir zum Beispiel Herrenhemden. In den Vereinigten Staaten könnte ein Standardprodukt ein Anzughemd von einem bekannten Hersteller sein, etwa ein Button-Down-Hemd aus Baumwolle von Brooks Brothers. Wenn wir dieses Hemd mit einem Herrenhemd in Bolivien, der Demokratischen Republik Kongo oder den Philippinen vergleichen wollen, haben wir die Wahl zwischen zwei gleichermaßen unbefriedigenden Alternativen. Das Standardhemd in diesen Ländern wird mit großer Wahrscheinlichkeit sehr viel billiger und minderwertiger sein als das Brooks-Brothers-Hemd, weshalb wir bei der Feststellung des Preises nicht Gleiches mit Gleichem vergleichen: Wir werden den Preis in dem armen Land im Vergleich zu demjenigen im reichen Land *zu niedrig* ansetzen. Die Alternative besteht darin, uns in dem armen Land auf die Suche nach dem Brooks-Brothers-Hemd zu machen – vielleicht finden wir es im schicksten Laden der Hauptstadt –, aber damit gehen wir das entgegengesetzte Risiko ein: Möglicherweise finden wir das Hemd nur in einem sehr spezialisierten und teuren Laden, der nur ganz wenige wohlhabende Kunden hat. Wählen wir diese Lösung, so setzen wir den Preis im armen Land also *zu hoch* an; er steht nicht in Beziehung zur Kaufkraft der Normalbevölkerung.

Hier haben wir es mit einem unablässigen Tauziehen zwischen zwei widersprüchlichen Zielen zu tun: Wollen wir nur die Preise von international vergleichbaren Gütern bestimmen, oder geht es uns nur um die Preise von Gütern, die für den Konsum der Bevölkerung eines Landes repräsentativ sind. In extremen Fällen sind Vergleiche praktisch unmöglich, weil etwas, das in einem Land ein wichtiges und verbreitetes Konsumgut ist, in einem anderen überhaupt nicht existiert: Teff ist das grundlegende Getreide in Äthiopien, wird aber fast nirgendwo sonst konsumiert. Tofu ist in Indonesien wichtig, nicht jedoch in Indien. Alkohol ist in vielen muslimischen Ländern nicht erhältlich.

Selbst wenn wir alle Preise ermitteln können, geben die Menschen in verschiedenen Ländern einen unterschiedlich großen Teil ihres Geldes für unterschiedliche Dinge aus. Ein Beispiel kann jeder nachvollziehen, der wie ich in Großbritannien aufgewachsen ist und jetzt in einem anderen Land lebt. In Großbritannien darf die Würzpaste Marmite in keinem Haushalt fehlen. Dieser sehr salzige Hefeextrakt fällt beim Bierbrauen als ein Nebenprodukt an und wurde von Louis Pasteur entdeckt, der eine Lizenz für seine Gewinnung an eine britische Brauerei verkaufte. In Großbritannien ist Marmite billig und beliebt und wird in großen schwarzen Töpfen verkauft. In den Vereinigten Staaten, wo ich heute lebe, ist Marmite ebenfalls erhältlich, aber es ist teuer und wird in sehr kleinen schwarzen Töpfen angeboten. Marmite ist ein klar definiertes und exakt vergleichbares Erzeugnis, dessen Preis man in den Vereinigten Staaten und Großbritannien leicht feststellen kann. Aber wenn wir die Preise in den Vereinigten Staaten und Großbritannien vergleichen, indem wir die relativen Preise von bei den Briten beliebten Produkten in den beiden Ländern ermitteln – darunter große Mengen Marmite –, werden wir feststellen, dass die Vereinigten Staaten ein sehr teures Land sind. Wenn wir uns die relativen Preise von Produkten ansehen, die die Amerikaner häufig kaufen – darunter Dinge wie Graham Cracker oder Bourbon, die in Großbritannien selten und teuer sind –, werden wir den Eindruck gewinnen, Großbritannien sei das teure Land.

In Wahrheit hat es keine allzu großen Auswirkungen auf Vergleiche zwischen reichen Ländern wie Großbritannien und den Vereinigten Staaten, ob wir amerikanische oder britische Güter als Vergleichsgrundlage heranziehen, aber das Beispiel von Marmite wirft ein Licht auf ein Grundproblem aller internationalen Preisvergleiche. Die Bevölkerung eines Landes kauft viele Dinge, die dort relativ günstig sind, und weniger Dinge, die dort relativ teuer sind, weshalb ein Vergleich mit den Lebenshaltungskosten in einem anderen Land anhand des Warenkorbs des eigenen Landes dazu führt, dass die Lebenshaltungskosten im Ausland überschätzt werden. Verwendet man hingegen den Warenkorb des anderen Landes, so wird man die relativen Lebenshaltungskosten in diesem Land unterschätzen. In der Praxis verwenden die Statistiker daher einen Mittelwert.

Die Wahl des Mittelwerts ist eine vernünftige Maßnahme, die das Problem jedoch nicht löst. Dies wird klar, wenn wir uns ansehen, was jüngst geschah, als die Statistiker die Preise in Großbritannien mit denen im westafrikanischen Kamerun verglichen. Wie in vielen afrikanischen Ländern sind Flugreisen in Kamerun sehr teuer, und das Angebot ist nicht allzu groß, da die Normalbevölkerung nicht mit dem Flugzeug reist. In Großbritannien sind Flugreisen billig, und sogar relativ arme Menschen fliegen in den Urlaub. Wendet man die Preise Kameruns auf das Konsumverhalten der Briten an, so wirkt Kamerun wie ein sehr teures Land. Es ist hilfreich, Durchschnittswerte zu verwenden, aber was auch immer wir tun: der Preis von Flugreisen hat erhebliche Auswirkungen auf die kaufkraftbereinigten Preise Kameruns – das Preisniveau Kameruns wäre 2 bis 3 Prozent niedriger, würde man Flugreisen nicht berücksichtigen –, obwohl es in Kamerun praktisch keinen zivilen Flugverkehr gibt. Leider hängen internationale Vergleiche von solchen Dingen ab, die – zumindest in bestimmten Zusammenhängen, etwa bei der Messung der Armut – kaum sinnvoll erscheinen. Das Problem ist einmal mehr, dass sich Kamerun anders als die Vereinigten Staaten sehr von Großbritannien unterscheidet.

Dabei ist der Vergleich zwischen Kamerun und Großbritannien nicht unbedingt entscheidend. Ganz anders sieht es aus mit dem Vergleich zwischen den Vereinigten Staaten und China. Aus den aktuellsten Schätzungen der Weltbank geht hervor, dass das chinesische Pro-Kopf-BIP im Jahr 2011 bei 5445 Dollar lag, während dasjenige der Vereinigten Staaten 48 112 Dollar betrug. Das Pro-Kopf-Einkommen der Vereinigten Staaten ist demnach fast neunmal so hoch wie das Chinas. Aber derartige Berechnungen werden anhand von Marktwechselkursen angestellt und berücksichtigen nicht, dass das chinesische Preisniveau nur etwa zwei Drittel des amerikanischen ausmacht. Wenn wir KKP-Wechselkurse verwenden, kommen wir auf ein Pro-Kopf-Einkommen von 8400 Dollar für China, weshalb das kaufkraftparitätische Pro-Kopf-Einkommen der USA nicht 8,8-mal, sondern nur 5,7-mal so hoch ist wie das Chinas. Die kaufkraftparitätischen Pro-Kopf-Einkommen sind ein sehr viel besserer Indikator für den relativen Lebensstandard eines Landes. All diejenigen, die sich für die absolute Größe der beiden Volkswirtschaften interessieren – zum Beispiel das Militär oder die Diplomaten, die den globalen Einfluss eines Landes an seinen *gesamten* Ressourcen messen –, müssen den Wert mit 4,31 multiplizieren, das heißt mit dem Verhältnis zwischen der chinesischen und der amerikanischen Bevölkerungszahl. Die chinesische Volkswirtschaft hat insgesamt also drei Viertel des Volumens der amerikanischen Volkswirtschaft. Da China sehr viel schneller wächst als die Vereinigten Staaten (dazu später mehr), können wir davon ausgehen, dass China die USA in nicht allzu ferner Zukunft überholen wird – genauer gesagt in sechs Jahren, wenn die chinesische Wachstumsrate konstant um 5 Prozentpunkte über der amerikanischen liegt.

Aus dem vorhergehenden Absatz könnte man den Eindruck gewinnen, wir würden den KKP-Wechselkurs wirklich kennen, so wie wir den Marktwechselkurs kennen. Aber wenn wir uns die Probleme bei der Bewertung von Marmite-Paste oder Flugreisen in Kamerun vor Augen halten und die Unsicherheiten repräsentativer Vergleiche berücksichtigen, müssen wir uns fragen, ob der wirkliche KKP-Wechselkurs höher oder niedriger ausfallen würde. Alan Heston und ich haben ausgerechnet, dass der KKP-Wechselkurs um etwa 25 Prozent nach oben oder unten abweichen kann, wenn wir das »Marmite-Problem« berücksichtigen – genauer gesagt, wenn wir uns vor Augen halten, dass wir anhand des chinesischen oder amerikanischen Warenkorbs Durchschnitte der beiden Preise ermitteln können.[2] Wir können also lediglich feststellen, dass das chinesische Pro-Kopf-Einkommen im internationalen Vergleich für 2011 irgendwo zwischen 13 und 22 Prozent des amerikanischen Pro-Kopf-Einkommens lag. Die gesamte Wirtschaftsleistung Chinas macht zwischen 56 und 94 Prozent der Wirtschaftsleistung der Vereinigten Staaten aus. Es bietet sich an, den Mittelwert zu nehmen – und sei es auch nur, weil wir nicht mit breit gefächerten Möglichkeiten arbeiten wollen –, aber das ändert nichts daran, dass die Wahl eines Mittelwerts eine willkürliche Lösung für ein konzeptuelles Problem ist, für das es keine vollkommen befriedigende Lösung gibt.

Im sehr speziellen Fall Chinas sind noch viele andere Probleme zu berücksichtigen, mit denen ich mich an dieser Stelle nicht eingehend beschäftigen kann. Das vielleicht gewichtigste dieser Probleme ist die seit langem tobende Debatte über die Frage, ob die von den chinesischen Behörden angegebene Wachstumsrate glaubwürdig ist. Wenn sie unrealistisch hoch ausfällt, wie viele Experten meinen, stellt sich die Frage, inwieweit sie nach unten korrigiert werden muss.

Ich möchte nicht den Eindruck erwecken, internationale Vergleiche seien unmöglich oder stets mit einer sehr großen Fehlerwahrscheinlichkeit behaftet. Im Jahr 1949 fragte Richard Stone, mein Mentor an der Universität Cambridge: »Warum sollten wir die Vereinigten Staaten mit Indien oder China vergleichen? Ist ein solcher Vergleich von Interesse? Jeder weiß, dass das eine Land wirtschaftlich sehr reich und das andere sehr arm ist. Spielt es eine Rolle, ob das eine Land 30- oder 50-mal reicher ist als das andere?«[3] Sowohl China als auch Indien sind heute sehr viel wohlhabender als im Jahr 1949, und nicht nur die Medien, sondern auch das Pentagon und das State Department interessieren sich sehr dafür, ob die chinesische Volkswirtschaft die amerikanische überholt hat. Da wir seit Stones Zeit auch große Fortschritte bei der Datensammlung und Analyse gemacht haben, können wir uns tatsächlich ein Bild von der Relation zwischen zwei Volkswirtschaften machen.

Dennoch gibt es weiterhin Unwägbarkeiten, vor allem, wenn wir reiche Länder mit armen Ländern wie China oder Indien oder mit afrikanischen Staaten vergleichen. Bei den reichen Ländern, deren wirtschaftliche Strukturen ähnlich sind, ist die Unsicherheit geringer, so dass wir einigermaßen zuverlässige Vergleiche zwischen ihnen anstellen können. Bei Kanada, den Vereinigten Staaten oder den westeuropäischen Ländern sind nur geringe Abweichungen zwischen den Marktwechselkursen und den KKP-Wechselkursen zu verzeichnen. Wir stehen auf solidem Grund, wenn wir Vergleiche zwischen ihnen ziehen.

Globales Wachstum

Seit dem Ende des Zweiten Weltkriegs, der ein wirtschaftlich und sozial verwüstetes Europa zurückließ, sind die wohlhabenderen Länder der Erde rasch gewachsen: Sie behoben die Schäden, um anschließend ihren Wohlstand auf ein bis dahin ungekanntes Maß zu heben. Die reichen Länder sind dabei auch enger zusammengewachsen, so dass die Unterschiede zwischen ihnen mittlerweile gering ausfallen verglichen mit jenen zwischen dieser Gruppe und der übrigen Welt. In Abbildung 27 sehen wir, wie sich die (preisbereinigten) Nationaleinkommen in 21 reichen Ländern entwickelt haben. Eine exakte Messung ist nicht möglich, aber die Daten sind valide, und die kaufkraftparitätischen Wechselkurse für diese Gruppe reicher Länder sind im Allgemeinen zuverlässig. Die Kastengrafik wird genauso interpretiert wie jene von Abbildung 21 in Kapitel 4: Die oberen und unteren Ränder der schattierten Kästen zeigen die Positionen des reichsten und ärmsten Viertels der Länder, so dass sich die Hälfte der Länder im schattierten Bereich befindet. Die Linie in der Mitte entspricht dem Median. Die Antennen geben Aufschluss über die Verteilung der Daten, und die Punkte markieren Ausreißer.

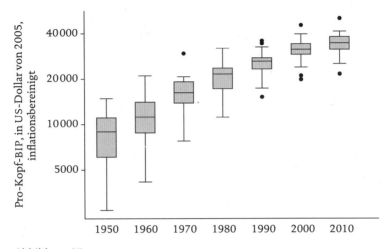

Abbildung 27:
Pro-Kopf-BIP in 21 reichen Ländern (Australien, Belgien, Dänemark,
Deutschland, Finnland, Frankreich, Griechenland, Großbritannien, Island,
Irland, Italien, Japan, Kanada, Luxemburg, Neuseeland, Niederlande,
Norwegen, Österreich, Portugal, Schweden, Schweiz, Spanien, Türkei
und Vereinigte Staaten)

Wie wir aus dem Diagramm ersehen können, ist die Verlangsamung des Wachstums, wie am Beispiel der Vereinigten Staaten
bereits ersichtlich, auch in anderen reichen Ländern zu beobachten.
Die 60er Jahre waren die goldene Nachkriegsära: In diesem Jahrzehnt wuchs die Wirtschaft durchschnittlich um mehr als 4 Prozent pro Jahr, ein Zuwachs, der genügt, um die Einkommen innerhalb von zehn Jahren um die Hälfte zu erhöhen. In den 70er Jahren
verringerte sich das durchschnittliche jährliche Wachstum auf
2,5 Prozent, in den 80er und 90er Jahren ging es auf 2,2 Prozent zurück, und im ersten Jahrzehnt des 21. Jahrhunderts wuchsen diese
Länder nur noch um weniger als 1 Prozent im Jahr. Das Ausmaß
des allgemeinen Wachstumsrückgangs wird einerseits durch das
außergewöhnlich starke Wachstum nach 1945 – das sich erwar-
tungsgemäß nicht fortsetzte, als die Verluste durch den Weltkrieg
wettgemacht waren – und andererseits durch die Finanzkrise über-

trieben. Eine zerstörte Wirtschaft wiederaufzubauen ist mühsam, aber es ist einfacher, als bisher ungeahnte Einkommensniveaus zu erreichen: Die Menschen erinnern sich daran, wie die Dinge gemacht werden, und die benötigte Technologie muss nicht neu entwickelt, sondern nur wieder zum Einsatz gebracht werden. Ist der Wiederaufbau einmal abgeschlossen, ist Wachstum nur noch möglich, indem man neue Lösungen entwickelt und in die Tat umsetzt – und die Erschließung von Neuland ist schwieriger als das erneute Umpflügen von bestehendem Ackerland. Selbstverständlich kann die Innovation in einer vernetzten Welt oft von einem Land auf ein anderes übertragen werden – insbesondere auf ähnliche Länder –, wodurch die Last der Innovation auf viele verteilt wird. Diese Vernetzung beschleunigt also das Wachstum.

Die Globalisierung verringert die Kosten der Bewegung von Gütern und Innovation von einem Ort zum anderen. Sie ermöglicht es, Güter dort zu erzeugen, wo die Produktion am effizientesten und kostengünstigsten zu bewerkstelligen ist – dasselbe gilt zunehmend auch für Dienstleistungen –, und dank der Globalisierung können an einem Ort gemachte Entdeckungen rasch auch anderswo genutzt werden. So wie neue medizinische Therapien und neue Erkenntnisse über Gesundheitsfragen – etwa das Wissen über die Folgen des Rauchens oder den Einsatz lebensverlängernder Medikamente, die den Cholesterinspiegel und den Blutdruck senken – breiteten sich Entdeckungen, die den materiellen Lebensstandard erhöhten, rasch über den Erdball aus und führten zu einer Angleichung von Gesundheit und Einkommen in den reichen Ländern. Obwohl die Entwicklung in verschiedenen Ländern unterschiedlich schnell war, kam es überall dort, wo geeignete politische, medizinische und wirtschaftliche Institutionen die Anwendung der Neuerungen ermöglichten, zu einer bemerkenswerten Konvergenz der Durchschnittseinkommen, selbst wenn der materielle Wohlstand seit einiger Zeit etwas langsamer wuchs. In diesen Ländern verringern neue Technologien die Einkommensungleichheit, so wie sie die gesundheitliche Ungleichheit verringerten.

Die Konvergenz der *durchschnittlichen* Einkommen in allen diesen Ländern verrät uns nichts über die Entwicklung *innerhalb* dieser Länder. Tatsächlich haben wir am Beispiel der Vereinigten Staaten gesehen, dass der Anstieg der Durchschnittseinkommen innerhalb eines Landes nicht unbedingt bedeutet, dass große Bevölkerungsgruppen davon profitieren. Auch die Tatsache, dass sich die Länder einander annähern, bedeutet nicht, dass sich die Einkommen sämtlicher Einwohner der reichen Welt einander annähern. Man stelle sich zwei große Gruppen vor, die einst voneinander getrennt waren, jetzt aber miteinander verschmelzen. Wenn die Mitglieder der einzelnen Gruppen sich innerhalb ihrer Gruppe voneinander entfernen, kann das innere Auseinanderdriften die Verschmelzung der beiden Gruppen ausgleichen und sogar zunichtemachen. Betrachtet man nur das Gesamtbild und lässt außer Acht, wer sich in welchem Land befindet, so beobachtet man möglicherweise eine zunehmende Streuung der Gruppen. Wir werden auf dieses Problem zurückkommen, wenn wir uns mit der Ungleichheit in der gesamten Weltbevölkerung befassen.

Wir haben uns an eine Welt gewöhnt, in der die Wirtschaft wächst und die Unterschiede zwischen den Ländern geringer werden – zumindest, wenn wir im reicheren Teil der Welt leben und nach 1945 geboren wurden. Ein hoher Lebensstandard ist die Norm, und weiteres Wachstum wird als selbstverständlich angesehen. Die Unterschiede bei Einkommen und Gesundheit sind gesunken, Reisen sind preiswerter, schneller und leichter geworden, und Information ist überall unmittelbar zugänglich.

Die übrige Welt sieht vollkommen anders aus. Abbildung 28 ist identisch mit Abbildung 27 – abgesehen davon, dass es nicht nur die reichen, sondern *alle* Länder der Welt beinhaltet. Es liegt auf der Hand, dass die Bandbreite der Durchschnittseinkommen sehr viel größer wird, wenn wir auch die armen Länder berücksichtigen: Die Kästen werden länger, und die Antennen und Punkte strecken sich weiter nach außen. Die Daten sind nicht so zuverlässig, und die Spreizung der Einkommen wirkt aufgrund von Messfehlern vermutlich größer, als sie in Wirklichkeit ist. Interessanter und weniger offensichtlich ist die Tatsache, dass die Spreizung der Durchschnittseinkommen – der internationalen Einkommensungleichheit in den einzelnen Ländern – im Laufe der Zeit *nicht* geringer wird, wenn wir alle Länder betrachten. Die Kästen für das Jahr 1950 sollten wir für den Augenblick beiseitelassen; es gibt viele Länder, für die keine Datensätze vorliegen. Obendrein waren viele der ausgelassenen Länder sehr arm, was zur Folge hat, dass dieser Kasten zu weit oben liegt und insgesamt zu kurz ist. Nach 1950 blieb der Unterschied zwischen dem Land, das ein Viertel des Weges vom unteren Ende der Verteilung entfernt lag, und dem Land, das ein Viertel des Weges vom oberen Ende der Verteilung entfernt lag, im Wesentlichen unverändert, und wenn wir die unteren Antennen betrachten, stellen wir fest, dass die Spreizung insbesondere bei den ärmsten Ländern der Welt sogar zugenommen hat.

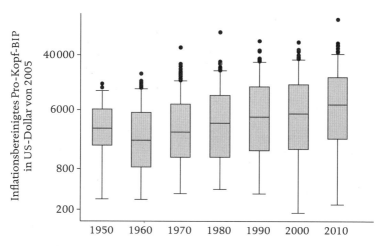

Abbildung 28:
Pro-Kopf-BIP aller Länder der Erde

Die Einkommenskonvergenz zwischen den reichsten Ländern entspricht exakt unseren Erwartungen, wenn das Wachstum von neuen Ideen und neuen Methoden vorangetrieben wird und sich neue Ideen rasch in der Welt verbreiten. Hingegen ist es ziemlich verwirrend, dass die armen Länder nicht in der Lage waren, den Rückstand auf die reiche Welt zu verringern. Diese Tatsache sorgt dafür, dass sich Abbildung 28 so deutlich von Abbildung 27 unterscheidet. Schließlich stehen die Methoden und das Wissen, auf denen der hohe Lebensstandard in den reichen Ländern beruht, auch den armen Ländern zur Verfügung. Doch bedeutet das Vorhandensein von allgemein zugänglichem Wissen eben nicht, dass alle Länder denselben Lebensstandard erreichen. Um die in den reichen Ländern angewandten Produktionsmethoden nutzen zu können, benötigt man auch die Infrastruktur eines reichen Landes – Straßen-, Eisenbahn- und Telekommunikationsnetze, Fabriken und Maschinen und dergleichen –, ganz zu schweigen vom Bildungsstand eines reichen Landes. Es erfordert Zeit und Geld, um all diese Dinge zu entwickeln. Aber die Kluft zwischen den Reichen und Armen liefert zahlreiche Anreize für Investitionen in die Infrastrukturen und Ausrüstungen, und wie Robert Solow in einer der berühmtesten wirtschaftswissenschaftlichen Arbeiten gezeigt hat, sollten sich die Lebensstandards im Laufe der Zeit einander annähern.[4] Warum das nicht geschehen ist, ist eine der wichtigsten Fragen der Ökonomie. Die vielleicht schlüssigste Antwort ist, dass in armen Ländern die *Institutionen* fehlen, die Voraussetzung für Wachstum sind: staatliche Verwaltung, funktionierende Rechts- und Steuersysteme, Schutz des Eigentums und Vertrauen.

Die Wachstumsraten der armen Länder fielen nicht niedriger und teilweise sogar höher aus als die der reichen Nationen. Aber während einige Länder rasch gewachsen sind und aufholen, sind andere noch weiter zurückgefallen. In den ärmeren Ländern sind die Wachstumserfahrungen deutlich *vielfältiger*. Einigen Ländern ist es gelungen, die Chancen zum Aufholen zu nutzen. Eine Gruppe asiatischer Länder – China, Hongkong, Malaysia, Singapur, Südkorea, Taiwan und Thailand – und ein afrikanisches Land (Botsuana) hatte von 1960 bis 2010 ein Wachstum von mehr als 4 Prozent pro Jahr zu verzeichnen, womit ihr Durchschnittseinkommen in einem halben Jahrhundert um mehr als das *Siebenfache* gestiegen ist. Hingegen waren die Zentralafrikanische Republik, die Demokratische Republik Kongo, Guinea, Haiti, Madagaskar, Nicaragua und Niger im Jahr 2010 *ärmer* als vor 50 Jahren. Für weitere Länder, die mit einiger Sicherheit ebenfalls der zweiten Gruppe angehören, liegen keine Daten vor. (Afghanistan, Dschibuti, Liberia, Sierra Leone und Somalia sowie einige Länder, die im Jahr 1960 zum sogenannten Ostblock gehörten, sind wahrscheinliche Kandidaten.) Das rasche Wachstum der erfolgreichen Länder hätte an sich das Einkommensgefälle zwischen den Ländern verringern müssen, aber zahlreiche Fehlentwicklungen verhinderten, dass die Einkommensungleichheit zwischen den Ländern abnahm.

Zu den rasch wachsenden Ländern zählen China und Singapur, aber China hat 300-mal so viele Einwohner. Indien, das zweite Land mit einer riesigen Bevölkerung, begann später zu wachsen als China und entwickelte sich nicht so rasch. Trotzdem übersteigt das indische Wachstum den globalen Durchschnitt seit 1990 um mehr als das Doppelte. Das rasante Wachstum dieser beiden Länder Ende des 20. Jahrhundert bedeutete, dass rund 40 Prozent der Weltbevölkerung in sehr dynamisch wachsenden Ländern lebte. Auf der anderen Seite sind diejenigen Länder, die zurückgefallen sind, in vielen Fällen recht kleine Staaten (obwohl es Ausnahmen gibt wie die Demokratische Republik Kongo, ein Land, das zugleich groß und ungewöhnlich erfolglos ist).

Wenn wir uns nicht auf die Wachstumsraten der *Länder* konzentrieren, sondern uns ansehen, wie viele *Menschen* von einem hohen Wachstum profitiert haben, stellt sich jedoch heraus, dass durchaus ein großer Teil der Welt seine Lage verbessert hat. Das durchschnittliche *Land* wuchs in dem halben Jahrhundert ab 1960 um 1,5 Prozent pro Jahr, aber die durchschnittliche *Person* lebte in einem Land, das jährlich um 3 Prozent wuchs. Der Grund dafür ist, dass die bevölkerungsreichsten Länder China und Indien sehr viel schneller gewachsen sind als das in diesem Vergleich typische Land.

Um zu verstehen, was in der jüngeren Vergangenheit geschehen ist, stellen wir uns einmal eine riesige Menschenmenge vor, die gesamte Bevölkerung der Welt. Jeder dieser Menschen trägt wie in einer bombastischen Eröffnungsfeier der Olympischen Spiele die Fahne seines Landes. Nehmen wir an, die verschiedenen Gruppen in dieser Menschenmenge bewegen sich jeweils mit einer ihrem Einkommenswachstum entsprechenden Geschwindigkeit vorwärts: Inder und Chinesen laufen, andere gehen – und einige, darunter die Kongolesen und Haitianer, gehen rückwärts. Wir sehen, wie zwei Fünftel aller Fahnen – die chinesischen und indischen – stetig in der Menschenmenge vorrücken. Diese Fahnenträger sind von weit hinten gestartet (im Jahr 1960 waren beide Länder arm) und sind noch nicht vorne angekommen (sie liegen noch weit hinter den europäischen und nordamerikanischen Fahnen). Doch sie rücken näher an die Mitte heran. Natürlich bewegen sich nicht alle Träger von chinesischen und indischen Fahnen gleich schnell, so dass sich ein Teil der Inder und Chinesen von den anderen Indern und Chinesen entfernt. Aber das rasche durchschnittliche Wachstum beider Länder hat Hunderte Millionen ihrer Einwohner aus der Armut befreit. Und obwohl sich all diese Länder zusammengenommen einander nicht annähern, hat der rasche Vorstoß der Inder und Chinesen in die Mitte es der Menschenmenge – der Weltbevölkerung – zumindest möglich gemacht, näher zusammenzurücken.

Wenn es um eine bedeutsame Frage wie die Einkommensungleichheit in der Weltbevölkerung geht, klingt das Wort »möglich« nach einer Ausflucht. Können wir nicht präziser sein? Das Problem ist einmal mehr, dass bei einigen wichtigen Maßen Unsicherheit herrscht. Ein großes Fragezeichen steht hinter dem Wachstum Chinas: Es gibt eine umfangreiche Fachliteratur, deren Ziel es ist, die unergründlichen Geheimnisse der volkswirtschaftlichen Gesamtrechnungen Chinas zu lüften. Die meisten Autoren sind überzeugt, dass die amtlichen Wachstumsraten übertrieben sind, aber wir wissen nicht genau, in welchem Maße sie geschönt werden.[5] Uns liegen auch keine guten Schätzungen zum chinesischen KKP-Wechselkurs vor. Dieser ist (wie bei vielen anderen Ländern) mit erheblichen Unwägbarkeiten behaftet, und die chinesischen Behörden unterstützen die Anstrengungen, die Preise zu erheben, kaum. Würde die globale Ungleichheit wirklich rasch zu- oder abnehmen, so wären ungenaue Messungen möglicherweise unerheblich. Aber unter den gegebenen Umständen wissen wir es einfach nicht.

Die beiden größten Länder der Welt zählten zumindest im letzten Vierteljahrhundert zu den erfolgreichsten. Liegt das gerade daran, dass sie groß sind, oder waren die beiden Länder, die so erfolgreich waren, nur zufällig auch die größten? Andere große Länder sind zumindest zeitweise ebenfalls überdurchschnittlich kräftig gewachsen, obwohl keines davon so viel Durchhaltevermögen bewiesen hat wie China. Exemplarisch für diesen Zusammenhang sind Brasilien, Indonesien, Japan, Russland und die Vereinigten Staaten. Die »BRIC-Länder« (Brasilien, Russland, Indien und China) ziehen zweifellos Vorteile aus ihrer Größe. Eine Handvoll fähiger Köpfe genügt nicht, um ein kompetentes diplomatisches Korps, eine funktionierende Bürokratie, eine gut ausgebildete Führungsebene und die Fakultät einer Weltklasseuniversität aufzubauen, und bevölkerungsreiche Länder können aus einem größeren Reservoir von Talenten schöpfen. Wenn wissenschaftliche Entdeckungen – oder im Fall ärmerer Länder die Fähigkeit, altes Wissen neuen Erfordernissen anzupassen – von der Gesamtzahl der Wissenschaftler abhängen und nicht davon, wie viele Wissenschaftler oder Forscher es gemessen an der Bevölkerung gibt, haben größere Länder ebenfalls einen Vorteil.

Einmal fragte mich ein bekannter Physiker nach meinem Tätigkeitsgebiet. Ich antwortete ihm, ich untersuche die Armut in der Welt. Interessant, sagte er, und anhand welcher Länder? Indien, antwortete ich, worauf er mir eröffnete, das sei Unsinn: Indien sei eines der am weitesten entwickelten Länder der Welt. Wenn man nicht das Pro-Kopf-Einkommen oder die Zahl der Armen, sondern die Gesamtzahl der Wissenschaftler zählte, hatte er durchaus recht, und sofern die wissenschaftliche Arbeit Ausstrahlungseffekte hat, die dem gesamten Land zugutekommen, sind große Länder gesegnet. Aber es ist ungeklärt, ob diese Größenvorteile ausreichen, um das Wachstum zu erhöhen, oder ob es andere Gründe dafür gibt, dass größere Länder tendenziell stärker wachsen.

Die Gründe, warum manche Länder schnell und andere langsam wachsen, sind noch längst nicht durchschaut. Selbst die Einschätzung, es gebe Länder, die durchweg schnell oder langsam wachsen, ist falsch. Zumindest im vergangenen halben Jahrhundert haben die Länder, die in einem Jahrzehnt schnell wuchsen, dieses Wachstum in den folgenden Jahrhunderten nicht fortsetzen können. Japan schien lange Zeit ein unablässig dynamisch wachsendes Land zu sein, bis sein Wachstum irgendwann zum Stillstand kam. Indien, das gegenwärtig zu den wachstumsstärksten Ländern zählt, schien seit seiner Entstehung nur zu langsamem Wachstum fähig – ganz zu schweigen von dem halben Jahrhundert vor seiner Unabhängigkeit, als seine Wirtschaft stagnierte.[6] China gilt gegenwärtig als ein Land, das immerfort wächst, aber im historischen Maßstab ist die Dauer dieser Wachstumsphase ausgesprochen ungewöhnlich.

Ökonomen, internationale Organisationen und Kommentatoren sprechen gerne von einigen wenigen wachstumsstarken Ländern und suchen nach gemeinsamem Merkmalen oder ähnlichen politischen Eingriffen, die so lange als »Schlüssel zum Wachstum« gefeiert werden, bis sie sich andernorts als ungeeignet erweisen, die Tür zum Wachstum zu öffnen.[7] Dasselbe gilt für Versuche, die Ursachen zu finden, warum bestimmte Länder (der »untersten Milliarde«) scheitern.[8] Das ähnelt dem Versuch, die gemeinsamen Merkmale von Personen auszumachen, die am Roulettetisch auf die Null gesetzt und gewonnen haben: Wir verschleiern lediglich, dass wir im Grunde nichts darüber wissen.

Die Sinnlosigkeit solcher Bemühungen erinnert mich an die Suche nach dem Schlüssel zum Erfolg im Schottland meiner Jugend. In Schottland ist es oft kalt, regnerisch und windig, und als Kind wusste ich wenig über das Wirtschaftswachstum und wollte nichts darüber wissen – aber wir dachten die ganze Zeit über das Wetter nach. Die Sommer der Jahre 1955 und 1959 waren lang und warm, und wir verbrachten goldene Tage im Wald und auf dem Fluss. Was war der Schlüssel zu diesen Erfolgen? Ich dachte viel darüber nach, und irgendwann gelangte ich zu dem Schluss, dass ich in jenen Sommern die Grundschule besuchte und dass möglicherweise die Grundschulbildung der Schlüssel war. Aber mein Vetter David, der einige Jahre älter ist als ich, erinnerte mich daran, dass er zu jener Zeit die Mittelschule besuchte, weshalb wir die Grundschulbildung als Erklärung verwarfen. Dann fiel uns ein, dass in beiden Jahren die Konservativen die Regierung stellten. Vielleicht war also nicht die Schulbildung, sondern die Politik der Schlüssel zum Erfolg.

Natürlich ist all das Unfug, genauso wie die Versuche, einige wenige Erfolge und Misserfolge zu untersuchen und aufgrund zufälliger Gemeinsamkeiten törichte Verallgemeinerungen anzustellen. Dasselbe taten etruskische und römische Wahrsager mit den Eingeweiden von Hühnern.

Wachstum, Gesundheit und
die Bevölkerungsexplosion

In den gut 60 Jahren, die seit dem Zweiten Weltkrieg vergangen sind, gelang uns eine beispiellose Verringerung der Sterblichkeit und eine ebensolche Erhöhung der Lebenserwartung (siehe Kapitel 4). Gleichzeitig sind die Durchschnittseinkommen deutlich gestiegen. Aber dieses Wunder wurde seinerzeit keineswegs von allen vorhergesagt, ganz im Gegenteil.

Als die Menschheit erkannte, dass Krankheiten von Erregern verursacht werden, und als Schädlingsbekämpfungsmittel, Trinkwasseraufbereitung, Impfkampagnen und Antibiotika die armen Länder erreichten, konnten Millionen Menschen und insbesondere Kinder gerettet werden. Die Lebenserwartung stieg rasant, und die Überlebenschancen in den armen Ländern näherten sich denen in den reichen Ländern an. Millionen von Kindern, die früher gestorben wären, blieben am Leben. Infolge des von aller Welt begrüßten Anstiegs der Lebenserwartung wuchs die Weltbevölkerung deutlich – diesmal keineswegs von aller Welt begrüßt. Es dauerte fast die gesamte bisherige Menschheitsgeschichte, bis die Weltbevölkerung zu Beginn des 19. Jahrhunderts auf eine Milliarde Menschen stieg. Nur etwas mehr als ein Jahrhundert später, etwa im Jahr 1925, erreichte die Bevölkerungszahl die Schwelle von zwei Milliarden. Lächerliche 35 Jahre später waren es bereits drei Milliarden. Anstatt sich zu verlangsamen, beschleunigte sich das globale Bevölkerungswachstum im Jahr 1960 auf 2,2 Prozent pro Jahr. Dies war die höchste Wachstumsrate der Geschichte, genug, um eine Verdoppelung der Bevölkerung alle 35 Jahre zu bewirken. Die Behauptung, die Bevölkerung explodiere, war also nicht übertrieben.

In den 60er Jahren reagierte die Öffentlichkeit zumindest in den reichen Ländern alarmiert auf die Bevölkerungsexplosion. Politiker, Gelehrte, Stiftungen und internationale Organisationen waren besorgt. Vor allem befürchteten sie eine humanitäre Katastrophe: Vielen armen Ländern schien es ohnehin schwerzufallen, ihre Bevölkerung zu ernähren, und ihre Lage würde sich zweifellos verschlechtern, wenn noch Millionen Menschen dazukämen. Es war, als würde eine arme Familie, nachdem sie gerade genug Geld für eine karge Mahlzeit zusammengekratzt hatte, ein Dutzend hungriger Verwandter vor der Haustür vorfinden. Es drohten Hungersnöte. Insbesondere Indienreisende waren entsetzt von der – in ihren Augen – unübersehbaren Überbevölkerung. Es schien vollkommen unmöglich, in diesem Land mehrere 100 Millionen zusätzliche Menschen zu ernähren. In der Tat ist es nachvollziehbar, dass ein westlicher Besucher, der zum ersten Mal nach Neu-Delhi oder Kalkutta kommt, schockiert ist über die Armut und den Anblick siechender Menschen in den Elendsvierteln dieser Städte: Da sind die Bettler, die Leprakranken, die verkrüppelten Kinder, die Menschen, die sich auf der Straße entleeren, und die überwältigenden Menschenmassen. Noch mehr Menschen würden all das noch schlimmer machen.

Auch die nationale Sicherheit schien bedroht. Wachsende Armut würde den Boden für die kommunistische Agitation bereiten – wie es bereits in China geschehen war. Die Vereinigten Staaten und ihre Verbündeten mussten alles in ihrer Macht Stehende tun, um zu verhindern, dass die Dominosteine einer nach dem anderen fielen. Auch dunklere Motive spielten zweifellos eine Rolle. Die Eugeniker machten sich seit langem Gedanken über die »Qualität« der Bevölkerung, und obwohl ihre Vorstellungen nach der nationalsozialistischen Katastrophe weniger Anhänger fanden, sahen manche die Zukunft der Menschheit bedroht, wenn sich die armen, ungebildeten Menschen so viel schneller fortpflanzten als die reichen, gebildeten. Extremistische Forderungen nach Geburtenkontrolle in Afrika und Asien hatten viel mit der Hautfarbe der Menschen zu tun, deren Vermehrung unter Kontrolle gebracht werden sollte. So wurde es zu einem Ziel der Politik, den armen

Ländern der Welt dabei zu »helfen«, ihr Bevölkerungswachstum zu bremsen: Reiche Länder machten dieses Vorhaben zu einem Bestandteil ihrer Außenpolitik, internationale Organisationen erhoben es zum Kriterium für die Kreditvergabe, und Stiftungen verknüpften ihre Hilfsprogramme mit der Geburtenkontrolle. Niemand machte sich viele Gedanken darüber, was die Armen der Welt – die Menschen, die all diese Kinder in die Welt setzten – von diesen Maßnahmen hielten.

Wie setzte sich die Vorstellung durch, mehr Menschen seien gleichbedeutend mit ärmeren Menschen? Es scheint logisch, dass weniger Nahrung und andere Güter für jeden Einzelnen zur Verfügung stehen werden, wenn die Ressourcen der Welt unter mehr Menschen aufgeteilt werden müssen. Die Ökonomen bezeichnen das als »Trugschluss der feststehenden Menge« (*lump fallacy*): Es ist ein Irrtum, dass es eine unveränderliche Menge von »Dingen« gibt, womit die Verarmung infolge einer wachsenden Zahl von Menschen einfach eine Frage der Arithmetik wäre wie für eine arme Familie, die zum Essen unerwarteten Besuch bekommt. Selbstverständlich erweist sich sogar diese Analogie als falsch, wenn die unerwarteten Besucher etwas zu essen mitbringen, wodurch die gemeinschaftliche Mahlzeit sogar reichhaltiger sein kann als die ursprünglich geplante (und zwar sowohl bezüglich des Nährwerts als auch des sozialen Wertes). Bei der Frage der Verarmung durch Vermehrung geht es nicht um Arithmetik, sondern darum, was die zusätzlichen Menschen über ihre Kosten hinaus beisteuern. Die vielleicht einfachste Erklärung ist, dass jeder zusätzliche Mensch nicht nur ein hungriges Maul, sondern auch zwei Hände hat – eine zweifellos übermäßig vereinfachende Erklärung, die der Wahrheit jedoch näherkommt als das Konzept der feststehenden Mengen, das darauf hinausläuft, dass jeder zusätzliche Mensch mit leeren Händen kommt.

Wir müssen uns auch vor Augen halten, dass die afrikanischen und asiatischen Kinder, die die Bevölkerungsexplosion verursacht haben, in den meisten Fällen Wunschkinder waren. Zu jener Zeit wurde sogar diese Tatsache manchmal angezweifelt: Die Menschen wurden als Sklaven ihres Sexualtriebs betrachtet, dessen bedauerliche, aber unvermeidliche Konsequenz Kinder waren. Zweifellos haben nicht alle Menschen in aller Welt Zugang zu kostengünstigen Verhütungsmitteln, aber es gibt zahlreiche Belege dafür, dass die meisten Kinder gewollt sind (sofern das bewiesen werden muss). Die Menschen haben ihre guten Gründe dafür, Kinder in die Welt zu setzen. Aber die These der hemmungslosen Begierde lieferte eine willkommene Begründung für die Lösung, die »uns« vorschwebte: Den Armen der Welt musste »geholfen« werden, weniger Kinder in die Welt zu setzen, die »sie«, aber nicht »wir« wollten. Niemand legte Beweise dafür vor, dass die Armen diese »Hilfe« wollten oder weniger Nachwuchs ihr Leben verbessern würde. Ganz im Gegenteil.

Dass Eltern mehr Kinder wollen, bedeutet allerdings nicht zwangsläufig, dass mehr Kinder gut für die Gesellschaft sind. Nachwuchs in die Welt zu setzen kann Konsequenzen haben, die den Eltern nicht bewusst sind oder die sie lieber ignorieren. Kinder großzuziehen verursacht Kosten. Wenn die Familie diese Kosten selbst tragen muss, können wir vermutlich darauf vertrauen, dass die Eltern Kosten und Nutzen abwägen und Kinder zeugen, wenn es sinnvoll ist. Diese Kinder können von den Ressourcen zehren, die zuvor den anderen Familienmitgliedern vorbehalten waren – und tatsächlich sind nur wenige Kinder bereits bei ihrer *Geburt* in der Lage, einen wirtschaftlichen Beitrag zu leisten. Aber wenn wir alle Elemente einschließlich der zukünftigen wirtschaftlichen Aussichten der Eltern und ihrer Kinder sowie der Freuden der Elternschaft berücksichtigen, dürfen wir annehmen, dass zusätzliche Kinder dem Wohlergehen der Familie zuträglich sind. Es ist zu befürchten, dass einige wenige Eltern nur Kinder bekommen, um sie auszubeuten oder sie auf andere Weise zu missbrauchen. Aber selbst das ist keine Rechtfertigung für den Anspruch, die

Armen sollten die Entscheidungen über ihr Leben besser anderen überlassen. Ein überzeugenderes Argument sind die Kosten, die anderen entstehen – die Bildungs- und Gesundheitssysteme werden zusätzlich belastet, gemeinsam nutzbarer Boden, Brennholz oder Trinkwasser werden knapper, die Erde erwärmt sich stärker. Dieses Argument, das auch als Allmendeklemme bezeichnet wird, besagt, dass die Menschen zu viele Kinder haben werden – ein seit langem zentrales Argument für die Geburtenkontrolle.

Es gibt verschiedene Wege, die Allmendeklemme zu umgehen. Die Ökonomen bringen gerne das Mittel der Preise ins Spiel, um solche Probleme zu lösen, und manchmal kann man eine Steuer erheben, um die Menschen auf die gesellschaftlichen Kosten eines Verhaltens aufmerksam zu machen, die sie ansonsten ignorieren würden. Ein klassisches Beispiel ist eine globale Steuer auf CO_2, die dazu beitragen würde, die Erderwärmung zu bremsen. Aber dieses Beispiel verdeutlicht gleichzeitig das Problem: Voraussetzung für eine solche globale Steuer wäre ein schwer zu erreichendes Maß an politischer Einigkeit zwischen den Ländern der Welt. Lokale Probleme – Zugang zu Brennholz, Nutzung von Gemeingütern, Wasserrechte – können durch örtliche politische Vereinbarungen gelöst werden. Obwohl es nie eine Garantie dafür gibt, dass tatsächlich die notwendigen politischen Maßnahmen ergriffen werden, ermöglicht die politische Diskussion vor Ort oft die Klärung von Meinungsverschiedenheiten und regt zum Verzicht auf ein Verhalten an, das anderen Kosten auferlegen würde. Auch die medizinische Versorgung und die Bildung können auf örtlicher oder einzelstaatlicher Ebene politisch gelöst werden.

Zu den geeigneten politischen Eingriffen zählen wirtschaftliche oder soziale Anreize, die Familiengröße zu begrenzen, und diese Art der Geburtenkontrolle ist – sofern sie demokratisch durchgesetzt wird – eine angemessene Lösung für die Allmendeklemme und die damit einhergehenden Probleme. Dennoch rechtfertigen diese Argumente nicht eine Eindämmung des Bevölkerungswachstums durch externe Akteure wie ausländische Regierungen, internationale Institutionen oder Stiftungen, vor allem wenn diese Organisationen eigene Interessen verfolgen und das Leben der Menschen, denen sie angeblich zu helfen versuchen, nicht wirklich verstehen.

Im Namen der internationalen Bemühungen um eine Eindämmung der Bevölkerungsexplosion wurde großer Schaden angerichtet. Dazu kamen schlimme Übergriffe zum Beispiel in Indien, wo die freiwillige Sterilisierung oft alles andere als freiwillig war. Die Übergriffe begingen indische Politiker und Beamte, aber Einrichtungen wie die amerikanische Agency for International Development und die Weltbank ermutigten sie dazu und leisteten intellektuelle und finanzielle Unterstützung.[9] Die chinesische Ein-Kind-Politik, die von einem nichtdemokratischen Regime betrieben und von der westlichen Angst vor der Überbevölkerung inspiriert wurde, wird bis heute fortgesetzt und zählt zu den schwersten Verbrechen einer neuzeitlichen Regierung gegen ihr eigenes Volk. Obendrein ist unklar, ob diese Politik funktioniert hat: Die Geburtenrate ist in Taiwan sehr viel stärker gesunken, und dasselbe gilt für Thailand und in etwas geringerem Maße für Südindien. In keinem dieser Länder übten die Regierungen Zwang auf die Bevölkerung aus oder missachteten das Recht der Menschen, grundlegende und zutiefst persönliche Entscheidungen über ihr Leben selbst zu fällen.

Die Untergangsprophezeiungen bewahrheiteten sich nicht. Die Bevölkerungsexplosion stürzte die Welt nicht in Hungersnot und Elend. Im Gegenteil: In den vergangenen 50 Jahren ist nicht nur die Sterblichkeit zurückgegangen, was das rasante Bevölkerungswachstum ermöglicht hat. Anders als erwartet führte die Bevölkerungsexplosion nicht zur Verelendung Hunderter Millionen von Menschen, sondern Hunderten Millionen gelang eine Massenflucht aus der Armut. Wie war das möglich, und wie konnten wir uns alle so sehr irren?

Nun, nicht alle irrten sich. Der Ökonom und Demograph Julian Simon widersprach den Schwarzmalern und stellte Prognosen zu einer Zukunft im Überfluss an, die sich als verblüffend zutreffend erwiesen haben. Seine Argumente finden heute sehr viel größere Zustimmung als damals. In seinem Buch *The Ultimate Resource* erklärte Simon, die wirklich Quelle des Wohlstands seien weder Land noch Bodenschätze, die eines Tages erschöpft sein könnten, sondern die Menschen.[10] Jeder zusätzliche Mensch, der geboren wird, ist nicht nur eine zukünftige Arbeitskraft – was langfristig die Durchschnittseinkommen von der Größe der Bevölkerung unabhängig machen wird –, sondern bringt auch einen kreativen Verstand mit. Die neuen Ideen, die von diesen neuen Gehirnen hervorgebracht werden, kommen nicht nur ihren Besitzern, sondern der ganzen Menschheit zugute. Wenn die Menschheit mit doppelt so vielen Händen nicht mehr produziert als zuvor, können die zusätzlichen Gehirne neue Wege finden, um alle diese Hände in die Lage zu versetzen, mehr zu tun.

Selbstverständlich wird nicht jeder Neugeborene ein Einstein, Edison oder Henry Ford werden, und nicht jede neue Idee kommt allen zugute. Aber da Ideen geteilt werden können, muss nicht jeder ein Genie sein, und jede Idee, die anderswo angewandt werden kann, kommt nicht nur ihrem Urheber, sondern all denen zugute, die sie anwenden. Mehr Kinder bedeuten zusätzliche Kosten für andere – all diese Schulen und Krankenhäuser müssen bezahlt werden –, aber sie haben auch einen Nutzen, da sie neue Ideen und neue Methoden hervorbringen, die die Grundlage für Wirtschaftswachstum sind: Sie machen den Großen Ausbruch möglich. Und dieser Nutzen kann die Kosten leicht übersteigen. Wenn dem so ist, waren die medizinischen Fortschritte der 50er und 60er Jahre ein doppelter Segen für die Welt: Sie haben die Lebenserwartung erhöht und durch das spektakuläre Wachstum der Menschheit eine Explosion des globalen Wissens und der Kreativität ermöglicht.

Der Ökonom und Demograph David Lam beschrieb in einer beeindruckenden Rede als Präsident der Population Association of America im Jahr 2011 die Faktoren, die angesichts des rasanten Bevölkerungswachstums die Erhöhung des globalen Wohlstands ermöglicht haben.[11] So gab es zunächst eine deutliche Verringerung der Geburtenraten: Angesichts eines beispiellosen Rückgangs der Kindersterblichkeit bekamen die Familien weniger Kinder. Den Eltern ging es nicht darum, wie viele Kinder *geboren* wurden, sondern darum, wie viele *überlebten*. Die Kinder, die in früheren Zeiten gestorben wären, mussten nicht mehr geboren werden, wodurch den Frauen die Mühsal und die Gefahren der Schwangerschaft und den Eltern das Leid erspart wurde, das der Verlust von Kindern bedeutet. Wir neigen dazu, die Millionen von Kindern, die ansonsten gestorben wären und jetzt die Chance auf ein erfülltes Leben haben, als die großen Nutznießer der gesunkenen Kindersterblichkeit zu betrachten. Das ist durchaus richtig, aber auch das Leben von Eltern – insbesondere von Müttern – wurde vollkommen verändert: Sie können jetzt anderen Aktivitäten nachgehen, ihre Bildung vorantreiben und außer Hauses arbeiten. Und sie können mehr Zeit und Ressourcen in die Entwicklung ihrer Kinder investieren.

Wenn weniger Kinder sterben, können die Eltern die Zahl der Geburten verringern, ohne dass dadurch die Zahl der Kinder sinken würde, die heranwachsen, die Familie weiterführen, ihr Vermögen erben und ihre Traditionen pflegen können, und all das mit geringeren Risiken und mit weniger Aufwand. Die Verringerung der Fortpflanzungsraten stellte sich nicht sofort ein – andernfalls hätte es keine Bevölkerungsexplosion gegeben –, aber nach etwa einem Jahrzehnt begann sie sich auszuwirken. Die Bevölkerungsexplosion war daher ein vorübergehendes – wenn auch langlebiges – Phänomen. Eine Situation, in der Geburten und Todesfälle mehr oder weniger im Gleichgewicht lagen, wurde durch Verhältnisse ersetzt, in denen die Zahl der Geburten jene der Todesfälle deutlich überstieg. Nach einer Weile wurde das Gleichgewicht wiederhergestellt, wobei heute weniger Geburten, aber auch weniger Todesfälle gezählt werden als im Jahr 1950. Im Jahr 1960 belief sich das jährliche Wachstum der Weltbevölkerung noch auf 2,2 Prozent, aber bis 2011 halbierte sich die Wachstumsrate. Die Geburten zwischen dem Rückgang der Sterblichkeit und dem Rückgang der Fortpflanzungsrate erhöhten die Weltbevölkerung erheblich: erst als Kinder, deren Bedürfnisse die eigene Leistungsfähigkeit überstiegen, dann als produktive und kreative Erwachsene, und schließlich als alte Menschen, von denen viele mittlerweile Rentner sind.

Lam betont auch, dass es der Weltwirtschaft gelungen ist, die Herausforderung des Bevölkerungswachstums zu bewältigen. Dies ist eines der Themen, die sich durch dieses Buch ziehen: Die Gesellschaft passt sich neuen Problemen an, indem sie neue Wege findet, um Aufgaben zu bewältigen – im Fall der Bevölkerungsexplosion wurde diese Anpassung durch all die zusätzlichen Gehirne erleichtert –, und Anreize für andere Vorgehensweisen schafft. Die »grüne Revolution« und andere Innovationen erhöhten die Produktivität der Landwirtschaft, wodurch die Nahrungsmittelproduktion schneller wuchs als die Bevölkerung. Die Globalisierung beschleunigte das weltweite Wachstum, indem sie es ermöglichte, die Produktion in jene Länder zu verlagern, in denen man sie am effizientesten bewerkstelligen konnte. Beschränkte Ressourcen wurden bewahrt oder ersetzt. Das Preissystem spielt eine zentrale Rolle bei der Schaffung von Anreizen: Werden nicht erneuerbare Ressourcen knapp, so steigt ihr Preis. Das hat zur Folge, dass die Verbraucher den Ressourceneinsatz verringern, nach Ersatz suchen oder technische Änderungen vornehmen, die es ermöglichen, vollkommen ohne diese Ressourcen auszukommen.

Die Ökonomen werden oft beschuldigt, dem Preissystem blind zu vertrauen, und manchmal ist dieser Vorwurf durchaus berechtigt. Aber die Ökonomen und ihre Kritiker sind sich darin einig, dass es sehr gefährlich ist, wenn wichtige Ressourcen keinen Preis haben und den Verbrauchern daher trotz ihres Wertes kostenlos zur Verfügung stehen. Ohne Preise gibt es keinen Anreiz, sparsam mit Gütern umzugehen. Das wichtigste Beispiel in der Gegenwart ist die Erderwärmung, die eine der größten Bedrohungen für ein fortgesetztes Wachstum des globalen Wohlstands darstellt.Die Fehldiagnose der Bevölkerungsexplosion, wie sie die große Mehrheit der Sozialwissenschaftler und Politiker gestellt hat, und der gewaltige Schaden, den die daraus resultierende falsche Politik Millionen von Menschen zufügte, zählen zu den gravierendsten intellektuellen und ethischen Irrwegen in einem davon überbordenden Jahrhundert.

Die Empfängnisverhütung an sich war nicht das Problem. Die Verhütungsmittel haben Paare in die Lage versetzt, ihre Fortpflanzung zu ihrem eigenen Vorteil und dem ihrer Kinder zu gestalten, und die Fähigkeit, die Fortpflanzung zu regulieren, hat das Leben von Frauen in aller Welt verbessert. Wie die meisten Innovationen kam auch diese zunächst den Einwohnern der reichen Länder zugute, was zu globaler Ungleichheit führte. Die Bestrebung, die Lücke zu schließen und die neuen Methoden rund um den Erdball zugänglich zu machen, wurde mit Recht als vorrangig betrachtet. Die Empfängnisverhütung hatte das Potential, wie die Antibiotika und Impfstoffe sehr viel Gutes zu tun. Aber es war vollkommen falsch, Millionen von Menschen zur Empfängnisverhütung zu zwingen und sie ihrer Entscheidungsfreiheit zu berauben. Die reichen Länder machten sich unter dem Vorwand, den Armen zu helfen, zu Komplizen dieser Zwangsmaßnahmen. Anstatt bei der Beseitigung der globalen Ungleichheit zu helfen, verschärften sie diese und mit ihr die globale Ungerechtigkeit. Ein Teil des Schadens wurde irrtümlich angerichtet, und viele Politiker und Wissenschaftler glaubten tatsächlich, ihre Diagnosen und Rezepte würden den Armen helfen. Aber die Interessen der reichen Länder begünstigten diese Irrtümer: Diese Länder fürchteten, in einer

Welt mit mehr Armen nicht an ihrer Lebensart festhalten zu können, und sahen die Gefahr, die Bevölkerungsexplosion würde den Kommunismus weltweit stärken.

Globale Armut

Wie wir bereits gesehen haben, trug das Wachstum des nationalen Wohlstands zumindest ab 1975 wenig zur Verringerung der Armut in den Vereinigten Staaten bei. In der Welt insgesamt verlief die Entwicklung erfreulicher: Der vor allem in China und Indien zu beobachtende rasche Anstieg der Durchschnittseinkommen *insbesondere ab 1975* trug wesentlich dazu bei, die extreme Armut in der Welt zu verringern. Die Befreiung Hunderter Millionen von Chinesen und Indern aus einer tief verwurzelten Armut kann als größter Ausbruch überhaupt bezeichnet werden.

Obwohl kaum Zweifel an dieser Geschichte bestehen, möchte ich sie mit einer gewissen Vorsicht erzählen, und sei es auch nur, weil keineswegs klar ist, wie die globale Armut gemessen werden kann und was wir meinen, wenn wir über die Zahl der Menschen sprechen, die von weniger als 1 oder 1,25 Dollar am Tag leben müssen.

Für die an einem Ort lebende Gemeinschaft ist es einfach zu bestimmen, welche ihrer Mitglieder arm sind. Entwicklungshelfer nehmen oft »partizipative ländliche Einstufungen« vor, bei denen sich die Dorfbewohner an einem zentralen Treffpunkt – zum Beispiel unter einem Banyanbaum – versammeln und den Datensammlern über ihr Dorf, die typischen Nutzpflanzen und Tätigkeiten, die Wasserversorgung, die Fortbewegungsmittel und die Bewohner erzählen. Als arm werden oft die Behinderten und jene Alten betrachtet, die keine Familie haben. Auch die Einwohner reicher Länder geben bereitwillig praktische Antworten auf die Frage, was eine Familie in ihrer Gemeinschaft braucht, um »über die Runden zu kommen«. Schwieriger ist es, eine nationale Armutsgrenze zu ziehen, und sei es auch nur, weil jene Menschen, deren Einkommen darunterliegt, immer ein Recht auf besondere Begünstigungen haben, die anderen nicht zustehen. Aber wie wir am Beispiel der Vereinigten Staaten gesehen haben, werden die nationalen Armutsgrenzen herausgearbeitet und können nach einer politischen Debatte korrigiert oder aktualisiert werden. Etwas ganz Ähnliches geschah in Indien, wo Gelehrte die Lebensstandards maßen und eine Armutsgrenze bestimmten, die später von der Regierung übernommen wurde – in Indien war bis 2014 die staatliche Planning Commission, die auch die Fünfjahrespläne erstellte, der Hüter der Armutsgrenze. Wann immer die bestehende Armutsgrenze überholt schien oder keine allgemeine Anerkennung mehr fand, wurde sie von einem der in Indien sehr beliebten »Expertenkomitees« überarbeitet.

Die nationalen Armutsgrenzen Indiens und der Vereinigten Staaten werden in einem demokratischen System ermittelt und von den Medien und den interessierten Parteien diskutiert. Das verschafft ihnen Legitimität. Aber viele, wenn nicht die meisten nationalen Armutsgrenzen verdienen keine solche Anerkennung. Viele Regierungen, die lediglich Lippenbekenntnisse ablegen, die Armut verringern zu wollen, messen die Grenze, unterhalb derer ein Mensch als arm betrachtet werden muss, auf Ersuchen der Weltbank, einer anderen internationalen Einrichtung oder einer Nichtregierungsorganisation. Solche Armutsgrenzen sind oft nicht das Ergebnis einer öffentlichen Debatte im betreffenden Land, sondern entsprechen den Leitlinien, die die Weltbank freundlicherweise bereitstellt.

Normalerweise sind die von der Weltbank ermittelten oder anhand ihrer Methoden gezogenen Armutsgrenzen durchaus plausibel, zumindest in den Augen außenstehender Experten. Tatsächlich werden sie zumeist bei demjenigen Einkommen gezogen, mit dem sich eine typische Familie ernähren kann. Falsch sind diese

Grenzen nicht, weil es ihnen an *Plausibilität* mangelt, sondern ihnen die *Legitimität* fehlt: Es gibt keine Garantie dafür, dass irgendjemand, geschweige denn ein Armer in dem Land diese Grenze als vernünftige Trennlinie zwischen den Armen und den Nicht-Armen betrachtet. Vielmehr sind diese Armutsgrenzen im Grunde administrative Werkzeuge für die internationalen Einrichtungen, die die Armut für ihre eigenen Zwecke zu messen versuchen.

Die ursprüngliche Armutsgrenze der Weltbank, die bei einem Dollar am Tag gezogen wurde, und der aktualisierte Wert von 1,25 Dollar stellen einen Durchschnittswert der Armutsgrenzen einiger der ärmsten Länder der Welt dar. Da diese nationalen Armutsgrenzen in der Landeswährung angegeben werden, müssen sie erst in eine allgemeingültige Einheit konvertiert werden, bevor man einen Durchschnitt ermitteln kann. Das geschieht anhand der oben erläuterten KKP-Wechselkurse. Als die Weltbank vor 20 Jahren erstmals diese Berechnung anstellte, lag der Durchschnittsbetrag nahe bei einem Dollar (mit der Kaufkraft im Jahr 1985) pro Person und Tag oder bei 1460 Dollar im Jahr für eine vierköpfige Familie. Der aktuellste Durchschnittsbetrag (für eine andere Gruppe von Ländern) liegt bei 1,25 Dollar (mit der Kaufkraft im Jahr 2005) oder 1825 Dollar pro Jahr für eine vierköpfige Familie. Diese globale Armutsgrenze wird anschließend wieder in die Landeswährungen konvertiert. Sie findet in den armen Ländern der Welt Verwendung (die reichen Länder werden nicht in die Berechnung einbezogen), um die Menschen zu zählen, die vom nationalen Gegenwert des Betrags leben müssen, der die weltweite Armutsgrenze darstellt. So wird die Zahl der »im globalen Maßstab« Armen in jedem Land der Welt ermittelt, und in der Summe ergeben diese Zahlen die Gesamtzahl der Armen in den verschiedenen Weltregionen und auf der Erde insgesamt.

Diese Berechnung wird seit 1990 mehr oder weniger regelmäßig durchgeführt, und die Weltbank veröffentlicht mittlerweile bis 1980 zurückreichende Daten zur globalen Armut. Diese Zahlen habe ich in Kapitel 1 erläutert: Die dortige Abbildung 6 zeigt, dass die Zahl der Menschen in aller Welt, die von weniger als einem Dollar (2005) am Tag leben, von etwa 1,5 Milliarden im Jahr 1981 auf 805 Millionen im Jahr 2008 sank – und das, obwohl die Bevölkerung in den erfassten Ländern um fast zwei Milliarden Menschen stieg. Damit sank der Anteil der in Armut lebenden Menschen an der Gesamtbevölkerung sehr viel deutlicher als die Gesamtzahl der Armen, nämlich von 42 auf 14 Prozent. Der Rückgang war fast zur Gänze auf das chinesische Wachstumswunder zurückzuführen. Lässt man China außer Betracht, so lebten im Jahr 1981 785 Millionen Menschen von weniger als einem Dollar am Tag, während es im Jahr 2008 708 Millionen waren. Dieser Rückgang ist weniger beeindruckend, aber der Anteil der Armen an der Weltbevölkerung sank ohne Berücksichtigung Chinas von 29 auf 16 Prozent.

In Indien, dem anderen bevölkerungsreichen Land, das ein modernes Wachstumswunder erlebte, sank die Zahl der Menschen, die von weniger als einem Dollar am Tag leben mussten, zwischen 1981 und 2008 von 296 Millionen auf 247 Millionen, womit sich der Bevölkerungsanteil der Armen von 42 auf 21 Prozent halbierte.

China und Indien haben die Erfolgsgeschichten geschrieben: Rasch wachsende bevölkerungsreiche Länder sind Motoren, die gewaltige Beiträge zur Verringerung der Armut in der Welt leisten können. Das traurige Kapitel der Geschichte des Kampfs gegen die Armut steuert Subsahara-Afrika bei. In dieser Region stellten die Menschen, die von weniger als einem Dollar am Tag leben mussten, im Jahr 1981 nicht weniger als 43 Prozent der Bevölkerung. Im Jahr 2008 lag ihr Bevölkerungsanteil immer noch bei 37 Prozent, und da die Geburtenrate in Afrika nicht wie in Asien sank, stieg die Zahl der Armen fast um das Doppelte, nämlich von 169 Millionen auf 303 Millionen.

Afrika hat eine gewaltige Landfläche, die auf jeder Karte beeindruckend wirkt, aber es ist sehr viel weniger dicht besiedelt als Süd- und Ostasien. Daher hat sich die Tatsache, dass in Afrika nur vergleichsweise geringe Fortschritte im Kampf gegen die Armut erzielt wurden, weniger auf die Entwicklung der globalen Armut ausgewirkt als die Erfolge in Asien. Dennoch müssen wir den häufigen Fehler vermeiden, den chinesischen Erfolg zu gering einzuschätzen. Armutspessimisten, darunter insbesondere solche in den Hilfsorganisationen, behaupten oft, Globalisierung und Wirtschaftswachstum hätten abgesehen von der Ausnahme Chinas wenig dazu beigetragen, die Armut in der Welt zu verringern. Doch es ist ein Fehler, die globale Armut so zu betrachten. China kann nicht herausgerechnet werden. Es ist ein Land mit 1,3 Milliarden Einwohnern, und wer den Ausbruch dieser Menschen aus der Armut als irrelevant abtut, behauptet im Grunde, ein Chinese zähle weniger als ein Äthiopier, Kenianer oder Senegalese. Jedes Land verdient es, individuell studiert zu werden, aber wenn wir das Wohlergehen der Welt betrachten und zu messen versuchen, müssen alle Menschen ungeachtet ihres Wohnorts gleich viel zählen. Es kann keinen Bonus dafür geben, dass jemand in einem kleinen Land lebt, und nur weil jemand in einem großen Land lebt, darf man ihn nicht benachteiligen. Die globale Armut ist ein kosmopolitisches Problem, und sie muss kosmopolitisch gemessen werden.

Wie glaubwürdig sind die Zahlen zur Armut? Die von der Weltbank angewandte Methode ist vernünftig – wenn man davon absieht, dass es den Zahlen teilweise an demokratischer Legitimation fehlt –, aber bei der Messung treten zahlreiche Schwierigkeiten auf. Diejenigen unter uns, die an der Sammlung und Kritik dieser Daten teilgenommen haben, sind sehr viel skeptischer und zurückhaltender, was ihren Einsatz anbelangt. Trotzdem denke ich, dass wir die allgemeinen Muster der globalen Armutsverringerung richtig einschätzen. Das rasche Wachstum in China und Indien ist real, und eine mögliche Überbewertung des steigenden Nationaleinkommens in diesen beiden Ländern wirkt sich nicht auf die Einschätzung der generellen Entwicklung der Armut aus. Die Daten aus Afrika sind oft von geringer Qualität, weshalb die Ergebnisse hier sehr viel unsicherer sind. Aber die schleppende Verringerung der Armut passt zu anderen Entwicklungen, die wir in Afrika beobachten, zum Beispiel zum relativ geringen Anstieg des Nationaleinkommens und dem langsamen Rückgang der Geburtenrate. Abgesehen von diesen allgemeinen Trends ist das Bild von der globalen Armut ziemlich schemenhaft.

Eine Schwäche der Schätzungen zur globalen Armut besteht darin, dass sie von den KKP-Wechselkursen abhängen, weshalb sie mit der Unsicherheit dieser Kurse – dem »Marmite-Problem« und Ähnlichem – behaftet sind. Dies macht sie anfällig für Kritik. Zweifelhaft ist auch die Zahl der unter der Armutsgrenze lebenden Einwohner der einzelnen Länder. Und schließlich stellt sich die Frage, ob die Armutsgrenzen an sich sinnvoll sind.

Die KKP-Wechselkurse werden nicht jedes Jahr, sondern in unregelmäßigen Abständen berechnet, zuletzt 1985, 1993 und 2005 (die Ergebnisse der Berechnung im Jahr 2011 standen noch nicht fest, als dieses Buch abgeschlossen wurde). Und nicht alle Länder beteiligen sich an jeder Runde: China, das aufgrund seiner Größe erheblichen Einfluss auf das Ergebnis hat, nahm vor 2005 nicht teil, womit die früheren Schätzungen auf bruchstückhaften Informationen beruhten, die zweifellos besser als bloße Vermutungen, aber keineswegs verlässlich waren. Aus diesem Grund oder einfach wegen der Schwierigkeiten bei der Messung (wir wissen es nicht mit Sicherheit) ändern sich die Zahlen zur globalen Armut jedes Mal, wenn die KKP-Wechselkurse aktualisiert werden. Diese Änderungen wirken sich nicht nur auf die Armutszahlen für die einzelnen Länder aus (was schon schlimm genug ist), sondern auf die Werte für ganze Kontinente. Nach der Aktualisierung der KKP-Wechselkurse im Jahr 1993 wirkte Afrika plötzlich sehr viel ärmer und Lateinamerika sehr viel weniger arm. Und diese Korrekturen waren alles andere als geringfügig: In Subsahara-Afrika stieg der Anteil der Armen von 39 auf 49 Prozent.

Im Jahr 2005 gelangte die Weltbank, gestützt auf neue Daten, zu dem Ergebnis, dass die Zahl der Armen um ein Drittel erhöht werden musste, und unter den als arm eingestuften Menschen lebten nun sehr viel mehr Asiaten als Afrikaner. Die spektakuläre Zunahme der Armen war im Wesentlichen darauf zurückzuführen, dass die Weltbank ihre Armutsgrenze angepasst hatte, aber die Veränderung verdeutlicht die allgemeine Unzuverlässigkeit der Zahlen – abgesehen davon, dass es nicht wünschenswert ist, der Weltbank zu erlauben, sich bei ihrer Armutsbekämpfung ausschließlich auf Zahlen zu stützen, die sie selbst erhoben hat.

Selbstverständlich handelt es sich nicht um reale, sondern lediglich um *statistische* Änderungen: Kein Mensch wird ärmer oder reicher, weil sich die Berechnungsmethode ändert. Aber diese Änderungen können sehr reale Auswirkungen haben, wenn internationale Organisationen und NROs (Nichtregierungsorganisationen) ihre Aufmerksamkeit auf die Regionen verlagern, in denen sie die höchsten Armutsquoten »sehen«. Das ist einer von vielen Gründen dafür, dass die Messung wichtig ist. Die jüngste Konzentration auf Afrika dürfte auf die Überarbeitung der Armutsindikatoren im Jahr 1993 zurückzuführen sein. Es ist gut möglich, dass wir Trugbildern nachjagen, wenn wir unsere Hilfsanstrengungen oder unsere Aufmerksamkeit auf die ärmsten Orte der Welt richten, denn die Karte der globalen Armut wandelt ihre Farben wie ein Chamäleon.

Die Entwicklung der globalen Armut ändert sich nicht wesentlich, wenn die Daten überarbeitet werden. Trotzdem ist es möglich, dass die Verringerung der Armut in China und Indien unterschätzt wird und die Armutsquote in diesen Ländern schneller sinkt, als die amtlichen Zahlen zeigen. Diese weiterhin ungeklärte Frage ist technischer Natur und zugleich zutiefst politisch.

Es ist überraschend schwer herauszufinden, wie viele Menschen in einem Land arm sind. Das gilt selbst dann, wenn eine Armutsgrenze gezogen wurde. Die Berechnung erfolgt ausgehend von einer *Haushalts*erhebung, in der eine zufällig ausgewählte Stichprobe von Familien gefragt wird, wie viel sie verdienen oder ausgeben. Anschließend werden die Personen gezählt, die zu Familien gehören, die unterhalb der Armutsgrenze leben. Als Gegenprobe werden die volkswirtschaftlichen Gesamtrechnungen herangezogen, die unabhängige Schätzungen der Gesamtausgaben und des Gesamteinkommens des Landes enthalten. Aber in vielen Ländern funktioniert diese Gegenprobe nicht: Der Gesamtwert für die Familien liegt oft deutlich unter jenem, den die Statistiker erwarten, und was noch schlimmer ist: Die beiden Gesamtwerte entfernen sich immer weiter voneinander. Anders ausgedrückt: Wenn wir eine Familie aufsuchen und befragen, wird sie antworten, ihr Lebensstandard steige nicht annähernd so schnell, wie ausgehend von der nationalen Wachstumsrate zu erwarten wäre. In einem Sinne ähnelt das der Entwicklung in den Vereinigten Staaten: Das Nationaleinkommen steigt, aber wir sehen wenig oder kein Einkommenswachstum bei der durchschnittlichen Familie. Der in den Vereinigten Staaten beobachtete Hauptgrund für dieses Phänomen – zunehmende Ungleichheit – dürfte auch ein *Teil* der Erklärung für den Widerspruch in Indien und anderen Ländern sein. Aber in Indien (und in geringerem Maße in den Vereinigten Staaten) entsprechen die Daten aus den Haushaltserhebungen einfach nicht den Gesamtdaten. Diese bedauerliche statistische Lücke ist nicht nur in Indien, sondern in vielen Ländern zu beobachten.[12]

In Indien haben die Widersprüche zwischen den Statistiken eine teilweise scharf geführte Debatte ausgelöst. Auf der einen Seite – allgemein gesprochen auf der politischen Rechten – stehen diejenigen, die den Gesamtdaten vertrauen und erklären, die Armutsdaten aus den Haushaltserhebungen – die sowohl von der Weltbank als auch von der indischen Regierung verwendet werden – trügen dem Rückgang der Armut nicht ausreichend Rechnung. Sie erzählen Geschichten über betrügerische Datensammler, die im Teehaus sitzen und die Daten fälschen, anstatt sich die Mühe zu machen, von Haus zu Haus zu gehen und die Menschen zu befragen. Die anderen – auf der Linken – bevorzugen die Daten aus den Stichprobenerhebungen. Ihre Begründung: Wenn wir die Verringerung der Armut nicht sehen, wenn wir die Menschen befragen, dann haben wir keinen Grund zu behaupten, sie finde statt. Für dieses Argument sprechen die zahlreichen Mängel der volkswirtschaftlichen Gesamtrechnungen Indiens sowie fehlende Beweise dafür, dass die Befrager nur im Teehaus herumsitzen.

Zweifellos haben die Behauptungen beider Seiten einen wahren Kern, aber die Debatte erinnert uns daran, dass die Diskussionen über die Armut manchmal auf Daten beruhen, die alles andere als unanfechtbar sind, was es den verschiedenen Beteiligten ermöglicht, sich je nach ihren politischen Überzeugungen die passende Version der Wahrheit auszusuchen. Die Diskussion spielt sich vor dem Hintergrund eines politischen Kurswechsels ab: Die indische Regierung ist heute sehr viel wirtschaftsfreundlicher als früher und gibt sich sehr viel weniger ambitioniert im Kampf gegen die Armut.[13] Daher hängt viel davon ab, ob man nachweisen kann, dass das Wachstum Indiens nicht nur der prosperierenden Mittelschicht, die in einigen wenigen Vierteln einiger weniger Städte lebt, sondern der gesamten Bevölkerung zugutekommt. Wenn diejenigen, denen es gutgeht, die Ergebnisse der Haushaltserhebungen anzweifeln, müssen sie die Armen nicht »sehen«.

Eines meiner bevorzugten Beispiele aus Indien verdeutlicht, dass geringfügige Änderungen gewaltige Auswirkungen haben können. Der große Ökonom und Statistiker Prasanta Chandra Mahalanobis vom indischen Statistikamt in Kalkutta leistete zahlreiche wichtige Beiträge zu Theorie und Praxis des Umfragedesigns. Er arbeitete insbesondere an Erhebungen, in denen die Haushalte zu ihren Konsumausgaben befragt wurden. Nach einigen Experimenten entschied er sich dafür, die Menschen zu fragen, wie viel sie in den vergangenen 30 Tagen von bestimmten Gütern – zum Beispiel von Reis oder Mehl – konsumiert hatten. In den 90er Jahren wurde die von Mahalanobis entwickelte 30-Tage-Regel in den nationalen Stichprobenerhebungen angewandt, obwohl in vielen anderen Ländern ein kürzerer Zeitraum von sieben Tagen verwendet wurde: Man nahm an, die Befragten seien nicht in der Lage, sich genau an ihren länger zurückliegenden Konsum zu erinnern. Manche Experten behaupteten, dadurch werde in den Erhebungen eine Menge an Konsum nicht erfasst, was zur Überbewertung der Armut führe. Dieses Argument setzte sich durch, und man ging zu einem Erhebungszeitraum von sieben Tagen über. Wie erwartet stiegen die durchschnittlichen täglichen Ausgaben. Diese kaum erkennbare technische Änderung *verringerte die Armutsquote um die Hälfte*: Mit einem Schlag waren 175 Millionen Inder nicht mehr arm. Die Länge des Erhebungszeitraums bringt vermutlich nur Statistiker in Wallung: Man muss eine große Leidenschaft für diese Wissenschaft empfinden, um sich in solche Gesichtspunkte zu vertiefen. Aber ein geringfügiger technischer Eingriff wie dieser kann die Messung und Wahrnehmung der Armut vollkommen verändern. Wie Sie sehen, kann man die Armut mit statistischen Eingriffen sehr viel leichter verringern als durch Versuche, den tatsächlichen Lebensstandard der Menschen zu heben!

Ein Nachsatz: Die Änderung des Erhebungszeitraums hatte keinen Bestand. Als Mahalanobis' Experimente wiederholt wurden, stellte sich heraus, dass der Zeitraum von 30 Tagen die Ergebnisse nicht unbedingt verwässerte, und in vielen Fällen erwies er sich gegenüber dem verkürzten Erhebungszeitraum als zuverlässiger. Also begann man zur großen Freude der Linken wieder, nach dem Konsum in den letzten 30 Tagen zu fragen. Ein allgemeinerer und bedeutsamerer Punkt ist, dass es in Indien wie in jedem Land, in dem ein beträchtlicher Teil der Bevölkerung in Armut lebt, Millionen von Menschen gibt, die sich nahe an der Armutsgrenze befinden. Es gibt Millionen Arme, die nicht arm wären, würde man die Grenze ein wenig niedriger ziehen, und Millionen andere, die nicht arm sind, aber in Armut versinken würden, zöge man die Trennlinie ein wenig höher. Die Folge ist, dass eine geringfügige

Verschiebung der Armutsgrenze oder eine leicht veränderte Messung der Ressourcen erhebliche Auswirkungen darauf haben können, wie viele Menschen als arm eingestuft werden. Diese extreme Empfindlichkeit für Änderungen untergräbt die Messung der Armut. Wir wissen nicht wirklich, wo die Grenze zu ziehen ist, aber ihr exakter Verlauf ist von großer Bedeutung. Um es unverblümter auszudrücken: Wir wissen eigentlich nicht, was wir tun, und zweifellos ist es ein Fehler, wichtige Entscheidungen von solchen Zahlen abhängig zu machen.

Mr. Micawber in Charles Dickens' Roman *David Copperfield* hat eine ganz eigene Vorstellung von der Armutsgrenze: »Jährliches Einkommen: zwanzig Pfund. Jährliche Ausgaben: 19 Pfund, 19 Schilling sechs Pence. Resultat: Wohlergehen. Jährliches Einkommen: 20 Pfund, jährliche Ausgaben: 20 Pfund 6 Pence. Resultat: Elend.«[14] Diese Aussage ist so bemerkenswert, weil sie so dumm ist. Warum sollte derart viel von einem so winzigen Unterschied abhängen? Und warum wird jemand, der sich ein kleines Stück unterhalb der Armutsgrenze befindet, als arm eingestuft, womit er besondere Unterstützung oder die Aufmerksamkeit der Weltbank verdient, während jemand, der sich gerade oberhalb der Grenze befindet, keine Hilfe braucht und sich selbst überlassen werden kann? Wenn wir keine genaue Vorstellung davon haben, wo die Armutsgrenze zu ziehen ist, und wenn es uns schwerfällt, das Einkommen zu messen, ist es doppelt absurd, solche Urteile im Geist von Mr. Micawber zu fällen. Es ist sinnvoll, sich umso mehr um die Menschen zu kümmern, je ärmer sie sind, aber es hat keinen Sinn, an einer Grenze strikt zwischen arm und nicht arm zu unterscheiden.

Noch eine letzte Anmerkung zur globalen Armutsgrenze. Offensichtlich ist es unmöglich, in den Vereinigten Staaten oder Europa von einem Dollar am Tag zu leben. Obwohl dies von niemandem erwartet wird und obwohl die Vereinigten Staaten und Europa in den globalen Statistiken unberücksichtigt bleiben, macht die Tatsache, dass das Leben von einem Dollar täglich dort unmöglich ist, die Armutsgrenze auch in anderen Ländern ungültig. Schließlich leben in Indien Millionen von Menschen von weniger als einem Dollar am Tag, und zwar von einem Dollar, der zum kaufkraftbereinigten Kurs von 1 zu 22 in Rupien umgerechnet wurde, und der einzige Zweck dieser Wechselkurse besteht darin, die Kaufkraft über die Länder hinweg richtig einzuschätzen. Wenn die Menschen in Indien von 22 Rupien am Tag leben können – und damit weit entfernt von denen stehen, denen es am schlechtesten geht –, warum können dann die Menschen in den Vereinigten Staaten nicht von einem Dollar am Tag leben?

Ich bin nicht sicher, ob es eine wirklich überzeugende Antwort auf diese Frage gibt. Bei der Berechnung der Armutsgrenze in Indien werden (größtenteils) drei Dinge nicht berücksichtigt, die in den Vereinigten Staaten wichtig und teuer sind: Wohnung, medizinische Versorgung und Bildung. Darüber hinaus müssen die Häuser in einem warmen Land wie Indien kaum beheizt werden, und die Menschen brauchen viel weniger Geld für warme Kleidung. Menschen, die in der Nähe ihres Arbeitsplatzes wohnen, müssen kaum Geld für Verkehrsmittel ausgeben. Schließt man diese Ausgaben aus, so könnte eine »vom Versorgungsnetz abgekoppelt lebende« amerikanische Familie mit vier Mitgliedern mit 1460 Dollar im Jahr vielleicht genug billige Lebensmittel – Reis, Mehl, Bohnen, ein wenig Gemüse – kaufen, um zu überleben. In einer neueren Arbeit wurde ein »Minimum-Warenkorb«, eine Art »Überlebenspaket« für die Vereinigten Staaten zusammengestellt, der etwa 1,25 Dollar pro Kopf am Tag oder 1825 Dollar im Jahr für eine vierköpfige Familie kosten würde.[15] Diejenigen, die diese Armutsgrenze für gültig halten, können zudem mit Recht darauf hinweisen, dass 22 Rupien am Tag auch in Indien lediglich ein elendes Leben ermöglichen und dass die Armen und ihre Kinder dort, sofern sie nicht täglich Hunger leiden, zu den am schlechtesten ernährten Menschen auf der Erde zählen.

Globale Einkommensungleichheit

Es wird oft behauptet, die Globalisierung habe die Ungleichheit in der Welt verschärft und den Reichen neue Möglichkeiten eröffnet, noch reicher zu werden, während die Armen der Welt kaum davon profitiert hätten. Diese Behauptung klingt plausibel. Wer das Glück hat, in Europa oder Nordamerika zu leben, genießt alle Vorzüge der neuen, vernetzten Welt. Hingegen ist schwer zu erkennen, was die Globalisierung für die Einwohner eines kleinen Binnenlandes mit einer schlecht ausgebildeten und kränkelnden Bevölkerung bewirkt.

Aber es gibt Gegenargumente. Die Globalisierung verschafft Arbeitskräften in Asien Zugang zu den Märkten der reichen Länder, und diese Arbeitskräfte können viele Tätigkeiten übernehmen, die früher in den reichen Ländern erledigt wurden, ohne dafür auswandern zu müssen. Wenn das in großem Maßstab geschieht, steigen die Arbeitseinkommen in Asien, und die amerikanischen und europäischen Einkommen sinken, womit die weltweite Einkommensungleichheit abnimmt. Den Kapitaleigentümern eröffnen sich neue Investitionsmöglichkeiten. Wenn in den reichen Ländern ein relativer Überfluss an Kapital herrscht, während dieses in den armen Ländern vergleichsweise knapp ist, werden die Kapitalisten in den reichen Ländern durch die Globalisierung reicher, während die Kapitalisten der armen Länder ärmer werden. Wenn in den reichen Ländern die Kapitalisten reicher und die Arbeitskräfte ärmer werden, wird die Einkommensungleichheit dort zunehmen, und in den armen Ländern wird sie abnehmen, weil dort die Kapitalisten ärmer und die Arbeitskräfte reicher werden. (Selbstverständlich hängt die Einkommensungleichheit nicht nur vom Unterschied zwischen Arbeitskräften und Kapitalisten ab.)

Am Anfang dieses Kapitels habe ich Daten vorgelegt, die zeigen, dass die Durchschnittseinkommen in den Ländern auseinanderdriften, oder sich zumindest nicht einander annähern. Aber einige der größten Länder der Welt wachsen sehr schnell, weshalb mittlerweile Milliarden von Menschen in Ländern leben, in denen die Durchschnittseinkommen den Mittelschichteinkommen näher sind als der Armut, und das trägt wesentlich zu einer weltweiten Angleichung der Einkommen bei. Dennoch können wir das Ausmaß der Ungleichheit zwischen allen Bewohnern der Erde – das, was wir als kosmopolitische Ungleichheit bezeichnen könnten – nur anhand der Durchschnittseinkommen beurteilen und die Entwicklung der Ungleichheit innerhalb der einzelnen Länder außer Acht lassen. Dass die *Durchschnittseinkommen* in China und Indien rasch steigen, ist jedoch noch keine Garantie dafür, dass der wachsende Wohlstand allen Chinesen und Indern zugutekommt. Um erneut auf die Metapher der Fahnen bei den Olympischen Spielen zurückzugreifen: Dass die »durchschnittlichen« Fahnenträger aus dem hinteren Feld in die mittlere Zone der Parade vorrücken, bedeutet nicht, dass jede *einzelne* chinesische und indische Fahne dasselbe tut. Die reichen indischen Magnaten in den Hochtechnologiezentren dürften längst in den vorderen Reihen der Parade angelangt sein, aber die armen Landarbeiter trotten wie eh und je ganz am Ende. Wachsende Ungleichheit innerhalb der Länder kann, wenn sie groß genug ist, dem Vormarsch des Landes in die Mitte der Parade entgegenwirken, wodurch die kosmopolitische Einkommensungleichheit zunehmen könnte.

In Kapitel 5 haben wir uns die jüngste Zunahme der Ungleichheit in den Vereinigten Staaten angesehen. Dies ist nur ein Land, aber einige der Faktoren, die dort eine Rolle spielen – neue Technologien und Globalisierung – dürften auch anderswo ihre Wirkung entfalten, zumindest in anderen reichen Ländern. Auch in den armen Ländern gibt es Hinweise darauf, dass nicht die gesamte Bevölkerung von den neuen Chancen profitiert, die die Globalisierung eröffnet hat. Obwohl es in meinen Augen keine Feststellung zur Einkommensungleichheit gibt, die auf sämtliche Länder der Erde zutrifft (wenn man von der Erkenntnis absieht, dass die Ungleichheit schwer zu messen ist), ist klar, dass der allgemeine Trend vor allem in den letzten Jahren hin zu größerer Einkommensungleichheit geht. Die Vereinigten Staaten sind eine Ausnahme sowohl was das Maß an Ungleichheit als auch was die jüngste Explosion der Einkommen an der Spitze anbelangt, aber sie sind zweifellos nicht das einzige Land, in dem die Ungleichheit gegenwärtig zunimmt. In mehreren reichen Ländern nahm diese gemessen am Einkommensanteil des reichsten Einen Prozents über weite Strecken des 20. Jahrhunderts und bis in die 80er Jahre ab, weshalb die jüngste Zunahme dort nicht nur geringer ausfiel, sondern auch später erfolgte als in den Vereinigten Staaten.

In China ist das Wirtschaftswachstum geographisch ungleich verteilt: Die Städte haben sich besser entwickelt als das Land. Ungleichheit zwischen Land- und Stadtbewohnern schafft einen Anreiz zur Migration in die Städte, was eigentlich großen Einkommensunterschieden entgegenwirken sollte, aber in China wird die Migration streng eingeschränkt, und mehr als 100 Millionen Migranten müssen sich von ihren Familien trennen, um einen guten Arbeitsplatz in der Stadt zu finden. In Indien gibt es weniger Belege für eine Zunahme der Ungleichheit, obwohl sich auch dort einige Gebiete vor allem im Süden und Westen besser entwickelt haben als andere. Die Auswertung von Einkommenssteuerdaten aus China und Indien im Rahmen eines multinationalen Forschungsprojekts über Spitzeneinkommen hat gezeigt, dass der Einkommensanteil des reichsten Einen Prozents in beiden Ländern schnell steigt, obwohl er in Indien nur halb so groß ist wie in den Vereinigten Staaten und in China nur ein Drittel ausmacht.[16] Noch komplizierter wird das Bild durch bestehende Hinweise auf eine Verringerung der Ungleichheit in mehreren anderen großen Ländern, darunter Argentinien und Brasilien, die traditionell durch eine ausgeprägte Ungleichheit gekennzeichnet sind.

Auch in vielen reichen Ländern hat die Einkommensungleichheit in den letzten Jahren zugenommen. In den meisten Ländern sanken die Spitzeneinkommen in der ersten Hälfte das 20. Jahrhunderts, da Kriege, Inflation und hohe Steuern an den größten Vermögen zehrten. In den englischsprachigen wohlhabenden Ländern ist der Einkommensanteil des reichsten Einen Prozents in den letzten Jahrzehnten beträchtlich gestiegen, aber im übrigen Europa (mit Ausnahme von Norwegen) oder in Japan ist das nicht geschehen. Wenn sich das reichste Eine Prozent von der restlichen Bevölkerung absetzt, schneiden die 99 Prozent schlechter ab als der nationale Durchschnitt. Das reichste Eine Prozent war von Land zu Land unterschiedlich erfolgreich, was zur Folge hat, dass der Erfolg der übrigen 99 Prozent in einigen Fällen von dem des Landes insgesamt abweicht.

Interessant ist ein Vergleich zwischen Frankreich und den Vereinigten Staaten. Frankreich ist in den letzten Jahren nicht so schnell gewachsen wie die USA, aber das Durchschnittseinkommen der unteren 99 Prozent stieg in diesem europäischen Land schneller als in den Vereinigten Staaten.[17] Man kann auch umgekehrt sagen, dass die französische Bevölkerung ohne das reichste Eine Prozent besser abgeschnitten hat als die amerikanische Bevölkerung ohne das reichste Eine Prozent.

Das Gefälle zwischen den englischsprachigen und den übrigen Ländern überrascht nicht, wenn man davon ausgeht, dass Manager mit englischer Muttersprache ihre Dienste auf einem von der Explosion der Spitzengehälter in den Vereinigten Staaten geprägten Weltmarkt anbieten können, der französischen, deutschen oder japanischen Managern nicht im selben Maß offensteht. Eine wohlwollende Interpretation lautet, die Globalisierung habe einen riesigen, finanzstarken Markt für englischsprachige Spitzenmanager geschaffen, die, wie Opernsänger oder Sportstars in ihren eigenen Zirkeln, heute in einem kosmopolitischen Club von Unternehmensleitern leben. Nach dieser Sichtweise sind die gewaltigen Gehälter in den Vereinigten Staaten nicht darauf zurückzuführen, dass amerikanische Spitzenmanager sich selbst überhöhte Vergütungen gewähren und diese Methode der übrigen englischsprachigen Welt aufzwingen. Vielmehr müssten wir sie einfach als Belohnung für außergewöhnliches Talent auf dem neuen globalen Markt betrachten.

Alle reichen Länder sind mit dem technologischen Wandel und der Konkurrenz seitens der Niedriglohnländer konfrontiert. Nicht in allen diesen Ländern hat die Einkommensungleichheit so deutlich zugenommen wie in den Vereinigten Staaten, und in einigen Ländern, die sich dem Trend ursprünglich widersetzten, steigt die Ungleichheit – die Einkommensspreizung – seit kurzem insbesondere oberhalb des Medians.

Die Polarisierung von Tätigkeiten und Einkommen scheint ein verbreitetes Phänomen in den reichen Ländern zu sein – so werden viele Tätigkeiten, für die mittlere Löhne bezahlt werden, durch Maschinen ersetzt oder an billigere Standorte verlegt, während schlechter bezahlte Dienstleistungsjobs relativ wenig gelitten haben.[18] Die Polarisierung schränkt die Ausweitung der Ungleichheit am unteren Ende der Einkommensverteilung ein. Vielerorts zeichnet sich darüber hinaus ab, dass die Zahl einkommensschwacher Familien mit einem alleinerziehenden Elternteil einerseits und besonders einkommensstarker Paare an der Spitze der Verteilung andererseits steigt. Die Steuer- und Umverteilungssysteme, die in Europa umfassender sind und der Begrenzung der Ungleichheit eher dienen als in den Vereinigten Staaten, waren anscheinend nicht geeignet, die jüngste Zunahme der Ungleichheit zu verhindern.

Was verraten uns diese Erfahrungen einzelner Länder über die Ungleichheit in der ganzen Welt? Genügt die Ausweitung der Ungleichheit in diesen Ländern, um den Aufstieg der bevölkerungsreichsten Länder in der globalen Einkommensverteilung wettzumachen? Leben wir nicht in einer zunehmend ungleichen Welt, wenn sich die Durchschnittseinkommen einzelner Länder voneinander entfernen und die Ungleichheit im durchschnittlichen Land zunimmt?

Nur auf die letzte Frage gibt es eine klare Antwort: Nein. Die Länder unterscheiden sich erheblich in ihrer Größe, und zumindest in den vergangenen Jahren sind die bevölkerungsreichsten Länder überdurchschnittlich schnell gewachsen. Wenn wir uns die einzelnen Länder eines nach dem anderen ansehen, zählen wir winzige Staaten wie Guinea-Bissau mit seinen anderthalb Millionen Einwohnern ebenso wie die riesigen Länder, zum Beispiel Indien mit seiner Bevölkerung von mehr als einer Milliarde Menschen. Die Tatsache, dass sich Guinea-Bissau und viele andere kleine afrikanische Länder wirtschaftlich nicht gut entwickeln, ist der Grund dafür, dass sich die *Länder* voneinander entfernen, aber dieses Auseinanderdriften verrät uns nichts darüber, ob die *Menschen* auseinanderdriften.

Wie sieht es mit dem Beitrag der Ungleichheit innerhalb der einzelnen Länder zur Ungleichheit in der Welt aus? Tatsächlich wirkt sich diese erheblich aus – insbesondere ganz an der Spitze der globalen Einkommensverteilung –, aber für die große Mehrheit der Menschen ist sie nicht entscheidend, und sei es auch nur, weil die Ungleichheit der Welt im Wesentlichen auf den Unterschieden zwischen den Ländern und nicht auf denen zwischen den Menschen beruht.

Damit sind wir wieder bei den Riesen – vor allem bei China und Indien – und bei der Frage, wie schnell diese im Verhältnis zur übrigen Welt wachsen. Ein ausreichend schnelles Wachstum – selbst wenn es insbesondere in China die innere Ungleichheit erhöht – sollte die ganze Welt erfassen und die globale Gleichheit fördern, zumindest solange China ärmer ist als der Durchschnitt. Sorgfältige Schätzungen, die alle vorhandenen Daten beinhalten, deuten darauf hin, dass dies tatsächlich der Fall ist und dass die globale Ungleichheit stabil ist oder langsam abnimmt, obwohl die Länder auseinanderdriften und die innere Ungleichheit wächst.[19]

Diese Einschätzung mag durchaus zutreffen, obwohl ich nicht davon überzeugt bin, dass wir dies mit Sicherheit behaupten können. Die große Unwägbarkeit ist das tatsächliche Wachstum Chinas und Indiens – die Frage, ob die offiziellen Wachstumsraten wirklich den Tatsachen entsprechen –, und diese Unsicherheit wird durch die Schwierigkeit erhöht, internationale Vergleiche zwischen ihnen und anderen Ländern anzustellen.

Schließlich müssen wir fragen, ob wir uns für die Ungleichheit in der Welt interessieren sollten, und wenn ja, warum dies sinnvoll ist. Ungleichheit innerhalb eines Landes verrät uns etwas über die Gerechtigkeit: darüber, ob alle Einwohner eines Landes – die, ob sie nun wollen oder nicht, Steuern zahlen und sich an die Gesetze des Landes halten müssen – ihren Verpflichtungen entsprechende Gegenleistungen erhalten. Der Philosoph Ronald Dworkin schreibt: »Eine politische Gemeinschaft, die die Herrschaft über ihre Mitglieder ausübt und von ihnen verlangt, sich ihren Gesetzen zu unterwerfen, muss eine unparteiische, objektive Haltung gegenüber all diesen Bürgern einnehmen.«[20] Zugegebenermaßen haben die Menschen unterschiedliche Vorstellungen von einer gerechten Einkommensverteilung und davon, ob die große und wachsende Ungleichheit in den Vereinigten Staaten an sich ungerecht ist. Aber dies ist ein zentraler Bestandteil der nationalen Diskussionen über die Einkommensungleichheit, darüber, ob etwas dagegen getan werden muss – und wenn ja, was.

International liegen die Dinge anders. Es gibt keine Weltregierung, der die Menschen Loyalität schulden oder die in der Lage wäre, etwas gegen internationale Ungleichheit zu unternehmen, die als ungerecht eingestuft werden könnte. Die Messung der Ungleichheit spielt in der Weltpolitik keine vergleichbare Rolle wie in der Innenpolitik der Länder. Tatsächlich gibt es keine amtlichen Statistiken zur globalen Einkommensungleichheit zwischen den Menschen, und vielleicht ist dieses Thema nur für den einzelnen Forscher von Interesse. Dafür spricht einiges, aber es gibt durchaus Gegenargumente. Wir haben keine Weltregierung, aber es gibt globale Einrichtungen wie die Welthandelsorganisation (WTO) und die Weltbank, deren Entscheidungen sich auf die Einkommen von Menschen in vielen Ländern auswirken und deren Aktivitäten vielleicht so große Ähnlichkeit mit denen von Staaten haben, dass die Betroffenen mit dem Hinweis auf das Gerechtigkeitsgebot Forderungen erheben können. Keine dieser Organisationen ist befugt oder imstande, ein globales Steuer- und Umverteilungssystem zu errichten, aber da sie das Potential haben, Gutes zu tun und Schaden zu verursachen, spricht einiges dafür, dass sie die Einkommensverteilung zumindest beobachten sollten. Die Welt mag nicht vereinigt sein, aber sie ist auch keine Ansammlung isolierter Staaten, die nicht miteinander interagieren.

TEIL III

HELFEN

KAPITEL 7

WIE WIR DENEN HELFEN KÖNNEN, DIE DEN ANSCHLUSS VERLOREN HABEN

Fast eine Milliarde Menschen leben noch immer in materiellem Elend. Noch immer müssen Millionen Kinder sterben, weil sie das Pech haben, am falschen Ort geboren zu sein. Fast die Hälfte der indischen Kinder leidet infolge von Mangelernährung an Muskelschwund und Kleinwüchsigkeit. Diese Menschen zählen zu den vielen, die beim »Großen Ausbruch« zurückgelassen wurden. Wie in der Vergangenheit liefert das gewaltige Ausmaß der Ungleichheit Hinweise darauf, wie sie beseitigt werden kann. Die wissenschaftlichen und technologischen Errungenschaften, die den Ausbruch ermöglichten, stehen allen zur Verfügung, und es muss kaum erneut darauf hingewiesen werden, was für ein Segen es ist, die Armut hinter sich zu lassen, und wie furchtbar es ist, zurückgelassen zu werden. Einige Länder in Süd- und Ostasien haben die Gelegenheit genutzt und holen auf. Millionen von Menschen in diesen Ländern sind der Armut entkommen, Millionen wurden vor einem verfrühten Tod bewahrt. Und dennoch bleibt es bei einer großen Ungleichheit.

Seit dem Zweiten Weltkrieg versuchen die reichen Länder, den Aufholprozess der ärmeren mit Entwicklungshilfe zu unterstützen. Entwicklungshilfe bedeutet, dass Ressourcen aus den reichen in arme Länder fließen, um das Leben der Menschen in diesen Ländern zu verbessern. Früher flossen Ressourcen als Kriegsbeute und Erträge der Ausbeutung von Kolonien in die entgegengesetzte Richtung. Auch das Geld von Investoren aus der reichen Welt, das in die armen Länder floss, diente nicht dazu, das Leben der einheimischen Bevölkerung zu verbessern, sondern um Profit zu machen. Der Handel brachte Rohstoffe in die reichen und Fertigerzeugnisse in die armen Länder, aber nur wenigen armen Ländern gelang es, mit dem Export von Rohstoffen reich zu werden. Viele dieser Länder leben mit dem Vermächtnis des ausländischen Besitzes und der inneren Ungleichheit. Entwicklungshilfe, deren erklärter Zweck es ist, den Empfängern zugutezukommen, ist etwas vollkommen anderes.

In der Vergangenheit konnten die Zurückgelassenen bestenfalls aus den Erfahrungen früherer Ausbrecher lernen, aber sie durften schon von Glück sagen, wenn diejenigen, die vor ihnen ausgebrochen waren, die Fluchttunnel nicht hinter sich zugeschüttet hatten. Es ist etwas Neues, dass jene, die Glück gehabt haben, zurückkehren, um den Abgehängten zu helfen. In diesem Kapitel versuchen wir zu klären, ob die Auslandshilfe den »Großen Ausbruch« tatsächlich beschleunigt hat oder ob sie – durch widersprüchliche Beweggründe, Maßnahmen oder das Gesetz der unbeabsichtigten Konsequenzen – das Gegenteil bewirkte.

Materielle Hilfe und globale Armut

Eines der verblüffenden Merkmale der globalen Armut ist, dass sie mit geringem Aufwand beseitigt werden könnte, zumindest, wenn es möglich wäre, wie durch Zauberei Geld auf die Bankkonten der Armen der Welt zu überweisen. Im Jahr 2008 gab es auf der Erde etwa 800 Millionen Menschen, die von weniger als 1 Dollar am Tag leben mussten. Im Durchschnitt »fehlen« all diesen Menschen etwa 0,28 Dollar am Tag: Sie haben statt des einen Dollar, der erforderlich wäre, um sie aus der Armut zu befreien, durchschnittlich nur 0,72 Dollar zur Verfügung.[1] Dieses Defizit könnten wir mit weniger als einer Viertelmilliarde Dollar am Tag ausgleichen:

0,28 Dollar multipliziert mit 800 Millionen ergibt 220 Millionen Dollar. Würden die Vereinigten Staaten dies auf eigene Faust versuchen, so müsste jeder Einwohner des Landes 0,75 Dollar am Tag bezahlen, oder 1 Dollar, wenn Kinder von der Abgabe befreit würden. Wir könnten diesen Betrag auf 0,50 Dollar senken, wenn sich auch alle Erwachsenen in Großbritannien, Frankreich, Deutschland und Japan beteiligen würden. Und so käme mehr Geld zusammen, als wir wirklich brauchen. Fast alle Armen der Welt leben in Ländern, in denen Nahrungsmittel, Unterkunft und andere grundlegende Dinge billiger sind als in den reichen Ländern: In Indien hat 1 Dollar eine Kaufkraft von 2,50 Dollar, wenn man die Dinge erwerben will, die Arme brauchen.[2] Unter Berücksichtigung dieser Tatsache gelangen wir zu dem bemerkenswerten Schluss, dass die Armut in der Welt sich beseitigen ließe, wenn jeder amerikanische Erwachsene 0,30 Dollar am Tag spenden würde. Und würden sich neben den Amerikanern auch alle erwachsenen Briten, Franzosen, Deutschen und Japaner einer Koalition der Willigen anschließen, so müsste jeder von ihnen nur 0,15 Dollar am Tag geben.

Es ist schwer zu glauben, dass es nur Armut in der Welt gibt, weil wir nicht imstande sind, solche Bagatellbeträge aufzubringen. Aber wie wir in diesem Kapitel sehen werden, verrät uns diese Berechnung tatsächlich *nichts* darüber, wie wir die Armut besiegen können. Das Problem ist *nicht*, dass die 0,15 Dollar zu wenig sind. Auch wenn wir den Betrag auf 0,30 oder sogar auf 1,50 Dollar erhöhen würden, würde die Armut nicht verschwinden.

Meine Berechnung dient lediglich dazu festzustellen, wie viel es kosten würde, allen Menschen den Mindestbetrag von 1 Dollar am Tag zur Verfügung zu stellen. Damit sind die bedeutsameren Fragen, wie die Gesundheit verbessert oder Menschenleben gerettet werden können, nicht geklärt. Auf zahlreichen Websites findet man Empfehlungen dazu, welche Hilfsorganisationen besonders effektiv arbeiten, um diese Probleme zu lösen. Auf der von dem Philosophen Toby Ord betriebenen Website givingwhatwecan.org finden wir die Angabe, dass man, wenn man 1500 Pfund von einem Jahreseinkommen von 15 000 Pfund abgibt, »anderthalb Menschenleben pro Jahr retten oder fast 5000 Kindern eine Behandlung von vernachlässigten Tropenkrankheiten ermöglichen kann«.[3] Ich werde mich später kritisch mit diesen Angaben auseinandersetzen, aber es sind seriöse, sorgfältig berechnete Schätzungen, und die Kosten sind gering, verglichen mit dem Nutzen. Weniger gewissenhafte Befürworter von Spenden nennen sehr viel niedrigere Zahlen: Der Schauspieler Richard Attenborough, dem wir in der Einleitung begegnet sind, behauptete im Jahr 2000 in einem Zeitungsartikel, mit 0,17 Pfund oder rund 0,27 Dollar könne UNICEF das Leben eines Kindes in Mosambik retten.[4]

Derartige Berechnungen, darunter auch die, mit der ich das Kapitel begonnen habe, sind Beispiele für das, was ich als *Hilfsillusion* bezeichne. Gemeint ist der Irrglaube, die Armut in der Welt könne beseitigt werden, wenn nur die reichen Menschen oder Länder den Armen oder den armen Ländern mehr Geld geben würden. Ich werde erklären, dass die Hilfsillusion keineswegs ein Rezept für den Sieg über die Armut ist, sondern die Versuche, das Leben der Armen zu verbessern, im Gegenteil behindert.

Was können wir mit der Rechnung anfangen, derzufolge die Armut in der Welt mit 0,15 Dollar pro Kopf und Tag zu besiegen sei? Wie ist es möglich, dass es immer noch Arme gibt, wenn es so wenig kosten würde, sie aus ihrem Elend zu befreien? Hier vier mögliche Gründe:

- Moralische Indifferenz: Den Reichen ist das Schicksal der Armen gleichgültig.
- Mangelndes Verständnis: Die Menschen möchten helfen, wissen jedoch nicht, wie einfach es wäre, etwas gegen die Armut zu tun.
- Die Entwicklungshilfe könnte etwas bewirken, aber sie ist nicht zielgerichtet und daher gegenwärtig wirkungslos.

- Die Entwicklungshilfe ist im Allgemeinen wirkungslos und kann unter bestimmten Umständen sogar schaden.

Ich werde mich mit all diesen Argumenten beschäftigen. Der geeignete Ausgangspunkt ist die Frage, ob die moralische Gleichgültigkeit einen Sieg über die Armut verhindert und ob diese leicht zu beseitigen wäre.

Sind die Reichen wirklich so hartherzig, dass sie sich weigern, einen kleinen Teil ihres Vermögens zu opfern, um eine Milliarde Menschen aus tiefstem Elend zu befreien? Vielleicht sind die Menschen nur mitfühlend, wenn es um ihre Freunde und Verwandten geht, fühlen sich hingegen nicht für Menschen verantwortlich, die sich sehr von ihnen unterscheiden und Tausende von Kilometern entfernt leben.

Adam Smith war anderer Meinung. In einer berühmten Passage aus der *Theorie der ethischen Gefühle* stellt er sich eine Erdbebenkatastrophe in China vor und fragt, ob sich jemand, der nicht in China lebt, weigern würde, seinen kleinen Finger zu opfern, wenn er damit das Leben von 100 Millionen Chinesen retten kann, von denen er keinen einzigen kennt. Seine Antwort: »[N]iemals hat die Welt in ihrer größten Verworfenheit und Verderbtheit einen solchen Schurken hervorgebracht, der fähig gewesen wäre, diesen Gedanken zu hegen.«[5] Smiths Zeitgenosse David Hume erklärte, die Globalisierung (im 18. Jahrhundert) werde die Menschen für das Leid von geographisch weit entfernten Mitmenschen sensibilisieren und ihre Bereitschaft zu helfen erhöhen, ein Argument, das zweifellos noch mehr für die gegenwärtige Globalisierung gelten dürfte.[6]

Der Philosoph Peter Singer bestreitet seit langem, dass die Entfernung eine Rolle spielt, und vergleicht den Unwillen einer Person, einem Kind in Afrika zu helfen, mit dem Unwillen eines Passanten, einem Kind zu helfen, das in einem Teich ertrinkt, obwohl die Kosten (die zum Beispiel durch Schäden an der Kleidung des

Helfenden entstehen) gering wären. Die Tatsache, dass das afrikanische Kind räumlich weit entfernt ist, ändert nichts an der moralischen Verpflichtung zur Hilfeleistung, denn es gibt internationale Hilfsorganisationen wie Oxfam, die diese Entfernung für uns überwinden können.

Wenn wir akzeptieren, dass Oxfam und andere Hilfseinrichtungen funktionieren, entspricht die fehlende Bereitschaft zu spenden moralisch dem Unwillen, einem ertrinkenden Kind zu helfen. Im Jahr 1971 schrieb Singer über das Leiden der Bevölkerung während des Krieges, der schließlich zur Trennung von Bangladesch und Pakistan führte: »Es gibt keine ernst zu nehmenden Zweifel daran, dass wir etwas dagegen tun können, sei es nun durch orthodoxe Maßnahmen der Hungerhilfe, durch Geburtenkontrolle oder beides.«[7] Auch in seinen neueren Arbeiten hält Singer am Argument der Effektivität fest,[8] und eine Reihe von Websites, darunter givingwhatwecan.org und givewell.org, sollen potentielle (aber möglicherweise skeptische oder vorsichtige) Spender unterstützen, indem sie die Tätigkeit von internationalen Hilfsorganisationen unter die Lupe nehmen und jene empfehlen, die in armen Ländern besonders effektive Beiträge zur Verringerung der Armut und zur Förderung der Gesundheit leisten. Die ethischen Argumente für die Pflicht, Hilfsbedürftige zu unterstützen, sind unanfechtbar, aber wir haben es hier nicht mit einem moralischen, sondern mit einem praktischen Problem zu tun: Sind »wir« (das heißt die Nicht-Armen) tatsächlich in der Lage, »ihnen« (den Armen dieser Welt) zu helfen?

Es dürfte offenkundig sein, dass die im ersten Absatz dieses Abschnitts aufgestellte Behauptung – mit täglich 0,15 Dollar pro Kopf könnten wir die Armut eines Menschen beseitigen, der weniger als einen Dollar am Tag hat – bestenfalls unvollständig ist: Die Dinge sind nicht so einfach. Tatsächlich erkennen viele Menschen, wenn sie mit dieser Rechnung konfrontiert werden, auf Anhieb, dass 0,15 Dollar möglicherweise nicht genügen werden, weil auf dem Weg zum Hilfsbedürftigen zweifellos Verwaltungskosten anfallen und Geld verloren geht. Daher werden vielleicht 0,50 Dollar pro Tag nötig sein, oder auch 1 oder 2 Dollar. Die moralische Verpflichtung beruht nicht darauf, dass die Kosten bei lächerlichen 0,15 Dollar liegen, sondern darauf, dass diese Kosten gemessen an dem, was »wir« haben, gering sind. Es gibt jedoch eine noch stärkere moralische Forderung, die besagt, dass wir insbesondere Menschen, die bereits in großen Schwierigkeiten sind, keinen Schaden zufügen dürfen. Das Argument für die finanzielle Unterstützung ruht – unabhängig vom Betrag – auf der Prämisse, dass mehr Geld den Armen mehr helfen wird. Aber so paradox es auf den ersten Blick erscheinen mag, werde ich erklären, warum wir die Lage der Armen nicht verbessern, sondern verschlechtern werden, wenn wir mehr Hilfsgelder schicken als gegenwärtig.

Obwohl die Vereinigten Staaten einen geringeren Teil ihres Nationaleinkommens in die Auslandshilfe investieren als viele reiche Länder, spenden sie täglich deutlich mehr als 0,15 Dollar pro Person. Im Jahr 2011 belief sich der Gesamtbetrag der offiziellen Entwicklungshilfe aller reichen Länder auf 133,5 Milliarden Dollar,[9] was 0,37 Dollar am Tag für jeden Armen in der Welt oder etwas weniger als einem kaufkraftparitätischen Dollar pro Tag entspricht. In diesem Betrag sind die sehr großen Summen (von schätzungsweise 30 Milliarden Dollar) nicht berücksichtigt, die private Hilfsorganisationen und internationale NROs sammeln. Die Hilfsgelder würden problemlos ausreichen, um alle Menschen in der Welt über die Armutsgrenze von 1 Dollar am Tag zu heben – zumindest, wenn das Geld von den Menschen und Regierungen in den reichen Ländern direkt an jene geschickt würde, deren Einkommen unter der globalen Armutsgrenze liegt. Wir können uns kein zutreffendes Bild vom Sinn der Entwicklungshilfe machen, solange wir nicht verstehen, warum das eben nicht geschieht.

Die Rechnung am Anfang des Kapitels ist ein Beispiel für den »hydraulischen« Zugang zur Entwicklungshilfe: Pumpt man an einem Ende Wasser in einen Schlauch, so muss am anderen Ende Wasser herauskommen.[10] Die Versuche, die Armut in der Welt zu besiegen und Kinder zu retten, werden als technisches Problem betrachtet, so als müssten Wasserleitungen repariert oder ein Motorschaden am Auto behoben werden: Wir brauchen ein neues Getriebe, das X kostet, und zwei neue Reifen, die Y kosten, und dazu kommen die Arbeitsstunden. Kinder werden gerettet, indem man für ein paar Dollar mit Insektizid behandelte Bettnetze kauft (die vor den Malaria übertragenden Mücken schützen), oder sie erhalten eine WHO-Trinklösung für 0,25 Dollar, die sie vor der Dehydrierung bewahrt, oder sie werden für wenige Dollar geimpft. Die Investitionen in Projekte, Programme und Maschinen können das Wirtschaftswachstum ankurbeln, und Wachstum ist das beste Mittel gegen die Armut. Statistische Analysen zeigen eine klare Korrelation zwischen Wirtschaftswachstum und dem Teil des Nationaleinkommens, der in Investitionen fließt. Daher liegt es nahe zu berechnen, wie viel zusätzliches Kapital ein Land »braucht«, um schneller zu wachsen und die Armut rascher zu besiegen.

Obwohl seit langem klar ist, dass diese Rechnungen falsch sind, üben sie auch heute noch großen Reiz auf viele Menschen aus. Peter Bauer wies im Jahr 1971 auf einen entscheidenden Punkt hin: »Wenn mit Ausnahme vom Kapital alle Bedingungen für die wirtschaftliche Entwicklung gegeben sind, wird das Kapital rasch im Land erzeugt, oder der Staat oder Privatunternehmen werden es sich auf den ausländischen Kapitalmärkten beschaffen. Die Kredite werden mit höheren Steuereinnahmen oder Unternehmensgewinnen bedient. Fehlen hingegen die für die Entwicklung erforderlichen Bedingungen, so wird die Auslandshilfe – die unter diesen Umständen die einzige externe Kapitalquelle ist – zwangsläufig unproduktiv und damit wirkungslos bleiben.«[11] Das Ausmaß leicht zugänglicher internationaler privater Kapitalströme stellt alles in den Schatten, was sich Bauer seinerzeit vorstellen konnte; wenn sein Argument im Jahr 1971 richtig war, ist es heute umso zutreffender.

Dies ist das große Dilemma der Entwicklungshilfe. Sind die »Bedingungen für Entwicklung« gegeben, so wird keine finanzielle Hilfe benötigt. Sind die Bedingungen der Entwicklung abträglich, so ist finanzielle Hilfe nutzlos und wird sogar Schaden anrichten, wenn sie dazu beiträgt, die ungünstigen Bedingungen aufrechtzuerhalten. Wir werden viele Beispiele für das kennenlernen, was geschieht, wenn man dieses Dilemma außer Acht lässt. Die Entwicklungshilfeagenturen werden wieder und wieder damit konfrontiert: Die Hilfe ist nur dann wirksam, wenn sie kaum benötigt wird, aber die Spender beharren auf effektiver Hilfe für jene, die sie am meisten brauchen. Bauer spricht spezifisch vom Kapital, das für Investitionen und Wachstum benötigt wird, aber seine Formel hat allgemeine Gültigkeit. Wenn Armut nicht das Ergebnis eines Mangels an Ressourcen oder Chancen ist, sondern durch dysfunktionale Institutionen, eine mangelhafte staatliche Verwaltung und eine vergiftete Politik verursacht wird, wird die finanzielle Unterstützung armer Länder – insbesondere die Unterstützung der *Regierungen* solcher Länder – wahrscheinlich zu einer Verfestigung der Armut führen, anstatt sie zu beseitigen. Der »hydraulische Zugang« zur Entwicklungshilfe ist falsch, denn die Beseitigung der Armut ist etwas ganz anderes als die Reparatur eines defekten Autos oder die Rettung eines ertrinkenden Kindes aus einem Teich.

Fakten zur Entwicklungshilfe

Dass die gegenwärtige Entwicklungshilfe nicht geeignet ist, die Armut in der Welt zu beseitigen, liegt unter anderem daran, dass sie es kaum einmal versucht. Die Weltbank hat den Sieg über die Armut auf ihre Fahne geschrieben, aber der Großteil der Finanzhilfe wird nicht von multilateralen Organisationen bereitgestellt, sondern hat die Form »bilateraler« Hilfe zwischen Ländern – und die verschiedenen Länder verfolgen mit ihren Hilfsanstrengungen unterschiedliche Zwecke. In jüngster Zeit haben einige Geberländer den Kampf gegen die Armut in den Mittelpunkt ihrer Bemühungen gerückt. Eine führende Rolle spielt hier das britische Department for International Development (DFID). Aber in den meisten Fällen orientiert sich die Hilfe weniger an den Bedürfnissen der Empfänger als an den innenpolitischen und internationalen Interessen des Geberlands. Angesichts der Tatsache, dass die Regierungen der Geberländer demokratisch gewählt sind und das Geld ihrer Steuerzahler ausgeben, dürfte das kaum überraschen. Auch wenn die Öffentlichkeit vieler Länder den globalen Kampf gegen die Armut unterstützt – Großbritannien ist ein gutes Beispiel –, müssen die Geldgeber verschiedene Überlegungen gegeneinander abwägen, darunter ihre politischen Bündnisse und die guten Beziehungen zu ehemaligen Kolonien, in denen die Geberländer oft wichtige Interessen haben. Zu den innenpolitischen Interessen zählen neben den humanitären Anliegen von Bürgern auch die geschäftlichen Bestrebungen von Unternehmen, die mit der Auslandshilfe sowohl Chancen (Absatzmärkte für ihre Güter) als auch Bedrohungen (Konkurrenz seitens der Entwicklungsländer) verbinden. Trotzdem schreiben verschiedene Länder, darunter Japan und die Vereinigten Staaten, übergeordnete Ziele wie eine wohlhabende und demokratische Welt auf ihre Fahnen, und solche Zielsetzungen decken sich zweifellos mit dem Vorhaben, die Armut in der Welt zu verringern.[12]

Der *erklärte* Zweck der Entwicklungshilfe kann geringere Bedeutung haben, als es scheint. Die Verwendungsgebiete sind gewöhnlich austauschbar, so dass sogar mit Militärhilfe, von der die Regierung ansonsten Panzer und Kampfflugzeuge gekauft hätte, Schulen und Krankenhäuser bezahlt werden können. Normalerweise ist eher die Umleitung von Geldern in die andere Richtung ein Grund zur Sorge. Paul Rosenstein-Rodan, einer der Pioniere der Entwicklungspolitik, erklärte in den 40er Jahren des vorigen Jahrhunderts, während man sich in dem Glauben befinde, ein Kraftwerk gebaut zu haben, habe man in Wahrheit vielleicht ein Bordell finanziert.[13] Wenn die Vereinigten Staaten einem verbündeten Land Finanzhilfe gewähren, um sich seine politische Unterstützung zu sichern, kann nichts diesen Verbündeten davon abhalten, dieses Geld für Armutsbekämpfung, Gesundheit oder Bildung auszugeben. Daher ist es nicht sinnvoll, die Entwicklungshilfe nach dem Verwendungszweck zu klassifizieren.

Der größte Brocken der Auslandshilfe ist die »offizielle Entwicklungszusammenarbeit« (Official Development Assistance, ODA), die jegliche finanzielle Unterstützung reicher Geberländer für die Entwicklung armer Empfängerländer umfasst. Das Development Assistance Committee (DAC) der OECD, das über diese Hilfsleistungen Buch führt, beziffert den Gesamtwert der offiziellen Entwicklungszusammenarbeit im Jahr 2011 auf 133,5 Milliarden Dollar. Das DAC hat 23 Mitgliedsländer, die 2011 zwischen 0,1 Prozent (Griechenland und Korea) und 1 Prozent ihres Nationaleinkommens (Norwegen und Schweden) beitrugen (der Durchschnittsbeitrag lag bei etwas weniger als 0,5 Prozent des Nationaleinkommens). Die ODA stieg in den 60er und 70er Jahren rasch an; von 1960–1980 verdoppelte sich ihr Umfang. Nach dem Ende des Kalten Krieges wurden diese Finanzhilfen deutlich reduziert (was einiges über die Absichten der Geberländer verrät) und sanken bis 1997 unter den Wert von 1980. Aber seit damals ist die internationale Entwicklungszusammenarbeit wieder um mehr als 50 Prozent gewachsen. Insgesamt wurden seit 1960 rund 5 Billionen Dollar (zu Preisen von 2009) in die Auslandshilfe investiert.

Der größte Geldgeber sind gegenwärtig die Vereinigten Staaten, gefolgt von Deutschland, Großbritannien und Frankreich sowie, nicht weit dahinter, Japan. Wenn wir das Ausmaß der Auslandshilfe im Verhältnis zum Nationaleinkommen betrachten – dieses gibt Aufschluss über das Engagement der Geberländer, nicht jedoch darüber, inwieweit die Bedürfnisse der armen Länder erfüllt werden –, zählen die Beiträge der Vereinigten Staaten zu den geringsten (weniger als 0,2 Prozent des Nationaleinkommens), während die skandinavischen Länder, die Niederlande und Luxemburg zu den großzügigsten Geberländern gehören.

Die Forderung, die Geberländer müssten einen bestimmten Anteil ihres Bruttoinlandsprodukts spenden, ist sonderbar: Warum fordern die Vereinten Nationen die Staaten immer wieder auf, 0,7 Prozent ihres Nationaleinkommens zu spenden? Wenn es wirklich darum geht, ein Kind vor dem Ertrinken zu retten, ist das Einkommen des Retters unerheblich. Aber es gibt eine »hydraulische Erklärung«: Um Vorgaben wie die Millenniums-Entwicklungsziele zu erreichen, müssen die reichen Länder 0,7 Prozent ihres Bruttoinlandsprodukts spenden. Diese Rechnung hat Ähnlichkeit mit derjenigen am Anfang dieses Kapitels – und sie ist ähnlich widersinnig. Möglicherweise sind die Vereinten Nationen der Ansicht, mehr Auslandshilfe sei besser für die Empfängerländer – was zweifellos für die Regierungen vieler ihrer Mitgliedsstaaten, aber nicht unbedingt für deren Bevölkerung gilt – und mehr als 0,7 Prozent seien nicht aus den Geberländern herauszuholen.

Eine größere Rolle spielt jedoch die Tatsache, dass sich die Öffentlichkeit in den Ländern, die diese Vorgabe akzeptieren, nachdrücklich für eine Unterstützung der Armen ausspricht, und die heimische Öffentlichkeit kann nur den bereitgestellten Betrag überwachen, während sie die Resultate der Entwicklungshilfe nicht kontrollieren kann. Das bedeutet, die Auslandshilfe befriedigt eher unser Bedürfnis zu helfen, als das Los der Armen zu verbessern.

Aber die Auslandshilfe ist nicht auf die *staatliche Entwicklungshilfe* beschränkt. Tausende Hilfsorganisationen leisten humanitäre und Entwicklungshilfe in aller Welt, wobei die größten dieser Einrichtungen mit Jahresbudgets von mehr als einer halben Milliarde Dollar arbeiten. Sie agieren teilweise unabhängig, teilweise als Vertreter nationaler und internationaler Hilfsorganisationen. Gemeinsam tragen sie schätzungsweise 25 bis 30 Prozent zu den gesamten Transfers von den reichen in die armen Länder bei. Ihre Transparenz und Effektivität ist sehr unterschiedlich. Dazu kommen nicht-traditionelle Geberländer wie Brasilien, China und Saudi-Arabien, die sich dem DAC nicht angeschlossen haben und in dessen Statistiken nicht erfasst werden.

Etwa 80 Prozent der offiziellen Entwicklungshilfe erfolgen in Form von bilateraler Unterstützung, die übrigen Gelder stammen von multilateralen Einrichtungen wie der Weltbank, dem Entwicklungsprogramm der Vereinten Nationen (UNDP) oder dem Globalen Fonds zur Bekämpfung von AIDS, Tuberkulose und Malaria, um nur einige zu nennen. Es gibt die Auffassung, die multilaterale Auslandshilfe sei weniger von innenpolitischen Überlegungen gelenkt. Außerdem sei sie transparenter und effizienter als die bilaterale Hilfe. Aber die Weltbank kann kaum gegen die Interessen ihrer größten Geldgeber handeln, und das UNDP wird zu den besonders intransparenten und ineffizienten Entwicklungshilfeagenturen gezählt.[14] Die Vielzahl von Geldgebern und Agenturen erschwert es nicht nur, sich ein Bild vom Gesamtumfang der Auslandshilfe zu machen – sogar innerhalb der einzelnen Länder wird die staatliche Hilfe oft durch eine Vielzahl von Behörden geschleust, die unabhängig voneinander arbeiten (in den Vereinigten Staaten sind es nicht weniger als 50). Jene Vielzahl behindert obendrein die Koordinierung der Hilfsanstrengungen und beeinträchtigt die Versuche, die verschiedenen Einrichtungen daran zu hindern, sich gegenseitig zu stören.

Zahlreiche Länder sind Empfänger von Entwicklungshilfe, und einige Geldgeber unterstützen mehr als 150 verschiedene Empfängerländer. Die Geldgeber scheinen lieber *Staaten* anstatt von *Menschen* zu unterstützen und würden es vorziehen, möglichst vielen Ländern finanzielle Hilfe zu gewähren, ohne sich viel darum zu kümmern, wo die Armen leben. Das hat zur Folge, dass kleine Länder mehr Hilfe erhalten als große, und zwar sowohl pro Kopf als auch am Einkommen gemessen. Aber die meisten Armen leben in *großen* Ländern. Die »Fragmentierung der Entwicklungshilfe« ist also ein weiterer Grund, warum es nicht gelingt, den Armen der Welt gezielt zu helfen.

Die meiste Hilfe pro Kopf der Bevölkerung erhielten im Jahr 2010 nach Angaben der Weltbank Samoa (802 Dollar), Tonga (677 Dollar) und Kap Verde (664 Dollar), während der maximale Pro-Kopf-Betrag, den die beiden bevölkerungsreichsten Länder erhielten, bei 3,10 Dollar im Fall Indiens (im Jahr 1991) und bei 2,90 Dollar im Fall Chinas (1995) lag. Wie wir bereits gesehen haben, lebt etwa die Hälfte der Armen (48 Prozent im Jahr 2008) in Indien und China, aber diese beiden Länder erhielten im Jahr 2010 nur 3,5 Milliarden Dollar an offizieller Auslandshilfe, das heißt 2,6 Prozent der gesamten Mittel. Dass die Hälfte der Armen nur ein 40stel der offiziellen Entwicklungshilfe erhielt, zählt zweifellos zu den eigentümlichen Maßzahlen der Ungleichheit in der Welt.

Selbstverständlich besteht die Möglichkeit, dass China und Indien, die sehr rasch wachsen, für fähig gehalten werden, die Armut selbst zu besiegen, weshalb sie kaum Hilfe aus dem Ausland benötigen. Und beiden Ländern fließen private Investitionen zu, die den Umfang der offiziellen Entwicklungshilfe im Falle Indiens um das Sechsfache und im Falle Chinas um das 57-Fache übersteigen. Man könnte also einfach hoffen, dass die Hilfe direkt dorthin geht, wo sie am meisten bewirken kann. Unklar ist jedoch, warum Samoa und Tonga derart *viel* Geld brauchen. Auch hat die Finanzhilfe in diesen beiden Ländern kein beeindruckendes Wirtschaftswachstum ausgelöst. Fest steht, dass die Fakten kaum mit dem »hydraulischen« Zugang zur Entwicklungshilfe vereinbar sind, der dazu führt, dass die Geberländer versuchen, die Hilfsbedürftigen mit einem bestimmten Geldbetrag pro Kopf aus der Armut zu befreien. Und dasselbe gilt für den Versuch, die Armut durch eine Anregung des Wirtschaftswachstums zu verringern.

Die Verteilung der Hilfe entspricht der unterschiedlichen Politik verschiedener Geberländer. Frankreich richtet seine Hilfsbemühungen in erster Linie auf seine ehemaligen Kolonien. Die Auslandshilfe der USA geht stets Hand in Hand mit der Außenpolitik des Landes: Beispielsweise wurde sie eingesetzt, um im Kalten Krieg Verbündete gegen den Kommunismus zu unterstützen, Ägypten und Israel für die Vereinbarung von Camp David zu belohnen oder den Wiederaufbau des Irak und Afghanistans zu finanzieren. Manchmal werden die Empfängerländer verpflichtet, mit den Hilfsgeldern Güter aus dem Geberland zu kaufen (darunter auch Lebensmittelhilfe) oder die Hilfsgüter mit Schiffen aus dem Geberland zu befördern. Es gibt Schätzungen, die besagen, dass 70 Prozent der Hilfe aus den Vereinigten Staaten nie in den Empfängerländern eintreffen, zumindest nicht in bar. Indem man die Unterstützung an Bedingungen knüpft, gewinnt man die Öffentlichkeit des Geberlandes für die Auslandshilfe, aber ihr Nutzen für die Empfänger wird auf diese Weise zweifellos verringert. In den letzten Jahren wurde die gebundene Entwicklungshilfe deutlich reduziert – beispielsweise ist diese Praxis in Großbritannien mittlerweile verboten –, aber sie ist immer noch weit verbreitet. Laut einer aktuellen Schätzung sank der Anteil der gebundenen offiziellen Entwicklungshilfe zwischen 1987 und 2007 gemeinsam mit der Lebensmittelhilfe und der technischen Unterstützung (die normalerweise von geringem Nutzen für den Empfänger sind) von 80 auf 25 Prozent.[15]

In direktem Widerspruch zu dem erklärten Ziel der Armutsbekämpfung fließt ein großer Teil der offiziellen Entwicklungshilfe nicht einmal in einkommensschwache Länder, geschweige denn in jene, in denen die Armen leben. Die zielgerichtete Hilfe ist deutlich ausgeweitet worden, allerdings ausgehend von einem sehr niedrigen Niveau. Der Anteil der offiziellen Auslandshilfe, die in die laut OECD am wenigsten entwickelten Länder fließt, ist von knapp 10 Prozent im Jahr 1960 auf etwa ein Drittel in der Gegenwart gestiegen. Aber noch immer geht mehr als die Hälfte dieser Unterstützung an Länder mit mittlerem Einkommen. Das ist nicht unbedingt so schlecht, wie es klingt. Die Weltbank stuft China aufgrund seines Wachstums in jüngster Zeit mittlerweile als Land mit gehobenem mittlerem Einkommen ein und zählt Indien zu den Ländern mit niedrigerem mittlerem Einkommen. Somit sind beide möglicherweise selbst in der Lage, die Armut zu bekämpfen. In der heutigen Welt sind es zwei sehr verschiedene Dinge, armen Menschen oder armen Ländern zu helfen.

Staatlich finanzierte Entwicklungshilfe und humanitäre Hilfe von Nichtregierungsorganisationen (NROs) kommt oft Regimen zugute, die wenig Interesse daran haben, ihrer eigenen Bevölkerung zu helfen, oder die sich in der Vergangenheit nicht mit entsprechenden Bemühungen hervorgetan haben. Die Geber können Hilfe gewähren, um politische Ziele zu erreichen – Beispiele dafür sind die langjährige Unterstützung, die die Vereinigten Staaten Mobutu Sese Seko in Zaire gewährten, oder deren Hilfe für Ägypten und Äthiopien in jüngerer Zeit und Frankreichs Unterstützung für seine ehemaligen Kolonien, die teilweise von autokratischen und korrupten Regimen beherrscht werden. Fast die Hälfte der offiziellen Entwicklungshilfe geht an solche Regime (obwohl es Hinweise darauf gibt, dass Staaten, die sich in Demokratien verwandeln, mehr Hilfe erhalten).[16]

Sehen wir uns nur ein Beispiel an: Im Jahr 2010 erhielt das vom Diktator Robert Mugabe regierte Simbabwe ausländische Hilfe in Höhe von mehr als 10 Prozent seines Nationaleinkommens, das heißt fast 60 Dollar pro Einwohner. In solchen Fällen befinden sich die Geberländer in einem quälenden Dilemma von der Art, wie Bauer es beschrieben hat: Will man die Hilfe an Orte bringen, an denen die Menschen dringend Unterstützung brauchen, so sind Länder wie Togo oder Simbabwe gute Kandidaten. Aber so wie diese Länder regiert werden, dürfte die Hilfe dort kaum viel Gutes bewirken, und möglicherweise wird sie sogar Autokraten helfen, sich an der Macht zu halten und sich zu bereichern. Die Entwicklungshilfe kann durch von der Regierung unabhängige NROs geschleust werden, aber das ist eine bestenfalls unvollkommene Abhilfe. Die Hilfsgelder sind fungibel – weshalb von den NROs betriebene Schulen und Krankenhäuser die Regierung finanziell entlasten –, und Regierungen finden Wege, um die Mittel von NROs zu besteuern (oder einfach umzuleiten). Sie können Steuern auf von den NROs importierte Güter und Dienstleistungen erheben (und tun dies auch), oder sie können die Hilfsorganisationen zwingen, kostspielige Genehmigungen für die Tätigkeit in ihrem Land zu erwerben. Dasselbe geschieht in humanitären Krisen, insbesondere in Kriegszeiten, wenn Hilfsorganisationen die Kriegsherren bezahlen müssen, damit diese ihnen erlauben, ihrer eigenen Bevölkerung zu helfen. In extremen Fällen hat dies dazu geführt, dass internationale Hilfsorganisationen neben Lebensmitteln auch Waffen einflogen, dass man Bilder sterbender Kinder benutzte, um Spenden zu sammeln, die dann zum Teil in die Fortsetzung des Krieges investiert wurden, oder dass man von NROs finanzierte Lager als Ausbildungsstützpunkte für Milizen nutzte, die für einen Genozid trainiert wurden.[17] Es besteht stets ein Spannungsverhältnis zwischen der Bestrebung, gut geführte Länder zu unterstützen, in denen die Hilfe etwas bewirken kann, obwohl sie weniger dringend benötigt wird, und dem Wunsch, der notleidenden Bevölkerung schlecht geführter Länder zu helfen, obwohl die Unterstützung dort kaum etwas bewirken und sogar zusätzlichen Schaden verursachen kann.

Die reichen Länder nehmen noch auf viele andere Arten positiven oder negativen Einfluss auf die Entwicklung der armen Länder. Sie stellen Kapital in Form von Privatinvestitionen zur Verfügung, und diese Unterstützung erfolgt oft unbürokratischer als die Finanzhilfe der Weltbank. Die Folge ist, dass die Nachfrage nach Mitteln der Weltbank heute insbesondere in den Ländern mit mittlerem Einkommen geringer ausfällt als früher. Die privaten

Rimessen aus reichen in arme Länder – zum Beispiel Überweisungen von Auswanderern an ihre Familien in der Heimat – weisen den doppelten Umfang der offiziellen Entwicklungshilfe auf. Die Grundlagenforschung – die Entwicklung neuer Medikamente und Impfstoffe oder die Entdeckung der Mechanismen der Krankheitsentstehung – findet fast immer in reichen Ländern statt, kommt jedoch auch armen Ländern zugute. Dasselbe gilt für Erfindungen wie das Mobiltelefon oder das Internet. Auf der anderen Seite können Handelsschranken oder der Patentschutz den Zugang der armen Länder zu den Märkten der reichen Welt oder zu wichtigen medizinischen Errungenschaften behindern. Am Ende des Kapitels werde ich auf diese Beziehungen zurückkommen, die oft sehr viel größeren Einfluss auf die armen Länder haben als die Auslandshilfe – sei er nun vorteilhaft oder schädlich. Damit will ich keineswegs bestreiten, dass die ausländische Hilfe in jenen Ländern wichtig ist, in denen ihr Anteil an der Wirtschaftsleistung groß ausfällt.

Wie wirksam ist die Hilfe?

Als ich begann, mich mit Auslandshilfe und wirtschaftlicher Entwicklung zu befassen, wollte ich natürlich wissen, wie gut diese Hilfe funktionierte. Wie die meisten Menschen ging ich von der Annahme aus, dass die Entwicklungshilfe funktionieren muss. Denn wenn Sie reich sind und ich arm bin, werde ich weniger arm sein, wenn Sie mir Geld geben, vor allem, wenn Sie mir Jahr für Jahr Geld zukommen lassen. Der Glaube, dieser unserer Intuition entsprechende Gedankengang müsse zwangsläufig auch für die Entwicklungshilfe gelten – mittlerweile bezeichne ich diese Überzeugung als Hilfsillusion –, ist so tief verwurzelt, dass sich viele Menschen weigern, auch nur in Erwägung zu ziehen, es könne sich dabei um einen Irrtum handeln. Der intuitive Gedankengang läuft auf die hydraulische Vorstellung von der Entwicklungshilfe hinaus, die, wie wir bereits gesehen haben, falsch ist.

Die Entwicklungshilfe wird nicht zwischen Personen, sondern überwiegend zwischen Regierungen gewährt, und ein Großteil der Unterstützung ist nicht dazu bestimmt, die Menschen aus der Armut zu befreien. Die kurze Überblicksdarstellung des Entwicklungshilfesystems auf den vorhergehenden Seiten zeigt dies, aber sie verrät uns nichts darüber, ob die Hilfsbemühungen das Wirtschaftswachstum der unterstützten Länder im vergangenen halben Jahrhundert angekurbelt oder behindert haben. Es gibt umfangreiche Daten zur Entwicklungshilfe, die vom DAC und anderen Einrichtungen bereitgestellt werden, und wir verfügen über reichlich Informationen zu Wirtschaftswachstum und Armut. Die einzelnen Länder werden unterschiedlich behandelt: Einige erhalten mehr Unterstützung als andere, und der Umfang der Hilfe ändert sich von Jahr zu Jahr. Können wir anhand dieser Daten feststellen, was die Entwicklungshilfe bewirkt? Genauer gesagt: Wachsen Länder, die gemessen an ihrer Einwohnerzahl oder am Nationaleinkommen mehr Unterstützung erhalten, schneller? Natürlich sind die Verringerung der Armut und das Wirtschaftswachstum verschiedene Dinge, aber sowohl Theorie als auch Erfahrung deuten darauf hin, dass Wirtschaftswachstum die beste und auch dauerhafteste Lösung für das Problem der Armut ist.

Der vorhergehende Abschnitt sollte verdeutlicht haben, dass es keine einfache Erklärung gibt, zumindest keine einfache *positive* Antwort. China und Indien, denen gemessen am Umfang ihrer Volkswirtschaft sehr wenig Hilfe aus dem Ausland zugekommen ist, haben die beiden großen Erfolgsgeschichten geschrieben, während das Wirtschaftswachstum der sehr viel kleineren afrikanischen Länder, die gemessen an ihrer Größe sehr viel Entwicklungshilfe erhielten, keineswegs beeindruckend ist. Die Hilfsorganisationen neigen dazu, die Unterstützung zu streuen und jedem etwas zu geben. Das führt dazu, dass kleinere Länder mehr

Unterstützung erhalten als größere. Wenn die Entwicklungshilfe einen wichtigen Beitrag zum Wachstum leistet, sollten die kleineren Länder also schneller wachsen. Misst man die Entwicklungshilfe allein an diesem Maßstab, so ist sie gescheitert. Aber das wäre zweifellos ein voreiliges Urteil. Vielleicht gibt es andere Gründe dafür, dass größere Volkswirtschaften schneller wachsen können, Gründe, die nichts mit der Entwicklungshilfe zu tun haben. In Kapitel 6 haben wir uns mit möglichen Zusammenhängen beschäftigt. Trotzdem ist dies kaum ein Beleg für die These, dass die Entwicklungshilfe einem Land dabei hilft, schneller zu wachsen.

Eine andere Möglichkeit, sich ein Bild von der Wirksamkeit der Entwicklungshilfe zu machen, besteht darin, sich die Entwicklung der besonders begünstigten Länder anzusehen. Das sind jene, die enge Beziehungen zu ihren ehemaligen Mutterländern unterhielten (insbesondere die früheren Kolonien Frankreichs), oder Länder, die aus politischen Gründen finanziell unterstützt wurden (ein Beispiel ist Ägypten, das für die Vereinbarung von Camp David belohnt wurde), oder auch Staaten, die im Kalten Krieg als Bollwerke gegen den Kommunismus galten (etwa Länder wie Zaire unter Mobutu). Es erübrigt sich zu sagen, dass diese Länder zu denjenigen zählen, die im Kampf gegen die Armut am wenigsten erreicht haben, und es ist vollkommen klar, woran das liegt. In Ägypten, Togo und Zaire wurden die Hilfsgelder nicht für die wirtschaftliche Entwicklung verwendet, sondern dazu, Regime an der Macht zu halten, die den geopolitischen Interessen der Geberländer dienten, selbst wenn diese Zielsetzung der Bevölkerung dieser Länder schadete.

Nun könnte man einwenden, Finanzhilfe für korrupte Unterdrückungsregime sei nicht unser Thema und hätte nie als Entwicklungshilfe gezählt werden dürfen. Aber damit macht man es sich zu leicht. Der größte Teil dieser Unterstützung erfolgte in Form von unbeschränkten Zuwendungen an Regime, die das Geld für die Entwicklung hätten nutzen können, und oft ging diese Hilfe an

Länder, in denen viele Menschen hilfsbedürftig waren. Während diese Beispiele also nicht beweisen, dass eine besser gestaltete Entwicklungshilfe oder andere Kriterien für die Auswahl der Empfängerländer keine besseren Ergebnisse gebracht hätten, zeigen sie deutlich, dass es im Allgemeinen keine gute Idee ist, Länder, deren Bevölkerung hilfsbedürftig ist, bedingungslose Unterstützung zu gewähren. Ich werde auch erklären, warum ich davon überzeugt bin, dass die Faktoren, die in diesen extrem schlimmen Fällen wirken, auch unter günstigeren Bedingungen ein Problem darstellen.

Besonders lehrreich sind die Erfahrungen mit der Entwicklungshilfe in Subsahara-Afrika. Nicht alle, aber der Großteil der ärmsten Länder liegt in Afrika. Sieht man von Afghanistan, Bangladesch, Kambodscha, Haiti, Nepal und Osttimor ab, so befinden sich die 40 ärmsten Länder der Welt allesamt dort. Der afrikanische Kontinent ist die Heimat des armen Landes, wenn auch nicht die Heimat des armen Menschen. Die Länder Afrikas haben sehr viel Hilfe erhalten, die zweifellos genügt hätte, um ihr Wirtschaftswachstum anzukurbeln, wäre sie für eben diesen Zweck verwendet worden.

Abbildung 29 zeigt, wie sich die afrikanischen Länder zwischen 1960 und 2010 entwickelt haben. Die Weltbank listet 49 Länder in Subsahara-Afrika auf, die sich nach Größe und Bedeutung unterscheiden – von den Komoren bis zu Äthiopien, Nigeria und Südafrika –, weshalb es sich nicht empfiehlt, einfach das durchschnittliche Wachstum zu betrachten. Stattdessen verwende ich die *mittlere* Wachstumsrate in jedem Fünfjahreszeitraum (den Median), der diese Länder genau in der Mitte teilt und daher weniger anfällig für Ausreißer ist: Die Hälfte der Länder hat sich besser, die andere Hälfte schlechter entwickelt.

In den 60er und frühen 70er Jahren bewegte sich das Wachstum des Pro-Kopf-BIP zwischen 1 und 2 Prozent pro Jahr. Dies waren keineswegs spektakuläre Wachstumsraten, aber den Afrikanern ging es im Allgemeinen besser. In den 80er Jahren und Anfang der 90er Jahre wurden in Afrika typischerweise *negative* Wachs-

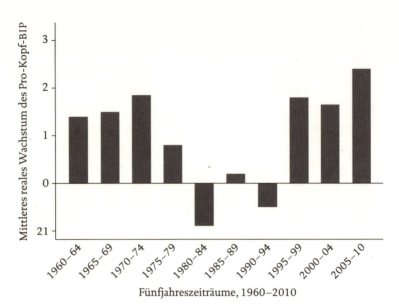

Fünfjahreszeiträume, 1960–2010

Abbildung 29:
Mittleres reales Wachstum des kaufkraftbereinigten Pro-Kopf-BIP
in Afrika

tumsraten beobachtet. Die afrikanischen Länder verloren nicht nur gegenüber den erfolgreicheren asiatischen Ländern an Boden, sondern auch im Verhältnis zu ihrer eigenen früheren Position. Verglichen mit der kümmerlichen Entwicklung in den 80er und 90er Jahren müssen die von einem langsamen Wirtschaftswachstum gekennzeichneten Jahre nach der Unabhängigkeit als goldene Ära betrachtet werden. In den 80er und 90er Jahren erwarb sich Afrika den Ruf, ein hoffnungsloser Fall zu sein. 1960 war Südkorea dreimal so reich wie Ghana, 1995 19-mal so reich. Im Jahr 1960 entsprach das Pro-Kopf-Einkommen Indiens nur 40 Prozent desjenigen von Kenia; im Jahr 1995 lag es 40 Prozent höher.

Ab 1995 änderte sich das Bild. Die Wachstumsraten stiegen wieder, und in den 16 Jahren bis 2010 entwickelte sich Afrika besser als je zuvor in seiner Geschichte.

Inwieweit ist dieses Muster von Aufschwung, Abschwung und

erneutem Aufschwung auf die Schwankungen der internationalen Hilfe zurückzuführen? In Abbildung 30 sehen wir die geleistete Entwicklungshilfe pro Einwohner, wobei wiederum der Median angegeben wird (die Dollarbeträge müssen verdoppelt werden, um das niedrigere Preisniveau in Afrika zu berücksichtigen). Die Zahlen sind nicht inflationsbereinigt; anhand von inflationsbereinigten Zahlen würden wir ein ähnliches Bild gewinnen, aber das Wachstum fiele weniger deutlich aus. In den letzten Jahren hat jeder Einwohner des mittleren Landes in Subsahara-Afrika etwa 100 Dollar an Hilfe aus dem Ausland erhalten (kaufkraftparitätischer Wert), was etwa 20 Prozent des Pro-Kopf-BIP des mittleren Landes entspricht.

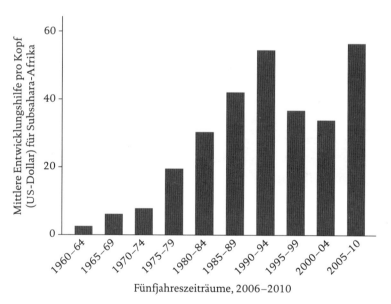

Abbildung 30:
Mittlere Entwicklungshilfe pro Kopf für Afrika

Was verraten uns diese Zahlen über die Beziehung zwischen Entwicklungshilfe und Wirtschaftswachstum in Afrika? Zweifellos wirken sich auf diese noch weitere Faktoren aus, aber es spricht einiges dafür, von einer vereinfachenden Darstellung auszugehen. Einmal mehr gewinnen wir kein vorteilhaftes Bild von der Entwicklungshilfe. Das Wachstum *verringerte* sich stetig, während die Entwicklungshilfe stetig *stieg*. Als nach dem Ende des Kalten Krieges einer der wichtigsten Beweggründe für die Unterstützung afrikanischer Länder entfiel und deutlich weniger Geld floss, begann die Wirtschaft Afrikas zu wachsen, zeitgleich mit dem Ende des Ost-West-Konflikts. Es gibt einen bittereren Scherz: »Der Kalte Krieg ist beendet, und Afrika hat ihn verloren.« Aber die Grafik deutet darauf hin, dass die Pointe anders lauten sollte: »Der Kalte Krieg ist beendet, und Afrika hat gesiegt.« Aber während dies für Mobutu und Zaire gilt, taugt es nicht als allgemeines Urteil.

Jene, die von der positiven Wirkung der Auslandshilfe überzeugt sind, verweisen mit Blick auf das Ende des Zeitraums darauf, dass in jüngster Zeit tatsächlich die wirtschaftliche Entwicklung unterstützt wurde, anstatt lediglich die Macht antikommunistischer Diktatoren zu festigen. In der Phase der aufgeklärten Entwicklungshilfe habe mehr Geld zu mehr Wachstum geführt. Mag dem so sein – Mobutu ist fort, aber die Regierung von Meles Zenawi Asres in Äthiopien erhielt im Jahr 2010 mehr als 3 Milliarden Dollar von den Vereinigten Staaten, Großbritannien, der Weltbank und anderen Geldgebern. Meles, der im Jahr 2012 starb, stand an der Spitze einer der repressivsten Diktaturen in Afrika.[18] In Äthiopien leben fast 40 Millionen Menschen von weniger als 1,25 Dollar am Tag (20 Millionen müssen mit weniger als 1 Dollar auskommen), was das Land zu einem Favoriten all jener macht, die glauben, die Entwicklungshilfe sei dazu geeignet, Armut zu verringern.

Meles war ein erbitterter Gegner des islamischen Fundamentalismus, was ihn zu einem Liebling der Vereinigten Staaten machte. Selbstverständlich haben die USA das Recht, sich ihre internationalen Verbündeten selbst auszusuchen. Doch wenn wir die Entscheidung darüber, welche Länder wir unterstützen wollen, von unseren Sicherheitsbedürfnissen und den Wünschen einer Öffentlichkeit abhängig machen, der das Spenden an sich wichtiger ist als die Ergebnisse, die mit den Spendengeldern erzielt werden, gewähren wir die Hilfe nicht »ihnen«, sondern »uns«.

Wesentlichen Einfluss auf das Wachstum Afrikas hat die Entwicklung der Rohstoffpreise. Viele afrikanische Länder sind seit langem abhängig vom Export »primärer« Güter, darunter vor allem nicht verarbeitete Minerale und landwirtschaftliche Erzeugnisse. Botsuana exportiert Diamanten, Südafrika Gold und Diamanten, Nigeria und Angola Erdöl; Niger Uran, Kenia Kaffee, die Elfenbeinküste und Ghana Kakao, der Senegal Erdnüsse und so weiter. Die Weltmarktpreise für diese Güter sind sehr schwankungsanfällig: Missernten oder der Anstieg der globalen Nachfrage führen zu spektakulären Preisanstiegen, ein Überangebot zu ebenso dramatischen Preisstürzen. Die Reaktionen der Märkte sind kaum vorherzusehen. In vielen afrikanischen Staaten befinden sich Bergwerke und Plantagen in Staatsbesitz, und andere besteuern den Export von Gütern wie Kakao und Kaffee. Daher wirken sich deutliche Preisanstiege und -stürze dramatisch auf die Staatseinnahmen aus. An anderer Stelle in diesem Kapitel werde ich die Einnahmen aus dem Verkauf von Rohstoffen mit denen aus der Entwicklungshilfe vergleichen, aber fürs erste genügt es darauf hinzuweisen, dass die Rohstoffpreise in den 60er und frühen 70er Jahren im Allgemeinen stiegen, ab 1975 stetig sanken und sich im ersten Jahrzehnt des 21. Jahrhunderts teilweise erholten, etwa bei Erdöl und Kupfer. Die Einnahmen, die mit dem Export dieser Güter erzielt werden, sind Teil des Nationaleinkommens, was bedeutet, dass die Wirtschaft eines Landes eigentlich nur wachsen kann, wenn es hohe Einnahmen mit Rohstoffexporten erzielt. Tatsächlich bestätigen die Daten, dass das Bruttoinlandsprodukt der afrikanischen Länder steigt, wenn die Rohstoffpreise explodieren.[19]

Jene, die in Saus und Braus leben, drohen bei einem Rückschlag tief zu fallen, und genau das geschah nach dem Einbruch der Rohstoffpreise ab 1975. Die privaten Kreditgeber im Ausland (sowie falsche Ratschläge der Weltbank) begünstigten die Misswirtschaft in den afrikanischen Staaten, weshalb der folgende Zusammenbruch sehr viel schlimmer war, als er hätte sein müssen.[20] Dies ist eine der wichtigsten Erklärungen für die Wachstumsmuster in Abbildung 29. Eine weitere Begründung, die umstrittener, aber durchaus plausibel ist, lautet, dass die afrikanischen Länder heute eine sehr viel solidere Haushalts- und Geldpolitik betreiben als früher. Das ist teilweise ein Vermächtnis der Strukturanpassungen in den 80er Jahren, aber es gibt heute auch viele gut ausgebildete Finanzbeamte und Zentralbankmitarbeiter in Afrika. Um die Wirkung der Entwicklungshilfe beurteilen zu können, müssen wir auch diese anderen Faktoren berücksichtigen, darunter die Fluktuationen der Rohstoffpreise.

In den »schlechten« Jahren nach dem Einbruch der Rohstoffmärkte wurde die Entwicklungshilfe sehr rasch erhöht. Daraus könnten wir schließen, dass die Hilfsgelder nicht viel Gutes bewirkten, aber wir könnten auch einen positiveren Schluss daraus ziehen, nämlich den, dass die Hilfe eine Reaktion auf die verschlechterte Lage in Afrika war. Tatsächlich wurde zumindest ein Teil der neuen Entwicklungshilfe geleistet, um den betroffenen Ländern zu ermöglichen, alte Schulden »zurückzuzahlen«, die sie ansonsten nicht hätten bewältigen können. Wenn Auslandshilfe eine Reaktion auf wirtschaftliche Fehlentwicklungen darstellt – das offenkundige Beispiel ist die humanitäre Hilfe –, ist ein negatives Verhältnis zwischen Wachstum und Hilfsleistungen genau dasjenige, was wir uns erhoffen! Der Zufluss von Hilfsgeldern in wachstumsschwache Länder ist kein Beweis für das Scheitern der Entwicklungshilfe, sondern im Gegenteil für ihren Erfolg: Sie geht in die Länder, die sie brauchen. Wenn die Küstenwache ertrinkende Seeleute rettet und die Geretteten noch durchnässt und von ihrer traumatischen Erfahrung gezeichnet sind, werden wir den Rettern kaum zum Vorwurf machen, dass die Seeleute in schlechterer Verfassung sind als vor dem Untergang ihres Schiffs.

Die Forscher, die sich mit der Auslandshilfe beschäftigt haben, sind mit großem Einfallsreichtum – und noch mehr Dummheit – darangegangen, die Effekte der Hilfsleistungen auf das Wirtschaftswachstum herauszuarbeiten. Sie haben andere, gleichzeitig wirkende Einflüsse berücksichtigt und versucht, die Rückwirkungen der Notlage auf die Unterstützung einzubeziehen. Es ist relativ einfach, die anderen Faktoren zu berücksichtigen. Die Korrelation zwischen Auslandshilfe (als Anteil am BIP) und Wachstum bleibt selbst dann *negativ*, wenn andere wichtige Gründe für das Wachstum einberechnet werden.

Diese Tatsache ist nicht entscheidend, weil sie die Rückwirkung der Notlage auf die Unterstützung außen vor lässt, aber sie ist durchaus bedeutsam. Wenn in ähnlichen Studien die Effekte von Investitionen – Ausgaben für Maschinen, Fabriken, Computer und Infrastruktur, also die Dinge, die Voraussetzung für zukünftigen Wohlstand sind – untersucht werden, ist die Wirkung auf das Wachstum leicht abzulesen.[21] Es liegt auf der Hand, dass Entwicklungshilfe nicht wie Investitionen funktioniert. Aber die alte hydraulische Theorie besagte genau das: Weil sie arm sind, können es sich arme Länder nicht leisten, in die Zukunft zu investieren, und die Entwicklungshilfe schließt diese Lücke. Aber was auch immer die Auslandshilfe tut: Dies ist nicht ihre Wirkung.

Wie verhält es sich mit der Rückwirkung der Notlage auf die Hilfsleistungen? Vielleicht wirkt sich die Entwicklungshilfe tatsächlich auf das Wachstum aus, aber diese Wirkung wird durch Episoden zunichtegemacht, in denen die Hilfsleistungen in Reaktion auf Katastrophen erbracht werden. Hier haben wir es mit einem klassischen Beispiel für das Problem zu tun, ob die Henne oder das Ei zuerst da war, und die Frage ist ähnlich schwer zu beantworten. Zahlreiche Studien haben sich daran versucht, überzeugende Ergebnisse zu liefern. Wir haben bereits gesehen, wie diese

Frage üblicherweise in Angriff genommen wird. Wenn wir Länder finden können, die *keine* Hilfsgelder als Reaktion auf schlechte Leistungen erhalten, können wir die Effekte der Hilfe studieren, ohne dass diese durch die Auswirkungen der Notlage kontaminiert würden. Auf diese Weise lässt sich auch ein unverfälschtes Bild von den Wirkungen der ausländischen Unterstützung auf das Wirtschaftswachstum der begünstigten Länder gewinnen. Welche Beispiele gibt es? Die Tatsache, dass große Länder weniger finanzielle Unterstützung erhalten als kleine, ist eines. Ein weiteres ist, dass aus politischen Gründen bevorzugte Verbündete oder ehemalige Kolonien mehr Entwicklungshilfe erhalten. Wie wir gesehen haben, gelangen wir bei keinem dieser Gedankenspiele zu einem positiven Urteil über die Entwicklungshilfe, aber beide Ansätze sind leicht zu kritiseren.

Welches Fazit können wir ziehen? Verschiedene Gelehrte gelangen zu unterschiedlichen Ergebnissen. Eine Gruppe erklärt, die Statistiken seien so undurchschaubar, dass keine klare Antwort möglich sei: Man kann die Frage einfach nicht beantworten, indem man die Auslandshilfe und die Ergebnisse länderübergreifend und über einen bestimmten Zeitraum hinweg untersucht. Ich selbst bin zu einem etwas positiveren Schluss in Bezug auf die Literatur und zu einer deutlich negativeren Einschätzung der Entwicklungshilfe gelangt. Viele Geldgeber klammern sich weiterhin an die hydraulische Vorstellung, der zufolge die Auslandshilfe arme Länder mit Kapital versorgt, das sie sich ansonsten nicht beschaffen könnten, womit sie die Zukunftsaussichten dieser Länder verbessert.

Aber die Daten widersprechen dieser Vorstellung, denn Entwicklungshilfe funktioniert nicht wie Investitionen. Tatsächlich ist die Vorstellung nicht haltbar angesichts der Tatsache, dass viele arme Länder durchaus Zugang zu den internationalen Kapitalmärkten haben. Auch die Tatsache, dass weder kleinere noch politisch bevorzugte Länder schneller wachsen, ist unvereinbar mit der Vorstellung vom Nutzen der Entwicklungshilfe. Dies ist zweifellos kein eindeutiger Beweis, denn es könnte andere Gründe haben, warum große Länder schnell wachsen oder sich politisch bevorzugte Länder schlecht entwickeln, doch der Einwand scheint einigermaßen plausibel. Auch ist es keine Entschuldigung, dass die Regierungen vieler politisch bevorzugter Länder korrupt sind, es sei denn, wir könnten beweisen, dass die Dinge anders lägen, wenn wir »besseren« Regierungen unbeschränkte Hilfe gewähren. Mit diesem Punkt werden wir uns später noch beschäftigen.

Die Wirksamkeit von Entwicklungsprojekten

Viele Menschen, und zwar nicht nur Laien, sondern auch Entwicklungsexperten, haben kein Interesse daran, die Entwicklungshilfe an ihrer Wirkung auf das Wirtschaftswachstum zu messen. In ihren Augen geht es um *Projekte*: die Finanzierung einer Schule oder eines Krankenhauses, die Unterstützung einer Einrichtung, die mit Insektizid behandelte Bettnetze zum Schutz vor Malaria bereitstellt, AIDS-Aufklärung betreibt oder Mikrokredite organisiert. Es geht um die Straße, die das Leben in einem Dorf verändert, oder um den Staudamm, der eine Lebensgrundlage für Tausende von Menschen schafft. Jede Organisation, die sich in der internationalen Entwicklung engagiert – sei es eine NRO, das UNDP oder die Weltbank – hat ihre Erfolgsgeschichten vorzuweisen. Die Beteiligten besitzen oft Erfahrung aus erster Hand und haben keine Zweifel an der Wirksamkeit ihres Engagements. Sie räumen Fehler ein, die sie jedoch als Preis einer Tätigkeit betrachten, die alles in allem sehr erfolgreich ist. Wie können wir dieses Wissen mit den widersprüchlichen, wenn nicht sogar negativen Statistiken in Einklang bringen?

Eine Möglichkeit besteht darin, dass die NROs oder die Weltbank die Ergebnisse der Entwicklungsarbeit in einem allzu vorteilhaften Licht betrachten. Kritiker verweisen darauf, dass die Hilfsorganisationen beträchtliche Anreize haben, Fehlschläge zu verschweigen und Erfolge zu übertreiben – schließlich geht es für sie nicht nur darum, Geld zu verteilen, sondern auch um die Beschaffung von Geld. Dazu kommen methodische Fehler bei der Bewertung. Vor allem kann man kaum wissen, wie es den Hilfsempfängern ergangen wäre, wenn sie die Hilfe nicht erhalten hätten. Die Weltbank und die Agenturen der Vereinten Nationen haben ebenfalls Anreize, ihre Arbeit in ein vorteilhaftes Licht zu rücken. Die Projekte der Weltbank werden oft bewertet, bevor sie abgeschlossen sind, und es wird unentwegt darauf gedrängt, die Evaluationen rasch vorzulegen. Da sich die Zusammensetzung des Leitungsgremiums regelmäßig ändert und das Personal durch verschiedene Positionen geschleust wird, sind die Mitarbeiter gut beraten, das Geld rasch zur Verfügung zu stellen. Die Projekte werden oft erst abgeschlossen, wenn die verantwortlichen Mitarbeiter längst andere Positionen bekleiden. Da der berufliche Erfolg nicht vom Erfolg der jeweiligen Projekte abhängt, besteht keine Notwendigkeit zu einer überzeugenden Evaluation.

Auf diese Argumente stützten sich die Befürworter einer gewissenhafteren Evaluation, die randomisierte kontrollierte Studien fordern, um herauszufinden, ob ein Projekt erfolgreich war und was im Allgemeinen »funktioniert«. (In randomisierten kontrollierten Studien werden einige »Einheiten« – Menschen, Schulen, Dörfer und so weiter – nach dem Zufallsprinzip der Untersuchungsgruppe zugeteilt, während andere Einheiten die Kontrollgruppe bilden.) Nach Ansicht der Verfechter dieser Vorgehensweise ist die Entwicklungshilfe sehr viel weniger effektiv, als sie es sein könnte, wenn man frühere Projekte ernsthaft bewertet hätte. Hätte die Weltbank alle ihre Projekte einer rigorosen Evaluation unterzogen, so wüssten wir heute, was funktioniert und was nicht, und die globale Armut wäre vor langer Zeit verschwunden. Diejenigen, die randomisierte kontrollierte Studien fordern – die sogenannten *Randomistas* – betrachten die typische Selbstevaluation der NROs mit großer Skepsis und arbeiten mit kooperativen Hilfsorganisationen zusammen, um ihnen dabei zu helfen, ihre Evaluationsverfahren zu verbessern. Außerdem haben sie die Weltbank dazu bewegt, teilweise randomisierte kontrollierte Studien in ihre Arbeit zu integrieren.

Erkenntnisse darüber, ob ein *bestimmtes* Projekt erfolgreich war, sind an sich bedeutsam, aber sie werden uns kaum etwas darüber verraten, was *im Allgemeinen* funktioniert und was nicht. Die Ergebnisse der Studien sind unzuverlässig, weil die Versuchs- und Kontrollgruppen oft sehr klein ausfallen (Versuche können sehr teuer sein). Ein gravierenderes Problem ist, dass es keinen Grund gibt anzunehmen, etwas, das an einem Ort funktioniert, werde auch anderswo funktionieren. Selbst wenn ein mit Hilfsgeldern finanziertes Projekt dafür gesorgt hat, dass es den Menschen gutgeht – wenn wir uns denn dieser Tatsache vollkommen sicher sein können – gibt es normalerweise keine isolierten Gründe, sondern es müssen weitere Faktoren hinzukommen, damit sie funktionieren können. Das Mehl ist insofern der »Grund« für den Kuchen, als ein ohne Mehl gebackener Kuchen schlechter funktioniert als ein mit Mehl gebackener – und das können wir mit beliebig vielen Experimenten beweisen. Aber das Mehl wird nicht funktionieren ohne Backpulver, Eier und Butter, das heißt jene unterstützenden Faktoren, die vonnöten, damit das Mehl den Kuchen »verursachen« kann.[22]

Auch die Vermittlung von Innovationen kann in einem Experiment an einem Ort funktionieren, während sie in einem anderen Dorf oder einem anderen Land scheitert oder zumindest nicht so gut funktioniert. Der Erfolg eines Mikrokreditprogramms kann davon abhängen, wie die Frauen organisiert sind und welche Tätigkeiten ihnen die Männer erlauben. Die landwirtschaftliche Schulung kann gut funktionieren, wenn die ausgebildeten Bauern Nachbarn sind und sich regelmäßig über ihre Erfahrungen austauschen, während sie in einem Gebiet, wo die Höfe weit voneinander entfernt sind, scheitern kann. Wenn man diese Mechanismen nicht versteht – wenn man nicht weiß, was nötig ist, um einen Kuchen zu backen –, kann man unmöglich, von der Feststellung »Dieses Projekt hat funktioniert« zu der Erkenntnis gelangen, »was funktioniert«. Tatsächlich ist die Vorstellung eines uneingeschränkten »Das funktioniert« nicht hilfreich. Eine Wiederholung von Verfahren, die nicht auf einer dezidierten Suche nach diesen Mechanismen beruht, wird das Problem nicht lösen, denn es gibt einfach zu viele mögliche Konfigurationen der unterstützenden Faktoren. Mag sein, dass die Welt ein besserer Ort wäre, wenn die Hilfsorganisationen nachweisen würden, dass die von ihnen durchgeführten Projekte an sich erfolgreich waren. Aber solche Nachweise an sich werden uns nicht verraten, wie wir die Armut in der Welt beseitigen können.

Es besteht auch die Möglichkeit, dass mit Hilfsgeldern finanzierte *Projekte* sehr gut funktionieren, während die *Hilfe* scheitert. Selbst wenn eine »ideale« Hilfsorganisation nur jene Projekte finanzieren würde, die einer strengen Evaluation unterzogen wurden, können die Hilfsbemühungen vergebens sein. Da ist zum einen das irritierende, aber oft beobachtete Problem, dass Projekte im Experiment sehr viel besser funktionieren als bei der Umsetzung in die Praxis – Prototypen sind nicht dasselbe wie Produktion. Das kann zum Beispiel daran liegen, dass von wirklichen Bürokraten durchgeführte Maßnahmen nicht so gut funktionieren wie Maßnahmen, die von Wissenschaftlern oder Weltbankmitarbeitern umgesetzt werden. Und es sind Übertragungseffekte möglich, die in der Evaluation nicht berücksichtigt wurden. Ein Beispiel ist die Situation, in der ein mit Hilfsgeldern finanziertes privates Angebot eines Dienstes billiger ist als die vom Staat angebotene Leistung. Selbst wenn das staatliche Netz von Schwangerschaftskliniken nicht sehr gut ist und oft Ärzte und Pflegepersonal fehlen, müssen Kliniken, die von Hilfsorganisationen betrieben werden, irgendwo Krankenschwestern und Ärzte finden, und da sie höhere

Gehälter zahlen, locken sie die Fachkräfte an und schwächen so das öffentliche System. Folglich ist der Nettonutzen der Hilfe geringer als eine Evaluation zeigt, in der die Umlenkung des Betreuungspersonals nicht berücksichtigt wird. Die Bewertung des Nutzens von Staudämmen ist ein weiteres Beispiel für sehr umstrittene Hilfsvorhaben, und sei es auch nur, weil es schwierig ist, sämtliche direkt und indirekt betroffene Personen zu identifizieren.

Die Bewertung neuer Konzepte anhand von Pilotprojekten ist oft informativ, aber die Ergebnisse sehen im Normalfall anders aus, wenn das Projekt ausgeweitet wird. Ein Bildungsprojekt kann den unterstützten Personen helfen, einen Schul- oder Universitätsabschluss zu erlangen und einen guten Job im Staatsdienst zu finden (in vielen armen Ländern zählen Jobs im öffentlichen Dienst zu den begehrtesten überhaupt). Wird das Programm jedoch auf die gesamte Bevölkerung ausgeweitet, ohne dass die staatliche Verwaltung wächst, so wird keinerlei Nettonutzen erzielt (zumindest gemessen an Tätigkeiten im öffentlichen Dienst). Bei landwirtschaftlichen Projekten kann ein ähnliches Problem auftreten. Ein Bauer kann seine Produktivität erhöhen, aber wenn dies alle tun, werden die Preise der landwirtschaftlichen Erzeugnisse sinken, und was für den Einzelnen rentabel ist, ist möglicherweise nicht rentabel für alle. Fast sämtliche Projekte, in denen es um die Produktion von Landwirten, Firmen oder Händlern geht, werden sich auf die Preise von Gütern und Dienstleistungen auswirken, wenn sie aufskaliert werden, während dieser Effekt bei einem isolierten Testdurchlauf nicht in Erscheinung tritt. Ein Projekt mag also für sich genommen erfolgreich sein, während seine Skalierung mit einem Fehlschlag endet. Ein ausgezeichnetes Evaluierungsergebnis für das Projekt kann mit einem Fehlschlag des Hilfsprogramms auf nationaler Ebene einhergehen.

Die Hilfsorganisationen laden überlasteten örtlichen Behörden oft beträchtlichen Verwaltungsaufwand auf. Staatliche Behörden müssen die Projekte bewilligen, die Tätigkeit der NROs überwachen und an Sitzungen mit Dutzenden oder auch Hunderten von ausländischen Agenturen teilnehmen, die in ihrem Land arbeiten. In vielen armen Ländern sind die Kapazitäten des Staates beschränkt und die Regulierungsbehörden nicht sehr leistungsfähig, was an sich schon die wirtschaftliche Entwicklung und den Kampf gegen die Armut behindert. Sonderbarerweise lenken die NROs im Bemühen zu helfen teilweise die staatlichen Beamten von wichtigeren Aufgaben ab und schränken die für die Entwicklung unverzichtbare Leistungsfähigkeit des Staates ein. Wie wir sehen werden, ist dies nur ein Beispiel dafür, wie die Entwicklungshilfe die Aufmerksamkeit der staatlichen Stellen von den eigenen Bürgern weg und hin zu den Hilfsorganisationen lenkt. Je kleiner das Land, je weniger kompetent seine Verwaltung und je größer der Umfang der Hilfe ist, desto gravierender sind die Konsequenzen solcher Ablenkungen.

Es spricht vieles dafür, Hilfsprojekte sorgfältig zu evaluieren, um herauszufinden, ob sie ihre Ziele erreichen oder nicht, und um Lehren daraus zu ziehen, die sich auf andere Hilfsvorhaben übertragen lassen. Eine erfolgreiche und überzeugende Evaluation kann dabei helfen, Orte zu finden, an denen Hilfsgelder das Leben der Menschen verbessern können, selbst wenn es sich um lokale Beispiele handelt, die sich nicht ohne Weiteres verallgemeinern lassen. Aber die Projektevaluation an sich verrät uns nichts darüber, was im Allgemeinen funktionieren wird und was nicht. Genauso wenig ist eine positive Projektevaluation eine Gewähr dafür, dass das Hilfsprogramm effektiv sein wird, denn das hängt letzten Endes von der Wirtschaft insgesamt ab, nicht von spezifischen Projekten oder von der Unterscheidung zwischen guten und schlechten Projekten. Die Projektevaluation enthebt uns nicht der Pflicht, uns Gedanken über die Entwicklungshilfe als Ganzes und über ihre *nationalen* Konsequenzen zu machen.

Entwicklungshilfe und Politik

Wenn wir verstehen wollen, wie die Entwicklungshilfe funktioniert, müssen wir die Beziehung zwischen Entwicklungshilfe und Politik analysieren. Die politischen und rechtlichen Institutionen tragen wesentlich dazu bei, geeignete Bedingungen für Wohlstand und Wirtschaftswachstum zu schaffen. Die Auslandshilfe wirkt sich auf die Funktionsweise der Institutionen und auf ihren Wandel aus, vor allem wenn große Geldbeträge fließen. Die Politik würgt das Wirtschaftswachstum oftmals ab, und auch vor der Entwicklungshilfe gab es in den Empfängerländern gute und schlechte politische Systeme. Aber der Zufluss großer Mengen an Hilfsgeldern wirkt sich schädlich auf die Politik der Empfängerländer aus und untergräbt die Institutionen, die ein langfristiges Wachstum ermöglichen könnten. Außerdem schwächt die Entwicklungshilfe die Demokratie und die Zivilgesellschaft, ein Verlust, der über den Schaden hinausreicht, den die Zersetzung der wirtschaftlichen Entwicklung bewirkt. Diese durch die Entwicklungshilfe verursachten Schäden müssen gegen ihren Nutzen aufgewogen werden, sei es die durch sie ermöglichte Ausbildung von Kindern, die ansonsten nicht zur Schule gegangen wären, oder die Rettung von Kindern, die andernfalls gestorben wären.

Seit ihrer Entstehung nach dem Zweiten Weltkrieg betrachtet die Entwicklungsökonomie Wachstum und Armutsbekämpfung als *technische* Probleme. Die Ökonomen stellten das Wissen zur Verfügung, das die Regierungen der in die Unabhängigkeit entlassenen Länder benötigten, um ihrem Volk Wohlstand zu bringen. Wenn sich die Entwicklungsökonomen überhaupt Gedanken über Politik machten, so betrachteten sie die Politiker als Schutzherren ihres Volkes, deren Bestreben in der gesellschaftlichen Wohlfahrt lag. Die Politik als Selbstzweck, als Mittel der Bürgerbeteiligung oder als Methode der Konfliktbewältigung war nicht Bestandteil ihres Benutzerhandbuchs. Auch sorgten sich die Entwicklungsexperten nicht allzu sehr darum, dass die Regierungen, mit denen sie zusammenarbeiteten, oftmals eigene Interessen verfolgten, was sie zu eher ungeeigneten Partnern für Entwicklungsbemühungen im Interesse der Allgemeinheit machte. Im Laufe der Jahre waren immer wieder abweichende Meinungen zu hören, aber erst seit relativ kurzer Zeit konzentriert sich die Entwicklungsökonomie auf die Bedeutung der Institutionen einschließlich der politischen und auf die Politik an sich.

Es kann keine wirtschaftliche Entwicklung ohne eine Übereinkunft zwischen Regierenden und Regierten geben. Der Staat braucht Mittel, um seine Funktionen erfüllen zu können. Er muss zumindest die territoriale Integrität wahren und das Gewaltmonopol aufrechterhalten, und er ist für das Rechtssystem, die öffentliche Sicherheit, die Landesverteidigung und andere öffentliche Güter verantwortlich. Doch die Mittel, die er zur Erfüllung dieser Funktionen benötigt, müssen die Regierten mit ihren Steuern aufbringen. Die Notwendigkeit zur Steuereintreibung und die Tatsache, dass sie ohne Beteiligung der Besteuerten schwierig ist, erlegen dem Staat Beschränkungen auf und schützen bis zu einem gewissen Grad die Interessen der Steuerzahler. In einer Demokratie bewerten die Wähler die Leistungen der Regierung – sie evaluieren die Programme, die mit ihrem Geld durchgeführt werden. Diese Art von Feedback funktioniert in einer Demokratie am besten, aber alle Staaten müssen sich finanzielle Mittel beschaffen, und das zwingt die Regierenden oft, auf die Forderungen zumindest eines Teils der Gesellschaft einzugehen. Eines der überzeugendsten Argumente gegen umfangreiche Hilfszahlungen lautet, dass sie die Regierenden von diesem Zwang befreien, da sie nicht länger auf die Zustimmung der Bevölkerung angewiesen sind, um sich Geld zu beschaffen. Im Extremfall könnten auf diese Weise nützliche politische Institutionen in schädliche verwandelt werden.[23]

Ist ein Staat nicht zu einer angemessenen Besteuerung seiner Bürger imstande, so wird er ihnen zahlreiche Garantien vorenthalten, die in den reichen Ländern als selbstverständlich gelten. Die Bürger genießen keine Rechtssicherheit, weil das Justizsystem nicht funktioniert oder korrupt ist, und die Polizei kann Arme schikanieren oder ausbeuten, anstatt ihnen Schutz und Sicherheit zu gewähren. Es kann für die Bürger unmöglich sein, Unternehmen zu gründen, weil Schulden nicht zurückgezahlt und Vertragsverpflichtungen nicht durchgesetzt werden oder weil die »Staatsdiener« Bestechungsgelder verlangen. Die Bevölkerung kann von kriminellen Banden oder Kriegsherren mit Gewaltanwendung bedroht werden. Es kann sein, dass sie keinen Zugang zu sauberem Trinkwasser oder angemessenen sanitären Einrichtungen hat. Endemische Erreger können insbesondere die Kinder mit vermeidbaren, aber potentiell tödlichen Krankheiten bedrohen. Möglicherweise haben sie keinen Zugang zu Strom, zu funktionierenden Schulen oder zu einer angemessenen medizinischen Versorgung. All diese Risiken gehen in großen Teilen der Welt mit der Armut einher. Sie verursachen Armut und sind auf leistungsschwache staatliche Einrichtungen zurückzuführen. Alles, was die Leistungsfähigkeit des Staates bedroht, ist unvereinbar mit dem Bestreben, das Leben der Armen zu verbessern.

Das Argument, die Entwicklungshilfe bedrohe die Institutionen, gilt nur für die Fälle, in denen die Hilfe umfangreich ist. In China, Indien oder Südafrika, wo die Hilfsgelder aus dem Ausland in den letzten Jahren weniger als 0,5 Prozent des Nationaleinkommens und nur gelegentlich mehr als 1 Prozent der gesamten Staatsausgaben betrugen, wirkt sich die Entwicklungshilfe nicht wesentlich auf das Verhalten des Staates oder die Entwicklung der Institutionen aus. Ganz anders liegen die Dinge in weiten Teilen Afrikas. In 36 von 49 Ländern Subsahara-Afrikas macht die offizielle Entwicklungshilfe seit drei Jahrzehnten oder länger mindestens 10 Prozent des Nationaleinkommens aus.[24]

Da die offizielle Entwicklungshilfe an Staaten geht, ist der Gesamtanteil der Hilfsgelder an den Staatsausgaben noch höher.

Benin, Burkina Faso, die Demokratische Republik Kongo, Äthiopien, Madagaskar, Mali, Niger, Sierra Leone, Togo und Uganda zählen zu den Ländern, in denen sich die ausländische Hilfe in den letzten Jahren auf mehr als 75 Prozent der Staatsausgaben belief. In Kenia beträgt die offizielle Entwicklungshilfe ein Viertel, in Sambia die Hälfte der Staatsausgaben. In Anbetracht der Tatsache, dass ein Großteil der Staatsausgaben gebunden ist und kaum kurzfristig geändert werden kann, hängen die Ermessensausgaben des Staates in diesen Ländern (und anderen, für die keine Daten vorliegen) fast zur Gänze von ausländischen Spenden ab. Wie wir sehen werden, bedeutet dies keineswegs, dass die Geldgeber den Regierungen dieser Länder ihre Ausgabenpolitik diktieren. Aber die Existenz und das Ausmaß dieser Geldströme wirken sich nachhaltig auf das Verhalten von Geldgebern und Hilfsempfängern aus.

Die Entwicklungshilfe ist nicht der einzige Faktor, der es den Regierenden ermöglicht, ohne die Zustimmung der Gesellschaft zu regieren. Ein weiterer Faktor ist die Explosion der Rohstoffpreise. Ein berühmtes Beispiel liefert uns die Geschichte Ägyptens. Mitte des 19. Jahrhunderts, als die europäischen Textilproduzenten auf dem Höhepunkt der Industriellen Revolution eine unstillbare Nachfrage nach Baumwolle entwickelt hatten, war Ägypten neben den amerikanischen Südstaaten die Hauptquelle für diesen Rohstoff. Der Großteil des ägyptischen Außenhandels beruhte auf dem Baumwollexport. Die Regierung von Muhammad Ali Pascha, der oft als Gründer des modernen Ägypten bezeichnet wird, bezahlte den Fellachen, die die Baumwolle anbauten, nur einen Bruchteil des Weltmarktpreises, und Ali Pascha und sein Hof erwarben fabelhafte Reichtümer mit den Exporteinnahmen. Als der amerikanische Bürgerkrieg ausbrach, stieg der Weltmarktpreis innerhalb von drei Jahren auf das Dreifache an, und unter Alis Nachfolger Ismail Pascha entfachten die gewaltigen Einnahmen eine »phantastische Extravaganz«, wie es in einem britischen Bericht aus Ägypten hieß: »Gewaltige Summen wurden für öffentliche

Bauwerke im orientalischen Stil ausgegeben oder für produktive Bauten, die man falsch oder zu früh errichtete«.[25] Zu diesen Bauprojekten zählte auch der Suezkanal. Die Ausgaben waren derart hoch, dass nicht einmal die exorbitanten Einnahmen aus dem Baumwollexport während des amerikanischen Bürgerkriegs dafür reichten, weshalb Ismail begann, sich Geld auf dem internationalen Kapitalmarkt zu beschaffen. Als der Baumwollpreis nach dem Bürgerkrieg wieder einbrach, kam es zu Unruhen, einer Militärintervention und schließlich zur Besatzung durch die Briten.

Der Baumwollpreis stieg zwischen 1853 und 1860 von 9 auf 14 Dollar (für 112 Pfund) und erreichte im Jahr 1865 einen Höchstwert von 33,25 Dollar. Nach dem Bürgerkrieg brach er wie beschrieben ein und sank bis 1870 wieder auf den Stand von 15,75 Dollar. Man sollte meinen, die ausländischen Kreditgeber hätten ahnen müssen, dass Ärger drohte, aber damals wie heute konnten sich die Geldgeber darauf verlassen, dass eine Regierung – die britische – ihre Investitionen schützen und für die Rückzahlung der ägyptischen Schulden sorgen würde. Aber diese Katastrophe hatte auch ihr Gutes: Der Suezkanal war eine sinnvolle Investition, deren Nutzen wir berücksichtigen müssen.

Es gibt zahlreiche Parallelen zwischen der Explosion von Rohstoffpreisen und der Entwicklungshilfe.[26] Zum einen schwellen die Geldströme unabhängig von den Bedürfnissen des Empfängerlandes oder der Innenpolitik an und ab. Ursache für die extreme Schwankung des Baumwollpreises war der amerikanische Bürgerkrieg. Ursache für die Schwankungen der Entwicklungshilfe sind die wirtschaftlichen und politischen Bedingungen in den Geberländern oder internationale Entwicklungen wie einst der Kalte Krieg oder nun der Krieg gegen den Terror. Die Ankurbelung der Staatsausgaben durch Hilfsgelder ist gut dokumentiert, und die Regierungen der Empfängerländer werden durch die internationale Unterstützung von der Notwendigkeit befreit, ihre Bevölkerung zu befragen und die Zustimmung der Gesellschaft einzuholen. Dank verstaatlichter Bergwerke, hoher Weltmarktpreise, einem unbegrenzten Arbeitskräfteangebot oder einer ausreichend finanzierten Armee kann sich ein Herrscher ohne die Zustimmung seines Volkes an der Macht halten. Mit ausreichender finanzieller Unterstützung aus dem Ausland kann er dies sogar ohne die Bergwerke tun, wie es in Zaire unter Mobuto der Fall war. Die Hilfsgelder aus dem Ausland erhielten das Regime am Leben, und der Großteil des Geldes wurde genau für diesen Zweck verwendet. Als das Regime schließlich zusammenbrach, war von der Hilfe kaum etwas übriggeblieben. Das Geld lagerte stattdessen auf Bankkonten in der Schweiz und anderswo.[27] Selbstverständlich ist das Empfängerland gegenüber den Geberländern in der Pflicht, und anders als im Fall Mobutus, der die Unterstützung den geopolitischen Interessen der Geberländer im Kalten Krieg verdankte, ist zu hoffen, dass die Geldgeber die Interessen der Bevölkerung im Sinn haben. Aber wie wir sehen werden, gibt es gute Gründe, warum dies in der Praxis zu nichts führt: Die Motivation der Geldgeber ist keineswegs so hilfreich, wie man meinen sollte.

So wie starke Anstiege der Rohstoffpreise kann auch die Entwicklungshilfe weitere unerfreuliche Auswirkungen auf die Institutionen des Empfängerlandes haben. Ohne uneingeschränkte Mittelzuflüsse braucht ein Staat nicht nur Steuern, er muss auch in der Lage sein, diese einzutreiben. Die hohen Erdöleinkünfte der Produzentenländer im Nahen Osten sind teilweise für die unzureichenden demokratischen Institutionen in diesen Ländern verantwortlich. In Afrika sind Präsidialsysteme verbreitet, und ein vom Ausland finanzierter Präsident kann mittels Patronage oder militärischer Repression herrschen. Das Parlament hat kaum Möglichkeiten, Einfluss auf die Regierungsarbeit zu nehmen: Es wird nur selten vom Präsidenten konsultiert, und weder die Abgeordneten noch das Justizsystem sind in der Lage, die Macht des Staats- und Regierungschefs zu beschränken.[28] Es gibt keine Gewaltenteilung. In Extremfällen können große Mittelzuflüsse dank ausländischer

Finanzhilfe oder Rohstoffexporte die Gefahr eines Bürgerkriegs erhöhen, weil die Herrscher die Mittel haben, eine Teilhabe der Opposition an der Macht zu verhindern, und weil es sich für beide Seiten lohnt, um die Geldzuflüsse zu kämpfen.[29]

Warum wird die Rechenschaftspflicht gegenüber der einheimischen Bevölkerung nicht durch eine Rechenschaftspflicht gegenüber den internationalen Geldgebern ersetzt? Warum können diese die Hilfsgelder nicht zurückhalten, wenn sich ein Präsident weigert, mit dem Parlament zusammenzuarbeiten oder einen korrupten Sicherheitsapparat zu reformieren, oder wenn er die Hilfsgelder zur Festigung seiner politischen Position missbraucht? Ein Problem besteht darin, dass die Regierungen der Geberländer und ihre Wähler – die letzten Endes die Spender sind – die Lage nicht richtig beurteilen können, weil sie nicht sehen, wie sich die Entwicklungshilfe vor Ort auswirkt. Auch wenn die Geberländer erkennen, was geschieht, ist es selbst angesichts schwerer Verstöße gegen die Vereinbarungen nur selten in ihrem Interesse, die Hilfsgelder zurückzuhalten, so gerne sie das im vorhinein auch getan hätten.

Nicht die Geldgeber, sondern die einheimische Bevölkerung erfährt am eigenen Leib, wie die mit den Hilfsgeldern finanzierten Projekte funktionieren. Das Urteil, das sich die betroffenen Menschen bilden, ist nicht immer fundiert, und es wird stets eine innenpolitische Debatte über Ursache und Wirkung und über den Nutzen spezifischer staatlicher Aktivitäten geführt. Aber im politischen Prozess kann ein Ausgleich zwischen solchen normalen Meinungsverschiedenheiten hergestellt werden. Die Geberländer und die Wähler in diesen Ländern erhalten hingegen kein solches Feedback. Sie erhalten keine direkte Information über die Resultate der Hilfe, sondern müssen sich auf die Berichte der Stellen verlassen, die die Hilfsgelder ausschütten. Daher konzentrieren sie sich eher auf den *Umfang* als auf die *Wirksamkeit* der Hilfe. Die Hilfsorganisationen wiederum schulden ihren Geldgebern Rechenschaft, während kein Mechanismus existiert, um sie zur Verantwortung zu ziehen, wenn auf Seiten der Empfänger etwas schiefgeht. Einmal fragte ich eine Mitarbeiterin einer der bekanntesten nichtstaatlichen Hilfsorganisationen, in welchem Teil der Welt sie den Großteil ihrer Zeit verbringe. Ihre Antwort: »An der Westküste.« Damit meinte sie nicht Westafrika, sondern die Westküste der Vereinigten Staaten, denn dort lebten einige der wichtigsten Spender ihrer Organisation. Wie wir bereits gesehen haben, haben sich die Mitarbeiter der Weltbank längst anderen Dingen zugewandt, wenn die Ergebnisse ihrer Arbeit sichtbar werden. Die Geldgeber schulden den Empfängern ihrer Hilfe keine Rechenschaft.[30]

Manchmal ist den Hilfsorganisationen bewusst, dass die Hilfe nicht funktioniert, aber obwohl sie alarmiert sind, können sie nichts daran ändern. Aus dem Mund des Leiters einer nationalen Hilfsorganisation hörte ich einen erschreckenden Bericht darüber, wie Hilfsgelder an Mörderbanden flossen, an Personen, die bereits ein Massaker verübt hatten und für einen weiteren Angriff auf Zivilisten aufrüsteten und trainierten. Ich fragte ihn, warum er die Hilfsleistungen fortsetzte. Er erklärte mir, die amerikanischen Bürger hielten es für ihre Pflicht zu spenden und würden das Argument, die Auslandshilfe schade Menschen, nicht akzeptieren. Er könne nur versuchen, den Schaden zu begrenzen.

Selbst wenn Geldgeber wissen, welche Bedingungen den Empfängerländern auferlegt werden sollten, sträuben sie sich oft dagegen, Regierungen zu bestrafen, die diese Auflagen missachten. Die Geldgeber können mit Sanktionen drohen, um die Empfänger zu einem ordentlichen Umgang mit den Hilfsgeldern zu bewegen. Doch sobald dieser ausbleibt, nehmen sie oft von Strafen Abstand, um Schaden von ihnen oder ihren Spendern abzuwenden. Das gilt zwar kaum für die Bewaffnung von Mördern, dennoch kann diese Defensive in weniger gravierenden Fällen ein Problem darstellen. In der Praxis ist die Konditionalität von Hilfsleistungen »zeitinkonsistent«, wie es die Ökonomen ausdrücken: Was jemand im

Vorhinein zu tun beabsichtigt, ist im Nachhinein nicht länger in seinem Interesse. Die Regierungen, die Entwicklungshilfe erhalten, verstehen das ganz genau: Sie können es darauf ankommen lassen und die Bedingungen ungestraft missachten.

Was ist der Grund für die mangelnde Bereitschaft, auf den Bedingungen zu beharren?

Der Ökonom Ravi Kanbur war im Jahr 1992 im Auftrag der Weltbank in Ghana. Er wurde aufgefordert, die Konditionalität durchzusetzen und eine Tranche eines zugesagten Kredits zurückzuhalten, weil die Regierung gegen die Vereinbarung verstoßen und den öffentlichen Bediensteten eine 80-prozentige Gehaltserhöhung zugestanden hatte. Die Kredittranche entsprach fast einem Achtel der jährlichen Importe Ghanas. Nicht nur die Regierung Ghanas, sondern zahlreiche Beteiligte leisteten Widerstand gegen einen Auszahlungsstopp. Das Argument war, zahlreiche unschuldige Ghanaer und ausländische Unternehmer würden leiden, sollte die Tranche nicht ausgezahlt werden. Aber vor allem würden die guten Beziehungen zwischen den Geldgebern und der Regierung leiden, was nicht nur für die Regierung, sondern auch für die Entwicklungshilfe-Industrie eine Gefahr bedeutete: »Die Geldgeber kontrollieren derart viel Geld, dass eine Einstellung der Zahlungen, jedenfalls ein plötzlicher Zahlungsstopp, wirtschaftliches Chaos auslösen würde.« Die eigentliche Aufgabe der Hilfsorganisationen besteht darin, Hilfsgelder auszuzahlen; ihre Mitarbeiter werden dafür bezahlt, dass sie genau das tun und gute Beziehungen zu den betreuten Ländern pflegen. Schließlich wurde ein Kompromiss erzielt, mit dem beide Seiten das Gesicht wahren konnten, und der Kredit wurde ausgezahlt.[31]

Ein weiteres Beispiel für den üblichen Tanz der Geldgeber mit dem Präsidenten und dem Parlament liefert Kenia. In regelmäßigen Abständen verzweifeln die Geldgeber an der Korruption des Präsidenten und seiner Günstlinge und drehen den Geldhahn zu. Daraufhin tritt das Parlament zusammen, um die Frage zu klären, wie die Einnahmen erhöht werden können, damit der Staat seinen Verpflichtungen nachkommen kann. Die Geldgeber reagieren mit großer Erleichterung – denn sie sind ebenfalls bedroht, wenn die Hilfsgelder nicht mehr fließen –, und drehen den Hahn wieder auf. Die Debatte im Parlament wird bis zur nächsten Krise vertagt.[32] Auch die Minister sind erleichtert und bestellen in Deutschland das neueste Mercedes-Modell (die Einheimischen bezeichnen diese wohlhabenden Hilfsempfänger als »WaBenzi«).

Einen Preis für besonders korrupte Kreativität hätte Maaouya Ould Sid'Ahmed Taya verdient, der von 1984 bis 2005 Präsident Mauretaniens war. Er nahm eine prowestliche Haltung ein und löste sich im Jahr 1991 von seinem Verbündeten Saddam Hussein. Trotzdem konnten die internationalen Geldgeber die Repression in Mauretanien Anfang der 90er Jahre nicht mehr ertragen und entzogen dem Regime die Unterstützung. Daraufhin wurden substantielle politische Reformen in Angriff genommen – zumindest so lange, bis der Präsident die brillante Idee hatte, als einer von wenigen arabischen Regierungschefs Israel anzuerkennen. Die Hilfsgelder begannen erneut zu fließen, und die Reformen wurden aufgegeben.

Auch die Innenpolitik der Geberländer kann die Einstellung von Hilfsleistungen erschweren. Staatliche Hilfsorganisationen stehen unter Druck einer wohlmeinenden, aber zwangsläufig schlecht informierten Öffentlichkeit, die verlangt, dass »etwas gegen die Armut in der Welt getan wird«. Selbst wenn die Verantwortlichen vor Ort wissen, dass die Entwicklungshilfe Schaden verursacht, fällt es den staatlichen Stellen schwer, die Hilfszahlungen zu kürzen. Die Politiker in den Geber- und Empfängerländern verstehen diesen Prozess. Die Empfängerregierungen können ihre Armen als »Geiseln nehmen, um den Geberländern Hilfszahlungen abzupressen«.[33] In einem besonders schlimmen Fall ließen die Regierungsvertreter in Sierra Leone die Korken knallen, weil das UNDP ihr Land einmal mehr als das rückständigste Land der Welt eingestuft hatte. Dadurch waren Hilfsgelder für ein weiteres Jahr garantiert.[34]

Auf der anderen Seite können die Politiker der Geberländer Entwicklungshilfe gewähren, um ihre politische Glaubwürdigkeit im Inland zu erhöhen, wenn sie aus ganz anderen Gründen unpopulär sind. Politiker, die sich in einer solchen Lage befinden, werden sich ebenfalls der Einstellung von Hilfszahlungen widersetzen, selbst wenn die Gelder offenkundig missbräuchlich verwendet werden. Wenn das geschieht – wie im Jahr 2001, als man in Kenia britische Hilfsgelder benutzte, um die Wahlen zu manipulieren und die Macht einer korrupten Elite zu erhalten – leiden Afrikaner, um das ramponierte Ansehen westlicher Politiker wiederherzustellen.[35] Lyndon Johnson half dabei, eine im Wesentlichen inexistente Hungersnot in Indien aufzublasen, um die Öffentlichkeit vom Vietnamkrieg abzulenken und sich die Unterstützung der amerikanischen Farmer zu sichern, deren Ernte der Staat kaufte, um sie nach Indien zu verfrachten.[36] Die Anbieter und Empfänger von Hilfsleistungen, die Regierungen in beiden Ländern, haben sich gegen ihre Völker verbündet. Seit der Kolonialzeit hat sich nur eines geändert, nämlich der Gegenstand, der extrahiert wird.

In dem Bemühen, die Konditionalität durchzusetzen, stoßen die Geldgeber auch auf praktische Hindernisse. Die Entwicklungshilfe ist fungibel: Ein Empfänger kann versprechen, die Hilfsgelder für die medizinische Versorgung der Bevölkerung zu verwenden, und entsprechende Projekte durchführen, die ohnehin durchgeführt werden würden, und auf diese Weise Mittel für nicht genehmigte Zwecke freimachen. Die Geldgeber können eine solche Zweckentfremdung nur schwer feststellen. In der Entwicklungshilfe tobt ein erbitterter Wettbewerb, und wenn ein Geberland die Unterstützung verweigert, wird ein anderes mit anderen Prioritäten und Bedingungen die Lücke füllen. Ein Geberland, das seine Bedingungen durchzusetzen versucht, wird ausgeschlossen und verliert möglicherweise politischen Einfluss oder Geschäftschancen.

Seit einigen Jahren bemühen sich die Hilfsorganisationen, sich von der Konditionalität zu lösen und die partnerschaftliche Zusammenarbeit zu betonen. Das Empfängerland schlägt einen Plan vor, der seinen Bedürfnissen entspricht, und der Geldgeber entscheidet, was er finanzieren will. Selbstverständlich ändert all das nichts daran, dass die Geldgeber gegenüber der Öffentlichkeit der reichen Welt verantwortlich sind und dass die Empfänger, denen das bewusst ist, ihre Pläne an dem ausrichten werden, was die Geldgeber ihrer Meinung nach vorgeschlagen hätten – dieser Prozess wurde treffend als eine Form von »Bauchreden« bezeichnet.[37] Es ist nicht klar, wie eine Partnerschaft funktionieren soll, in der eine Seite das ganze Geld besitzt.

Politik und Politiker, die tun, was sie für gewöhnlich tun, untergraben die Effektivität der Hilfe, aber umgekehrt gilt dasselbe: Der Strom der Hilfsgelder untergräbt die Effektivität der Politik. Die Geldgeber entscheiden über Dinge, die den Empfängern obliegen sollten: Auch wenn die Politik in den Geberländern demokratisch ist, liegt es nicht in ihrer Entscheidung, ob in Afrika dem Kampf gegen AIDS Vorrang vor der medizinischen Betreuung von Schwangeren gegeben werden soll. Die Konditionalität verstößt gegen die nationale Souveränität. Man stelle sich vor, eine finanziell gut ausgestattete schwedische Hilfsorganisation käme nach Washington und verspräche, die Staatsschulden der Vereinigten Staaten zu übernehmen und Medicare für 50 Jahre zu finanzieren. Die Bedingung: die Vereinigten Staaten müssten die Todesstrafe abschaffen und die Homosexuellenehe vollkommen legalisieren. Mag sein, dass manche Regierungen so dysfunktional sind, dass solche Verstöße kaum Kosten für ihre Bevölkerung verursachen. Aber ein Land von ausländischer Finanzhilfe abhängig zu machen, ist kaum eine geeignete Grundlage für jenen Vertrag zwischen Regierenden und Regierten, der Voraussetzung für ein dauerhaftes Wirtschaftswachstum sein soll. Es ist unmöglich, ein Land von außen zu entwickeln.

Wir haben bereits gesehen, wie schwierig es ist festzustellen, wie sich die Entwicklungshilfe auf das Wirtschaftswachstum auswirkt, und dasselbe gilt für die Auswirkungen der Hilfsgelder auf die Demokratie oder auf andere Institutionen. Aber wir müssen einmal mehr auf die Tatsache hinweisen, dass kleine Länder, die sehr viel Hilfe erhalten, zumeist weniger demokratisch sind: Subsahara-Afrika ist die am wenigsten demokratische Region der Welt – und erhält am meisten Hilfe aus dem Ausland. Die Länder, die Unterstützung von ihren ehemaligen kolonialen Mutterländern erhalten, zählen nicht zu den demokratischen Musterschülern. Besonders interessant ist ein Kontrapunkt zu den Abbildungen 29 und 30: Seit nach dem Ende des Kalten Krieges die Hilfsgelder gekürzt wurden, ist Afrika nicht nur wirtschaftlich gewachsen, sondern es hat auch in vielen Ländern eine Demokratisierung stattgefunden. Wie immer kommen auch hier andere Erklärungen in Frage. Doch diese Entwicklung ist genau das, was man erwarten würde, wenn die Entwicklungshilfe tatsächlich die Demokratie in den Empfängerländern untergräbt.

Die schädlichen Auswirkungen der Auslandshilfe auf die Demokratie wurden durch die Überzeugung der Geberländer verstärkt, die Entwicklungshilfe – und die wirtschaftliche Entwicklung an sich – sei keine politische, sondern eine technische Frage. In der hydraulischen Theorie (rufen wir uns in Erinnerung, dass wir lediglich die Rohre reparieren), kann es keine legitime Debatte darüber geben, was zu tun ist. Diese Überzeugung hat die Geldgeber und ihre Berater dazu verleitet, die Politik im Empfängerland zu ignorieren oder ihr mit Ungeduld zu begegnen. Noch schlimmer ist, dass die Geldgeber oft vollkommen falsch einschätzen, was die Hilfsempfänger brauchen oder wollen. Das extremste Beispiel ist die Geburtenkontrolle: Die Geldgeber hatten keinen Zweifel daran, dass sich die Lage der Bevölkerung in armen Ländern bessern würde, wenn dort weniger hungrige Mäuler zu stopfen wären, aber in den Augen der Hilfsempfänger traf das Gegenteil zu (und damit hatten sie recht). Die vom Westen geförderte Geburtenkontrolle, die oft von nicht-demokratischen oder für ihre Bemühungen großzügig belohnten Regime vorangetrieben wurde, ist das entsetzlichste Beispiel für eine antidemokratische und unterdrückerische Entwicklungshilfe. Eine funktionierende Demokratie ist das Gegenmittel gegen die Tyrannei wohlmeinender ausländischer Helfer.[38]

Der Anthropologe James Ferguson beschreibt in *The Anti-Politics Machine*, einem der wichtigsten Bücher über Auslandshilfe und wirtschaftliche Entwicklung, ein mit kanadischen Hilfsgeldern finanziertes Entwicklungsprojekt in Lesotho in den 80er Jahren, das auf einer vollkommen falschen Einschätzung der wirtschaftlichen Abläufe beruhte: Was in Wahrheit ein Arbeitskräftereservoir für die südafrikanischen Bergwerke war, wurde in ein Lehrbeispiel für eine agrarische Subsistenzwirtschaft umfunktioniert. Die Erfolgschancen der Investitionsprojekte, die für diese imaginäre Agrarwirtschaft geplant wurden, waren ähnlich groß wie die einer Blumenpflanzung auf dem Mond. Die Projektbetreiber bemühten sich eifrig, die Rohre zu reparieren, und begriffen nicht, wie die herrschende Partei das Projekt für ihre Zwecke missbrauchte und gegen ihre politischen Gegner einsetzte. Am Ende blieb jegliche Entwicklung aus und die Armut wurde nicht verringert, aber das Machtmonopol der herrschenden Partei gefestigt: Eine »antipolitische Maschine« sorgte dafür, dass sich die ausbeuterische Elite noch weniger um die Bedürfnisse der Bevölkerung kümmern musste.[39]

Die technische, antipolitische Einstellung zur Entwicklungshilfe hat die unangenehme Erkenntnis überlebt, dass sich die anscheinend klaren technischen Lösungen laufend änderten – an die Stelle von Industrialisierung, Planung und Infrastrukturentwicklung traten erst die makroökonomische Strukturanpassung, dann Gesundheit und Bildung und zuletzt wieder die Infrastrukturentwicklung. Die Unbeständigkeit der Lösungsansätze sorgte nicht dafür, dass die Entwicklungsexperten ihre Aufgabe mit größerer Demut oder geringerer Selbstgewissheit in Angriff nahmen, und die Tatsache, dass die jeweilige Mode in der Entwicklungshilfe von der Politik der reichen Länder abhängt, änderte nichts daran, dass die Hilfsindustrie unerschütterlich an ihren technischen Lösungen festhielt. Die rhetorischen Bekenntnisse der Weltbank zum Kampf gegen die Armut in der Amtszeit von Präsident Lyndon Johnson wurde durch das Bemühen um »angemessene Preise« in der Amtszeit von Präsident Reagan ersetzt. »Unsere« Politik scheint ein legitimer Bestandteil der Entwicklungshilfe zu sein, während dies für »ihre« Politik nicht gilt.

Die Auslandshilfe und die mit Hilfsgeldern finanzierten Projekte haben zweifellos viel Gutes bewirkt: Die Straßen, Dämme und Kliniken existieren und wären ohne die Hilfe von außen nicht gebaut worden. Aber die schädlichen Faktoren wirken immer: Selbst unter guten Bedingungen beeinträchtigt die ausländische Hilfe die Institutionen, kontaminiert die Politik des Empfängerlandes und untergräbt die Demokratie. Wenn Armut und Unterentwicklung in erster Linie Konsequenzen funktionsuntüchtiger Institutionen sind, bewirken große finanzielle Zuwendungen von außen exakt das Gegenteil von dem, was beabsichtigt ist, indem sie diese Institutionen weiter schwächen oder ihre Entwicklung behindern. Daher kann es kaum überraschen, dass trotz der oft positiven direkten Wirkungen der Entwicklungshilfe insgesamt keinerlei Nutzen nachweisbar ist.

Die Argumente in der Diskussion über Auslandshilfe und den Kampf gegen die Armut in der Welt unterscheiden sich erheblich von denen, die in der Diskussion über die Hilfe für die Armen *im eigenen Land* vorgebracht werden. Die Gegner der Sozialhilfe argumentieren oft, indem man die Armen finanziell unterstütze, gebe man ihnen Anreize, an jenen Verhaltensweisen festzuhalten, die Grund für ihre Armut sind. Aber darum geht es hier nicht. In der Diskussion über die Entwicklungshilfe geht es nicht um die Frage, wie sich die Unterstützung auf die *Menschen* in armen Ländern auswirkt – dazu erreicht die Hilfe die Menschen zu selten. Vielmehr geht es darum, wie sich die Unterstützung auf die *Regierungen* armer Länder auswirkt. Das Argument, die Entwicklungshilfe könne die Armut vergrößern, besagt, dass der Strom von Hilfsgeldern die Regierungen weniger empfänglich für die Bedürfnisse der Armen macht und diesen folglich sogar Schaden zufügt.

Die durch die Auslandshilfe verursachten Schäden werfen trotz teilweise vorteilhafter Wirkungen gravierende ethische Probleme auf. Der Philosoph Leif Wenar kritisiert die am Anfang des Kapitels behandelte Darstellung Peter Singers als nicht hilfreich und erklärt, die Armut sei keineswegs »ein Teich«.[40] Diejenigen, die für eine Erhöhung der Auslandshilfe sind, müssen erklären, wie man die Unterstützung so gestalten kann, dass die politischen Zwänge bewältigt werden. Und sie sollten ernsthaft über die Parallelen zum Kolonialismus nachdenken, der der Ära der Entwicklungshilfe vorausging. Wir betrachten den Kolonialismus heute als etwas Schlechtes, als etwas, das anderen geschadet hat, um uns zu nutzen. Hingegen sehen wir in der Entwicklungshilfe etwas Gutes, das uns (wenn auch nur geringfügig) schadet und anderen nutzt.

Aber diese Vorstellung ist eindimensional. Sie lässt den historischen Kontext außer Acht und ist doch ziemlich selbstgerecht. Die Befürworter des Kolonialismus behaupteten ebenfalls, den unterworfenen Völkern helfen zu wollen, obwohl das vorgebliche Ziel in jenem Fall darin bestand, Menschen, deren Menschlichkeit man keineswegs umfassend anerkannte, in die aufgeklärte moderne Zivilisation zu führen.[41] Mag sein, dass dies lediglich ein Vorwand war, um diese Länder auzusplündern. Die wohlklingende Präambel der Charta der Vereinten Nationen stammt aus der Feder des südafrikanischen Premierministers Jan Smuts, der hoffte, die UNO werde den Erhalt des britischen Empire und die Vormachtstellung der weißen »Zivilisation« gewährleisten.[42] Aber die Entkolonialisierung führte im schlimmsten Fall zur Machtergreifung von Politikern, die sich abgesehen von ihrem Geburtsort und ihrer Hautfarbe nur wenig von ihren Vorgängern unterschieden.

Auch heute, da die humanitäre Rhetorik von Politikern genutzt wird, um ihr Ansehen zu erhöhen, und da wir mit der Auslandshilfe unsere Pflicht im Kampf gegen die Armut erfüllen, müssen wir uns vergewissern, dass wir keinen Schaden anrichten. Andernfalls tun wir es nicht für »sie«, sondern für »uns«.[43]

Hat sich die medizinische Hilfe verändert?

Die Auslandshilfe hat in den armen Ländern Millionen von Menschenleben gerettet. UNICEF und andere Agenturen haben Millionen von Kindern mit Antibiotika und Impfstoffen versorgt und die Säuglings- und Kindersterblichkeit verringert. Die Bekämpfung und Ausrottung von Krankheitserregern hat ehemals gefährliche Weltregionen sicher gemacht. Durch eine weltweite Impfkampagne wurden die Pocken ausgerottet, und mittlerweile ist der Sieg über die Polio in greifbarer Nähe. Hilfsorganisationen haben Millionen von Kindern die orale Rehydrierungstherapie zugänglich gemacht und stellen mit Insektizid behandelte Bettnetze zur Verfügung, um Malariainfektionen vorzubeugen, die immer noch jedes Jahr eine Million Kinder in Afrika das Leben nimmt. Zwischen 1974 und 2002 gelang es der Weltbank, der Weltgesundheitsorganisation, dem UNDP und der Ernährungs- und Landwirtschaftsorganisation der Vereinten Nationen (FAO), die in Afrika verbreitete Flussblindheit beinahe auszurotten.[44]

In jüngster Zeit wurden Milliarden von Dollar für die Behandlung von HIV und AIDS gespendet, und der Großteil des Geldes ist nach Afrika geflossen. Zwischen 2003 und 2010 stieg die Zahl der Personen, die eine antiretrovirale Therapie erhielten (diese heilt die Krankheit nicht, verlängert jedoch das Leben der Betroffen), von weniger als einer Million auf zehn Millionen.[45] Die wichtigsten Spender sind der Global Fund to Fight AIDS, Tuberculosis and Malaria (Globaler Fonds zur Bekämpfung von AIDS, Tuberkulose und Malaria), dessen größter Geldgeber die Vereinigten Staaten sind, und The President's Emergency Plan for AIDS Relief (PEPFAR). Die erste dieser Einrichtungen arbeitet multilateral, um länderspezifische Pläne zu unterstützen, während die zweite bilateral tätig ist und jene Projekte finanziert, denen die amerikanische Regierung höchste Priorität einräumt. Diese Organisationen unterstützen auch die Forschung in den Bereichen Prävention und Heilung – darunter der Einsatz von antiretroviralen Medikamenten, um eine Ansteckung zu verhindern – sowie Studien zur Schutzwirkung der freiwilligen Beschneidung von Männern. Eine wirksame Impfung ist noch immer nicht in Sicht, aber es wird daran gearbeitet. Zyniker fragen sich, ob das Engagement der USA in der Erforschung und Behandlung von AIDS genauso groß wäre, wenn die Krankheit nicht auf die Vereinigten Staaten übergegriffen hätte, aber derartige Zweifel an den Beweggründen schmälern den Wert der Beiträge nicht.

Wäre dies alles, so wäre die Geschichte von Gesundheit und Auslandshilfe ein makelloser Erfolg. Der moralische Imperativ ist besonders stark, wenn Menschen sterben und wir in der Lage sind, ihnen ohne allzu hohe Kosten zu helfen. Und von zivilisierten Menschen erwarten wir in diesem Fall, dass sie Hilfe anbieten. Wir selbst haben eine derartige Mortalitätsrate lange hinter uns gelassen und ermöglichen nun auch der übrigen Menschheit, sich von diesen Krankheiten zu befreien.

Natürlich ist uns bewusst, dass weiterhin zahlreiche Menschen, darunter vor allem Kinder, Krankheiten zum Opfer fallen, an denen sie nur sterben, weil sie am »falschen Ort« geboren sind – an Atemwegsinfektionen, Diarrhö oder Mangelernährung. Aber das ist vielleicht ein Argument für mehr Auslandshilfe. Und womöglich steht die medizinische Hilfe stellvertretend für die Geschichte der Auslandshilfe insgesamt? Die Rettung von Menschenleben ist ein klareres Ziel, und die Erfolge sind leichter zu messen als der diffusere Nutzen von Straßen, Dämmen und Brücken, geschweige denn von Strukturanpassungsprogrammen, deren Ziel »angemessene Preise« oder eine Sanierung der Staatsfinanzen sind. Aber vielleicht hilft die finanzielle Unterstützung in diesen Bereichen genauso wie der medizinische Beistand, und ihr Nutzen ist lediglich weniger leicht zu erkennen. Und womöglich wird das im vorhergehenden Abschnitt behandelte Problem – die Korruption der Politik durch die Entwicklungshilfe – übertrieben. Zumindest könnte es sein, dass dies ein akzeptabler Preis für die Erfolge der ausländischen Unterstützung ist.

Aber auch im Bereich der Gesundheit liegt manches im Argen. Es ist keineswegs klar, ob die Hilfe viel mehr bewirken könnte, als sie es gegenwärtig tut. Auch haben die bisherigen Erfolge ihren Preis gehabt – obwohl es durchaus sein kann, dass es sich gelohnt hat, diesen Preis zu zahlen.

Die meisten erfolgreichen Initiativen – jene, die wesentlich dazu beigetragen haben, die Lebenserwartung rund um den Erdball zu erhöhen – sind sogenannte vertikale Gesundheitsprogramme. Gemeint sind Programme, die von einer Organisation wie UNICEF von oben herab gesteuert werden, wobei die jeweilige Organisation mit den Gesundheitsbehörden vor Ort zusammenarbeitet und einheimische Mitarbeiter beschäftigt. Diese Methode funktionierte zweifellos in einigen der frühen Impfprogramme sowie bei der Bekämpfung von Schädlingen – etwa den Mücken, die Malaria übertragen – oder in Programmen zur Ausrottung von Krankheiten wie Pocken oder Polio. Weniger gut funktioniert sie bei den Programmen zur Bekämpfung von AIDS, denn die Behandlung der Erkrankten mit antiretroviralen Medikamenten macht die umfassende Einbeziehung von Kliniken und einheimischem medizinischem Personal erforderlich – obwohl auch hier oft Spezialkliniken gebaut wurden, die ausschließlich der AIDS-Behandlung dienen.

Bezeichnungen wie »Single-Disease-Programm« und »krankheitsspezifisches Programm« überschneiden sich mit dem Terminus »vertikales Programm« und beschreiben nicht nur Programme zur Bekämpfung einer Krankheit, sondern auch solche wie PEPFAR oder den Global Fund, die auf spezifische Krankheiten wie AIDS, Tuberkulose oder Malaria zielen. Diese vertikalen oder krankheitsspezifischen Programme werden normalerweise den »horizontalen« oder lokalen Gesundheitssystemen gegenübergestellt. Sie schließen nicht nur Ärzte, Kliniken und Krankenhäuser ein, die die normale medizinische Versorgung anbieten, sondern auch allgemeine Maßnahmen zur Förderung der Volksgesundheit, darunter die Bereitstellung von sauberem Trinkwasser und sanitären Anlagen, von grundlegenden Medikamenten und ausreichender Ernährung sowie die Bekämpfung von Krankheiten, die in der Region endemisch sind. Der Erfolg der vertikalen Programme wird oft den Fehlschlägen horizontaler Programme gegenübergestellt, insbesondere den vergeblichen Versuchen, Systeme für eine angemessene medizinische Grundversorgung aufzubauen. In der berühmten Erklärung von Alma Ata aus dem Jahr 1978 wurde die Bedeutung der »Gesundheitspflege für alle« und einer dazu erforderlichen grundlegenden medizinischen Versorgung betont. Regierungen, internationale Organisationen und Hilfseinrichtungen wurden aufgefordert, die finanzielle und technische Unterstützung für die medizinische Versorgung in den armen Ländern zu erhöhen. Die Erklärung wird noch heute von denen zitiert, die eine andere Art von Hilfsleistungen für die Gesundheit fordern.

Voraussetzung für eine grundlegende medizinische Versorgung ist ein leistungsfähiges öffentliches Gesundheitssystem, das für vertikale Programme nicht benötigt wird. Denn bei diesen funktioniert es gut, die Hilfe »einzufliegen«, was für eine allgemeine Grundversorgung nicht genügt. Tatsächlich beeinträchtigen vertikale Programme manchmal sogar die medizinische Versorgung im unterstützten Land, da sie beispielsweise Krankenschwestern und Sanitäter beschäftigen, die man eigentlich für die Betreuung von Schwangeren oder in Impfprogrammen benötigt, nun jedoch in abgelegene Gebiete schickt, um einen Polioausbruch zu bekämpfen.

Aber Aufbau und Erhaltung eines Gesundheitssystems sind nicht nur in armen Ländern komplex, und wie wir in Kapitel 3 gesehen haben, erfordern sie ein Maß an staatlicher Leistungsfähigkeit, das in den ärmsten Ländern fehlt. Dieser Umstand macht deutlich, dass ausländische Hilfe und die Entwicklung der örtlichen Kapazitäten oft miteinander kollidieren. Aber es ist zweifellos richtig, dass die Hilfe über den Kampf gegen »prominente« Krankheiten hinausgehen muss, wenn sie dazu beitragen soll, die offenen Gesundheitsprobleme in den armen Ländern zu lösen und der Tragödie ein Ende zu bereiten, dass Kinder sterben müssen, weil sie am »falschen Ort« geboren wurden. Wie immer lautet die Frage, ob man dies mit Hilfsgeldern aus dem Ausland bewerkstelligt kann.

Viele Regierungen in aller Welt geben wenig für die medizinische Grundversorgung aus. Um die Weltbank-Volkswirte Deon Filmer, Jeffrey Hammer und Lant Pritchett zu zitieren: »Die staatlichen Gesundheitsausgaben fließen im Wesentlichen in öffentliche Krankenhäuser, die Ärzte beschäftigen, welche auf Staatskosten für viel Geld ausgebildet wurden. Diese Ärzte wiederum setzen kostspielige medizinische Technologie ein, um Krankheiten der städtischen Elite zu behandeln, während in den selben Ländern Kinder an Krankheiten sterben, die für wenige Cent behandelt oder mit grundlegenden Hygienemaßnahmen überhaupt vermieden werden könnten.« Oft zweigen korrupte Beamte für das Gesundheitswesen bestimmtes Geld ab, ohne öffentliche Empörung auszulösen. Dieselben Autoren erzählen folgende Geschichte: In einem Zeitungsartikel wurde Mitarbeitern des Gesundheitsministeriums vorgeworfen, 50 Millionen Dollar an Hilfsgeldern veruntreut zu haben. Das Ministerium protestierte, weil die Autoren des Zeitungsartikels nicht klargestellt hatten, dass die Zweckentfremdung der Gelder nicht in einem Jahr stattgefunden, sondern sich über *mehrere* Jahre erstreckt hatte.[46] Helen Epstein schreibt, dass in Uganda der Witz kursiert, es gebe zwei Arten von AIDS, nämlich »fettes AIDS« und »schlankes AIDS«: »Wer unter ›schlankem AIDS‹ leidet, wird dünner und dünner, bis er schließlich verschwindet. Unter ›fettem AIDS‹ leiden Bürokraten von Entwicklungshilfeagenturen, ausländische Berater und medizinische Experten, die an exotischen Orten an üppigen Konferenzen und Workshops teilnehmen, hohe Gehälter beziehen und fetter und fetter werden.«[47] Der Mangel an Geld für die medizinische Grundversorgung und die Korruption bei der Verwendung der für das Gesundheitswesen bestimmten Mittel sind in armen Ländern üblich.

In vielen Ländern genügen die öffentlichen Gesundheitsausgaben nicht, um die Bedürfnisse der Bevölkerung zu befriedigen, weshalb oft Hilfe aus dem Ausland benötigt wird, um die Löcher zu stopfen. Es stimmt zumeist, dass zu wenig für die Gesundheit ausgegeben wird, aber es hätte keinen Sinn, die Gesundheitssysteme in ihrer gegenwärtigen Form auszubauen: Es würde lediglich mehr Kliniken geben, die nur sporadisch geöffnet sind, es würde mehr Beamte geben, die Gelder veruntreuen, und es würde mehr Personal geben, das dafür bezahlt wird, seine Arbeit nicht zu machen.

Selbst wenn es stimmt, dass vertikale Programme wenig zur »allgemeinen Gesundheit« beitragen, und selbst wenn die mit solchen Programmen einhergehenden großen Mittelzuflüsse – wie bei anderen Arten von Hilfsprogrammen – zahlreiche unbeabsichtigte und schädliche Nebenwirkungen haben, sollten wir sie trotzdem durchführen, wenn so viele Menschenleben gerettet werden, dass die Kosten gerechtfertigt sind. Was die hochwertige medizinische Versorgung durch das öffentliche Gesundheitswesen oder einen gut regulierten Privatsektor anbelangt, so müssen wir uns vor Augen halten, dass dies sogar Staaten schwerfällt, die sehr viel größere Kapazitäten haben als die meisten einkommensschwachen Länder. In keinem Fall kann eine solche medizinische Versorgung durch ausländische Hilfe gewährleistet werden. Das bedeutet nicht, dass es keine nützlichen Maßnahmen gibt, die auch unter unzureichenden Bedingungen ergriffen werden können. Beispiele dafür sind die klassischen öffentlichen Güter, die der Volksgesundheit dienen, darunter sauberes Trinkwasser, grundlegende sanitäre Einrichtungen und die Bekämpfung von Krankheitserregern. Nichts davon ist einfach, aber es spricht vieles dafür, entsprechende Maßnahmen zu versuchen, und sei es auch nur, weil der Privatsektor nicht dazu imstande ist und weil sie leichter zu bewältigen sind als der Aufbau eines persönlichen Gesundheitssystems.

Was sollten wir tun?

Ausgangspunkt für alle Hilfsbemühungen ist die Frage, was wir tun können. Wir können es auch als Forderung ausdrücken und sagen, dass wir *etwas* tun müssen. Aber die Frage, was wir tun können, ist vielleicht falsch gestellt, und dass wir sie stellen, ist möglicherweise nicht der erste Schritt zu einer Lösung, sondern Teil des Problems. Warum müssen *wir* etwas tun? Warum müssen *wir* die Dinge in die Hand nehmen? Wer hat *uns* dazu beauftragt?[48] Wie wir in diesem Kapitel gesehen haben, machen *wir* uns oft ein so unzutreffendes Bild von *ihren* Bedürfnissen oder Wünschen oder von der Funktionsweise *ihrer* Gesellschaften, dass unsere ungeschickten Hilfsbemühungen zu *unseren* Bedingungen *ihnen* mehr schaden als nutzen. Die Geschichten der Landwirtschaftshilfe in Lesotho, der »Unterstützung« der Armen der Welt bei der Beschränkung *ihres* Bevölkerungswachstums und der schrecklichen Fehler bei der humanitären Hilfe in Kriegsgebieten sind anschauliche Beispiele dafür. Wenn wir zu helfen versuchen, sind unbeabsichtigte negative Konsequenzen fast nicht zu vermeiden. Und wenn wir scheitern, beharren wir auf unserem Vorgehen, weil nun *unsere* Interessen auf dem Spiel stehen – es ist *unsere* Hilfsindustrie, die vorwiegend *unsere* Mitarbeiter beschäftigt und *unseren* Politikern Ansehen und Wählerstimmen sichert – und weil *wir* schließlich etwas tun müssen.

Zweifellos sollte geschehen, was in der mittlerweile reichen Welt geschah, wo sich die Länder auf ihre eigene Art, in ihrem eigenen Rhythmus und entsprechend ihren eigenen politischen und wirtschaftlichen Strukturen entwickelt haben. Niemand schickte ihnen Hilfsgelder oder versuchte, sie zu bestechen, damit sie Maßnahmen ergriffen, die ihnen selber nutzten. Was wir jetzt tun müssen, ist Folgendes: Wir dürfen die armen Länder nicht daran hindern, uns in dem, was wir erreicht haben, nachzueifern. Wir müssen zulassen, dass die armen Völker sich selbst helfen. Wir müssen uns zurückziehen – oder, um es positiv auszudrücken, wir müssen aufhören, Dinge zu tun, die sie behindern. Die vorhergehende Generation von Ausbrechern hat ihren Beitrag geleistet und gezeigt, dass der Ausbruch aus der Armut möglich ist. Sie hat Fluchtwege gefunden, die zumindest teilweise auch unter anderen Umständen genutzt werden können.

So paradox es klingt: Die Entwicklungshilfe gehört zu den Dingen, die insbesondere in Subsahara-Afrika und einigen anderen Ländern die Entwicklung erschweren. Der gewaltige Strom an Hilfsgeldern untergräbt in diesen Ländern die örtlichen Institutionen und verhindert auf lange Sicht den Aufbau von Wohlstand. Entwicklungshilfe, die ausbeuterische Politiker oder politische Systeme als Bollwerke gegen den Kommunismus oder den Terrorismus am Leben erhält, ist eine Hilfe, die die Armut der Normalbürger armer Länder in *unserem* Interesse vertieft. Die Behauptung, diese Unterstützung würde ihnen helfen, klingt wie Hohn. Ein Füllhorn von ausländischen Hilfsgeldern kann sogar Politiker und politische Systeme korrumpieren, die an und für sich gut sind.

Zu den Dingen, die wir tun müssen, gehört daher, dass wir aufhören zu fragen, was wir tun müssen. Wir müssen den Bürgern der reichen Länder klarmachen, dass Hilfsgelder nicht nur nutzen, sondern auch schaden können, und wir müssen ihnen klarmachen, dass es unsinnig ist, uns Ziele wie jenes zu setzen, 0,75 oder 1 Prozent *unseres* Bruttoinlandsprodukts in die Entwicklungshilfe zu investieren, ohne zu bedenken, ob das Geld *ihnen* hilft oder schadet. Solche blinden Zielsetzungen bringen Botschafter und Manager von Hilfsorganisationen dazu, einen Waffenstillstand zu fordern und zu beklagen, dass sich ihr Lebensziel, anderen zu helfen, in das Lebensziel bloßer Schadensbegrenzung verwandelt hat.

Die Auslandshilfe ist keineswegs das einzige Hindernis, das die reichen Länder jenen in den Weg gelegt haben, die der Armut entfliehen wollen. Die armen und reichen Länder hängen wirtschaftlich und politisch voneinander ab – sie sind durch Handel, Verträge, Institutionen wie die Welthandelsorganisation, den Internationalen Währungsfonds und die Weltbank, die Weltgesundheitsorganisation und die Vereinten Nationen miteinander verflochten. Die Tätigkeit dieser Institutionen und die Regeln für die internationalen Beziehungen wirken sich nachhaltig auf die Chancen armer Länder aus, sich in reiche Länder zu verwandeln. Doch dazu später mehr.

Die Befürworter der Auslandshilfe räumen häufig ein, dass einige der Argumente gegen diese Form der Zusammenarbeit durchaus zutreffen, doch halten sie den Kritikern entgegen, die Entwicklungshilfe könne, obwohl sie in der Vergangenheit nicht wirksam gewesen sei und manchmal Schaden verursacht habe, in der Zukunft besser funktionieren. Sie sind überzeugt, die Hilfe könne intelligenter und effektiver sein und auf eine Art und Weise gewährt werden, die es uns erlaubt, den Fallstricken auszuweichen. Die Tatsache, dass wir diese Argumente schon oft gehört haben – der nächste Drink wird wirklich der letzte sein –, besagt an sich nicht, dass Verbesserungen unmöglich sind. Vielleicht gibt es ein Zwölf-Punkte-Programm, das alle Probleme lösen wird.

Es gibt einen weiteren Grund, über Möglichkeiten einer intelligenteren Entwicklungshilfe nachzudenken: Selbst wenn man glaubt, die Welt wäre ohne eine Weltbank oder ein Department for International Development ein besserer Ort, oder die einzige gute Auslandshilfe sei keine Auslandshilfe, steht fest, dass die Entwicklungshilfe in absehbarer Zukunft nicht abgeschafft werden wird. Es gibt keine globale Behörde, die, nachdem sie einmal überzeugt wurde, dass die Entwicklungshilfe mehr schadet als nützt, die internationalen und nationalen Hilfsorganisationen sowie Tausende NROs auflösen könnte. Wie kann man also die Entwicklungshilfe besser gestalten?

Der Ökonom und UN-Berater Jeffrey Sachs beharrt auf der Einschätzung, das eigentliche Problem der Auslandshilfe sei nicht, dass zu viele Hilfsgelder fließen, sondern im Gegenteil, dass die Hilfe zu gering sei.[49] Sachs befürwortet jenes Vorgehen, das ich als hydraulischen Zugang zur Entwicklungshilfe bezeichne. Er nennt eine lange Liste von Problemen, die gelöst werden müssen – in der Landwirtschaft, der Infrastruktur, der Bildung und dem Gesundheitswesen – und berechnet die Kosten der Entwicklungshilfe in all diesen Bereichen. Der Gesamtbetrag übersteigt die gegenwärtige Summe der Hilfsgelder um ein Vielfaches. Wenn Sachs' Behauptung stimmt, es könne nichts funktionieren, ohne dass alle Probleme auf einmal gelöst werden (vor Jahrzehnten wurde dies als »Big Push« bezeichnet), dann sollte die Entwicklungshilfe ausgeweitet werden. Aber nichts in der historischen Erfahrung deutet darauf hin, dass die heute reichen Länder auf einen solchen massiven Hilfsschub angewiesen waren, und zweifellos brauchten sie keinen Big Push aus dem Ausland. Zudem gibt es keinen Beleg dafür, dass sich die Millennium Development Villages, die von den Vereinten Nationen errichtet wurden, um die Vorstellungen von Sachs in die Tat umzusetzen, besser entwickeln als andere Dörfer in denselben Ländern. Der hydraulische Zugang zur Entwicklungshilfe lässt das in meinen Augen zentrale Problem außer Acht: Derart umfangreiche Hilfszahlungen korrumpieren die Politik des Empfängerlandes und erschweren dadurch seine Entwicklung. Egal wie viel man ausgibt, man kann andere Länder nicht von außen mit einer Einkaufsliste für den nächstgelegenen Baumarkt entwickeln.

Die Prinzipien einer wirksameren Entwicklungshilfe wurden im Jahr 2005 in der Pariser Erklärung festgehalten, die 111 Länder und 26 multilaterale Organisationen unterzeichnet haben.[50] Die Erklärung enthält eine Liste von guten Vorsätzen für das neue Jahr und fordert viele schöne Dinge wie Partnerschaft, Kontrolle der Empfängerländer, hochwertige Evaluation, Rechenschaftspflicht und Kalkulierbarkeit. Und sie scheint genauso wirksam zu sein wie die meisten guten Vorsätze für das neue Jahr. Um es mit einer anderen Metapher zu sagen: Es ist, als würde ein Kranker eine Liste der Merkmale einer guten Gesundheit aufstellen, anstatt nach den *Ursachen* seiner Krankheit zu suchen und eine geeignete Behandlung zu beginnen. Wie wir in diesem Kapitel sehen konnten, haben das Scheitern der partnerschaftlichen Zusammenarbeit, der Rechenschaftspflicht, der Kontrolle des Empfängerlandes und der Evaluation allesamt ihre Ursache in den realen Bedingungen der Entwicklungshilfe. Es ist unmöglich, eine wirkliche Partnerschaft zu pflegen, wenn einer der »Partner« über das gesamte Geld verfügt. Und der Empfänger kann die Hilfsbemühungen unmöglich steuern, wenn die Programmbetreiber wohlmeinenden, aber schlecht informierten Ausländern Rechenschaft schulden. Es ist leicht, eine Erklärung über den Wert der Tugendhaftigkeit zu unterschreiben, aber gute Absichten, die der politischen Wirklichkeit der Entwicklungshilfe nicht gerecht werden, können deren Umsetzung nicht verbessern.

Vielleicht wären die Hilfsbemühungen erfolgreicher, wenn sie mit Bedingungen verknüpft wären, die ihren Erfolg gewährleisten. Aber das ist alles andere als einfach. Kanburs Bericht über seine Zeit als Vertreter der Weltbank in Ghana zeigt, dass es für die Geldgeber schwierig oder unmöglich ist, die Zahlungen einzustellen, wenn sich die Empfänger nicht an ihre Zusagen halten. Und wenn ein Geldgeber die Hilfszahlungen einstellt, steht oft schon der nächste bereit, der eine andere Vorstellung von guter Politik hat oder der Meinung ist, es sei unzulässig, sich in die Innenpolitik des Empfängerlandes einzumischen. Trotzdem schuldet die Hilfsindustrie letzten Endes den Spendern in den reichen Ländern Rechenschaft, weshalb irgendeine Art von Konditionalität benötigt wird. Die Frage ist, ob es wirksame Methoden zur Durchsetzung der Bedingungen gibt.

Ein Ansatz ist, von den Regierungen der Empfängerländer zu verlangen, dass sie ihre Bereitschaft zu einer Politik im Interesse ihrer Bevölkerung nachweisen, *bevor* sie Kandidaten für ausländische Hilfe werden. Dieses Kriterium wird auch als *Selektivität* bezeichnet und ist eine Form von Konditionalität; die U.S. Millennium Challenge Corporation verfährt auf diese Weise. Erst nachdem die potentiellen Empfängerländer ihre Eignung nachgewiesen haben, bieten die Geldgeber ihnen an, in einer Partnerschaft die gemeinsamen Ziele zu verfolgen. Die Selektivität verhindert, dass die Entwicklungshilfe verwendet wird, um Unterdrückungsregime an der Macht zu halten. Allerdings sind wir erneut mit der Schwierigkeit konfrontiert, die Zahlungen einzustellen, wenn ein Regime vom rechten Weg abweicht – wozu es durch die Hilfsgelder ermutigt werden kann.

Die Achillesferse der Selektivität ist, dass sie viele von der Hilfe ausschließt, die besonders auf sie angewiesen sind, nämlich die Bevölkerung von Ländern, deren Regime kein Interesse am Wohlergehen ihres Volkes haben. Dies sind auch die Menschen, bei denen der moralische Imperativ der Unterstützung besonders zwingend ist. In reichen Ländern, deren Bürger sich sehr in der Entwicklungshilfe engagieren – die Vereinigten Staaten zählen nicht dazu –, können es sich die Hilfsorganisationen angesichts des Drucks der besorgten Öffentlichkeit praktisch nicht erlauben, die Einwohner von Ländern zu ignorieren, die das Kriterium der

»guten Politik« nicht erfüllen. In einer Welt von Nationalstaaten ist dies ein grundlegendes Problem jeglicher Auslandshilfe. In »guten« Staaten stehen die Chancen hoch, dass die Armut innerhalb des Landes in Angriff genommen werden kann, weshalb eher wenig Hilfe aus dem Ausland benötigt wird. In »schlechten« Staaten wird Hilfe von außen mit einiger Wahrscheinlichkeit die Lage nur verschlechtern. Die Hilfe für solche Länder durch NROs zu schleusen, ist keine Lösung, weil das Regime diese Hilfsorganisationen ebenso leicht ausplündern kann wie seine eigene Bevölkerung.

Einen anderen Zugang wählt das Center for Global Development (CGD), eine in Washington ansässige Denkfabrik, die eine Fundgrube von Informationen zur wirtschaftlichen Entwicklung sowie eine ausgezeichnete Quelle neuer Ideen zur Verbesserung der Entwicklungshilfe ist. Nancy Birdsall, die Präsidentin von CGD, hat gemeinsam mit dem Gesundheitsökonomen William Savedoff ein Konzept entwickelt, das sie als »Zahlung bei Lieferung« (*cash on delivery*) bezeichnen.[51] Diese Lösung sieht vor, dass Geldgeber und Empfängerland eine Reihe von Zielen formulieren, die für beide Seiten wünschenswert sind – bis zu einem bestimmten Zeitpunkt sollen 80 Prozent der Kinder in diesem Land geimpft sein, die Kindersterblichkeit soll im Laufe von fünf Jahren um 20 Fälle pro 1000 Kinder verringert werden, bis zu einem bestimmten Zeitpunkt ist in einem Gebiet die Trinkwasserversorgung zu sichern –, und die Hilfsgelder werden erst ausgezahlt, wenn das Ziel erreicht ist. Den Befürwortern der Methode »Zahlung bei Lieferung« ist bewusst, dass eine solche Hilfe die ohnehin schwachen Messsysteme in armen Ländern zusätzlich belasten und den Hilfsempfängern Anreize zur Fälschung der Zahlen geben würde. Viele Zielsetzungen kann die Regierung des Empfängerlandes nicht vollkommen kontrollieren – Schlechtwetter kann die Bereitstellung von Gütern behindern, eine Epidemie kann die Kindersterblichkeit erhöhen. Werden die Zahlungen trotzdem geleistet, so sinken die Anreize, die Ziele zu erreichen. Nimmt der Geldgeber hingegen eine unflexible Haltung ein, so schreckt die Regierung des Empfängerlandes möglicherweise davor zurück, das Risiko eines teuren Programms einzugehen, für das sie kein Geld hat – und möglicherweise am Ende auf den Ausgaben sitzenzubleiben.

Entwicklungshilfe nach dem Grundsatz »Zahlung bei Lieferung« löst das mittlerweile vertraute Dilemma von guten und schlechten Regierungen nicht. Wenn wir es mit im Grunde gut funktionierenden Ländern zu tun haben, haben *wir* keinen Anlass, *sie* zur Durchführung von Projekten zu bewegen, die sie ansonsten nicht in Angriff nehmen würden. Wenn *wir* und *sie* dieselben Prioritäten haben, ist keine Unterstützung nötig. Wenn dem nicht so ist, wäre es unmoralisch von uns, ihnen unsere Prioritäten aufzuzwingen. (Rufen wir uns das hypothetische Beispiel in Erinnerung, in dem eine schwedische Entwicklungshilfeagentur die Vereinigten Staaten dafür bezahlt, die Todesstrafe abzuschaffen und die Homosexuellenehe zu legalisieren.) Bei ausbeuterischen und Unterdrückungsregimen kann Bestechung funktionieren, denn sie werden genauso gerne Geld aus uns herausholen wie aus ihrem eigenen Volk, und da ihnen ihr Volk gleichgültig ist, haben sie nichts dagegen, dass man ihrem Volk hilft oder schadet, solange sie bezahlt werden. Vermutlich spricht einiges für einen derartigen Pakt mit dem Teufel: Wir haben es mit der Welt der Hilfsagenturen zu tun, die als Gegenleistung für die Erlaubnis, humanitäre Hilfe leisten zu dürfen, Waffen liefern, oder die Mörderbanden aufrüsten, um die Erlaubnis zu erhalten, deren Familien zu helfen, wie es in Goma nach dem Genozid in Ruanda geschah.

Groß angelegte Hilfsbemühungen funktionieren nicht, weil sie nicht funktionieren können, und die Versuche, diese Form der Entwicklungshilfe zu reformieren, scheitern wieder und wieder aufgrund derselben Probleme. Brücken werden gebaut, Schulen werden eröffnet, Medikamente und Impfstoffe retten Menschenleben – aber die schädlichen Wirkungen bleiben nie aus.

Dass die Hilfszahlungen verringert werden sollten, sehen wir am deutlichsten in jenen (überwiegend afrikanischen) Ländern, in denen die Auslandshilfe einen Großteil des Nationaleinkommens ausmacht und fast den gesamten Staatsausgaben entspricht. Wichtig ist auch, dass die Menschen in den Geberländern die Probleme der Auslandshilfe besser verstehen und dass das »naheliegende« Argument, mit Geldspenden verringere man die Armut, in Wahrheit vollkommen falsch ist. Einer der Gründe, warum so viel Schaden entsteht, ist die »Hilfsillusion« und der damit verbundene politische Druck in den Geberländern, der Reformen erheblich erschwert. Eine der großen Tragödien der Entwicklungshilfe ist, dass engagierte und ethisch handelnde Menschen Notleidenden Schaden zufügen.

Es kann durchaus Fälle geben, in denen die Auslandshilfe zumindest nach der Abwägung von Schaden und Nutzen insgesamt Gutes bewirkt. Dass dies möglich ist, habe ich bereits am Beispiel der Hilfsbemühungen zur Verbesserung der Gesundheit in armen Ländern gezeigt. Weitere Beispiele findet man vermutlich in Ländern mit einem funktionierenden Staat, in denen die Hilfe aus dem Ausland einen relativ geringen Teil der volkswirtschaftlichen Leistung ausmacht und leistungsfähige örtliche Anbieter entgegen aller Wahrscheinlichkeit nicht von den Geldgebern korrumpiert wurden, sondern die Hilfsgelder für legitime Zwecke verwenden.

Ich werde oft gefragt, wie viel zu viel ist, wo die Grenze gezogen werden sollte und wie wir feststellen können, wann wir die Hilfe einstellen sollten. Die Frage bringt uns nicht weiter, weil es kein »wir« im Sinne einer supranationalen Einrichtung gibt, die auf die Bremse treten könnte. Die dringendste Aufgabe besteht darin, den Bemühungen derer, die mehr Entwicklungshilfe fordern, entgegenzutreten und den Bürgern der reichen Länder klarzumachen, dass umfangreiche Finanzhilfe schädlich ist, dass mehr Hilfe noch größere Schäden anrichten würde und dass man den Armen der Welt am besten helfen kann, indem man sie nicht mit

Hilfsgeldern überhäuft. Wenn uns das gelänge und die Entwicklungshilfe verringert würde, lautet die nächste Frage, was wir tun können, um unserer Pflicht zur Unterstützung der armen Länder nachzukommen.

Ein guter Anfang wäre schlicht und ergreifend, weniger Schaden zu verursachen. Abgesehen von einer Verringerung der Entwicklungshilfe könnten wir mehrere schädliche Eingriffe unterlassen und darüber nachdenken, einige nützliche Dinge zu tun.

Viele der Probleme mit der Entwicklungshilfe hängen mit ihren unbeabsichtigten Konsequenzen in den Empfängerländern zusammen. Wenn wir Unterstützung aus der Distanz gewähren können, wenn wir uns aus den Empfängerländern heraushalten können, sind diese Konsequenzen möglicherweise vermeidbar. Der Ökonom Jagdish Bhagwati erklärt: »Es ist es kaum vorstellbar, dass *in* Afrika mehr Hilfsgelder effektiv ausgegeben werden könnten. Aber es ist durchaus vorstellbar, dass mehr Hilfsgelder anderswo produktiv *für* Afrika ausgegeben werden könnten.«[52] Wir haben bereits zahlreiche Beispiele dafür gesehen. Grundlegendes Wissen – über die Verursachung von Krankheiten durch Erreger, über ertragreiche Saaten, über Impfungen, über die Tatsache, dass der HI-Virus sexuell übertragen wird, und über die antiretroviralen Therapien – ist für die übrige Welt von großem Nutzen und hat keine der schädlichen Nebenwirkungen der im Empfängerland ausgegebenen Hilfsgelder.

Wir müssen nicht darauf warten, dass solche Entdeckungen spontan gemacht werden oder eine Antwort auf die Bedürfnisse der reichen Welt liefern. Wir könnten eine Form von Entwicklungshilfe betreiben, die keine Gefahr für die reichen Länder darstellt, und zwar indem wir in die Erforschung von Krankheiten investieren. Gegenwärtig holen Pharmaunternehmen ihre Investitionen in Forschung und Entwicklung wieder herein, indem sie durch Patente geschützte Medikamente zu hohen Preisen an Patienten in den reichen Ländern – oder an ihre Versicherungen oder

Regierungen – verkaufen. Die Patienten in armen Ländern können sich neue Medikamente, die noch unter Patentschutz stehen, möglicherweise nicht leisten, und die Regierungen reicher Länder haben – unter dem Druck der Unternehmen – internationale Regeln durchgesetzt, die es für arme Länder schwierig, wenn nicht gar unmöglich machen, die Patente zu umgehen. Diese Bestimmungen sind in einem »Übereinkommen über handelsbezogene Aspekte der geistigen Eigentumsrechte« (TRIPS) festgehalten, und obwohl es nicht im Interesse der armen Länder war, diesen Regeln zuzustimmen, geht die Einhaltung der Verpflichtungen mit anderen Dingen wie der Mitgliedschaft in der Welthandelsorganisation einher, die sehr wohl im Interesse der armen Länder liegen. Die Pharmaunternehmen sind der Meinung, ihr geistiges Eigentum müsse weltweit geschützt werden, und erklären, es gehe ihnen weniger darum, hohe Preise in armen Ländern zu erzielen, sondern darum zu verhindern, dass Hersteller in den armen Ländern, die nicht für die Entwicklung der Medikamente bezahlt haben, Generica produzieren und in die reichen Länder exportieren.

In der Diskussion über die antiretroviralen AIDS-Medikamente war viel von TRIPS und den hohen Medikamentenpreisen die Rede, vor allem vor etwa zehn Jahren, als diese Arzneimittel außerhalb der reichen Länder praktisch nicht erhältlich waren. Aber wie wir gesehen haben, wurde dieses Problem in Angriff genommen – mag es auch noch nicht gelöst sein –, und mittlerweile erhalten mehr als 10 Millionen AIDS-Kranke eine Therapie. Die meisten grundlegenden Medikamente zur Behandlung anderer Krankheiten, darunter jene, die für die in Tabelle 1 in Kapitel 3 aufgelisteten Todesfälle verantwortlich sind, genießen keinen Patentschutz mehr und sind zu günstigen Preisen erhältlich. Sieht man einmal von HIV/AIDS ab, so sind hohe Medikamentenpreise nicht das Hauptproblem.

Das Fehlen von Impfstoffen oder Medikamenten ist ein anderes Thema. Die Pharmaunternehmen haben keinen Anreiz, Medikamente zur Behandlung von Krankheiten wie Malaria oder Tuberkulose zu entwickeln, die in den reichen Ländern nicht oder nur selten auftreten. Die potentiellen Abnehmer für diese Arzneimittel sind arm. Es gibt Bedarf nach diesen Medikamenten, und es ist möglich, sie zu entwickeln, aber die Verbindung zwischen beidem fehlt. Da es an Anreizen mangelt, werden neue Technologien nicht in die richtige Richtung gelenkt. Die Auslandshilfe könnte diese Anreize schaffen: Wenn die Spender die fehlende Kaufkraft der Armen ersetzen, werden die neuen Medikamente vielleicht entwickelt.

Der Philosoph Thomas Pogge schlägt einen »Gesundheitswirkungsfonds« vor, der die Pharmaunternehmen abhängig von dem gesundheitlichen Nutzen ihrer Produkte finanziell entlohnt.[53] Ein solcher Fonds würde die Probleme der hohen Arzneimittelpreise und des Mangels an Anreizen zur Bereitstellung neuer Medikamente für die Armen lösen und gleichzeitig Menschen in aller Welt kostengünstigen Zugang zu neuen und alten Medikamenten schaffen. Die Pharmaunternehmen würden aus dem Fonds bezahlt werden. Dieses ungemein ehrgeizige Vorhaben hätte den großen Vorteil, die Unternehmen in die Lage zu versetzen, die Krankheit, die sie heilen wollen, so auszuwählen, dass der weltweite gesundheitliche Nutzen maximiert wird. Auch hier tritt ein Problem zu Tage, dem wir in diesem Buch schon wiederholt begegnet sind: Es ist unmöglich, Verbesserungen der gesundheitlichen Situation einer bestimmten Gruppe von Innovationen zuzuordnen, geschweige denn einem einzelnen neuen Medikament. Obwohl die entsprechenden Daten seit langem vorliegen, streiten Medizinhistoriker noch immer über die Frage, wie viel Impfstoffe und neue Medikamente tatsächlich zur Verringerung der Sterblichkeit in den letzten zwei Jahrhunderten beigetragen haben. Für weite Teile der Welt verfügen wir nicht über verlässliche Daten zu Sterbe- und Erkrankungsraten, und auch mit valideren Ergebnissen könnten wir nicht feststellen, was die Gründe für eine Verbesserung oder

Verschlechterung der Gesundheitssituation waren. Ohne solche Daten könnte nicht plausibel entschieden werden, wie viel Geld die einzelnen Unternehmen aus dem Fonds erhalten sollten.

Abnahmegarantien für Medikamente, bei denen ein Konsortium von Regierungen und internationalen Agenturen vereinbart, ein noch nicht existierendes Medikament mit vorab bestimmten Eigenschaften zu einem im Voraus festgelegten Preis zu erwerben, sind weniger ehrgeizig, aber spezifischer und praktischer.[54] Dieses als Advance Market Commitment (AMC) bezeichnete Finanzierungsmodell gibt den Arzneimittelherstellern den bisher fehlenden Anreiz. In einem Fall war eine solche Abnahmegarantie bereits von Erfolg gekrönt: Mittlerweile werden in zehn Ländern Kinder mit einem dank eines AMC entwickelten Impfstoffs gegen Pneumokokken geimpft, die jedes Jahr eine halbe Million Kinder in aller Welt das Leben kosten. Die wichtigsten Geldgeber waren Kanada, Italien und Großbritannien. Das Programm wird von der Global Alliance for Vaccines and Immunisation (GAVI) durchgeführt, auf deren Website man Details zu den Herstellern sowie die Regeln für die Beteiligung von Herstellern und Geldgebern findet.[55]

Die Entwicklungshilfe könnte auch verwendet werden, um die Empfängerländer zu beraten, anstatt ihnen Kredite zu gewähren. So wie die Weltbank gegenwärtig strukturiert ist, kann sie eigentlich nur in Zusammenhang mit Krediten umfangreiche technische Unterstützung leisten – wobei die Unterstützung in der Praxis mit dem Kredit bezahlt wird. Aber das Bedürfnis nach technischer Beratung übersteigt die Möglichkeiten der Weltbank. Die Vorstellung, Weltbankprojekte sollten einen Fundus an erfahrungsbasiertem Wissen liefern, ist vernünftig. Allerdings sind randomisierte kontrollierte Studien nicht der richtige Weg, um aufzuzeigen, *warum Verfahren funktioniert haben*. Dieses Verständnis ist aber Voraussetzung, um das Wissen von einem Ort auf den anderen zu übertragen. Eine Regierung, die ein Dammbauprojekt einleitet oder über eine Privatisierung der Wasserversorgung nachdenkt, möchte wissen, welche Erfahrungen andere Regierungen mit einem solchen Vorgehen gemacht haben – sie will nicht nur über das Durchschnittsergebnis, sondern auch über mögliche Fallstricke aufgeklärt werden. Sie will wissen, wer von dem Eingriff profitiert und wem er geschadet hat und worauf zu achten ist. Selbstverständlich ist das von der Weltbank und anderen Geldgebern gesammelte Wissen nicht unfehlbar, und es gibt zahlreiche Beispiele für Unwissen und Arroganz.

Internationale Organisationen könnten ihr Expertenwissen in den Dienst von Ländern stellen, die an internationalen Verhandlungen teilnehmen. Das gilt insbesondere für Handelsabkommen. Die Vereinigten Staaten und andere reiche Länder handeln bilaterale Handelsabkommen mit anderen Ländern aus, und wenn diese Länder nur durch wenige Experten vertreten sind, herrscht in diesen Verhandlungen keine Chancengleichheit. Die Weltbank könnte diesen Regierungen die fehlende Sachkenntnis zur Verfügung stellen. Natürlich wird das nicht immer einfach sein. Würde die Weltbank beispielsweise Ratschläge geben, die eine von der amerikanischen Pharmaindustrie unterstützte Initiative blockieren, so würden die Vereinigten Staaten mit einiger Sicherheit über ihren geschäftsführenden Direktor im Leitungsgremium der Weltbank Druck auf die Verantwortlichen ausüben. Man könnte leicht zu dem Schluss gelangen, der größte Aktionär lasse die Weltbank nur gewähren, solange sie nicht tut, was den Armen *wirklich* hilft. Diese Vermutung wäre sicherlich zynisch, aber sie verdeutlicht, auf welche Hindernisse die Versuche stoßen, einige der Praktiken zu beseitigen, die dafür sorgen, dass die Armut in der Welt weiterbesteht.

Die Auslandshilfe ist nicht das einzige Hindernis für die Entwicklung. Die reichen Länder liefern nur zu gerne Waffen an fast jedermann, der dafür zu zahlen bereit ist. Wir zögern auch nicht, Regime, die offenkundig nicht am Wohlergehen ihres Volkes interessiert sind, anzuerkennen, mit ihnen Handel zu treiben und ihnen Kredite zu gewähren. Auch zur Lösung dieses Problems gibt es einige Vorschläge. Die Ökonomen Michael Kremer und Seema Jayachandran sprechen sich für internationale Kreditsanktionen gegen »abscheuliche« Regime aus. Wurde ein Regime einmal so eingestuft, so können internationale Kreditgeber nach diesem Modell nicht länger die internationalen Gerichtshöfe anrufen, um die Nachfolgeregierungen zur Rückzahlung der Schulden dieses Regimes zu zwingen.[56] Solche Regeln würden Unrechtsregime von den Kapitalmärkten abschneiden oder die Kredite für sie zumindest deutlich verteuern. Die Staatengemeinschaft könnte auch eine geringere Neigung zeigen, Erdöl und andere Rohstoffe von solchen Regimen zu kaufen, oder dabei zumindest transparenter vorgehen.[57] Mit der jüngsten amerikanischen Finanzreform wurde in den Vereinigten Staaten registrierten Erdöl-, Erdgas- und Bergbauunternehmen vorgeschrieben, sämtliche Zahlungen an ausländische Regierungen offenzulegen.[58] Natürlich bedarf es einer umfassenden Koordinierung, denn die Länder, die eine entsprechende Vereinbarung nicht unterschreiben, können weiterhin die Rohstoffe solcher Länder kaufen, um sie selbst zu verbrauchen oder wieder zu exportieren (die euphemistische Bezeichnung dafür lautet »Tourismusrohstoffe«).

Die Handelsschranken reicher Länder schaden oft den Bauern in armen Ländern. In Afrika sind fast drei Viertel der Erwerbstätigen in der Landwirtschaft beschäftigt, und die reichen Länder geben jedes Jahr Hunderte Milliarden von Dollar aus, um ihre eigenen Bauern zu unterstützen. Beispielsweise drücken die Subventionen für die Zucker- und Baumwollproduzenten in den reichen Ländern auf die Weltmarktpreise und beschränken die Möglichkeiten armer Bauern. Damit nicht genug, schaden sie auch den Konsumenten in den reichen Ländern, und ihre Existenz belegt die politische Macht gut organisierter Minderheiten über die Mehrheit. Bei anderen landwirtschaftlichen Erzeugnissen, zu denen viele Nahrungsmittel zählen, sind die armen Länder Nettoimporteure, weshalb die

Subventionen in den reichen Ländern den armen Konsumenten eine Hilfe sind, da sie die Weltmarktpreise verringern. Das Gegenteil bewirken die amerikanischen Subventionen für Biotreibstoff. Ein international koordinierter Vorstoß zur Beschränkung oder Beseitigung dieser schädlichen Unterstützung würde dazu beitragen, die Armut in der Welt zu verringern.

Die Migration leistet einen sehr viel größeren Beitrag zur Armutsverringerung als der Freihandel. Menschen, denen es gelingt, aus armen in reiche Länder auszuwandern, verbessern ihre wirtschaftliche Lage, und ihre Rimessen helfen ihren Familien in der Heimat. Die Rimessen wirken sich ganz anders aus als die Entwicklungshilfe und können die Empfänger in die Lage versetzen, mehr von ihrer Regierung zu verlangen, womit sie den politischen Prozess verbessern, anstatt ihn auszuhöhlen. Natürlich ist die Öffnung für die Zuwanderung noch schwerer durchzusetzen als die Öffnung für den Freihandel, und das sogar in Ländern, deren Öffentlichkeit besonders entschieden darauf drängt, die Armut zu bekämpfen. Eine nützliche Art der befristeten Migration stellen Stipendien für Hochschulstudien im Westen dar. Mit ein wenig Glück, werden diese Studenten ihren Weg losgelöst vom Einfluss der Hilfsagenturen oder ihrer Heimatregierungen beschreiten. Selbst wenn sie nach ihrem Studium nicht sofort heimkehren, liefert insbesondere die afrikanische Diaspora eine ergiebige (und interne) Quelle für Entwicklungsprojekte in der Heimat.

All diese Strategien sind besser als die gegenwärtigen Methoden geeignet, die Armut in der Welt zu verringern, und in einigen Fällen würden den reichen Ländern nur geringe oder überhaupt keine Kosten entstehen. Einige dieser Strategien sind politisch eher umsetzbar als andere, und einige – beispielsweise die AMC – werden bereits in kleinem Maßstab angewandt. Bei keiner dieser Strategien fließen Hilfsgelder in die armen Länder, weshalb auch alle damit verbundenen Probleme ausbleiben. In den Diskussionen, die ich mit durch und durch redlichen Princeton-Studenten führe, jungen Leuten, die ihren Beitrag leisten wollen, um die Welt zu einem besseren, wohlhabenderen Ort zu machen, weise ich sie auf diese Lösungsansätze hin und versuche sie von dem Vorhaben abzubringen, einen Teil ihres zukünftigen Einkommens zu spenden oder ihre oft herausragende Überzeugungskraft zu nutzen, um noch mehr Geld für die Entwicklungshilfe zu beschaffen. Stattdessen rate ich ihnen, mit und in ihren eigenen Regierungen und Behörden zu arbeiten und zu versuchen, sie von Maßnahmen abzuhalten, die den Armen letztlich nur schaden. Sie sollten besser eine internationale Politik unterstützen, die die Globalisierung in den Dienst der Armen stellt, anstatt ihren Aufstieg zu behindern. Dies ist unsere größte Chance, auch denen, die den Anschluss verloren haben, den Großen Ausbruch zu ermöglichen.

NACHWORT

WAS KOMMT ALS NÄCHSTES?

Die Geschichte des Großen Ausbruchs, die ich in diesem Buch erzählt habe, ist eine erfreuliche Geschichte: Sie handelt davon, wie Millionen von Menschen vor Tod und Elend gerettet wurden, und sie erzählt von einer Welt, die trotz aller Ungleichheit und der Millionen, die immer noch hinterherhinken, ein besserer Ort ist als zu jedem anderen Zeitpunkt der Geschichte. Aber der Film, den ich als Metapher verwendet habe, hat kein Happy End: Bis auf eine Handvoll wurden alle Ausbrecher wieder eingefangen, und 50 Männer wurden hingerichtet. Können wir sicher sein, dass unser Großer Ausbruch anders enden wird?

Es gibt keine Gewissheit, aber wir haben Grund zur Hoffnung.

Wir können unmöglich erwarten, dass sich unsere Kinder und Kindeskinder den Kräften zu entziehen vermögen, die frühere Zivilisationen zerstört haben. In der westlichen Welt haben wir uns daran gewöhnt zu glauben, dass das Leben immer besser werden wird. In den vergangenen zweieinhalb Jahrhunderten hat die Menschheit einen beispiellosen Fortschritt erlebt, aber 250 Jahre sind kein langer Zeitraum verglichen mit der Lebensdauer früherer Zivilisationen, die zweifellos überzeugt waren, ewig zu bestehen.

Unserer Zivilisation drohen zahlreiche Gefahren. Da ist vor allem der Klimawandel, für den es keine klare, politisch umsetzbare Lösung gibt. Dass die persönlichen Interessen die Oberhand über die Bedürfnisse der Allgemeinheit gewinnen können, hat uns Jared Diamond mit der Frage vor Augen geführt, was wohl im

Kopf des Menschen vorging, der den letzten Baum auf der Oster-insel fällte.[1]

Es werden weiter Kriege geführt. Überall drohen politische Gefahren. Man stelle sich die Erschütterungen vor, die in China drohen, sollte das Wirtschaftswachstum zum Stillstand kommen, eine Entwicklung, die bei einem Blick in die Geschichte durchaus zu erwarten ist. Die Annahme, die chinesische Führung könnte mit einer Invasion Taiwans reagieren, ist nicht allzu weit hergeholt. Die Folgen wären katastrophal. Die Welt hat sich in den letzten 50 Jahren gewandelt, aber das Wesen des chinesischen Regimes ist mehr oder weniger dasselbe geblieben, und wir können eine weitere Katastrophe wie die große Hungersnot unter Mao Zedong nicht ausschließen. Man mag sich mit der Hoffnung trösten, dass eine solche Hungersnot heute nicht mehr vorkommen könnte, weil die Welt davon erfahren würde. Aber was genau könnte die Welt dagegen tun?

Der wissenschaftlichen Revolution und der Aufklärung verdanken wir einen nachhaltigen Anstieg des materiellen Wohlstands und eine bessere Gesundheit. Aber die Wissenschaft wird vielerorts von religiösen Fundamentalisten angegriffen, unter anderem auch in den Vereinigten Staaten. Viele dieser Fundamentalisten üben großen politischen Einfluss aus und genießen die Unterstützung jener, deren Interessen von der Wissenschaft bedroht sind.

Die Wissenschaft kann uns nicht gegen Krankheiten immun machen. Es können jederzeit neue Infektionskrankheiten auftauchen. Die schlimmsten werden einige Menschen das Leben kosten, wieder abebben und sich dann in ihre Wirtstiere zurückziehen. Aber die AIDS-Pandemie sollte uns eine Warnung sein, denn sie zeigt, was geschehen kann. Und es sind durchaus schlimmere Krankheiten denkbar. Obwohl HIV/AIDS 35 Millionen Menschen getötet hat – womit diese Pandemie eine der größten Katastrophen der Neuzeit ist –, wurde der Virus rasch identifiziert, so dass man

Therapien entwickeln konnte. Es könnte eine Krankheit auftauchen, die schwerer zu entschlüsseln und zu behandeln ist.

Ein alltäglicheres Problem sind die Antibiotikaresistenzen. Die Gesundheitssysteme sind auf Antibiotika angewiesen, aber deren Wirksamkeit ist vor allem durch ihren unkontrollierten Einsatz in der Tierhaltung und die daraus resultierenden Resistenzen bedroht. Unser Sieg über die Krankheitserreger ist nicht endgültig. Vielmehr führen wir einen unablässigen Kampf, in dem der Vorteil nie lange auf einer Seite bleibt. Wir mögen gegenwärtig die Oberhand haben, aber es kann durchaus sein, dass dies nur eine Phase in der Auseinandersetzung ist und nicht der Anfang vom Ende des Krieges. Die Evolution verläuft nicht unabhängig von der menschlichen Aktivität: Die Erreger schlagen zurück.

Das Wirtschaftswachstum ist der Motor des Fluchtfahrzeugs, mit dem die Menschheit aus Armut und materieller Entbehrung ausbrechen kann. Aber in den reichen Ländern schwächt sich das Wachstum ab. In jedem der letzten Jahrzehnte fiel es geringer aus als in der vorhergehenden Dekade. Und fast überall hat dies zu einer Zunahme der Ungleichheit geführt. In den Vereinigten Staaten hat die Ungleichheit von Einkommen und Vermögen ein Ausmaß erreicht, das man zuletzt vor mehr als 100 Jahren beobachten konnte. Eine erhebliche Konzentration der Vermögen kann die Demokratie und das Wachstum untergraben, denn sie unterbindet die kreative Zerstörung, die Wachstum möglich macht. Die Teilnehmer des vorangegangenen Ausbruchs schneiden hinter sich die Fluchtwege ab.

Mancur Olson hat den Niedergang der reichen Länder vorausgesehen, die unter dem Rent-Seeking einer stetig wachsenden Zahl von Gruppen leiden, welche ihr Eigeninteresse auf Kosten einer nicht organisierten Mehrheit verfolgen.[2] Ein gedrosseltes Wachstum führt unausweichlich zu Verteilungskonflikten, denn unter diesen Bedingungen kann der eine nur auf Kosten des anderen vorankommen. Man kann sich leicht eine Welt mit geringem

Wachstum und endlosen Verteilungskonflikten zwischen Reichen und Armen vorstellen, zwischen Alten und Jungen, zwischen Wall Street und Main Street, zwischen medizinischen Dienstleistern und ihren Patienten und zwischen den politischen Parteien, die diese Gruppen vertreten.

Trotzdem bin ich vorsichtig optimistisch. Die Sehnsucht nach einem Ausbruch aus dem Gefängnis der Armut ist tief in den Menschen verwurzelt und lässt sich kaum unterdrücken. Die Fluchtmittel sind kumulativ: Die zukünftigen Ausbrecher können auf die Schultern von Riesen klettern. Die vorangegangenen Ausbrecher können die Fluchttunnel zuschütten, aber das Wissen darüber, wie sie sie gegraben haben, können sie den nach ihnen Kommenden nicht vorenthalten.

Die Verlangsamung des Wachstums wird wahrscheinlich überschätzt, denn den Statistikern entgehen zahlreiche qualitative Verbesserungen insbesondere von Dienstleistungen, die einen wachsenden Teil der nationalen Produktion ausmachen. Die Informationsrevolution und ihre Werkzeuge dienen dem Wohlergehen der Menschen mehr, als wir messen können. Die Tatsache, dass dieses Wohlergehen in den Wachstumsstatistiken kaum erfasst wird, verrät uns nichts über die Mängel der Technologie oder der Freuden, die sie uns bringt, aber sehr viel über die Mängel der Statistiken.

Der Großteil der Weltbevölkerung lebt nicht in den reichen Ländern, und all diese Menschen leiden nicht unter einer Verlangsamung des Wachstums. Vielmehr sind die mehr als 2,5 Milliarden Menschen, die in China und Indien leben, in den letzten Jahren Zeugen eines rasanten Wachstums gewesen, das in der Geschichte ohne Beispiel ist. Selbst wenn sich dieses Wachstum verlangsamt, dürften all diese Menschen noch viele Jahre die »Vorteile der Rückständigkeit« genießen, denn die Länder, die etwas aufzuholen haben, werden weiterhin überdurchschnittlich wachsen.

Afrika steht vor unbegrenzten Möglichkeiten. Ein Teil davon

wird jetzt erkennbar, da man dank des verbesserten Wirtschafts-managements einige der selbstverschuldeten Katastrophen der Vergangenheit vermeiden kann. Und wenn der Westen seine Sucht nach der Entwicklungshilfe überwinden kann und davon absieht, die afrikanische Politik zu untergraben, gibt es begründete Hoffnung auf eine eigenständige Entwicklung des Kontinents. Wir müssen aufhören, die unerschöpflichen Talente der Afrikaner zu unterdrücken.

Der Anstieg der Lebenserwartung verlangsamt sich, aber das ist durchaus zu begrüßen: Der Tod wird älter, und die Rettung von älteren Menschen hat geringere Auswirkungen auf die Lebens-erwartung als die Rettung von Kindern. Das Problem ist einmal mehr nicht die Substanz, sondern das Maß. Die Lebenserwartung ist nicht immer das richtige Maß für das Wohlergehen einer Ge-sellschaft, und nichts spricht dafür, dass die Rettung von Men-schen mittleren und hohen Alters an sich weniger wertvoll ist als die Rettung von Kindern.

Es gibt Bedrohungen für die Gesundheit, aber es kündigen sich auch bedeutsame Fortschritte an. Es gibt Hinweise auf wesent-liche Verbesserungen im Kampf gegen den Krebs, die mit ein we-nig Glück den Fortschritten im Kampf gegen Herzkrankheiten in den letzten 40 Jahren ähneln werden.

Der eigentliche Grund für weitere gesundheitliche Verbesserun-gen liegt darin, dass die Menschen solche Fortschritte wünschen und bereit sind, für Grundlagen- und Verhaltensforschung, für Medikamente, Verfahren und Geräte, die diese Verbesserungen möglich machen, zu bezahlen. Innovationen können nicht fertig gekauft werden, und sie tauchen nicht immer dann auf, wenn man sie gerade braucht. Aber es gibt keinen Zweifel daran, dass begrün-dete Bedürfnisse etwas bewirken können.

Selbst die Geschichte der AIDS-Epidemie enthält trotz des furchtbaren Blutzolls eine Erfolgsgeschichte: Neues Grundlagen-wissen und neue Behandlungsmethoden können Bedürfnisse erfüllen, und zwar in einer Zeitspanne, die zwar für jene, die sterben mussten, zu lange dauerte, gemessen an historischen Epidemien jedoch recht kurz ist. Die Wissenschaft funktioniert tatsächlich.

Es gibt noch eine Vielzahl von Verbesserungen, die ich in diesem Buch nicht behandelt habe. Die Gewalt ist zurückgegangen: Heute ist die Wahrscheinlichkeit, eines gewaltsamen Todes zu sterben, sehr viel geringer als in der Vergangenheit.[3] Die Demokratie ist in der Welt verbreiteter als vor 50 Jahren. Die Unterdrückung einer Gesellschaftsgruppe durch eine andere ist seltener geworden und wird immer unüblicher. Die Menschen haben heute mehr Möglichkeiten zur gesellschaftlichen Teilhabe als jemals zuvor.

In aller Welt werden die Menschen größer und wahrscheinlich auch intelligenter. Das Bildungsniveau steigt weltweit. Mittlerweile können vier Fünftel der Menschheit lesen und schreiben; im Jahr 1950 waren noch 50 Prozent aller Menschen Analphabeten.[4] In Indien gibt es ländliche Gebiete, in denen fast keine erwachsene Frau eine Schule besucht hat, aber fast alle ihre Töchter heute zur Schule gehen.

Wir können nicht erwarten, dass sich all das überall unablässig bessern wird. Es geschehen schlimme Dinge, und die neuen Ausbrecher werden so wie die früheren neue Ungleichheit erzeugen. Aber wir dürfen mit Recht erwarten, dass es wie in der Vergangenheit auch in der Zukunft gelingen wird, diese Rückschläge hinzunehmen und die Hindernisse auf dem Weg in die Freiheit zu überwinden.

ANHANG

ANMERKUNGEN

EINLEITUNG: WORUM ES IN DIESEM BUCH GEHT

1 *The Great Escape,* (dt. »Gesprengte Ketten«), Regie: John Sturges, mit Steve McQueen, James Garner und Richard Attenborough, the Mirisch Company, im Vertrieb der United Artists, 1963 (basierend auf dem gleichnamigen Buch von Paul Brickhill).

2 Lant Pritchett, »Divergence, big time«, *Journal of Economic Perspectives*, 11(3) (1997): 3–11, und Kenneth Pomeranz, *The Great Divergence: China, Europe, and the making of the world economy*, Princeton University Press 2000.

3 Jack Goldstone, *Why Europe? The rise of the West in world history, 1500–1850*, McGraw-Hill 2009.

4 Ian Morris, *Wer regiert die Welt? – Warum Zivilisationen herrschen oder beherrscht werden*, Campus 2011, S. 370 f.

5 Ebd. S. 375.

6 Eric L. Jones, *Growth recurring: Economic change in world history*, University of Michigan Press 2000.

7 Robert Allen, *Geschichte der Weltwirtschaft*, Philipp Reclam 2015.

8 Daron Acemoglu und James Robinson, *Warum Nationen scheitern: Die Ursprünge von Macht, Wohlstand und Armut*, S. Fischer 2013.

9 E. Janet Browne, *Charles Darwin*, Bd. 2: *The power of place*, Jonathan Cape 2002.

10 Allen, *Geschichte der Weltwirtschaft*.

11 Roy Porter, *The creation of the modern world: The untold story of the British Enlightenment*, Norton 2000, und Joel Mokyr, *The enlightened economy: An economic history of Britain,*

1700–1850, Yale University
Press 2009.

12 Morris, *Wer regiert die Welt?*,
S. 400 ff.

13 Acemoglu und Robinson,
Warum Nationen scheitern.

14 Amartya Sen, *Inequality re-
examined*, Harvard University
Press 1992, und *Die Idee
der Gerechtigkeit*, C. H. Beck
2010.

15 Sen, *Die Idee der Gerechtigkeit*,
und Jonathan Haidt, *The righ-
teous mind: Why good people
are divided by politics and
religion*, Pantheon 2012.

16 Daniel Kahneman und Jason
Riis, »Living, and thinking
about it: Two perspectives on
life«, in Felicia Huppert, Nick

Baylis und Barry Keverne
(Hg.), *The science of wellbeing*, Oxford University Press
2005, S. 285–304.

17 Ronald Inglehart und
Hans-Dieter Klingemann,
»Genes, culture, democracy
and happiness«, in Ed Die-
ner und Eunkook M. Suh
(Hg.), *Culture and subjective
well-being*, MIT Press 2000,
S. 165–183; Richard Layard,
*Die glückliche Gesellschaft.
Kurswechsel für Politik und
Wirtschaft*. Campus 2005;
und Richard Wilkinson und
Kate Pickett, *The spirit level:
Why greater equality makes
societies stronger*, Bloomsbury
2009.

KAPITEL 1: WOHLBEFINDEN – EINE GLOBALE BESTANDSAUFNAHME

1 Für eine ähnliche Berechnung vgl. James Vaupel und
John M. Owen, »Anna's life
expectancy«, *Journal of Policy
Analysis and Management* 5(2)
(1986): S. 383–389.

2 Robert C. Allen, Tommy E.
Murphy und Eric B. Schneider,
»The colonial origins of the
divergence in the Americas: A
labor market approach«, *Journal of Economic History* 72(4)
(2012): S. 86–94.

3 Amartya Sen, *Ökonomie
für den Menschen. Wege zu
Gerechtigkeit und Solidarität
in der Marktwirtschaft*, C. H.
Beck 2000.

4 Richard Layard, *Die glückliche
Gesellschaft. Kurswechsel für
Politik und Wirtschaft*. Cam-
pus 2005.

5 Samuel Preston, »The changing relation between mortality and level of economic
development«, *Population*

Studies 29(2) (1975): S. 231–248.

6 Richard Wilkinson und Kate Pickett, *The spirit level: Why greater equality makes societies stronger*, Bloomsbury 2009, S. 12, und Richard Wilkinson, »The epidemiological transition: From material scarcity to social disadvantage«, *Daedalus* 123 (1994): S. 61–77.

7 Elizabeth Brainerd und David M. Cutler, »Autopsy on an empire: The mortality crisis in Russia and the former Soviet Union«, *Journal of Economic Perspectives* 19(1) (2005): S. 107–130, und Jay Bhattacharya, Christina Gathmann und Grant Miller, »The Gorbachev anti-alcohol campaign and Russia's mortality crisis«, *American Economic Journal: Applied* 5(2) (2013): S. 232–260.

8 Robert W. Fogel, *The escape from hunger and premature death, 1700 to 2100: Europe, America, and the Third World*, Cambridge University Press 2004, und »New findings on secular trends in nutrition and mortality: Some implications for population theory«, in Mark R. Rosenzweig und Oded Stark (Hg.), *Handbook of population and family economics*, Elsevier 1997, S. 433–481.

9 Sen, *Ökonomie für den Menschen.*

10 Yang Jisheng, *Grabstein – Mùbei: Die große chinesische Hungerkatastrophe 1958–1962*, S. Fischer 2012.

11 Ainsley J. Coale, *Rapid population change in China, 1952–1982*, National Academy Press 1984, und Cormac Ó Gráda, *Famine: A short history,* Princeton University Press 2009.

12 Preston, »The changing relation between mortality and level of economic development«.

13 Stanley Fischer, »Globalization and its challenges«, *American Economic Review* 93(2) (2003): S. 1–30.

14 Martin Ravallion und Shaohua Chen, »The developing world is poorer than we thought, but no less successful in the fight against poverty«, *Quarterly Journal of Economics* 125(4) (2010): S. 1577–1625. Aktualisierung auf dem Stand von 2008: »An update of the World Bank's estimates of consumption poverty in the developing world«, http://siteresources.worldbank.org/INTPOVCALNET/Resources/Global_Poverty_Update_2012_02–29–12.pdf.

15 Charles Kenny, *Getting better*, Basic Books 2011.

16 Joseph E. Stiglitz, Amartya K. Sen und Jean-Paul Fitoussi, *Report of the commission on the measurement of economic performance and social progress*, 2009, http://www.stiglitz-sen-fitoussi.fr/en/index.htm.

17 Anna Wierzbicka, »›Happiness‹ in cross-linguistic and crosscultural perspective«, *Daedalus* 133(2) (1994): S. 34–43, und Ed Diener und Eunkook M. Suh, *Culture and subjective wellbeing*, MIT Press 2000.

18 Amartya K. Sen, *Commodities and capabilities*, Elsevier 1985; *On ethics and economics,* Blackwell 1987; und *Die Idee der Gerechtigkeit*, C. H. Beck 2010.

19 Martha C. Nussbaum, »Who is the happy warrior? Philosophy poses questions to psychology«, *Journal of Legal Studies* 37(S2) (2008): S81–S113.

20 Richard A. Easterlin, »Does economic growth improve the human lot? Some empirical evidence«, in R. David und M. Reder (Hg.), *Nations and households in economic growth: Essays in honor of Moses Abramowitz*, Academic Press 1974, S. 89–125, und »Will raising the incomes of all increase the happiness of all?«, *Journal of Economic Behavior and Organization* 27(1) (1995): S. 35–47.

21 Betsey Stevenson und Justin Wolfers, »Economic growth and subjective wellbeing: Reassessing the Easterlin paradox«, *Brookings Papers on Economic Activity* (Spring) 2008, S. 1–86, und Daniel W. Sacks, Betsey Stevenson und Justin Wolfers, »Subjective wellbeing, income, economic development and growth«, in Philip Booth (Hg.) ... *and the pursuit of happiness*, Institute for Economic Affairs 2012, S. 59–97.

22 Angus Deaton, »Income, health, and wellbeing around the world: Evidence from the Gallup World Poll«, *Journal of Economic Perspectives* 22(2) (2008): S. 53–72.

23 Daniel Kahneman und Angus Deaton, »High income improves evaluation of life but not emotional wellbeing«, *Proceedings of the National Academy of Sciences* 107(38) (2010): S. 16489–16493.

24 Keith Thomas, *The ends of life: Roads to fulfillment in early*

modern England, Oxford University Press 2009.

25 Adam Smith, *Theorie der ethischen Gefühle*, auf der Grundlage der Übersetzung von Walther Eckstein neu herausgegeben von Horst D.

Brandt, Meiner 2010, [in der Reihenfolge der Zitate] S. 295, 296, 296, 294.

26 David E. Bloom, »7 billion and counting«, *Science* 333 (29. Juli 2011), S. 562–568.

KAPITEL 2: VON DER VORGESCHICHTE BIS 1945

1 Vgl. Massimo Livi-Bacci, *A concise history of world population,* 3. Aufl. 2001, Blackwell; James C. Riley, *Rising life expectancy: A global history*, Cambridge University Press 2001; und Mark Harrison, *Disease and the modern world*, Polity Press 2004.

2 Die Daten entstammen der Human Mortality Database, http://www.mortality.org/.

3 Die folgende Darstellung stützt sich auf Graeme Barker, *The agricultural revolution in prehistory: Why did foragers become farmers?*, Oxford University Press 2006, und Mark Nathan Cohen, *Health and the rise of civilization*, Yale University Press 1991. Vgl. auch Ian Morris, *Wer regiert die Welt? – Warum Zivilisationen herrschen oder beherrscht werden*, Campus 2011, S. 370 f.

4 David Erdal und Andrew Whiten, »Egalitarianism and Machiavellian intelligence in human evolution«, in Paul Mellars und Kathleen Gibson (Hg.), *Modelling the early human mind*, McDonald Institute Monographs 1996, S. 139–150.

5 Marshall Sahlins, *Stone age economics*, Transaction 1972.

6 Mark Nathan Cohen, *Health and the rise of civilization*, Yale University Press 1991, S. 141.

7 Ebd. S. 30.

8 Esther Boserup, *The conditions of agricultural growth*, Transaction 2005 [1965].

9 Ian Morris, *Wer regiert die Welt?*, S. 114.

10 Clark Spenser Larsen, »Biological changes in human populations with agriculture«, *Annual Review of Anthropology* 24 (1995): S. 185–213.

11 John Broome, *Weighing lives*, Oxford University Press 2006.

12 E. A. Wrigley und R. S. Schofield, *The population history*

of England, 1541–1871, Harvard University Press 1981, und E. A. Wrigley, R. S. Davies, J. E. Oeppen und R. S. Schofield, *English population history from family reconstitution 1580–1837*, Cambridge University Press 1997.

13 Thomas Hollingsworth, »The demography of the British peerage«, *Population Studies* 18(2) (1964), Supplement, S. 52–70.

14 Bernard Harris, »Public health, nutrition, and the decline of mortality: The McKeown thesis revisited«, *Social History of Medicine* 17(3) (2004): S. 379–407.

15 Massimo Livi-Bacci, *Population and nutrition: An essay on European demographic history*, Cambridge University Press 1991.

16 Roy Porter, *The creation of the modern world: The untold history of the British Enlightenment*, Norton 2001.

17 Keith Thomas, *The ends of life: Roads to fulfillment in early modern England*, Oxford University Press 2009, S. 15.

18 Peter Razzell, *The conquest of smallpox*, Caliban 1997.

19 http://www.nlm.nih.gov/exhibition/smallpox/sp_variolation.html.

20 Sheila Ryan Johansson, »Medics, monarchs, and mortality, 1600–1800: Origins of the knowledge-driven health transition in Europe«, 2010, elektronische Kopie erhältlich unter http://ssrn.com/abstract=1661453.

21 Thomas McKeown, *The modern rise of population*, Arnold 1976, und *The origins of human disease*, Wiley-Blackwell 1981.

22 Thomas McKeown, 1980, *Die Bedeutung der Medizin: Traum, Trugbild oder Nemesis*, Suhrkamp 1998.

23 Robert W. Fogel, »Economic growth, population theory, and physiology: The bearing of long-term processes on the making of economic policy«, *American Economic Review* 84(3) (1994): S. 369–395, und Robert W. Fogel und Dora L. Costa, »A theory of techno-physio evolution, with some implications for forecasting population, healthcare costs, and pension costs«, *Demography* 34(1) (1997): S. 49–66.

24 Richard Easterlin, »How beneficent is the market? A look at the modern history of mortality«, *European Review of Economic History* 3 (1999): S. 257–294.

25 Livi-Bacci, *Population and nutrition.*

26 Samuel J. Preston, »American longevity: Past, present, and future«, Center for Policy Research, Maxwell School, Syracuse University, Paper 36 (1996), http://surface.syr.edu/cpr/36.

27 George Rosen, *A history of public health*, Johns Hopkins University Press 1991.

28 John Snow, *On the mode of transmission of cholera*, London, John Churchill 1855. Vgl. auch Steven Johnson, *The ghost map: The story of London's most terrifying epidemic and how it changed science, cities, and the modern world*, Riverhead 2007.

29 David A. Freedman, »Statistical analysis and shoe leather«, *Sociological Methodology* 21 (1991): S. 291–313.

30 Nancy Tomes, *The gospel of germs: Men, women and the microbe in American life*, Harvard University Press 1999.

31 Alfredo Morabia, »Epidemiologic interactions, complexity, and the lonesome death of Max von Pettenkofer«, *American Journal of Epidemiology* 166(11) (2007): S. 1233–1238.

32 Simon Szreter, »The importance of social intervention in Britain's mortality decline c. 1850–1914: A reinterpretation of the role of public health«, *Social History of Medicine* 1(1) (1988): S. 1–36.

33 Tomes, *The gospel of germs,* und Joel Mokyr, *The gifts of Athena: Historical origins of the knowledge economy*, Princeton University Press 2002.

34 Samuel J. Preston und Michael Haines, *Fatal years: Child mortality in late nineteenth century America*, Princeton University Press 1991.

35 Howard Markel, *When germs travel: Six major epidemics that have invaded America and the fears they have unleashed*, Vintage 2005.

36 Valerie Kozel und Barbara Parker, »Health situation assessment report: Chitrakot district«, World Bank, o. J., unveröffentlicht.

KAPITEL 3: DEM TOD IN DEN TROPEN ENTRINNEN

1 Davidson R. Gwatkin, »Indications of change in developing country mortality trends: The end of an era?«, *Population and Development Review* 6(4) (1980): S. 615–644.

2 »Water with sugar and salt«,
   The Lancet, 5. August 1978,
   S. 300–301; Zitat auf S. 300.
3 Preston, »The changing relation between mortality and
   level of economic development«, *Population Studies*
   29(2) (1975): S. 231–248.
4 Joshua H. Horn, *Away with
   all pests: An English surgeon in
   the People's Republic of China,
   1954–1969*, Monthly Review
   Press 1970.
5 Jean Drèze und Amartya Sen,
   *India: Development and par-
   ticipation,* Oxford University
   Press 2002.

6 Angus Deaton, »Income,
   health, and wellbeing around
   the world: Evidence from the
   Gallup World Poll«, *Journal
   of Economic Perspectives* 22(2)
   (2008): S. 53–72.
7 Nazmul Chaudhury, Jeffrey
   Hammer, Michael Kremer,
   Karthik Muralidharan und
   F. Halsey Rogers, »Missing
   in action: Teacher and health
   worker absence in developing
   countries«, *Journal of Economic Perspectives* 20(1) (2006):
   S. 91–116.

KAPITEL 4: GESUNDHEIT IN DER MODERNEN WELT

1 Vgl. für viele der in diesem
   Kapitel erörterten Fragen
   Eileen M. Crimmins, Samuel
   H. Preston und Barry Cohen,
   *Explaining divergent levels
   of longevity in high-income
   countries*, National Academies
   Press 2011.
2 Diese und andere Daten über
   das Rauchverhalten wurden von P. N. Lee Statistics
   and Computing Ltd. in ihrer
   International Mortality and
   Smoking Statistics database
   zusammengestellt, siehe
   http://www.pnlee.co.uk/
   imass.htm.

3 Nancy Tomes, *The gospel of
   germs: Men, women and the
   microbe in American life*, Harvard University Press 1999,
   und Joel Mokyr, *The gifts of
   Athena: Historical origins of
   the knowledge economy*, Princeton University Press 2002,
   insbesondere Kapitel 5.
4 Die Kurven basieren auf Berechnungen des Autors unter
   Verwendung von Daten aus
   der Sterblichkeitsdatenbank
   der Weltgesundheitsorganisation, http://www.who.
   int/healthinfo/morttables/
   en/.

5 http://www.mskcc.org/ cancer-care/adult/lung/ prediction-tools.

6 Eileen M. Crimmins, Samuel H. Preston und Barry Cohen, *Explaining divergent levels of longevity in high-income countries*, National Academies Press 2011.

7 http://www.mayoclinic.com/ health/diuretics/HI00030.

8 Veterans Administration Cooperative Study Group, »Effects of treatment on morbidity in hypertension. II. Results in patients with diastolic blood pressure averaging 90 through 114 mm Hg«, *Journal of the American Medical Association* 213(7) (1970): S. 1143–1152.

9 Earl S. Ford, Umed A. Ajani, Janet B. Croft et al., »Explaining the decrease in U.S. deaths from coronary disease, 1980–2000«, *New England Journal of Medicine* 356(23) (2007): S. 2388–2398.

10 David Cutler, *Your money or your life: Strong medicine for America's health care system*, Oxford 2005, und David Cutler, Angus Deaton und Adriana Lleras-Muney, »The determinants of mortality«, *Journal of Economic Perspectives* 20(3) (2006): S. 97–120.

11 John C. Bailar III und Elaine M. Smith, »Progress against cancer?«, *New England Journal of Medicine* 314(19) (1986): S. 1226–1232, und John C. Bailar III und Heather L. Gornik, »Cancer undefeated«, *New England Journal of Medicine* 336(22) (1997): S. 1569–1574.

12 David M. Cutler, »Are we finally winning the war on cancer?«, *Journal of Economic Perspectives* 22(4) (2008): S. 3–26.

13 Archie Bleyer und H. Gilbert Welch, »Effects of three decades of screening mammography on breast-cancer incidence«, *New England Journal of Medicine* 367(21) (2012): S. 1998–2005.

14 Siddhartha Mukherjee, *Der König aller Krankheiten. Krebs – eine Biographie*, DuMont Buchverlag 2012.

15 H. Gilbert Welch, Lisa Schwartz und Steve Woloshin, *Overdiagnosed*, Beacon Press 2011.

16 Gabriele Doblhammer und James W. Vaupel, »Lifespan depends on month of birth«, *Proceedings of the National Academy of Sciences* 98(5) (2001): S. 2934–2939.

17 Für meine eigene Erfahrung mit einer künstlichen Hüfte

vgl. http://www.princeton.edu/~deaton/downloads/letterfromamerica_apr2006_hip-op.pdf.

18 Henry Aaron und William B. Schwartz, *The painful prescription: Rationing hospital care*, Brookings 1984.

19 Nicholas Timmins, »A NICE way of influencing health spending: A conversation with Sir Michael Rawlins«, *Health Affairs* 28(5) (2009): S. 1360–1365.

20 http://www.dartmouthatlas.org/. Vgl. auch John E. Wennberg und Megan M. Cooper, *The quality of medical care in the United States: A report on the Medicare program. The Dartmouth atlas of healthcare 1999*, American Hospital Association Press 1999; John E. Wennberg, Elliott Fisher und Jonathan Skinner, »Geography and the debate over Medicare reform«, *Health Affairs* (2002) 96–114, DOI: 10.1377/hlthaff.w2.96; und Katherine Baicker und Amitabh Chandra, »Medicare spending, the physician workforce, and beneficiaries' quality of care«, *Health Affairs Web Exclusive* W4 (2004): 184–197, DOI:10.1377/hlthaff.W4.184.

21 Eine kurze und gut lesbare Zusammenfassung ist Ezekiel J. Emanuel und Victor R. Fuchs, »Who really pays for health care?: The myth of ›shared responsibility‹«, *Journal of the American Medical Association* 299(9) (2008): S. 1057–1059. Vgl. Jonathan Gruber, »Health insurance and the labor market«, in A. J. Culyer und J. P. Newhouse (Hg.), *Handbook of health economics*, Bd. 1, Elsevier 2000, S. 645–706, und Kate Baicker und Amitabh Chandra, »The labor market effects of rising health insurance premiums«, *Journal of Labor Economics* 24(3)(2006): S. 609–634.

22 Victor R. Fuchs, »The financial problems of the elderly: A holistic view«, in Stuart H. Altman und David I. Shactman (Hg.), *Policies for an aging society*, Johns Hopkins University Press, S. 378–390.

23 Katherine M. Flegal, Barry I. Graubard, David F. Williamson et al., »Excess deaths associated with underweight, overweight, and obesity«, *Journal of the American Medical Association* 293(15) (2003): S. 1861–1867; Edward W. Gregg, Yiling J. Chen, Betsy L. Caldwell et al., »Secular trends in cardiovascular disease risk

factors according to body mass index in US adults«, *Journal of the American Medical Association* 293(15) (2005): S. 1868–1874; S. Jay Olshansky, Douglas J. Passaro, Ronald C. Hershow et al., »A potential decline in life expectancy in the United States in the 21st century«, *New England Journal of Medicine* 352(12) (2005): S. 1138–1145; und Neil K. Mehta und Virginia W. Chang, »Secular declines in the association between obesity and mortality in the United States,« *Population and Development Review* 37(3)(2011): S. 435–451.

24 Jim Oeppen und James W. Vaupel, »Broken limits to life expectancy«, *Science* 296 (10. Mai 2002), S. 1029–1031. Vgl. Jennifer Couzin-Frankel, »A pitched battle over life span«, *Science* 333 (29. Juli 2011), S. 549–550.

25 Ian Morris, *Wer regiert die Welt? – Warum Zivilisationen herrschen oder beherrscht werden*, Campus 2011, Zitat auf S. 291.

26 Alfred W. Crosby, *The Columbian exchange: Biological and cultural consequences of 1492,* Greenwood [1973] 2003; Jared Diamond, *Arm und Reich.*

Die Schicksale menschlicher Gesellschaften, S. Fischer 1999; und Charles C. Mann, *1493: Uncovering the new world that Columbus created*, Knopf 2011.

27 Phyllis B. Eveleth und James M. Tanner, *Worldwide variation in human growth*, Cambridge University Press 1991, und Roderick Floud, Kenneth Wachter und Anabel Gregory, *Height, health, and history: Nutritional status in the United Kingdom, 1750–1980,* Cambridge University Press 2006.

28 Anne C. Case und Christina H. Paxson, »Stature and status: Height, ability, and labor market outcomes«, *Journal of Political Economy* 116(3) (2008): S. 499–532.

29 T. J. Cole, »The secular trend in human physical growth: A biological view«, *Economics and Human Biology* 1(2) (2003): S. 161–168.

30 Timothy J. Hatton und Bernice E. Bray, »Long-run trends in the heights of European men, 19th–20th centuries«, *Economics and Human Biology* 8(3) (2010): S. 405–413.

31 Timothy J. Hatton, »How have Europeans grown so tall?«, CEPR Discussion Paper DP8490 (2011), verfügbar un-

ter SSRN: http://ssrn.com/abstract=1897996.

32 George Rosen, *A history of public health*, Johns Hopkins University Press 1991, S. 182.

33 Dean Spears, »How much international variation in child height can sanitation explain?«, 2012, http://www.princeton.edu/rpds/papers/Spears_Height_and_Sanitation.pdf.pdf.

34 Floud, Wachter und Gregory, *Height, health, and history*.

35 Angus Deaton, »Height, health, and inequality: The distribution of adult heights in India«, *American Economic Review* 98(2)(2008): S. 468–474.

36 S. V. Subramanian, Emre Özaltin und Jocelyn E. Finlay, »Height of nations: A socio-economic analysis of cohort differences and patterns among women in 54 low- to middle-income countries«, *PLoS ONE* 6(4)(2011): e18962.

KAPITEL 5: MATERIELLER WOHLSTAND IN DEN VEREINIGTEN STAATEN

1 Lant Pritchett, »Divergence, big time«, *Journal of Economic Perspectives* 11(3) (1997): S. 3–17.

2 François Bourguignon und Christian Morrisson, »Inequality among world citizens: 1820–1992«, *American Economic Review* 92(4) (2002): S. 727–744.

3 Diese Zahlen sowie jene in Abbildung 23 stammen aus: http://www.bea.gov/iTable/iTable.cfm?ReqID=9&step=1#reqid=9&step=3&isuri=1&903=264.

4 William Nordhaus und James Tobin, »Is growth obsolete?«, in: National Bureau of Economic Research, *Economic Research: Retrospect and prospect*, 1972, Bd. 5: *Economic growth*, S. 1–80.

5 Gordon M. Fisher, 1992, »The development and history of the poverty thresholds«, http://www.ssa.gov/history/fisheronpoverty.html.

6 Connie F. Citro und Robert T. Michael, *Measuring poverty: A new approach*, National Academies Press 1995.

7 Amartya K. Sen, »Poor, relatively speaking«, *Oxford Economic Papers*, New Series 35(2) (1983): S. 153–169.

8 Das Census Bureau unterhält eine Website, auf der die expe-

rimentellen Maße beschrieben werden, http://www.census.gov/hhes/povmeas/.

9 Bruce D. Meyer und James X. Sullivan, »Winning the war: Poverty from the Great Society to the Great Recession, *Brookings Papers on Economic Activity,* Herbst 2012, S. 133–200.

10 David S. Johnson und Timothy M. Smeeding, »A consumer's guide to interpreting various U.S. poverty measures«, in: Fast Focus 14, 2012, Institute for Research on Poverty, University of Wisconsin at Madison.

11 James C. Scott, *Seeing like a state: How certain schemes to improve the human condition have failed,* Yale University Press 1999.

12 Jan Tinbergen, »Substitution of graduate by other labor,« *Kyklos* 27(2) (1974): S. 217–226.

13 Lawrence F. Katz und Claudia Goldin, *The race between education and technology,* Belknap 2010.

14 Anthony B. Atkinson, *The changing distribution of earnings in OECD countries,* Oxford University Press 2008.

15 Daron Acemoglu, »Technical change, inequality, and the labor market«, *Journal of Eco-nomic Literature* 40(1) (2002): S. 7–72.

16 Jonathan Gruber, »Health insurance and the labor market«, in: Anthony J. Culyer und Joseph P. Newhouse (Hg.), *Handbook of health economics,* Bd. 1, Teil A, Elsevier 2000, S. 645–706.

17 Ezekiel J. Emanuel und Victor R. Fuchs, »Who really pays for health care?: The myth of ›shared responsibility‹«, *Journal of the American Medical Association* 299(9) (2008): S. 1057–1059.

18 Robert Frank, *Richistan: A journey through the American wealth boom and the lives of the new rich,* Crown 2007.

19 David H. Autor, Lawrence F. Katz und Melissa S. Kearney, »The polarization of the U.S. labor market«, *American Economic Review* 96(2) (2006): S. 189–194; David Autor und David Dorn, »The growth of low-skill service jobs and the polarization of the US labor market«, *American Economic Review,* noch nicht erschienen, zugänglich unter: http://economics.mit.edu/files/1474.

20 David Card und Alan B. Krueger, »Minimum wages and employment: A case study of

the fast food industry in New Jersey and Pennsylvania«, *American Economic Review* 84(4) (1994): S. 772–793; sowie David Card und Alan B. Krueger, *Myth and measurement: The new economics of the minimum wage*, Princeton University Press 1995.

21 James Buchanan, »A commentary on the minimum wage«, *Wall Street Journal*, 25. April 1996, S. A20.

22 David S. Lee, »Wage inequality in the United States during the 1980s: Rising dispersion or falling minimum wage«, *Quarterly Journal of Economics* 114(3) (1999): S. 977–1023.

23 Congressional Budget Office, *Trends in the distribution of household income between 1979 and 2007,* Washington, DC, 2011.

24 Thomas Piketty und Emmanuel Saez, »Income inequality in the United States 1913–1998«, *Quarterly Journal of Economics* 118(1) (2003): S. 1–41.

25 Simon Kuznets, *Shares of upper income groups in income and saving,* National Bureau of Economic Research 1953.

26 Piketty und Saez verwenden für ihre Analyse zu versteuernde Einkommen, bei denen es sich um die Einkommen von steuerpflichtigen Personen, das heißt nicht von Familien oder Haushalten handelt, die auch nicht verbundene Personen umfassen würden. Die zuvor genannten Zahlen des Congressional Budget Office beinhalten einige der Punkte, die in den volkswirtschaftlichen Gesamtrechnungen, nicht jedoch in den Haushaltserhebungen erfasst wurden. In einigen Studien werden die Familien- oder Haushaltseinkommen um die Zahl der Personen in diesen Einheiten bereinigt, und es wird zwischen Erwachsenen und Kindern unterschieden. Ich habe versucht, dem Leser diese Details zu ersparen, die sich meiner Meinung nach nicht auf das hier beschriebene Gesamtbild auswirken, aber es kann gefährlich sein, die verschiedenen Definitionen des Einkommens ohne Korrekturen oder Anpassungen zu vergleichen.

27 Congressional Budget Office, *Trends in the distribution of household income.*

28 Miles Corak, »Inequality from generation to generation: The United States in comparison«, University of Ottawa, http://

milescorak.files.wordpress.
com/2012/01/inequality-
from-generation-to-genera
tion-the-united-statesin-
comparison-v3.pdf.

29 Martin S. Feldstein, »Income
inequality and poverty«,
National Bureau of Economic
Research Working Paper 6770
(1998); Zitat aus dem Abstract.

30 Marianne Bertrand und Send-
hil Mullainathan, »Are CEOs
rewarded for luck? The ones
without principals are«, *Quarterly Journal of Economics*
116(3) (2001): S. 901–932.

31 Thomas Philippon und Ariell
Reshef, »Wages and human
capital in the U.S. financial
industry: 1909–2006«, *Quarterly Journal of Economics*
127(4) (2012): S. 1551–1609.

32 Jacob S. Hacker und Paul
Pierson, *Winner-take-all politics: How Washington made
the rich richer – and turned
its back on the middle class*,
Simon and Schuster 2011.

33 Gretchen Morgenson und
Joshua Rosner, *Reckless endan-
germent: How outsized am-
bition, greed, and corruption
created the worst financial
crisis of our time*, St. Martin's
Griffin 2011.

34 Thomas Piketty, Emmanuel
Saez und Stefanie Stantcheva,

»Optimal taxation of top labor
incomes: A tale of three ela-
sticities«, National Bureau of
Economic Research Working
Paper 17616 (2011). Zu beachten ist, dass diese Autoren die
Beziehung anders darstellen
als ich.

35 Larry Bartels, *Unequal
democracy: The political
economy of the new gilded
age*, Princeton University
Press 2010, und Martin Gilens,
*Affluence and influence: Eco-
nomic inequality and political
power in America*, Princeton
University Press 2012.

36 Anne O. Krueger, »The political economy of the rent-seeking society«, *American
Economic Review* 64(3) (1974):
S. 291–303, sowie Jagdish N.
Bhagwati, »Directly unpro-
ductive profit-seeking (DUP)
activities«, *Journal of Political Economy* 90(5) (1982):
S. 988–1002.

37 Gilens, *Affluence and influence.*

38 Joseph E. Stiglitz, *Der Preis der
Ungleichheit: Wie die Spaltung
der Gesellschaft unsere Zukunft
bedroht*, Pantheon 2014.

39 Eric Jones, *The European
miracle: Environments, eco-
nomies, and geopolitics in the
history of Europe and Asia*,

Cambridge University Press 1981, und *Growth recurring: Economic change in world history*, Oxford University Press 1988.

40 Stanley Engerman und Kenneth L. Sokoloff, *Economic development in the Americas since 1500: Endowments and institutions*, Cambridge University Press 2011.

41 Daron Acemoglu, Simon Johnson und James Robinson, »Reversal of fortune: Geography and institutions in the making of the modern world income distribution«, *Quarterly Journal of Economics* 117(4) (2002): S. 1231–1294, und Daron Acemoglu und James Robinson, *Warum Nationen scheitern: Die Ursprünge von Macht, Wohlstand und Armut*, S. Fischer 2013.

42 Mancur Olson, *Aufstieg und Niedergang von Nationen: Ökonomisches Wachstum, Stagflation und soziale Starrheit*, Mohr Siebeck 1991.

KAPITEL 6: DIE GLOBALISIERUNG UND DER GRÖSSTE ALLER AUSBRÜCHE

1 Für Information über das International Comparison of Prices Program vgl. https://pwt.sas.upenn.edu/icp.html. Das Preissammlungsprogramm wird von der World Bank betrieben; vgl. http://siteresources.worldbank.org/ICPEXT/Resources/ICP_2011.html.

2 Angus Deaton und Alan Heston, »Understanding PPPs and PPP national accounts«, *American Economic Journal: Macroeconomics* 2(4) (2010): S. 1–35.

3 Milton Gilbert, Colin Clark, J. R. N. Stone et al., »The measurement of national wealth: Discussion«, *Econometrica* 17 (1949), (Supplement, Report of the Washington Meeting): S. 255–272, Zitat auf S. 261.

4 Robert M. Solow, »A contribution to the theory of economic growth«, *Quarterly Journal of Economics* 70(1) (1956): S. 65–74.

5 Angus Maddison und Harry X. Wu, »Measuring China's economic performance«, *World Economics* 9(2) (2008): S. 13–44.

6 William Easterly, Michael Kremer, Lant Pritchett und Lawrence H. Summers, »Good

policy or good luck? Country growth performance and temporary shocks«, *Journal of Monetary Economics* 32(3) (1993): S. 459–483.

7 Commission on Growth and Development, *The growth report: Strategies for sustained growth and inclusive development,* Weltbank 2008.

8 Paul Collier, *Die unterste Milliarde: Warum die ärmsten Länder scheitern und was man dagegen tun kann*, C. H. Beck 2008.

9 Matthew Connelly, *Fatal misconceptions: The struggle to control world population*, Harvard University Press 2008.

10 Julian L. Simon, *The ultimate resource*, Princeton University Press 1983.

11 David Lam, »How the world survived the population bomb: Lessons from 50 years of extraordinary demographic history«, *Demography* 48(4) (2011): S. 1231–1262.

12 Angus Deaton, »Measuring poverty in a growing world, or measuring growth in a poor world«, *Review of Economics and Statistics* 87(1) (2005): S. 1–19.

13 Atul Kohli, *Poverty amid plenty in the new India*, Cambridge University Press 2012.

14 Charles Dickens, *David Copperfield*, CreatSpace 2013, S. 202.

15 Robert C. Allen, Tommy E. Murphy und Eric B. Schneider, »The colonial origins of the divergence in the Americas: A labor market approach«, *Journal of Economic History* 72(4) (2012): S. 863–894.

16 Anthony B. Atkinson, Thomas Piketty und Emmanuel Saez, »Top incomes in the long run of history«, *Journal of Economic Literature* 49(1) (2011): S. 3–71.

17 Ebd.

18 Maarten Goos, Alan Manning und Anna Salomons, »Job polarization in Europe«, *American Economic Review* 99(2) (2009): S. 58–63.

19 Branko Milanovic, *Worlds apart: Measuring international and global inequality*, Princeton University Press 2007. Für eine wichtige Aktualisierung vgl. Branko Milanovic, »Global income inequality«, 2010, http://siteresources.worldbank.org/INTPOVRES/Resources/477227-1173108574667/global_inequality_presentation_milanovic_imf_2010.pdf.

20 Ronald Dworkin, *Sovereign*

virtue, Harvard University Press 2000, S. 6. Zitiert in: Thomas Nagel, »The problem of global justice«, *Philosophy and Public Affairs* 33(2) (2005): S. 113–47, S. 120.

KAPITEL 7: WIE WIR DENEN HELFEN KÖNNEN, DIE DEN ANSCHLUSS VERLOREN HABEN

1 Diese Zahlen stammen von der Website der Weltbank zur Berechnung der Armut, http://iresearch.worldbank. org/PovcalNet/index. htm?3.

2 Angus Deaton und Olivier Dupriez, »Purchasing power parity exchange rates for the global poor«, *American Economic Journal: Applied Economics* 3(2) (2011): S. 137–166.

3 http://www.givingwhat wecan.org/.

4 Richard Attenborough, »17p to save a child's life«, *The Observer*, 4. März 2000, http://www.guardian.co.uk/ world/2000/mar/05/mo zambique.theobserver.

5 Adam Smith, *Theorie der ethischen Gefühle*, Meiner 2010, S. 214.

6 David Hume, *Eine Untersuchung über die Prinzipien der Moral*, Reclam 2012, ursprünglich erschienen im Jahr 1751 als *An enquiry concerning the principles of morals*.

7 Peter Singer, »Famine, affluence, and mortality«, *Philosophy and Public Affairs* 1(1) (1972): S. 229–243; Zitat auf S. 242.

8 Peter Singer, *Leben retten: Wie sich Armut abschaffen lässt – und warum wir es nicht tun*, Arche 2010.

9 Wenn nicht anders angegeben, stammen die Daten zur Auslandshilfe in diesem Kapitel vom Development Assistance Committee, OECD, http:// www.oecd.org/dac/stats/, oder aus den World Development Indicators der World Bank, http://databank.world bank.org/data/home.aspx.

10 Den Begriff hat Jonathan Temple geprägt, vgl. »Aid and conditionality«, *Handbook of development economics*, Elsevier 2010, Kapitel 67, S. 4420.

11 Peter Bauer, *Dissent on development*, Weidenfeld and Nicolson 1971, zitiert in: Temple, »Aid and conditionality«, S. 4436.

12 Die Quelle für viele der Fakten in diesem Abschnitt ist Roger

Riddell, *Does foreign aid really work?*, Oxford 2007.

13 Zitiert in: Devesh Kapur, John P. Lewis und Richard Webb (Hg.), *The World Bank: Its first half century,* Bd. 1: *History*, Brookings Institution Press 1997, S. 128.

14 William Easterly und Claudia R. Williamson, »Rhetoric v. reality: The best and worst of aid agency practices«, *World Development* 39(11) (2011): S. 1930–1949.

15 Ebd., und für die folgenden zwei Absätze.

16 Alberto Alesina und David Dollar, »Who gives foreign aid to whom and why«, *Journal of Economic Growth* 5(1) (2000): S. 33–63.

17 Michael Maren, *The road to hell: The ravaging effects of foreign aid and international charity*, Free Press 2002; Alex de Waal, *Famine crimes: Politics and the disaster relief industry in Africa*, Indiana University Press 2009; und Linda Polman, *Die Mitleidsindustrie: Hinter den Kulissen internationaler Hilfsorganisationen*, Campus 2010.

18 Helen Epstein, »Cruel Ethiopia«, *New York Review of Books*, 13. Mai 2010.

19 Angus Deaton und Ronald I.

Miller, *International commodity prices, macroeconomic performance, and politics in sub-Saharan Africa,* Princeton Studies in International Finance 79, Princeton University Press 1995.

20 Angus Deaton, »Commodity prices and growth in Africa«, *Journal of Economic Perspectives* 13(3) (1999): S. 23–40.

21 Arvind Subramanian und Raghuram Rajan, »Aid and growth: What does the cross-country evidence really show?« *Review of Economics and Statistics* 90(4) (2008): S. 643–665.

22 Nancy Cartwright und Jeremy Hardie, *Evidence-based policy: A practical guide to doing it better*, Oxford University Press 2012.

23 Nicolas van de Walle, *Overcoming stagnation in aid-dependent countries,* Center for Global Development 2005; Todd Moss, Gunilla Pettersson und Nicolas van de Walle, »An aid-institutions paradox? A review essay on aid dependency and state building in sub-Saharan Africa«, in: William Easterly (Hg.), *Reinventing foreign aid*, MIT Press 2007, S. 255–281; und Timothy Besley und Torsten Persson,

Pillars of prosperity: The political economics of development clusters, Princeton University Press 2011.

24 Moss, Pettersson, und van de Walle, »An aid-institutions paradox?«

25 Zitiert in: Deaton, »Commodity prices and growth in Africa«, S. 23.

26 Arvind Subramanian und Raghuram Rajan, »Aid, Dutch disease, and manufacturing growth«, *Journal of Development Economics* 94(1) (2011): S. 106–118.

27 Michela Wrong, *Auf den Spuren von Mr. Kurz: Mobutus Aufstieg und Kongos Fall*, TIAMAT 2002.

28 Nicolas van de Walle, *Overcoming stagnation.*

29 Besley und Persson, *Pillars of prosperity*; vgl. auch Timothy Besley und Torsten Persson, »Fragile states and development policy«, *Journal of the European Economic Association* 9(3) (2011): S. 371–398.

30 Jakob Svensson, »Why conditional aid does not work and what can be done about it«, in: *Journal of Development Economics* 70(2) (2003): S. 381–402, und »The institutional economics of foreign aid«, *Swedish Economic Policy Review* 13(2) (2006): 115–137.

31 Ravi Kanbur, »Aid, conditionality, and debt in Africa«, in: Finn Tarp (Hg.), *Foreign aid and development: Lessons learnt and directions for the future*, Routledge 2000, S. 318–328, Zitat auf S. 323.

32 Robert H. Bates, »Banerjee's approach might teach us more about impact but at the expense of larger matters«, *Boston Review,* September 2006, S. 67–72.

33 William Easterly, *The elusive quest for growth: Economists' adventures and misadventures in the tropics*, MIT Press 2002, Zitat auf S. 116.

34 Polman, *Die Mitleidsindustrie.*

35 Michela Wrong, *It's our turn to eat: The story of a Kenyan whistleblower*, Harpercollins 2009.

36 Nick Cullather, *The hungry world: America's Cold War battle against poverty in Asia*, Harvard University Press 2010.

37 Nicolas van de Walle, *Overcoming stagnation.*

38 Matthew Connelly, *Fatal misconceptions: The struggle to control world population*, Harvard University Press 2008.

39 James Ferguson, *The anti-politics machine: »Development«,*

depoliticization, and bureaucratic power in Lesotho, University of Minnesota Press 1994.

40 Leif Wenar, »Poverty is no pond: Challenges for the affluent«, in: Patricia Illingworth, Thomas Pogge und Leif Wenar (Hg.), Giving well: The ethics of philanthropy, Oxford University Press 2010, S. 104–132.

41 William Easterly, The White Man's Burden: Why the West's efforts to aid the rest have done so much ill and so little good, Penguin 2006.

42 Mark Mazower, No enchanted palace: The end of empire and the ideological origins of the United Nations, Princeton University Press 2009.

43 Michela Wrong, I didn't do it for you: How the world betrayed a small African nation, Harpercollins 2006.

44 Ruth Levine et al., Millions saved: Proven successes in global health, Center for Global Development 2004.

45 Anthony S. Fauci und Gregory K. Folkers, »The world must build on three decades of scientific advances to enable a new generation to live free of HIV/AIDS«, Health Affairs 31(7) (2012): S. 1529–1536.

46 Deon Filmer, Jeffrey Hammer und Lant Pritchett, »Weak links in the chain: A diagnosis of health policy in poor countries«, World Bank Research Observer 15(2) (2000): S. 199–224, Zitat auf S. 199.

47 Helen Epstein, »The lost children of AIDS«, New York Review of Books, 3. November 2005.

48 Dies ist eine bevorzugte (und effektive) Frage von William Easterly; vgl. z. B. »How I would not lead the World Bank: Do not, under any circumstances, pick me«, Foreign Policy, 5. März 2012.

49 World Health Organization 2001, Macroeconomics and health: Investing in health for economic development, http://www.cid.harvard.edu/archive/cmh/cmhreport.pdf, sowie Jeffrey Sachs, Das Ende der Armut: Ein ökonomisches Programm für eine gerechtere Welt, Siedler 2005.

50 http://www.oecd.org/dac/aideffectiveness/parisdeclarationandaccraagendaforaction.htm#Paris.

51 Nancy Birdsall und William Savedoff, Cash on delivery: A new approach to foreign aid, Center for Global Development 2010.

52 Abhijit Vinayak Banerjee, Ma-

king aid work, MIT Press 2007, S. 91–97, Zitat auf S. 95 f.

53 Thomas Pogge, »The Health Impact Fund: Enhancing justice and efficiency in global health«, in: *Journal of Human Development and Capabilities*, 2012, DOI: 10.1080/19452829.2012.703172.

54 Michael Kremer, Ruth Levine und Alice Albright, *Making markets for vaccines: Ideas to action*, Report of the Advance Marketing Commitment Working Group, Center for Global Development 2005.

55 http://www.gavialliance.org/ funding/pneumococcal-amc/ about/.

56 Michael Kremer und Seema Jayachandran, »Odious debt«, *American Economic Review* 96(1) (2006): S. 82–92.

57 The Extractive Industries Transparency Initiative, www. eitc.org.

58 Kofi Annan, »Momentum rises to lift Africa's resource curse«, *New York Times*, 14. September 2012, http://www. nytimes.com/2012/09/14/ opinion/kofi-annan-momen tum-rises-to-lift-africas- resource-curse.html?_r=0.

NACHWORT: WAS KOMMT ALS NÄCHSTES?

1 Jared Diamond, *Kollaps: Warum Gesellschaften überleben oder untergehen*, S. Fischer 2005.

2 Mancur Olson, *Aufstieg und Niedergang von Nationen: Ökonomisches Wachstum, Stagflation und soziale Starrheit*, Mohr Siebeck 1991.

3 Steven Pinker, *Gewalt: Eine neue Geschichte der Menschheit*, S. Fischer 2011.

4 Charles Kenny, *Getting better*, Basic Books 2011.

REGISTER

Sterblichkeit, Sterblichkeitsraten
  Siehe Mortalität
Stevenson, Betsey 76
Stone, Richard 15, 294
Subsistenzniveau 113, 239
Subsistenzwirtschaft 386
Subventionen
  S. für Biotreibstoff 410
  S. für Zucker- und Baumwoll-
    produzenten 409
Südafrika 53, 58, 64, 359, 363, 375
Summers, Robert 285
Supplemental Nutrition Action
  Program (SNAP, USA) 240
Swasiland 47, 49, 57
Syrien 81
Szreter, Simon 133f.

T
Tabakrauchen 24f., 33, 95, 121,
  173–179, 181, 234, 297
Tadschikistan 148
Taiwan 22, 38, 282, 301, 311, 413
Tamoxifen (Medikament in der
  Brustkrebstherapie) *Siehe* Medi-
  kamente
Tansania 40, 53
Tarozzi, Alessandro 16
Taya, Maaouya Ould Sid'Ahmed
  382
Teilhabe
  gesellschaftliche T. 27, 43, 239,
    417
  politische T. 258, 276, 379
Terry, Luther 175
Tetanus *Siehe* Krankheiten/Infek-
  tionskrankheiten

Thailand 77, 301, 311
Theorie der ethischen Gefühle 83
Thomas, Keith 82
Thurcroft 9, 11f.
Tinbergen, Jan 248
Togo 38f., 42, 74f., 80f., 354, 358,
  376
Tonga 352
Trachom (infektiöse Augenkrank-
  heit) *Siehe* Krankheiten/Infek-
  tionskrankheiten
Trinidad 53
Trinkwasseraufbereitung 306
Türkei 296
Turkmenistan 53
Typhus 136

U
Übereinkommen über handelsbezogene Aspekte der geistigen
  Eigentumsrechte (TRIPS)
  405
Übertragungsweg, fäkal-oraler
  106, 112, 130, 133, 137, 212
Uganda 40, 376, 394
Ukraine 81, 158
Ungleichheit (Ungleichheiten)
  13–15, 17f., 20–25, 27–31, 33, 35,
  46, 49, 60, 65, 67f., 95–97, 108,
  110f., 120, 122, 134, 138f., 148,
  168f., 184f., 187, 200f., 203, 210,
  215, 219–221, 243f., 247–253, 255,
  259, 261, 263, 268–270, 276–279,
  282f., 286, 288f., 298, 303, 315,
  323, 328–330, 332–334, 339f.,
  352, 412, 414, 417
  Ursprung der U. 19f.